宁波市司法局 | 宁波市律师协会

GUIDANCE FOR THE
GROWTH
OF
青年律师成长指引

主　　编 叶　明
副 主 编 吴存波　刘慧杰
执行主编 俞建伟

YOUNG
LAWYERS

法律出版社 LAW PRESS·CHINA

序

手执法律长缨，坚守公平正义。青年兴则国家兴，青年律师强则法治昌。青年律师是律师队伍的骨干力量，是最富有活力、最具有创造性的律师群体。当前，我省40周岁以下律师规模逾半，对全省律师事业的兴盛和依法治省进程的推进起到了举足轻重的作用。

近年来，宁波市律师协会以党建为引领，着眼律师业发展之未来，涵养“三名工程”源头之水，乘借“扬帆行动”发展之势，厚植律师人才培养沃土，赋能助力青年律师成长、成才。在实践中，总结形成了“引领、激励、规范、赋能、保障”十字方针，创新探索了“五式育人”“五十百千人才工程”“宁波律师学院培训基地”等特色做法，培养了一大批有政治素养、有责任担当、有奉献情怀的青年律师领军人才，走出了一条独树一帜的宁波青年律师成长指引之路。

合抱之木，生于毫末；九层之台，起于累土。对于初出茅庐的青年律师而言，难免面临风险意识不强、实践经验不足、社会资源不够等困惑。为帮助广大青年律师解决开头之难、夯实执业根基，宁波市律师协会依托本地优势资源，组织资深律师与优秀青年律师编写此书。本书依序为“综合篇”“业务篇”“人物篇”“制度篇”四大篇章。其中，“综合篇”和“业务篇”以问答形式编排，旨在为执业初期的青年律师“传道授业解惑”；“人物篇”收录了部分宁波市优秀青年律师的成长故事及其执业感悟；“制度篇”则将律师行业有关法律法规汇集成编，让青年律师有章可循、有规可依。作为当前屈指可数的由地方律协编撰的实用指导书，本书既富含经验之分享，亦不吝方法之赐教，既可作为青年律师反复翻阅的入门工具书，亦可作为律师协会或律师事务所开展青年律师培训的教学参考书。望广大青年律师善用此书，春诵夏弦、笃实上进，在今后的职业生涯中依法辨曲直、仗义论是非。

逐梦的风帆永远扬起，奋斗的脚步从未停息。新时代赋予青年律师新使命，希望广大青年律师更好地肩负起时代重任，笃学践行习近平法治思想，矢志不渝坚守执业初心，为我省加快建成法治中国示范区贡献自己的青春力量和法治智慧！

浙江省司法厅党委委员、副厅长　徐晓波

2021 年 1 月 5 日

简　目

综合篇

一、入门 003
二、成长 012
三、案源 024
四、风险 038
五、纪律 050
六、情感 062
七、素养 074
八、礼仪 084
九、学习 096
十、研究 105
十一、品牌 113

业务篇

一、刑事诉讼业务 131
二、民商事诉讼业务 146
三、婚姻家庭法律业务 161
四、知识产权业务 175
五、海事海商业务 189
六、企业法律顾问业务 200

七、金融与资本市场业务 210
八、建设工程诉讼 220
九、涉外诉讼与国际商事仲裁业务 233
十、企业破产与重组业务 252
十一、行政诉讼业务 262
十二、劳动人事业务 278

人物篇

一、优秀指导老师 291
二、优秀青年律师 343

制度篇

一、法律 485
二、宁波市关于律师执业相关规范文件 491
三、青年律师培养与发展 514
四、律师参与公益法律服务 530

与律师执业相关的制度文件目录 542

后记 547

详　目

综合篇

一、入门 003

（一）律师职业的特性是什么 003

（二）律师行业发展前景如何 004

（三）青年律师如何确定职业目标 004

（四）青年律师执业初期是否需要从事各类型法律事务 004

（五）青年律师执业初期如何确定专业方向 005

（六）如何选择适合自己的律师事务所 005

（七）如何选择适合自己的指导老师 006

（八）律师执业的基本要求有哪些 006

（九）青年律师如何养成良好的工作习惯 007

（十）青年律师获取与执业有关社会经验的途径有哪些 008

（十一）青年律师需要具备哪些基本技能 008

（十二）律师协会能为青年律师做些什么 009

（十三）实习律师成为执业律师需要经过哪些程序及考核 010

二、成长 012

（一）青年律师成长的路径有哪些 012

（二）青年律师应有怎样面对困难的心理准备 013

（三）青年律师的生存困境如何克服 014

（四）青年律师如何融入业务合作团队 015

（五）如何锻炼口头表达能力 016

(六)如何做好律师入门准备 017
(七)如何圆满完成指导老师安排的工作任务 017
(八)青年律师如何克服怯场心理 019
(九)青年律师如何学习资深律师的经验 020
(十)律师与法官工作交往时应当注意什么问题 020
(十一)律师在涉外交往中应当注意哪些问题 021
(十二)青年律师如何在商会和各行业协会中发挥作用 021
(十三)律师事务所的文化对青年律师的成长有何帮助 022

三、案源 024
(一)如何做好律师开拓案源的心理建设 024
(二)青年律师获取案源的途径有哪些 025
(三)如何从同事和同行中获得案源 026
(四)如何把咨询对象发展为客户 027
(五)青年律师如何与媒体打交道 029
(六)道德在开拓案源中的作用 030
(七)如何在公益法律服务中积累潜在客户 031
(八)如何利用互联网推广业务 032
(九)如何服务好法律顾问单位并挖掘新需求 034
(十)如何通过讲课开发客户 035

四、风险 038
(一)接待委托人时如何回答案件的输赢问题 038
(二)接受当事人诉讼案件委托后如何做好对委托人的风险告知 038
(三)诉讼请求遗漏如何补救 039
(四)律师保管委托人证据,应注意哪些问题 039
(五)利用互联网拓展业务应注意什么 040
(六)办理重大疑难案件、群体性案件过程中,应当注意

哪些方面 040
(七)在办理刑事案件委托手续过程中,应当注意哪些法律风险 041
(八)辩护律师侦查阶段会见犯罪嫌疑人时,应当注意哪些事项 042
(九)辩护律师会见犯罪嫌疑人亲属(当事人)应当注意的事项 043
(十)辩护律师阅卷的基本操作指引 044
(十一)辩护律师取证的操作指引 045
(十二)辩护律师核实证据的操作指引 046
(十三)律师办理涉及黑恶势力犯罪案件应当注意的事项 047
(十四)律师办理监察委案件应当注意的事项 047
(十五)民事案件中如何防范虚假诉讼 048

五、纪律 050
(一)律师的执业风险主要有哪几类 050
(二)青年律师执业中容易导致行业处分的违规情形有哪些 051
(三)哪些行为属于会见时的违规行为 052
(四)哪些情形属于违规收费 053
(五)律师能否以自己的名义私自接受委托办理案件 055
(六)如何谨慎选择律师代理权限 056
(七)律师如何履行保密义务 056
(八)哪些行为属故意提供虚假证据及妨害诉讼 058
(九)以不正当手段承揽业务、不正当竞争有哪些主要表现 059
(十)哪些属于利益冲突的情形 060

六、情感 062
(一)青年律师如何兼顾工作与家庭 062

（二）青年律师如何处理工作与恋爱的关系 063
（三）青年律师应当如何和客户建立情感联系 063
（四）与同事和指导老师之间如何保持良好的沟通 064
（五）与律师同行之间的关系如何处理 065
（六）交际和学习如何做到统一 065
（七）青年律师心理压力大的时候如何调节 066
（八）女律师在怀孕、哺乳期间如何处理好工作 067
（九）当事人因对律师代理不满意而情绪激动时如何处理 067
（十）青年律师如何调节理想和现实的差距 068
（十一）如何消解客户、指导老师的质疑和指责 069
（十二）青年律师如何将压力转换成动力 069
（十三）如何减少公开场合发言的焦虑感 070
（十四）如何加强律师执业的心理支撑 071
（十五）青年律师如何避免主观判断 071
（十六）青年律师应先成家还是先立业 072

七、素养 074

（一）律师应具备的基本素养 074
（二）律师应具备的职业风度和仪姿 075
（三）律师应具备的人文素养 076
（四）律师与当事人之间的相处之道 076
（五）律师为什么要尊重法官？要以怎样的方式表达尊重 077
（六）与律师同行相处应具备的职业素养 078
（七）律师应具备怎样的心理素质 079
（八）律师应如何保持良好的身体素质 080
（九）律师应具备良好的外语沟通能力 081
（十）面对人工智能的挑战，青年律师应当如何应对 081
（十一）律师的社会责任和担当方式 082

八、礼仪 084
（一）什么是律师礼仪 084
（二）律师礼仪对律师执业有何影响 085
（三）青年律师如何使自己的着装符合律师形象 085
（四）青年律师在接待客户时应注意哪些礼仪 087
（五）青年律师在出庭时应注意哪些礼仪 089
（六）青年律师在表达上如何注重礼仪以及提升自己的语言艺术 090
（七）青年律师在举止上如何注重礼仪 091
（八）青年律师在工作团队中或同事中相处的礼仪 092
（九）在网络媒体上要注意哪些律师礼仪 092
（十）青年律师的社交和社会关系相处艺术 093

九、学习 096
（一）青年律师为什么要不断学习 096
（二）青年律师应该有怎样的学习心态 097
（三）青年律师应该利用哪些学习方法 097
（四）青年律师应该如何利用互联网资源进行学习 098
（五）青年律师如何协调学习与工作之间的关系 099
（六）青年律师如何协调学习与家庭之间的关系 100
（七）青年律师如何加强理论与实践学习 100
（八）学习专业知识对于青年律师成长的重要性 101
（九）青年律师为什么要写文章 102
（十）青年律师写文章应当注意什么 102
（十一）青年律师是否应该积极参加各类论坛讲座 103

十、研究 105
（一）青年律师为什么要做研究 105
（二）什么是青年律师的研究 105

（三）做研究对青年律师成长有什么好处 105
（四）青年律师做研究应坚持什么样的态度 106
（五）文学素养不高、文学功底薄弱的青年律师可以做研究吗 107
（六）如何发现需要研究的问题 107
（七）研究成果的表现方式有哪些 108
（八）如何将研究成果转化为青年律师自身的专业素养 108
（九）青年律师如何培养自身的研究能力和研究素养 108
（十）研究论文的撰写步骤是什么 109
（十一）研究论文如何选题 109
（十二）如何检索文献 110
（十三）如何进行论证 111
（十四）研究论文的语法有什么讲究 111

十一、品牌 113
（一）为什么青年律师也要有品牌意识 113
（二）律师个人品牌建设的主要内容 114
（三）律师在品牌塑造过程中需要注意哪些误区 115
（四）青年律师的定位与职业发展规划具体包括哪些内容 117
（五）如何从客户的角度思考品牌形象塑造 119
（六）如何从客户的角度思考业务拓展 120
（七）如何在公益服务活动参与中提升形象与美誉度 121
（八）如何在发微信朋友圈中体现自己的专业形象 122
（九）如何针对不同的受众对象进行宣传 124
（十）如何在律师行业媒体宣传中推广自己或者被宣传 125
（十一）青年律师如何看待荣誉、机会以及如何申报荣誉 126
（十二）青年律师如何建立有个性特质的品牌形象 127

业务篇

一、刑事诉讼业务 131
(一)会见 131
(二)阅卷 132
(三)调查取证 133
(四)证据审查 134
(五)辩护技巧 137
(六)辩护律师参与案件流程指引 144

二、民商事诉讼业务 146
(一)常见合同审查的方法与技巧 146
(二)民商事诉讼业务操作流程 148
(三)民商事案件调解的方法与技巧 154
(四)民商事诉讼案件的策略 156

三、婚姻家庭法律业务 161
(一)协议离婚 161
(二)诉讼离婚 163
(三)继承纠纷 167
(四)证据运用 170
(五)律师调解 170
(六)《民法典》新增与修改内容 172

四、知识产权业务 175
(一)知识产权法律服务范围 176
(二)知识产权纠纷处理的要点 176
(三)知识产权典型案例分享 182
(四)给青年律师从事知识产权法律业务的建议 187

五、海事海商业务 189
（一）海事海商法律业务简介 189
（二）收案阶段 190
（三）诉前阶段 191
（四）诉讼阶段 193
（五）海事诉讼特别程序 195
（六）执行阶段 197

六、企业法律顾问业务 200
（一）企业常年法律顾问服务的流程 200
（二）企业常年法律顾问的服务内容 203
（三）企业法律顾问服务的报价 205
（四）法律顾问档案提交及如何做好续约工作 206
（五）企业法律顾问服务的有效维护因素 207

七、金融与资本市场业务 210
（一）金融与资本市场概述 210
（二）金融与资本市场主要法律业务介绍 212
（三）资本市场律师业务技能 216

八、建设工程诉讼 220
（一）建设工程施工合同纠纷的管辖如何确定 220
（二）如何选择诉讼主体 221
（三）诉前证据材料准备 223
（四）诉讼中主要争议焦点 226

九、涉外诉讼与国际商事仲裁业务 233
（一）涉外诉讼的基本原则 233
（二）外国人民事诉讼地位 234

(三)涉外诉讼期间 236
(四)涉外诉讼的域外送达 236
(五)涉外诉讼证据 239
(六)外国法院判决的承认和执行 240
(七)国际商事仲裁制度 245

十、企业破产与重组业务 252
(一)企业破产重整的必要性——建立预破产制度 252
(二)破产重整案件办案思路导图 253
(三)破产重整案件办案思路导图解析 253
(四)企业破产重整债务减免产生的所得税问题分析 256
(五)经典案例分析 258
(六)企业破产重组的社会价值简析 260

十一、行政诉讼业务 262
(一)提起行政诉讼收案 262
(二)诉讼可行性评估 263
(三)委托代理 268
(四)起诉 268
(五)庭前准备工作 270
(六)法庭审理阶段的代理工作 272
(七)其他问题 273

十二、劳动人事业务 278
(一)诉讼业务 278
(二)非诉讼业务(以审查或制定规章制度为例) 282
(三)仲裁程序 286

人物篇

一、优秀指导老师 291

(一)布道法治　传道育人／罗杰 291

(二)匠心雕璞玉　青蓝携手征律途／徐建民 295

(三)春风化雨　携手同行／杨根飞 299

(四)树标杆　育新人／赵永清 304

(五)青蓝相继话传承　继而反哺育新秀／范红枫 308

(六)与青年律师共同成长／徐自立 313

(七)坚守者与领路人／徐衍修 317

(八)平凡的耕耘　无悔的奉献／蔡祖红 321

(九)青蓝相继　弦歌不辍／陈勇 325

(十)心向阳光　春暖花开／周丽霞 329

(十一)随风潜入夜　润物细无声／程宇 334

(十二)赠人玫瑰　手有余香／朱平飞 339

二、优秀青年律师 343

(一)收获最美丽的花朵／郑吉薇 343

(二)业精于勤　行成于思／刁平 348

(三)但使心正法度在　无处不为自由乡／刘慧杰 352

(四)见素抱朴　心不染尘／卢晓春 356

(五)做永远的后浪／司徒建成 360

(六)心怀敬畏　脚踏实地／王均伟 365

(七)有思所以明　必行所以远／徐凯 369

(八)行而不辍　未来可期／竺飞雄 373

(九)做一名有情怀的女律师／杜晶 377

(十)让所有辩护都通往正义／张斌 381

(十一)专业化道路上的“英雄梦”／吕甲木 385

(十二)以梦想之光照亮前程／胡文波 390

(十三)机会只留给有准备的人／葛攀攀 394

(十四)一言一行筑专业　一案一笔书梦想／茅迪群 399

(十五)律海十年　不忘初心／薛海静　403
(十六)始于初心　成于坚守／乐琳妮　408
(十七)走正道　不旁骛　不着急／郑发国　412
(十八)未来同样精彩／朱祯学　416
(十九)直以持世　贞以励志／骆俊峰　420
(二十)青春在努力中闪光　人生在奉献中升华／温莉　424
(二十一)以梦为马　不负韶华／叶翩　428
(二十二)做到极致是青年律师的努力方向／张金捷　432
(二十三)以梦为马守初心　足履实地绘未来／曾军　436
(二十四)前行不止　奋斗不息／毕秀娟　440
(二十五)忠于信仰　执着而行／车金梦　444
(二十六)一名涉外律师的成长／徐汇文　448
(二十七)做好自己　向内生长／张康丽　453
(二十八)一名青年律师的奋斗史／嵇思涛　458
(二十九)做一个有温度的律师／施晓　462
(三十)“80后”女律师的公益追求／周苗红　467
(三十一)做一个好人　更要做一个好律师／赵晶　471
(三十二)初心如磐　奋楫笃行／陈敏　475
(三十三)天行健　君子以自强不息／桂思聪　479

制度篇

一、法律　485
中华人民共和国律师法(2017年9月1日修正)　485
二、宁波市关于律师执业相关规范文件　497
关于规范法官与律师交往行为的若干规定(2011年10月24日宁波市中级人民法院、宁波市司法局联合发布,甬中法〔2011〕44号)　497
宁波市关于依法保障律师执业权利的实施办法(2016年12月宁波市中级人民法院、市检察院、市公安局、市司法

局联合发布，甬司发〔2016〕91号） 501
关于推进刑事案件庭审规范化工作的实施意见（宁波市中级人民法院、市司法局、市律师协会联合发布，甬中法〔2019〕72号） 506
宁波市律师出庭规范指引（甬律协〔2018〕38号） 509
律师有关诉讼法律文书规范指引（推荐格式）（甬律协〔2018〕38号） 511

三、青年律师培养与发展 514

关于扶持青年律师发展的指导意见（2018年11月7日中华全国律师协会发布，律发通〔2018〕51号） 514
《关于扶持青年律师发展的指导意见》实施细则（2019年5月14日浙江省律师协会第九届常务理事会第十二次会议审议通过） 517
关于进一步支持新执业青年律师成长成才的若干意见（试行）（甬律协〔2021〕6号） 522

四、律师参与公益法律服务 527

关于促进律师参与公益法律服务的意见（2019年10月17日司法部发布，司发通〔2019〕105号） 527
浙江省律师协会律师参与公益法律服务实施办法（2020年3月13日浙江省律师协会第十届常务理事会第三次会议审议通过） 531
浙江省律师协会律师参与公益法律服务考核办法（试行）（2020年9月13日浙江省律师协会第十届常务理事会第六次会议审议通过） 535

与律师执业相关的制度文件目录 539

后　记 544

综合篇

一、入　门

（一）律师职业的特性是什么

《中华人民共和国律师法》（以下简称《律师法》）第二条规定："本法所称律师，是指依法取得律师执业证书，接受委托或者指定，为当事人提供法律服务的执业人员。"

依据我国《律师法》对律师的定义及要求，我们认为律师职业有5个特征：（1）专业性。律师首先要依法取得律师执业证书，律师是掌握并运用法律知识的专业人士，必须具备很强的专业能力。（2）服务性。律师为当事人提供法律服务的前提是接受委托或者指定，所以律师是法律服务的提供者，相对而言，当事人就是法律服务的消费者。（3）严谨性。律师提供的法律服务不是任意的或听凭当事人所愿的，律师在执业期间必须遵守"三个维护"，即维护当事人合法权益、维护法律正确实施、维护社会公平和正义。"三个维护"是律师工作的宗旨。（4）挑战性。通常律师处理的是当事人自己难以解决的事情和各种矛盾纠纷，要面对当事人、当事人涉及纠纷的相对方、司法机关或其他组织等，需要承受多方面的工作压力。（5）风险性。一方面，律师执业过程中一些具体行为可能会导致执业风险，有时候甚至会涉及刑事责任；另一方面，有时候案件矛盾激化，律师还可能因接触一些情绪极端的当事人而导致人身安全上的风险。（具体可阅读"四、风险"部分）

(二)律师行业发展前景如何

随着我国法治进程的不断推进,当事人已经开始抛弃"要打官司才找律师"的观念,律师行业的发展前景必将一片光明。随着经济社会的加快发展,律师职能也将不断深化,律师将在事先预防、事中监控、事后补救三大职能中发挥更大作用。

依托大数据平台,裁判文书公开、案例检索及数据分析得以实现,律师的业务发展方向将出现新的变化。很多业务将集中到那些正在蓬勃发展的行业,例如资本市场、企业并购、国际投资贸易以及人工智能等,律师的法律业务模式也将更加多元化。

(三)青年律师如何确定职业目标

首先,要明确自己的职业选择,审视自己是否有做律师的天赋,是否有从事这份职业的冲劲,是否对法律服务充满兴趣,是否收入很低甚至没有收入都愿意做(律师在最初几年的收入会让很多青年人失望)。

其次,刚入行的律师要了解行业特点和工作内容。律师行业分为许多领域,各个领域的侧重点以及要求都不一样,民事、刑事、商事、行政诉讼业务与非诉讼业务等都各有特色,要对各项内容有一个基本了解并不断学习实践。

最后,在了解行业特点和自身需求的基础上,根据自己性格、所处环境的优势和劣势,找准定位。根据已有的资源和条件来规划自己短期和长期目标,并在此基础上制订分阶段计划。短期的计划可以设定每年、每月的任务,甚至每周需要联系哪些客户、需要看哪方面的书、需要草拟哪些文稿,长期目标则是一个终极明确的远景。通过平时一点一滴的积累和实践的磨砺,在量的积累达到一定程度后,实现质的飞跃,实现自己的职业目标。

(四)青年律师执业初期是否需要从事各类型法律事务

大家常将律师与医生这两个职业进行比较,律师与医生确实有很多相似之处,最关键的特性就是"专业"。"5+3"是住院医师规范化培训的主要模式,即完成5年医学类专业本科教育的毕业生,在培训基地接受3年住院医师规范化培训之后才能走上独立门诊的岗位。而青年医生在担任住院医师期间并不是固定在一个科室，他们需要在每个科室之间轮岗，把医院中每一个科室都轮遍，这是每一个医学毕业生成长为合格临床医师的必经之路。在这3年中不仅仅是对青年医生的基本功的训练，也是在为青年医生今后选择专业方向做准备。

反观律师行业，目前大部分的律师事务所都无法做到用3年去培养青年律师，无法让他们先从事各类型法律事务，把基本功练扎实，然后再选择专业方向。大部分的律所是先选指导老师，指导老师从事什么法律事务，青年律师就跟着学什么法律事务，这与律师事务所的管理有关，选择权不一定在青年律师手上。

所以，如果青年律师有选择权，建议还是从事各类型法律事务。有过诉讼业务经历，在做非诉讼业务的时候就知道哪里更容易发生纠纷，起草条款时会更加谨慎；做过刑事诉讼业务后，对于企业的法律风险防范则会更有敏感度。所以，青年律师有机会还是应该先学基本功再选择专业化。

（五）青年律师执业初期如何确定专业方向

正如上文中提到的，青年律师应该先学基本功，对专业化方向的选择万不可操之过急。青年律师只有熟悉了法律服务的各个环节，才能在处理具体案件时把握整体，融会贯通。

在当前追求精细化、专业化的大背景下，青年律师可以从入门开始做好专业方向的规划，在进行个体法律服务环节的学习时可以有的放矢。在选择法律专业领域时，青年律师可以考虑以下三点：一是结合自己的爱好和专长；二是选择那些具有发展前景的领域；三是考虑当地法律服务市场和所在律师事务所团队的实际，做到扬长避短。

（六）如何选择适合自己的律师事务所

青年律师先要对律师事务所有所了解，有条件的应该实地考察。现在很多律师事务所都对外开放培训课程，青年律师可以在参加课程学习的同时对律师事务所做一些了解，收集各种信息以进行综合考虑。

要结合自己的专业特长，寻找能够共同成长的团队。个人价值观要与团队保持一致，个人跟着团队一起成长，这样青年律师自己就能够享受团队成长带来的成果。

选择综合大所还是专业中小所,这也需要结合自身实际情况。如果在特别有名的大所,律师个人能力不是特别突出,可能因无法被律师事务所的管理者看到而享受不到律师事务所发展给个人带来的成长。如果青年律师独当一面的能力较弱,建议从做民商基础诉讼开始,在代理诉讼案件的摸爬滚打中提升经验。大所小所各有利弊,青年律师要根据自身特点和目标,选择适合自己的事务所,"螺丝钉"和"领头羊"都有各自的社会价值。

(七)如何选择适合自己的指导老师

俗话说,读万卷书不如行万里路,行万里路不如阅人无数,阅人无数不如名师指路。对于律师这个需要"经验"的行业,选择适合自己的指导老师对自己的职业发展非常重要。

首先,要看指导老师是否有带徒弟的经验,并且看他带过的徒弟目前表现如何。如果一名律师从来没有带过徒弟,且无论他的业务水平如何优秀,其对于青年律师的指导是缺乏经验的,但不是说选没有带徒经验的律师就一定不会有收获。相比之下,如果指导老师曾带出数名徒弟,且徒弟出师后都颇有成就,说明这位指导老师有一套教导徒弟的方法。因为他不仅能够让青年律师提升业务水平,更有可能给青年律师平台让青年律师发挥业务能力。

其次,指导老师的选择也是一个双向的过程。一方面,青年(实习)律师在寻找指导老师的过程中要展现自己的优势特点,要让老师了解自己;另一方面,青年(实习)律师需要注意观察和了解目标老师的业务方向、带徒弟的意愿等情况。如果自己有比较感兴趣并想在今后重点发展的专业领域,可以考虑选择擅长该领域业务的律师作为指导老师。

最后,还是一句俗话,"师父领进门,修行靠个人"。

(八)律师执业的基本要求有哪些

最新的律师宣誓誓词精炼地概括了律师执业的基本要求:首先,在思想政治方面应政治坚定,忠于宪法,忠于祖国,忠于人民;其次,律师要有专业能力,即取得法律职业资格并持有律师执业证;再次,要注重道德品行,遵守以“恪尽职责,勤勉敬业”为核心的职业道德;最后,要具有高度责任感,要做到“三个维护”,承担起律师应尽的社会责任,对当事人负责,切实维护当事人的合法利益,为建设社会主义法治国家添砖加瓦。

(九)青年律师如何养成良好的工作习惯

苏格拉底说:“好习惯是一个人在社交场中所能穿着的最佳服饰。”对于青年律师来说,良好的工作习惯会达到事半功倍的效果,那么为了养成良好的工作习惯,可以从哪几个方面来做呢?

1. 做好计划。律师工作事务繁杂,时效性强,律师必须学会制订计划,小到每天每个时间段的计划,大到月度、年度乃至整个职业规划,都需要事先的安排,统筹安排可以工作有条不紊地工作。

2. 勤于学习。律师工作对于专业知识以及综合能力的要求都非常高,律师要及时学习掌握新的法律法规。接触涉及法律以外专业领域的案件时,律师还需要了解跨领域的专业知识,这要求律师养成良好的学习习惯,培养很强的学习能力。

3. 不断总结。每个案件、每个项目完成后,通过及时总结以快速提升自己的经验,这对日后的工作开展有很大的帮助。

4. 主动沟通。律师需要不断与当事人、同行、法官等沟通协商,主动沟通的习惯要加快养成,保障工作顺畅推进。

5. 养成记录习惯。对于重要工作,律师必须做好书面记录。例如,当事人的陈述、庭审笔录、会议纪要、法律文书以及工作进度等,这些记录可用于备查和作为依据。

6. 培养法律思维。严密的逻辑思维、逆向思维等思维能力的培养,对于律师分析问题、解决问题至关重要。

7. 注重细节和职业形象。若要建立起当事人对律师的信赖,必须从细节上一点一滴做起,每个细节都必须把握。律师自身的仪表形象是第一品牌,必须在日常工作中细心维护。

(十)青年律师获取与执业有关社会经验的途径有哪些

律师是一个非常需要“经验”的职业,不仅是专业经验,还有社会经验。那么,青年律师可以从哪些途径获取社会经验呢?

1. 坚持参加各种公益性法律咨询、法律宣讲、社会公益活动,不断提升沟通能力和知名度,积累专业经验和社会经验。

2. 多渠道结识朋友。良好的人脉能直接有效地带来案源,青年律师应注重不断扩展自己的人脉关系,积累社会资源。在日常与当事人、同事、同学及亲友的交往中,要以自己的专业素养和个人魅力赢得他们的信任,而不是投机取巧、故弄玄虚。

3. 在日常生活中学会如何为人处世。注意观察倾听,在社会交往中培养识人、辨人的技巧和能力,形成总结分析的能力,养成待人接物的礼仪等,这些也是律师执业中应该具有的社会经验。

总结为一句话,先做人后做事,做生活的有心人,做工作的尽责人。

(十一)青年律师需要具备哪些基本技能

相声讲究“说学逗唱”,实际上律师的基本功锻炼也可以归纳为这四项。

“说”,律师在古代被称讼师,“讼”即指在法庭上争辩是非曲直。目前非诉讼业务发展迅猛,越来越多的青年律师更倾向于加入团队去开拓非诉讼业务,这是一种专业方向的选择,有助于律师专业化发展。但我们说,在做专家之前应当先是个杂家,就如同医生一样,在做专科医生之前必须先做住院医生。所以,青年律师应当多参与庭审,刑事诉讼、民事诉讼、行政诉讼的开庭都可以去听一听,并争取能够作为辩护人、代理人在庭审中辩一辩。

“学”,应当是一种态度,即使通过了司法考试并经过了实习期,我们也还是这一行业的新手,要静下心来踏踏实实地学习,虚怀若谷才能胸怀天下。

“逗”,本指相声演员以滑稽的口吻互相捧逗、褒贬评论、讽刺嘲谑,以达到让观众排解烦恼,笑口常开的目的。我们律师则通过为当事人提供法律服务来定分止争或是让企业做大、做强。所以,律师技能中的“逗”实际上指的是如何处理律师与当事人之间的关系,以及律师和法官、检察官之间的关系。关系如何处理?后面有专篇讲解。

“唱”,不仅指唱歌,而且指青年律师要乐于参加各类文体活动,如唱歌、跳舞、篮球、足球、爬山等。律师通过文体活动也可以结交客户,结交法官、检察官。青年律师要珍惜律师协会、律师事务所提供的全面发展的机会。很多青年律师尚未寻觅到另一半,那么多参加这些类型的文娱活动说不定就能邂逅另一半,何乐而不为呢?

(十二)律师协会能为青年律师做些什么

1985 年 7 月 25 日,中央书记处第 221 次会议决定:同意成立中华全国律师协会,在司法部指导下进行工作。1986 年 7 月 5 日,第一次全国律师代表大会在北京举行。中华全国律师协会是全国性的律师自律组织,依法对律师实施行业管理。凡中华人民共和国律师均为中华全国律师协会会员,地方律师协会为中华全国律师协会团体会员。

依据《律师法》规定,律师协会的主要职责有:

1. 保障律师依法执业,维护律师的合法权益;

2. 总结、交流律师工作经验;

3. 制定行业规范和惩戒规则;

4. 组织律师业务培训和职业道德、执业纪律教育,对律师的执业活动进行考核;

5. 组织管理申请律师执业人员的实习活动,对实习律师进行考核;

6. 对律师、律师事务所实施奖励和惩戒;

7. 受理对律师的投诉或者举报,调解律师执业活动中发生的纠纷,受理律师的申诉;

8. 法律、行政法规、规章以及律师协会章程规定的其他职责。

律师协会除了法律规定的主要职责外,各地律协都会设立“青年律师工作委员会”,主要针对青年律师开展青年律师训练营、青年律师论坛、演讲赛、辩论赛、沙龙等业务研讨和文化娱乐活动。通过青年律师之间、青年律师与资深律师之间、青年律师与其他法律共同体之间的交流互动,为青年律师在专业能力、社会经验的积累等方面提供帮助。

(十三)实习律师成为执业律师需要经过哪些程序及考核

1. 实习时间:实习律师的实习期为1年,自申请律师执业人员实习证颁发之日起算。

2. 集中培训:实习律师在实习期间应当参加律师协会组织的集中培训,遵守实习管理规定,实习期满接受律师协会的考核。实习律师参加集中培训并通过考核后,由省律师协会颁发实习律师集中培训结业证书;考核不合格的,必须重新参加集中培训。

3. 实务训练:实习律师的日常管理与实务训练,由接收其实习的律师事务所组织实施。律师事务所应当按照中华全国律师协会制定的《申请律师执业人员实务训练指南》制订实务训练计划,并指派符合条件的律师指导实习律师进行律师实务训练。

4. 实习台账:实习律师在实习期间应当建立实习台账,实习指导律师、律师事务所审核台账,并对实习效果出具意见。市律师协会将实习台账的记录情况作为实习考核的内容。

实习台账主要记录实习律师的实习项目、内容、过程、体会。实习台账可采用电子文档式,也可使用订本式。

5. 重新实习:实习律师因个人原因申请转所的,应当在其取得实习证满3个月后申请办理注销登记,交回实习证,重新办理申请实习登记手续,已进行的实习无效。

6. 考核申请:实习律师应当在实习期满之日起90日内,通过接收其实习的律师事务所向负责实习考核的律师协会提出考核申请。考核一般以面试的方式进行。经考核,实习律师符合下列条件的,考核合格:

(1)完成集中培训项目并取得《实习律师集中培训结业证书》;

(2)完成实务训练项目并被实习指导律师和律师事务所考评、鉴定合格;

(3)经书面审查、面试考核、公示三项考核程序确认合格;

(4)实习期间遵守律师职业道德和实习纪律,没有发生违法违规行为。

各地实习律师成为执业律师之前基本都要经过以上步骤，但具体形式可能略有不同，建议以当地律师协会《申请律师执业人员实习管理办法》为准。

About the Author 作者简介

郑吉薇

女，1984年8月出生，浙江和义观达律师事务所律师，中共党员，宁波大学法律硕士。曾获第三届浙江省优秀青年律师、宁波市优秀青年律师、“宁波市青年岗位能手”等荣誉称号，获首届全国公诉人与律师电视论辩大赛团体二等奖，个人“优秀风采奖”，浙江省、宁波市“十佳辩手”称号。现为宁波市律师协会副秘书长，入选宁波市“骨干型”名优律师拟培育对象。所撰写的《自媒体时代律师庭外言论的法律规范》一文获2016年宁波市律师实务理论研讨会一等奖、第六届浙江省律师论坛论文一等奖、第十四届华东律师论坛论文三等奖。

联系电话：13777136047　电子邮箱：ZJW@hygdlf.com

二、成　长

（一）青年律师成长的路径有哪些

青年律师作为律师界的新生力量，源源不断地为法律服务市场注入新的血液。每位青年律师都要捍卫法律的权威和律师的社会形象，怀着满腔热血追寻自己的梦想，钻研自己的业务和专业，踏踏实实地走出自己的成功之路。

青年律师成长的路径可以分为以下几类：

1. 依靠自身能力寻求突破。现在的青年律师大都受过良好的法学教育，但法律知识的学习是永恒的，在向行内前辈请教的同时，更重要的是依靠自己，善于学习，独立思考，培养自己的能力。

此外，学校里的学习更多的还是法学理论和法律规范方面的知识，关于法律实务和律师执业技能方面的知识，都需要青年律师在离开学校之后自己去学习和领悟。

与此同时，律师执业需要很多在法律知识之外的社会学、心理学、经济学和业务对应的学科的知识，对于这些知识的积累，也需要青年律师在从事工作之后自主学习，不断提高。

2. 跟指导老师学习经验。指导老师的帮助可以让青年律师的成长事半功倍。青年律师要虚心求学，认真学习指导老师的工作思路、工作方法。

此外，如果是在一个团队中，团队里的资深、标杆律师，当然也是值得学习的榜样。学习不但靠问，也靠观察，在工作过程中进行学习，是最有效率的学习方式。

更进一步说，在事务所里，其他律师都可以是青年律师学习的榜样，每个人在业务、社交、为人上都有自己的闪光点。青年律师就应该像海绵一样，孜孜不倦地学习，吸收可以供自己成长的养分。

3. 选择从新法、新行业和新领域入手。青年律师初入行业，在竞争中往往处于下风，而选择新的领域则对青年律师相对比较有利。面对全新的内容，所有律师都需要抓紧学习和梳理，从而在实践中运用。这对青年律师而言，无疑是很好的机会，至少可以与经验丰富的律师处在同一起跑线上，可以获得相对公平的竞争机会。

这里说的蓝海，不但是单纯的整个蓝海，还要注意那些在红海边缘衍生出的蓝海业务。随着科技的发展，传统业务也会有新的枝叶，在这些地方抢占业务高地，也是另辟蹊径的发展思路。

成功不能简单地复制，更不可能唾手可得，青年律师既要吸取前辈的宝贵经验，又要摸索适合自己的成长之路。

(二) 青年律师应有怎样面对困难的心理准备

毕业不久的青年律师接受过系统的法律教育，通过了俗称“中华第一考”的司法考试，往往踌躇满志，天真地以为自己的法律之路会是一片光明。可是，当真正踏入社会，融入法律圈，青年律师就会面临一个接一个的难题。许多青年律师刚加入律师行业，对自身职业规划，对整个行业环境、发展前景的认识，都存在困惑。所以，青年律师要具备过硬的心理素质、坚定的职业信念和积极向上的乐观心态。

青年律师在成长过程中，最需要克服的心态就是浮躁。浮躁，是青年律师普遍存在的不良心态。有些青年律师希望一蹴而就，急功近利。浮躁是把事情做好的最大敌人，它会使行为方式变得扭曲。对于青年律师而言，面对困难要有充分的心理准备，面对浮躁要不断沉淀自己的内心，面对迷茫要时刻保持清醒的头脑，不断开阔眼界。只有耐得住寂寞、忍得住清贫，才能守得住繁华。

青年律师需要克服的另一种心态是狂妄。与浮躁不同，现在的律师行业处于巨大的发展和上升期，青年律师成功的机会和可能性很大，所以也有不少青年律师在进入行业一两年就获得了巨大的成功。但是成功之后，很多青年律师就出现忽视执业纪律和职业道德的行为,这反而牺牲了之后几十年的执业生涯。所以律师一定要杜绝狂妄心态,要牢记自己法律人的使命和服务行业的特性。

(三)青年律师的生存困境如何克服

青年律师目前主要面临的生存困境有:执业心理迷茫导致青年律师缺乏自信;传统法学教育对青年律师创新能力存在束缚;现存准入制度致使青年律师能力水平参差不齐;不良竞争对青年律师案源渠道有所限制;生活保障缺位致使青年律师生活困难;经验不足致使青年律师差错不断,有时面临执业风险。

解决上述问题主要有以下措施:

1. 树立正确的执业心态,加强道德建设。青年律师一旦选择律师行业,应当正确对待执业环境,树立正确的执业观念,恪守执业纪律和职业道德。执业纪律和职业道德是红线,青年律师一定要正确认识到自己的使命和意义,一旦触碰红线,事业再成功也只是镜花水月,随时都可以灰飞烟灭。

2. 要注重培养法律素养,提高办案水平。在执业初期,青年律师应通过大量的业务实践来学习和巩固理论知识,丰富办案经验。业务能力永远是第一生产力,也是律师安身立命的保障。在执业初期打好基础,可以为未来的长期成长和盈利打好基础。

3. 倡导行业良性竞争,拓宽案源渠道。作为行业的参与者,青年律师应当本着诚实信用的原则,依据行业规则开展良性的业务竞争。低价竞争只能是获利一时,却会在源头上损害整个行业的营商环境,这不但影响青年律师的长远收入,最后更是必然使青年律师自食恶果。每个人都会是低价竞争的受害者,为了避免受害,就要在一开始不做施害者。

4. 落实基本生活保障,提供创新经费。落实青年律师基本保障的目的是能够确保青年律师专心执业,帮助其克服执业初期的困难,促使其能够安心积累法律知识和技能,从而为其长期发展奠定坚实基础。宁波律师协会近些年推出多项举措,给出了关于青年律师最低和合理报酬的指引,就是为了规范行业,为青年律师发展打好基础。

5. 积极参加律师协会和事务所组织的青年律师成长课程和执业技能培训,虚心向指导老师学习经验。协会和事务所是青年律师最大的依靠和保障,积极参与协会和事务所的活动,是最简单和低成本但又是最高效和有益的事。青年律师在自己空余的时候,应该多参加协会和事务所的活动,多参与、多学习。

(四)青年律师如何融入业务合作团队

高效率、高质量地融入业务团队,青年律师应当做好以下几个方面:

1. 善于沟通

同在一个所工作,你与同事之间会存在某些差别,不同的知识、能力、阅历造成在对待和处理问题时,会产生不同的想法。交流是协调的开始,把自己的想法说出来,听听对方的想法,要经常说这样一句话:“你看这事怎么办,我想听听你的想法。”

2. 平等友善

即使你各方面都很优秀,即使你认为自己以一个人的力量就能解决眼前的问题,也不要显得太浮躁。要知道以后还有很多不可预知的事情,以后的你并不一定能只凭自身能力完成一切,要学会平等友善地对待团队成员。

另外,团队化是律师行业当下发展的主流,学会与团队的成员平等相处,已经是律师的重要技能之一。

3. 积极乐观

即使遇上了十分麻烦的事,也要乐观,你要对你的伙伴们说:“我们是最优秀的,肯定可以把这件事解决好,如果成功了,我请大家喝一杯。”

事事总有不如意,即使是再成功的律师,也会在执业过程中遇到风浪和挫折,培养一颗坚强、乐观的心,是青年律师对自己最好的投资。

4. 提升能力

培养自己的创造能力,不要安于现状,试着发掘自己的潜力。一个有不凡表现的人,需要所有人乐意与你合作,共同创造新业绩。

5. 接受批评

请把你的同事当成你的朋友,坦然接受他的批评。一个对批评暴跳如雷的人,不但难以进步和提高,每个人也会对其敬而远之。

（五）如何锻炼口头表达能力

许多青年律师虽然具备过硬的专业素质，但是却不知如何表达。现向青年律师朋友们介绍两种锻炼口头表达能力的方法，这种训练方法的目的在于锻炼记忆力、反应力和表达能力。

第一个方法：选一段长短合适、有一定情节的文章，最好是小说或演讲稿中叙述性强的一段，然后请朗诵较好的人进行朗读，最好能用录音机录下来，听一遍后复述一遍，反复进行，直到能完全把这个作品复述出来。复述的时候，你可把第一次复述的内容录下来，然后对比原文，看你能复述下多少，重复进行，看多少遍自己才能把全部的内容复述下来。这种练习绝不单单在于背诵，而在于锻炼语言的连贯性。如果能面对众人或者家人复述就更好了，还可以锻炼你的胆量，克服紧张心理。在开始时，要求我们只要能把基本情节复述出来就可以，在记住原话的同时，可以用自己的话把意思复述出来；第二次复述时，就要求不仅是复述情节，而且要求能复述一定的人物语言或描写语言；第三次复述时，就应基本准确地复述出人物的语言和基本的描写语言，逐次提高要求。这个训练会显得很烦琐，甚至是枯燥乏味，这就需要青年律师有足够的耐心与毅力，要知难而进，勇于吃苦，不怕麻烦。

第二个方法：每次会见客户或者自己参加庭审、项目谈判活动的时候，找一位同事作为旁观者一同参与。青年律师在开展业务的时候，往往因为收费不高，习惯单枪匹马。这看似给自己多挣了钱，但事实上，这是一种缺乏长远考虑的行为。人在高强度的工作之中，是没有办法站在第三人的角度来审视自己的行为的，而且人又常常容易对自己产生不切实际的自信和自我欣赏，所以就更加难以自省。为此，在做业务的时候，和同事一起参加，让同事作为一个相对独立的主体，去审视自己在业务过程中的口头表达并及时收到反馈，这是非常值得推广的工作模式和方法。

也许有的青年律师会认为，大家都是青年律师，别人怎么会给出好的建议和意见。这就错了，因为挑人家毛病是每个人的天性，而且发现问题的水平并不需要达到能够解决问题的程度。而问题的发现，对青年律师的自我成长，却是非常重要的事情。

（六）如何做好律师入门准备

1. 加强知识储备。案源再多，办案能力差都是枉然。青年律师及时更新自己的知识储备，汲取新知识，才能更好地提供法律服务，逐渐实现专业化，争取成为专家型律师。要时刻清醒认识，专业是一个律师的生命，业务开拓虽然需要营销和经营的能力，但是专业度是一切商业安排的基础和前提。青年律师想要自己的执业生涯绿树长青，就必须保证走在一条专业化的道路上。没有最专业，只有更专业。

2. 保持良好心态。青年律师切不要因偶尔的挫折而坐立不安，灰心丧气，要以乐观的心态对待一切。这不仅是对待律师执业的态度，也是对待人生的态度。无论是个人独立执业，还是在团队中作为授薪律师，个人和团队都是一个主体。律师收入不稳定，有起伏。在收入高的时候，不要自我膨胀、肆意挥霍；在收入低的时候，也不要妄自菲薄、自暴自弃。只有保持良好的心态，才能走出一条又稳又快的执业道路。如果不能兼顾稳和快，那么宁可求稳，因为我们的执业资格，只有一次，不能因为心态上的失衡，铤而走险，最终后悔不已。

3. 坚定执业信念。既然选择律师职业，一定要认真地做好本职工作，要始终坚信自己的努力与收获会成正比，将律师工作作为一种乐趣去做，一定会取得好的业绩。业绩和收入是青年律师绕不开的话题，这也是所有律师绕不开的话题。既然绕不开，就应当积极面对。律师行业是一个上升行业，特别在我国，还有很多可以期待和想象的地方，在这样的行业背景下，重要的就是做好自己，一个好的律师是绝对不会得不到正面的评价的。

4. 注重口碑效应。律师的口碑是很重要的，一个良好的评价，可能一传十、十传百，形成良性循环。律师的最大成本是时间成本，也就是说，律师花在每个客户身上的时间，都是不可复制的。为此，要珍惜和重视这些时间成本的收益，让它们充分发挥价值，让客户为你在之后的几十年都能带来新的客户。唯有这样，才能出小力，收大益。

（七）如何圆满完成指导老师安排的工作任务

圆满完成指导老师安排的工作任务是一名青年律师最起码的职责，更是事务所能够正常经营的重要基础。青年律师不要以为自己业绩少、业务少对事务所没有影响。事实上，事务所大多数的业务最终是归到事务所的青年律师去执行，事务所的管理层、合伙人要花大量时间在管理、社会活动中。可以说，事务所的品牌和业务能力，一开始是依靠事务所的管理层、合伙人，但是长久来看，是依靠事务所全体律师的，尤其是青年律师。所以青年律师在平时工作之中，一定要有主人翁意识。具体来说，高效、高质量地完成工作任务，必须做到"三个有"：

1. 要有积极主动的工作态度。俗话说，能够原谅的是能力，不能原谅的是态度。即使在指导老师没有提醒、督促的情况下，也应努力去完成，这才是正确的工作态度。更进一步讲，积极主动完成工作，也是对一个律师最低的要求。如果一个律师被打上了在青年律师阶段就不能圆满完成被安排的工作任务的标记，后面想要获得同事、行业、客户的认可，无疑难上加难。

2. 要有良好的工作习惯。一个良好的工作习惯是保证工作完成的前提和保证。不妨试着培养以下习惯：一是建立工作列表。好记性不如烂笔头，何况律师的工作特性就是工作内容多时间长，而且有大量的临时性、突发性的工作。要做好这么多工作的安排，务必要有良好的工作习惯和规划。各位青年律师不妨阅读一些关于工作安排的书籍，养成可以帮助一生的良好工作习惯。二是量化分解目标。愚公精神，不但是锲而不舍的精神，也是大而化小的民间智慧。再困难的难题，把它细分到一个个小的模块，就没有那么困难。所以在工作中，要学会分解规划，这样才能积少成多，聚沙成塔。三是遇到难题寻求帮助。很多青年律师觉得，有问题自己不能解决会很丢人，不好意思开口求助。事实上，这种观念最要不得，律师是一个实践行业，需要大量的积累才能成为独当一面的大律师。要做到这一点，向老师、前辈求教，是最好的方法。四是善于总结经验。要注重每一次实务锻炼带来的成长机会，并总结出一套自己的工作经验和智慧。只有这样，才能领先于他人，成为有特色的律师。

3. 要有扎实的基本功。所谓基本功，就是工作的技术技能。基本功的练就，不仅依靠知识的积累，而且依靠工作经验的积累，最主要的还是依靠不断地学习。基本功是律师的安身立命之本，基本功扎实，哪怕执业方向和专业需要调整，也可以迎难而上，否则，业务越做越窄，抵御风险的能力越来越差。

（八）青年律师如何克服怯场心理

人怯场时，会出现心慌、呼吸急促、出汗，甚至手脚冰冷的生理现象。怯场会扰乱人的正常思绪，导致正在进行的活动受到妨碍或中止，进而产生失败感，自怨自艾。在社会竞争中，每个青年律师试错的机会有限，在重要场合，避免怯场，抓住机遇，脱颖而出对青年律师是非常重要的。所以，青年律师必须克服怯场的心理。青年律师克服怯场心理应当做到以下几点：

1. 树立信心。要坦然面对各种工作场合。很多人怯场都是由于没有自信心或过多地顾及别人的评价，害怕失败。其实，不必给自己增加无形的压力，每个人都有不足之处，都可能有失败的时候。只要树立信心，坦然地面对自己的优势和劣势，扬长避短，你就会发现，只要充分地肯定自己，你就会体验到成功的喜悦。另外，也要充分认识到失败对大多数人来说无法避免，特别是对刚从校园走入社会的青年律师来说，犯错是人之常情。不要因为害怕犯错而畏畏缩缩，重要的是做足充分准备，并在每一个错误中吸取教训、积累经验。明确了错误和成长的逻辑，就能够坦然面对失败，努力争取胜利。

2. 深呼吸。深呼吸是快速缓解紧张的方法之一。如果你实在感到紧张，不妨深深地吸一口气，再慢慢地呼出，反复做几次，你就会发现你的紧张情绪得到明显缓解。同样的逻辑，青年律师在执业过程中也不要在紧张、焦虑的情况下做决定，这样容易做错事情。如果遇到难以决策的，就让决策的时间长一点，多请教事务所的老师和前辈，问题往往就能迎刃而解。

3. 转移注意力。当注意力过于集中在一件事情上，就容易紧张，一时不能解脱。这时，你可以暂时放下你关注的事，或听听音乐、看看书，或和朋友聊聊天，过一会儿你会惊喜地发现大脑的思维活动又恢复正常了。进入社会工作后，一定要找到适合自己的放松方式，这样才能长时间工作并抵御疲劳带来的负面影响。

4. 准备充分，成竹在胸。你之所以会怯场，就是因为你心里没有把握，也许你不太会说话，怕别人笑话，或许你怕在别人面前出丑。其实，这些担心都是可以通过充分的准备来弥补的，你如果是不太会说话，可以事先准备好要说的话，反复练习，直至轻松自然地说出来。只要相信自己，胸有成竹，怯场自然会离你远去。要牢牢记住，机会都是给有准备的人的，如果担心自己准备得不够好，那就多准备一点儿，多花一点儿时间和精力，多付出一点儿，回报总是会比别人多一点儿。

（九）青年律师如何学习资深律师的经验

青年律师在知识储备和办案经验等方面往往欠缺，这就需要及时地向资深律师请教。具有虚心学习精神和强烈求知欲望的人，才能走好律师道路。以下是学习资深律师经验的一些方法：

1. 要有兴趣和热情。对一切新奇和未知的事物，要有浓厚的研究兴趣和热情，直到搞懂弄通为止，做到不盲从、不自欺、不装懂、不苟且。在这个问题上，青年律师切记不要不懂装懂。有一部分青年律师非常在意自己在客户、在同事面前的"博学"形象，害怕被人发现自己知识上的短板，喜欢不懂装懂，爱打肿脸充胖子。这种想法最要不得，要理解自己的执业生涯是一条漫长的道路，只有虚心求教，才能越走越远。

2. 善于请教。对自己根本不理解的问题，要有打破砂锅问到底的精神，直至把问题弄明白才罢休。另外，问问题也要讲究方式方法，要做到一方面自己已经做足了充分的功课和研究，另一方面已经抽象提炼了问题。这样请教他人，才能做到效率和目的的实现，也不至于过于麻烦他人，浪费大家的时间。

3. 善于思考。请教别人，要本着"先思考后请教"的原则，对于自己经过思考可以弄懂，然而一时又不开窍的问题，在请教的时候，最好只求别人提示、启发一下，然后充分发挥自己的主观能动作用，继续独立思考，不要让人家把全部答案都给你讲出来。总而言之，不能放纵自己的惰性，要多培养自己的勤劳思维。

（十）律师与法官工作交往时应当注意什么问题

律师与法官的关系一直都是一个敏感话题。作为法律职业共同体重要组成部分的法官和律师，有着不同的职业定位。

法官和律师在职业关系中是有距离的。律师办案需要通过在庭审中发表法律见解，通过对证据、事实和法律观点的阐述来实现，不得在法律设定的时间和空间之外与法官进行具有涉及职务内容的交往，不能称兄道弟、打成一片，更不能形成某种依附关系。

在交往模式上，律师与法官应建立多层次、多渠道立体式交往模式，积极探索律师与法官正常交往的有效途径。按照“个人之间少交往，组织之间多沟通”的原则，有组织地通过各自的行业协会开展法官和律师之间的学术交流，相互听取各方对司法审判工作和律师工作的意见、建议等，形成法律职业共同体中法官与律师之间的良性互动机制。

（十一）律师在涉外交往中应当注意哪些问题

培养拥有国际法律业务能力的人才，助力中国企业更好地“走出去”，并使中国律师在WTO争端解决机制和国际贸易中发挥更重要的作用，是我国律师行业涉外领域的发展方向。现如今，律师的涉外交往频率正在逐步提高。在涉外交往中，要注意以下几点：

首先，要有较高的外语水平。在处理涉外事务时，需要处理大量的外文法律文件。青年律师除了懂得基本法律知识外，最重要的是熟悉国内和国外涉外领域的相关法律。现如今，信息传递的速度和质量都大大加强，青年律师要抓住时代机遇，善于利用互联网和各公开信息的优势，最大化地开拓自己的涉外业务视野和提升自己的涉外业务能力。

其次，要清楚地了解客户的需求。了解外国公民和外资企业的办事风格及运作方式，熟悉文化间的差异，努力提供高效率、高质量的服务。

再次，外国客户、外国司法机构对法律文书的要求较高，外国诉讼程序与国内也不同，律师应该以严谨负责的态度对待工作，在细节中体现专业水准。

最后，在涉外交往中，律师应该富有团队精神。国内的律师大多喜欢单兵作战，很少有团队合作、资源共享的机会，但在涉外交往中，一个案子很难凭借一己之力完成，应该更多地依靠团队的智慧。

（十二）青年律师如何在商会和各行业协会中发挥作用

随着社会主义市场经济体系的不断完善，企业商会和行业协会等组织的作用越来越重要。目前，很多商会和行业协会都将法律维权部作为其常设机构，让其为商会及会员企业提供日常法律事务指导和帮助。法律服务工作具有极强的专业性，很多商会组织因缺乏专业性法律人才，使法律维权部力量不足。青年律师在自身案源缺乏的状态下，可以主动与商会、行业协会联系，积极发挥自身的专业优势，帮助解决商会和各行业协会的法律难题。商会和行业协会作为重要的社会组织，承担着维权及纠纷解决等重要职能。青年律师可以利用这些平台充分发挥作用。

（十三）律师事务所的文化对青年律师的成长有何帮助

律师事务所的文化建设对律师事务所的发展，尤其是对青年律师的成长，有着举足轻重的作用。许多律师事务所，最缺乏的不是基础设施和专业服务能力，而是以律师归属感、自豪感为基础的律所文化。

1. 律师事务所文化的引导功能

律师事务所文化代表着律师事务所发展的方向，青年律师在律所文化的指导下，从自身的实际出发，以科学的态度去制定自身中长期发展目标。律师事务所文化的价值取向也同样影响着青年律师对事物的判断。

2. 律师事务所文化的凝聚功能

律师事务所文化以人为本，尊重人的情感，从而营造团结友爱、相互信任的和睦氛围，强化了团体意识，使青年律师与资深律师之间形成强大的凝聚力和向心力，使青年律师感受到家的温暖，也使资深律师愿意为青年律师、为事务所的发展作出贡献。

3. 律师事务所文化的激励功能

律师事务所文化对每个青年律师都有着极大的鼓舞作用，律师事务所的每一次成功和进步都会使青年律师产生强烈的荣誉感和自豪感，他们会加倍努力，用自己的实际行动去维护律师事务所的荣誉和形象。

About the Author 作者简介

张金捷

男，1988年10月出生，浙江海泰律师事务所执委、合伙人，浙江大学法学学士、诺丁汉大学国际商务理学硕士。现任宁波市律师协会副秘书长、浙江省律师协会辩论队队长，曾获2013—2014年度“宁波市优秀青年律师”等荣誉称号，并获第二届“大成杯”青年律师模拟法庭大赛民事组冠军、最佳代理人，首届华东律师辩论赛优秀团体奖、最佳辩手，浙江省第三届控辩对抗赛“优秀辩手奖”、临潮杯世界华语思辨奥林匹克亚军等荣誉。

联系电话：18858053588　电子邮箱：zhangjinjie@hightac.com

三、案　源

（一）如何做好律师开拓案源的心理建设

我国是中国特色社会主义市场经济体制，同时是法治经济。青年律师要有信心，律师在法治经济中是不可或缺的重要角色，在营造社会主义法治环境中也具有重要的作用。但律师作为千万职业中的一种，同样也必须接受市场经济的考验，许多青年律师初出校门，缺乏经验、能力和资源，必将面对生存、温饱等现实问题。对许多青年律师而言，建议在执业之初就要做好以下心理建设，同时根据不同的执业阶段和专业方向采取不同的营销策略和方法。

一是要认识到律师作为法律服务的提供者与其他服务的提供者，都将面对市场经济中激烈甚至是残酷的竞争。绝大部分企业有专门的市场营销部门以开拓业务，所以律师同样也要进行市场营销活动才能生存，要学会适合律师职业的营销理念和方法。案子不会主动找上门，青年律师需要做合适的营销和推广，简单地说就是要学会“走”出去。

二是要明白律师的市场营销不同于其他职业，律师是法律正确实施和社会公平正义的维护者，律师执业需要体现一定的社会责任，其营销手段应当符合律师职业的属性和特点，应当符合国家和行业层面对律师业务推广行为的有关规定。只有这样，才能帮助社会公众正确认知律师这个职业，提升律师行业的整体形象。青年律师可以根据《中华全国律师协会律师业务推广行为规则（试行）》的相关规定进行业务推广，特别要注意其中的禁止性规定。

三是要具备统筹安排、循序渐进的方法和理念。青年律师执业之初，如果太专注于提升专业能力，可能会忽略市场开拓，如果太热衷于市场开拓或是社交活动，则可能没有足够的时间去提升专业能力。要认识到，专业能力和市场营销应当是相辅相成、互相促进的，这就需要青年律师具有统筹安排、循序渐进的方法和理念，用专业能力去提升市场营销的档次和水平，用市场营销活动获得的案源来进一步提升自己的专业能力。

（二）青年律师获取案源的途径有哪些

青年律师获取案源的途径多种多样，简单来说就是要多宣传自己，让自己为他人所熟知。对于如何宣传自己，无非要通过各种途径"增加曝光率"。同时，青年律师需要根据所在地区的经济发展情况、自身的优劣势甚至是性格特点等进行选择，找到适合自己的获取案源的途径，建议制订市场营销计划，并按计划执行。青年律师获取案源主要有以下途径：

一是通过熟人介绍。我们的社会从某种程度上来说仍然属于熟人社会，当事人更加信任通过熟人介绍方式找到的律师，这种方式对律师来说沟通的成本也低得多。作为一名青年律师，首先要做的是让所有认识你的人以及更多的人都知道你现在是一名律师，这些人包括但不限于亲戚、朋友、邻居、同学、老乡，也可以根据自己的兴趣爱好多结交朋友，要经常走动，多参加朋友、同学和老乡组织的聚会。聚会聊天的时候，除了让他们知道你是一名律师，也要通俗易懂地为他们解释律师能做什么，同时，你作为律师，目前主要是做哪些业务。比如，律师不仅仅涉足帮别人起诉离婚、追讨借款等传统诉讼，还能提供常年法律顾问、法律尽职调查、合规审查等各类专项非诉法律服务，还能帮助防范法律风险等。当然，上面讲到的这些活动和聚会应当是健康的、积极向上的，同时与你的收入相符。

二是口碑宣传。口碑宣传包括亲朋好友口碑、社会口碑、同行口碑、法律职业共同体成员的口碑等，这些都是律师需要考虑的重要方面。良好的口碑又涉及专业能力、服务态度、人品素养、个人魅力等多个维度，那种赢了官司但输了口碑的例子也不在少数，但口碑做得好的律师，即便因为客观原因输了官司，客户也不会埋怨你，更不会因此丢掉这个客户。青年律师想要建立一个好的口碑，应当努力提升自己的专业能力,具备正确的执业理念,同时具有积极主动的服务态度。

三是借助媒介。报纸、杂志、图书等纸媒以及微信、微博、博客等网络途径都可以进行宣传,持续的宣传一定程度上也会促进案源的增长。通过上述媒介进行宣传时,要体现自己的专业特长和执业领域,也可以更有针对性地根据自己的目标客户群体选择相应的媒介进行宣传,宣传的方式包括对热点问题进行点评、撰写法律实务文章等。要注意,通过互联网进行宣传时,要注意网络并非法外之地,作为律师,在网络上发言更应谨慎客观。

(三)如何从同事和同行中获得案源

获得案源不是一件容易的事情,我们可以从两个角度对其进行分类,分别是所内营销和所外营销,行业内营销和行业外营销。相对来说,所内营销和行业内营销比所外营销和行业外营销要简单,所花费的时间、精力和财力等成本也要少很多。如何做好所内营销和行业内营销,主要有以下几个方面可以参考:

首先,可以向事务所的资深律师和其他有经验的同事学习。多学习他们的接案方式、办案技巧等业务知识以及待人接物的方式方法,认真做好每一位老师和同事交代的工作。多参加庭审并协助资深律师做好庭审笔录,也可以旁听其他同事的庭审并注意观察庭审的程序和同事的发言技巧。把专业知识、业务功底练扎实,才能更好地吸引客户、留住客户。

其次,要勤奋,要有敬业精神和团队合作精神。作为青年律师,一定要刻苦努力,少抱怨,要多做基础性工作。如在接案后要做好法律检索并制作报告,在开庭前要协助资深律师和同事进行调查、搜集证据、整理证据目录,把代理词、辩护词整理好,在开庭后要及时将案卷整理归档。每办一个案件或开一次庭都认真对待,注意吸取资深律师和同事的长处,久而久之,资深律师、同事对你的信任感会增加,关系也融洽了,他们自然会将一些案件交给你去办,也能有一些收入来源。此外,要多和同事交流,遇到不懂的法律问题自己先研究,并将研究结果与同事进行探讨,一方面提高了自己的专业能力,另一方面同事之间也增进了感情、信任感并提升了对你的认可度。

最后,除了从事务所资深律师和同事处获得案源,从同行处也能获得案源。青年律师要多参加当地司法局、律师协会组织的相关专业、文体方面的活动,多认识同行,特别是多参加律协组织的律师实务理论研讨会或者法律服务产品研发大赛等活动,如果能发表主题演讲就更好了,要让同行们认识你并认可你的专业能力。有机会的话也要多参加全省乃至全国的各类专业论坛,认识来自全国各地的律师同行并主动留下自己的联系方式。一些律师可能因为路途遥远、开庭冲突或者需要当地律师配合办案等原因找你合作案件。另外,在各方面条件允许的情况下,也可以自行组织一些小型的论坛,主动出击,邀请客户、同行参加,开拓案源。

(四)如何把咨询对象发展为客户

对于青年律师而言,有人来咨询法律问题,意味着这个咨询对象很可能就会成为自己的客户,并为自己提供一个案子。大部分的咨询是先电话咨询,再当面咨询,最后达成委托。

1. 电话咨询的技巧

第一,我们要明确进行电话咨询的目的是促使当事人进行当面咨询,因为只有当面咨询才有可能签订委托协议,电话咨询本身是不会直接形成委托关系的。我们虽然不能直接告诉咨询对象不接受电话咨询,但仍然要耐心地为其解答困惑,即便所咨询的内容形成委托的可能性较小。因为如果客户觉得你的回答很专业也很耐心,今后还是会继续或介绍别人来咨询你;又或者客户咨询的问题并非法律问题,切忌不耐烦,也应当与客户耐心沟通,引导其咨询其他专业机构或部门。

第二,接受电话咨询的时长一般应在 5 分钟至 15 分钟,建议不要超过半小时,解答时要选择相对安静的环境,仔细听取并适当引导咨询对象对案件进行描述。如果周边环境嘈杂,可告知咨询对象在方便时回电,但需要提醒青年律师的是,在承诺咨询对象稍后回电后切记不能忘记,否则你的职业形象将大打折扣。

第三,在电话咨询结束时,最好能够给咨询对象一个具体的建议,比如建议其目前应该注意什么,建议其应该搜集哪些证据材料或者做好哪些准备工作等;另外,在结束电话咨询后,想一下刚才的解答是否准确,自己对这个问题是否完全掌握。如果答案是不确定的,建议青年律师马上进行法律检索并深入研究刚才咨询的问题,一方面可以补齐自己的知识短板,另一方面可以进行电话回访,将修正后的建议或者最新的研究结果告知咨询对象，这将极大地增加咨询对象对你的好感度；另外，在电话结束后的几天内，也可以视情况主动进行电话回访，询问事情进展情况或者处理情况等，同时告知对方如果需要帮助可再次联系你。如此操作，不仅能再次增加好感度，而且能增加信任感。即便本次咨询未形成委托，相信这位咨询对象会引荐更多的朋友来找你咨询，因为他会觉得你是一个靠谱的律师。

2. 当面咨询的注意事项

经过上面讲到的电话咨询，咨询对象已经对你的专业能力和人品有了一定的认可度，若自己的事情也需要律师处理，此时就会进行当面咨询，这时距离形成委托又更近了一步，而首次当面咨询往往又是业务拓展是否成功的一个重要因素和环节。所谓“细节决定成败”，接待过程中一定要注意细节的把握。

第一是地点和时间的把握。对青年律师而言，在地点的把握上，尽量选择在事务所提供咨询，这样可以展现事务所的综合实力，咨询对象可以看到事务所的各种荣誉等，甚至包括装修环境也会影响咨询对象的判断，这些都能够增进咨询对象对事务所和对你的信任度，也会促成委托；在时间的把握上，建议青年律师和咨询对象约定具体的时间点，而不是上午、下午等笼统的时间。青年律师务必要守时，无论是在事务所接待咨询还是上门提供咨询，建议提早准备接待咨询。如果因为有事耽搁，至少提前半小时到一个小时与咨询对象进行沟通并获得其理解。另外，接待咨询的时间一般是在工作日的工作时间，毕竟青年律师除了工作也要有生活。当然，作为青年律师来说，如果有咨询对象在工作日不方便当面咨询，在安排好自己的事情后还是应尽量满足其需求。

第二是接待咨询时的注意事项。建议青年律师尽量穿着正式的服装接待咨询，即便在周末也不要太随意；要注意基本的接待礼仪，比如在交换名片时要注意双手奉上。另外，也要注意自己的身体语言，同时更应关注咨询对象的肢体语言和表情，尊重他们的感受；仔细听取、积极引导，同时特别注意咨询对象提出的异议。虽然异议本身是达成合作的障碍之一，但是如果能采取正确的方法处理咨询对象提出的异议，当这些异议解决后基本就能形成委托了。

（五）青年律师如何与媒体打交道

律师和媒体人有着很多共同点，比如，律师通过举证证明自己的诉讼请求，媒体人通过收集、整理各类信息来告诉社会公众一个客观的事实，且两个职业都需要大量的文字工作。实践中，很多媒体需要律师对某个事件在法律上进行点评以期增加新闻的权威性，而律师则更需要借助媒体特别是权威媒体对自己进行宣传并进一步开展业务。

其中，媒体介入需要考虑哪些因素？

首先，青年律师平时应当多关注各类媒体，这些媒体包括电视台、电台、纸媒和网络新媒体，并有意识地与媒体工作人员保持互动、联系。当遇到合适的案件时可联系相关媒体，合理合法地进行宣传，但在向媒体披露案件时要注意自身的执业风险，不得利用网络或媒体炒作案件，特别是在参加庭审时，不得进行对庭审活动进行录音、录像、拍照或使用移动通信工具等传播庭审活动。此外，鉴于正在审理中案件的敏感性，一般建议在案件结束后再请媒体进行宣传普法。

其次，青年律师需要学会分辨哪些案件适合媒体介入，哪些案件不适合。要特别注意，媒体介入时一定要注意保护当事人的隐私和商业秘密，无论是民事案件还是刑事案件务必要征得当事人本人或家属的同意。此外，要认识到媒体介入必须对律师和案件都有正面影响，律师切不可为了自身宣传与知名度的提升，轻易将案件通过媒体曝光而牺牲当事人的利益，否则会发生律师有了知名度但没了美誉度的情况，效果适得其反。

那么，如何把握在公众媒体中解答法律问题？律师在面对媒体发表对于某个案件的看法和观点时必须要有原则，也要掌握一些技巧，否则会产生负面效应。

第一，保持谨慎的态度。媒体人在采访律师时会将所收集到的信息展现给律师，但也会存在疏忽或不全面的可能性，青年律师在解答时仍然需要对信息和材料进行甄别。如果需要补充一些信息则可以提醒记者再去收集，这也符合媒体客观报道的要求，记者一般会欢迎；但如果因条件限制已无其他信息或材料，律师在解答法律问题时则更要掌握一些技巧。例如，可以用“如果”来设定一定的前提条件，也可以用“建议”“注意”这些词语作为采访结束时的用语。

第二，准确把握法律关系。律师在公众媒体中解答法律问题时，首先要做到的就是能切中要害，厘清其中的法律关系，简明扼要、准确分析其中的法律性质，让公众能感受到律师的专业性。律师的专业性还体现在解答时尽量保留个人见解，解答应当是中立的、客观的。

第三，理性与感性相结合。在公众媒体中解答法律问题，与在法庭上的理性对抗不同，社会公众带有一定的感性认识。因此，律师除了要准确分析出其中的法律要点并作出法律评价外，还要结合实际情况，做到法理与情理的融合，有些时候需要适当考虑公众的感情。

第四，法律与社会相结合。一个好的律师必定有丰富的社会经历，能将法律与社会热点融会贯通，也能从社会层面把握该法律问题的争议焦点，从而向社会公众展现一个具备专业法律精神与良好人文修养的律师形象。

第五，注意自身的专业形象。律师在公众媒体中解答法律问题时的专业形象包括自身的个人形象和语言表达方式两个方面，比如电视台采访时，建议着正装。如果是在事务所进行采访，建议选择一个好的背景环境，同时提前与记者进行沟通，熟悉采访稿。面对镜头一般会紧张，可以提前让事务所其他同事帮忙模拟练习几遍，同时要注意自身的形态和手势，不可太僵硬。语言表达方面也很重要，一是避免使用晦涩难懂的法律专业名词，尽量以通俗的语言表达，注意语速和声调等；二是一定要说普通话，语言表达要尽量简练、明确且具有逻辑性；三是不管是电视台还是电台采访，在采访结束时一定要询问播出时间，如果是电台节目也可以询问重播的时间，要及时回看，查找自身的不足，不断改进。

（六）道德在开拓案源中的作用

青年律师要知道，当事人特别是陌生当事人，通过各种途径找到你并考虑委托你做律师时，有两个很重要的考量因素：一是基于对你的信任；二是你的专业能力。其中，专业能力可以不断提高且可以在咨询前做好充分准备。增加信任也有一些技巧和方法，比如高档写字楼和高档的装修，各种头衔、荣誉等都可以增加信任，但只有你具有较高的道德标准才能让当事人真正信任你。

第一，《律师法》规定，律师应当维护当事人的合法权益，维护法律正确实施，维护社会公平和正义。律师不仅是当事人合法权益的维护者，更是社会公平正义的维护者，这是我国对律师行业一个很高的定位，青年律师应该有一定的职业自豪感。作为一名律师，遵守法律只是底线，在执业过程中应当要求自己遵守更高的道德标准，如此才能与律师的职业属性相匹配，才能获得当事人的尊重与信任。

第二，青年律师执业过程中不能唯利是图。对于那些家庭条件非常困难又急需你帮助的当事人，可以适当降低自己的收费标准或引导其寻找法律援助中心的帮助。对于那些经济实力雄厚也急需你帮助的当事人，不能利用当事人急迫的心态收取过高的律师费，把人家当“冤大头”，仍然应当根据案件的复杂程度、工作量、标的等收取合理的律师费。在接待当事人时，要根据现有的证据材料和事实全面帮助当事人分析案情，进而客观地作出预判，千万不要因怕当事人自己学会了就不委托你而有所保留，也不要为了接下这个案子而只讲有利的一面，这样会让当事人陷入认识错误。举例来说，在客观、全面地分析案情后发现通过诉讼途径解决并不是最有利的方案，而此前双方的调解方案已经是最优的了，那么这个时候应当建议当事人接受调解，而不是建议、怂恿当事人去诉讼。尽管这个时候你可能会失去一笔律师费，但要相信，当事人一定会觉得你是在真心帮助他，给了他最中肯的建议，双方之前的信任感已达到了一定的深度。即便这个案子没有委托你，这位当事人一定会再为你介绍案子，甚至是使你源源不断地获得案子。

第三，较高的道德标准还有很多其他外延和理解，比如在开拓案源过程中的收费环节，在约定的收费外，一般不得另行增加收费；又在日常生活中也应当遵循较高的道德标准。青年律师的执业过程应当伴随善良和真诚，除了专业，更要用善良和真诚赢取更多的信任。

（七）如何在公益法律服务中积累潜在客户

青年律师为什么要多做公益？无论是在经验、能力还是资源上，青年律师同资深律师相比还有很多不足，他们需要靠不断的积累才行，不可能一蹴而就。青年律师在执业之初因为缺少案源所以在时间上相对充裕，在充裕但又相对有限的时间内，要用自己的专业知识和专业优势多做公益法律服务，帮助他人，温暖他人。同样，青年律师也能够在公益活动中积累潜在客户。

首先，摆正心态，积极参与。参加公益活动并不能直接带来案源，但多参加公益活动能够帮助青年律师在社会大众中树立积极、正面的形象，同时能让青年律师收获一些荣誉，从而更能积累潜在的客户。除了司法局和律师协会组织的公益活动，很多公益活动都是由街道、社区或公益组织所组织的。青年律师多参加此类活动能够获得活动组织者的认可，同时能认识很多跟你一样热爱公益的爱心人士。如果你经常和这些人一起做公益活动，久而久之就会熟悉起来，他们对你的人品和专业能力也有了一定的了解，如果他们遇到法律问题，自然而然会来找你。

其次，深入社会，体现责任。通过参加公益活动，能为群众切实解决法律难题，使更多普通人能够获得专业的法律帮助。一名好的律师一定是一位优秀的社会活动家，社会才是律师最好的老师。公益法律活动为青年律师提供了接触社会和群众最为直接的平台，倾听群众诉说，了解群众关切，感知人情冷暖，洞察人生百态，在处理事务时自然会变得成熟与老练。青年律师多做公益法律服务，一方面可以体现律师的社会责任，另一方面提供公益法律服务的对象也就是普通老百姓会成为你的潜在客户或者是宣传者，他们或他们的朋友如果遇到法律问题一样也会来找你。

最后，注重实践，提升能力。青年律师可以在公益法律服务中很好地锻炼自己的专业能力，一般的公益法律服务包括法律咨询和法律讲座两大内容。青年律师可以通过公益法律咨询活动审视自己的知识短板，同时提升自己的法律技能和沟通表达能力，并可以通过讲座的方式扩大自己的知名度和名誉度。

（八）如何利用互联网推广业务

当今已是一个互联网的时代，很多人的工作和生活也都离不开互联网。相对资深律师来说，青年律师对互联网更加熟悉，这对青年律师来说是推广业务、开拓案源很好的一个契机。对于青年律师而言，学会利用互联网做在线法律服务和自身推广是开拓案源效率较高、成本较低的方式之一。毕竟青年律师在经济上压力较大，在市场营销方面的预算也不足。

如何开拓，简单来说就是运用社交网络建立人脉关系并发展成客户。具体分为以下五步，可供参考：

第一步，定位目标客户群。目标客户群的确定需要结合你的执业方向、工作和执业经历、执业环境等因素，可以通过职业、行业确定目标客户，如人力资源行业、投资行业等；也可以通过你的专业方向确定目标客户，如婚姻家事、刑事辩护等。

第二步，与目标客户建立关系。根据目标客户的特征，你可以通过互粉、加好友、建立自媒体账号等方式建立关系，然后定期推送一些与目标客户相关的法律资讯，这一点尤为重要，这会决定着你的法律资讯是否能达到预期的效果。自媒体账号中的文章可以是自己撰写的，也可以转发别人的，但转发时应获得授权并注明出处，避免侵权风险。另外，也可以在法律资讯中留下自己的简介和联络方式。同时需要特别注意，律师个人的简介需要定期更新，简历内容应包括承办的案例、社会职务和荣誉等。

第三步，持续增加目标客户对你的信任感。让客户觉得你是专业的，这是至关重要的一步也是最难的一步，你所推送的信息应当是经过精心选择或撰写的，应该是符合目标客户需求的资讯。语言风格既要体现你的专业功底也要通俗易懂，毕竟这些资讯大部分时候是给普通人看的。

第四步，多与目标客户互动。即便是在社交网络上，也需要多进行互动，比如点赞、评论，一般建议多评论，因为评论后才会有互动，更能显示你对他人的重视。对于潜在客户提出的法律咨询也可以免费咨询两三个小问题，另外，对于他人的评论也要及时回复。现在各个社交平台都会有表情包，青年律师一定要注意表情包的使用，不能过于夸张另类，要与律师职业特点相符。通过互联网结识客户、与之互动后，如果有合适的机会建议转到线下，线下活动更能增加潜在客户对你的了解，你也更有机会展现自己的专业实力。

第五步，建立委托关系。当你做到以上四点的时候，客户在面临诉讼仲裁或其他法律需求时会第一时间想到你，这个时候再做好解答、接待工作，建立委托关系就顺理成章了。

互联网开拓的途径列举。简单列举如下：一是通过自建网站或博客的方式宣传自己，可以将最新的司法解释、法院的审判意见等放上去，也可以将自己的办案心得或者对某个事件的法律解读放上去。二是通过各大搜索引擎进行推广，搜索引擎可以通过设定不同的关键词让你的目标客户第一时间看到你、找到你。当然，购买关键词是需要付费的，同时青年律师也要仔细斟酌服务商。三是经营好个人的微博、QQ、微信账号等。以微信举例，微信已经是大部分人工作生活中不可或缺的工具之一了,也是一个由个人来经营的自媒体。但用好微信也有一些技巧,比如建议用相对正式的个人形象照作为自己的微信头像,昵称可以是某某律师,这样能快速搜索到律师这个关键词;建议发朋友圈时不要刷屏,一日三次左右为宜,发朋友圈多以图文并茂的方式。要转发优质的文章,建议转发时从专业角度予以评论或解读。除了发专业相关的内容外,偶尔也可以发一些生活类的朋友圈,比如跑步、读书、写字、摄影等积极向上的生活场景,这样会让你的朋友圈更有温度,让客户觉得你是一个会工作懂生活的人,增加你的亲和力。另外,不建议朋友圈设置三天可见,要让客户随时看到你的最新动态进而更了解你,不建议用比较异类或其他不合适的微信签名。对青年律师来说,也不建议将"拒绝免费法律咨询"放在签名栏,这样会将很多咨询对象拒之门外。

随着互联网产业的不断发展,各类新型的社交平台不断涌现,比如各类短视频、播客和直播类的平台及软件。青年律师可以尝试在这些新的平台上利用自己的专业知识推广业务。

(九)如何服务好法律顾问单位并挖掘新需求

做好法律顾问单位的服务工作,需要注意以下七点:

一是对于顾问单位的法律事务,要快速响应,及时反馈。这也是青年律师可以快速学习并做得更好的地方,青年律师定期致电或上门拜访,及时了解顾问单位在法律服务方面的新需求,积极主动协助企业防范运营中的法律风险。

二是在针对具体事项提出法律建议时,要直接、清晰、有效。青年律师最好是能结合司法实践给出可执行的建议,而不是含糊其词的建议,但也要注意自身的执业风险,特别是在不是很了解事情全貌的情况下不可贸然给出法律建议。

三是不能只提示风险,而不给出具体的风险解决方案。青年律师不能一味地摆出"已经提示过风险"的置身事外的态度,这是绝对不行的。青年律师应当针对不同的咨询事项给出不同的建议:有些是建议型的,有些则是提示型,也有些应当直接给出解决方案。

四是需要掌握基本的财会、金融及管理方面的知识。这就要求青年律师平时要加强学习,在服务法律顾问单位时至少能看懂资产负债、损益、现金流量三张表,必要时要了解顾问单位的投资结构、融资方式等有关内容，同时以管理者的视角结合法律给出建议。

五是在法律顾问单位的服务中，把律师服务工作透明化、可视化。建议青年律师把工作成果用书面形式固定下来发送给客户，一定要学会书面交流，比如制作书面的法律服务方案、诉讼策略分析报告、案件进展报告等，同时最好通过事务所的官方邮箱发送上述材料。采用书面交流的方式可以体现律师的专业性，给企业客户以很好的服务体验。

六是做好常年法律顾问单位的服务计划、工作记录和总结工作。一方面让客户知道自己一年中服务过哪些内容，另一方面评估自己的工作量，从中挖掘客户重点关注的内容，并在年底向顾问单位提交法律服务工作报告，这样做将有利于法律顾问合同的续签。

七是注意挖掘现有法律顾问单位的新需求，进行交叉营销。对客户进行交叉营销非常有利于提高客户忠诚度和稳定性，若是发现客户有新的需求而青年律师自己在这方面是不擅长的，可以由事务所其他专业团队介入，如此能为客户提供最好的法律服务，也能让客户感受你所在事务所的综合实力。如果自己硬着头皮去做，效果可能不是很好，甚至会丢失客户。交叉营销可以提高客户对你的信任感和依赖感，因为你是会为客户着想的，为他们提供了更适合的律师。另外，青年律师在服务法律顾问单位中不仅仅是要服务好顾问单位的老板，也要服务好单位各个部门的负责人，做到让他们都能成为你的广告牌。比如，多和这些部门负责人保持联络并配合他们的工作，一方面他们能让你顺利地续签法律顾问合同，另一方面当各个部门负责人出于各种原因另谋高就时，他们在新的工作单位可能还是会继续找你合作。

（十）如何通过讲课开发客户

律师提供的服务不同于其他服务行业的服务，律师提供的是专业服务而非某些具体的产品。换言之，律师在进行业务推广时要树立自己的专家形象，因为律师推广的是自己的专业知识。推广自己的专业知识主要有写作和讲课两种方式，这两种方式是比较有尊严也是很有效的业务拓展方式。这里主要介绍一下青年律师如何通过讲课吸引并成功开发客户。

第一,了解听众,设计讲课主题和内容。律师在受到讲座主办方邀请后,首先,要向主办方了解本次讲座的目的和背景是什么,由此律师可以有针对性地设计讲课主题的大致方向,比如是关于劳动用工的还是合同管理的。其次,可以向主办方询问拟邀请的听众的具体情况,比如是企业客户还是个人客户。如果是企业客户,要了解企业的类型、规模等情况,以及来听的人的职务和职位等。最后,如果主办方愿意配合,可以提前制作一些问卷调查表或直接由主办方向部分听众了解,如果来参加本次讲座希望了解、学习什么,简单来说要弄明白听众最希望律师讲什么内容。在知道了以上内容后,律师便可以有针对性地设计讲课的主题和具体的内容了。如此一来,这些听众成为你的客户的机会将会大大增加。

第二,讲课的技巧概述。讲得好不仅需要一定的技巧,也要靠不断的积累和总结。首先,如果讲课对象不是律师、法务等法律专业人士,建议多讲生动有趣的案例吸引客户的注意,不建议讲太多的法条和过于理论性的内容。其次,要学会一定的演讲技巧,比如要有一个能够吸引听众注意、活跃气氛的开场白,再如声音洪亮、吐字清楚,尽量讲普通话,标准的普通话能体现律师专业素养。如果你讲方言,一部分听不懂的客户甚至可能会提前离场。最后,要注意多互动,可以通过提问的方式进行,提问可以提高听众的注意力,调动听众的积极性,此时也要注意观察听众的表情、情绪。其中判断听众有没有在认真听或者说你讲得好不好的重要标准之一是,是不是有很多人在玩手机,是不是经常有人去洗手间或者经常出去打电话等。

第三,课后的持续跟进方法。很多律师认为课讲得好就行了,忽略了讲课后的持续跟进。一般讲课结束后主办方都会预留几分钟进行交流互动,如果这个时候听众没有问题提问,建议律师可以走下台,主动询问听众今天讲的如何,是否有哪些地方没有听懂,如果有,则可以为他们耐心解答。同时,建议课件中也要放入自己的微信二维码、电话等联系方式,让这些听众在有法律需求时能够第一时间找到你。此外,讲课结束后也可以向主办方要一份听众的联系名单,在1天至2天内进行电话回访了解讲课的效果,这样做,一方面可以在下次讲课中改进自己的不足,另一方面给了听众极好的听课体验,听众会觉得被给予了足够的重视和尊重。以上跟进方法,将增加双方之间的信任并促成下一步的合作。

About the Author
作者简介

嵇思涛

男，1989年1月出生，国浩律师（宁波）事务所律师、合伙人。曾获宁波市优秀青年律师、宁波市大学生就业之星、宁波市优秀志愿者、宁波市消费维权优秀义工、宁波市青年律师公益之星等荣誉称号。兼任浙江大学宁波理工学院法律系兼职实务导师、宁波市高层次人才法务专员的社会职务，入选宁波市“成长型”名优律师培育对象。

联系电话：13738868390　电子邮箱：jisitao@grandall.com.cn

四、风 险

（一）接待委托人时如何回答案件的输赢问题

根据中华全国律师协会于 2001 年修订的《律师职业道德和执业纪律规范》第二十六条规定："律师应当遵循诚实守信的原则，客观地告知委托人所委托事项可能出现的法律风险，不得故意对可能出现的风险做不恰当的表述或做虚假承诺。"因此，对于案件的输赢问题，律师应向委托人就案件可能出现的法律风险进行全面客观的陈述，对委托人提供的证据、案情陈述等内容进行客观的分析。影响案件输赢的变数很多，委托人所言是否真实，证据是否合法、有效，对方委托人的抗辩理由能否成立，以及一些非法律因素，都有可能影响案件的结果。所以，律师千万不能承诺打赢官司。

律师在与委托人签订委托代理合同时，还应该书面告知法律风险，让委托人了解每个案件都均有相应的风险，也可另行在接待笔录中告知法律风险，使委托人对于案件的风险有所了解，避免今后办案过程中不必要的纠纷。

（二）接受当事人诉讼案件委托后如何做好对委托人的风险告知

任何诉讼均存在法律风险，案件进程和案件结果可能受到各种主、客观因素的影响，因此律师在接受当事人的委托后，应及时、如实告知当事人可能承受的法律风险。根据司法部《律师执业管理办法》第三十三条的规定，律师承办业务，应当告知委托人该委托事项办理可能出现的法律风险，不得用明示或者暗示方式对办理结果向委托人做出不当承诺。律师在进行风险提示时,应当注意以书面形式进行告知,并要求当事人在书面文件上签字。

律师对于法律风险的告知,并不仅仅限于判决结果的风险、无执行财产的风险,对于诉讼费用不及时缴纳以及当事人不如实陈述事实和提供证据等风险均应全面告知。律师对于案件的分析判断完全取决于当事人如实提供全面准确的事实和证据。若当事人虚假陈述,或提供虚假证据,将会导致律师作出错误的分析、判断,从而使当事人承担不利或败诉的后果。

(三)诉讼请求遗漏如何补救

诉讼请求遗漏是青年律师办理诉讼案件初期经常遇到的问题。若诉讼请求未提全面,不仅会导致委托人的合法利益无法得到全面维护,也会影响办案律师在委托人心中的被认可程度,更有甚者还可能导致委托人要求追究律师过错的赔偿责任。

对于诉讼请求遗漏的,可以在法院辩论结束前进行追加。但若在法院辩论结束后,才发现诉讼请求遗漏的问题,建议可以考虑与委托人协商能否以先撤诉再起诉的方式进行补救处理。当然,这一处理方式会导致委托人的诉讼费用及诉讼风险的增加,需斟酌、协商一致后再定。

诉讼请求是否遗漏,首先,需要根据委托协议确定的委托内容来确定,因此在签订合同时,应当尽可能明确;其次,在诉讼过程中发现诉讼请求遗漏的,应当尽可能根据诉讼法的有关要求,进行追加;最后,确实无法追加的,应当及时与律师事务所领导进行汇报,协商明确责任,进行善后处理。切忌私下协商,以免带来新的问题。

(四)律师保管委托人证据,应注意哪些问题

律师保管委托人的证据时,主要注意的是证据原件的保管问题。《民事诉讼法》第七十条规定:“书证应当提交原件。物证应当提交原物。提交原件或者原物确有困难的,可以提交复制品、照片、副本、节录本。”最高人民法院《关于适用〈中华人民共和国民事诉讼法〉的解释》第一百一十一条规定了提交书证原件确有困难

的相关情形。基于上述规定,若委托人交由律师保管的证据原件不慎遗失,将可能导致案件的诉请得不到法院支持。

因此,在律师保管委托人提交的证据原件时建议采取以下两种方式:(1)尽量不要保管原件,原件由委托人自行保管;(2)若必须由律师对原件进行保管,则需向委托人出具所保管原件的收条,并经委托人签字确认,除原件由法院留存外,律师归还原件时应要求委托人出具原件收回的收条。

(五)利用互联网拓展业务应注意什么

律师利用互联网拓展业务,包括但不限于利用互联网提供法律咨询、在自媒体发布自身业务信息、对热点事件进行法律评论等行为。在互联网上发布以上相关信息时,应对最高人民法院、最高人民检察院于2013年9月6日发布的《关于办理利用信息网络实施诽谤等刑事案件适用法律若干问题的解释》中的相关规定做充分的了解与学习,对于相关法律事件的描述应持特别谨慎的态度,切勿编造虚假信息、实施捏造事实诽谤他人等违法行为。

在提供法律咨询时,对于案情的分析,应基于当事人提供的相关信息予以回答,对于无法明确作出的答复,应在表达上有所保留。建议当事人寻找律师当面或电话进行咨询。

(六)办理重大疑难案件、群体性案件过程中,应当注意哪些方面

青年律师在办理重大疑难案件、群体性案件时应当注意以下四个方面:

1. 把握两项基本原则

第一,依法服务原则。在办理诉讼和非诉讼案件的全部活动中,律师必须坚持依法办案,并切实遵守法律法规与政策。不说出格的话,不办有违法律或政策的事。

第二,教育疏导原则。律师在办理重大疑难案件、群体性案件中,要积极宣传法治,坚持做耐心细致的教育疏导工作,纾解群众情绪,防止矛盾激化。切忌火上加油,推波助澜。

2. 青年律师在接待重大疑难案件、群体性案件,并准备接受当事人委托时,原

则上应请示律师事务所主任（以下简称所主任）或律师事务所指定的指导机构，并征求意见。依规应当报告、报备的案件，在受理后3日内，青年律师应当以律师事务所名义向主管部门书面报告、报备。办案方案和工作进展情况，承办律师应及时汇报。

3. 青年律师办理重大疑难案件、群体性案件的承办方案、工作计划、代理和辩护提纲、重要协议草案，建议由所主任或指定指导机构召集本所三名以上资深、专业律师进行讨论，认真研究分析，运用集体智慧决策。

4. 青年律师办理重大疑难案件、群体性案件，从接待、收案、报告、调查取证以及与委托人谈话、集体讨论、出庭直至结案的全过程，均应制作文字记录，存入案卷。

（七）在办理刑事案件委托手续过程中，应当注意哪些法律风险

律师事务所可以接受的刑事委托，一般只包括以下几种：

1. 接受犯罪嫌疑人、被告人，或者他们的法定代理人、近亲属或者犯罪嫌疑人、被告人委托人的委托，指派律师担任犯罪嫌疑人或者被告人的辩护人；

2. 接受被害人及其法定代理人或者近亲属、附带民事诉讼的当事人及其法定代理人、自诉案件的自诉人及其法定代理人的委托，指派律师担任诉讼代理人；

3. 接受刑事案件当事人及其法定代理人、近亲属的委托，指派律师担任申诉案件的代理人；

4. 接受被不起诉人及其法定代理人、近亲属的委托，指派律师代为申诉；

5. 在公安机关、人民检察院作出不立案或撤销案件的决定后，接受被害人及其法定代理人、近亲属的委托，指派律师代为申诉或起诉；

6. 在侦查、审查起诉、审判阶段，可以接受法律援助部门的指定，指派律师担任犯罪嫌疑人、被告人的辩护人以及被害人（方）的诉讼代理人。

同一律师不得接受同一案件两名以上犯罪嫌疑人或被告人及其亲属或指定的人的委托。

律师办理刑事委托时，应当注意以下细节：

1. 律师事务所与委托人签署委托协议一式两份，一份交委托人，一份由律师事

务所存档。

2. 委托人签署授权委托书,每个阶段至少一式三份,一份呈交办案机关,一份由承办律师办案使用及存档,一份备用。律师还可以根据案件需要,让委托人签署足量的委托书。委托人应在授权委托书上签字捺指印,并提供身份证复印件、户口簿等可以证明其为适格委托人的证明材料。

3. 开具律师事务所公函,连同授权委托书、律师执业证复印件呈交办案机关,在公函上应当注明律师事务所通信地址和律师的联系电话。接受委托后,律师应当及时将委托手续递交办案机关,开展相关的辩护工作。律师原则上应当当面向办案机关承办人递交委托手续,在特殊情况下,可以在电话确认的情况下将委托手续寄交办案机关或承办人。律师一般也应当先提交委托手续后,再开展相关的辩护工作。

(八)辩护律师侦查阶段会见犯罪嫌疑人时,应当注意哪些事项

可以回答和交流的事项包括:(1)有关强制措施的条件、期限、适用程序的法律规定;(2)有关侦查人员、检察人员及审判人员回避的法律规定;(3)犯罪嫌疑人对侦查人员的提问有如实回答的义务,但在被强迫之下有权拒绝作出对自己不利的供述,对与本案无关的问题有拒绝回答的权利;(4)犯罪嫌疑人有要求自行书写供述和辩解的权利,对侦查人员制作的讯问笔录有核对、补充、改正、附加说明的权利以及在承认笔录没有错误后应当签名或盖章的义务;(5)犯罪嫌疑人享有侦查机关将用作证据的鉴定结论向他(她)告知的权利及可以申请补充鉴定或者重新鉴定的权利;(6)犯罪嫌疑人任何时候都享有对事实真实及法律定性上的辩护权,不允许任何形式的剥夺;(7)犯罪嫌疑人对侵犯自己的人身权和财产权的违法办案行为享有的申诉权和控告权,并可以委托律师代为申诉控告;(8)刑法关于犯罪嫌疑人所涉嫌的罪名的构成要件、量刑档次;(9)刑法关于自首、立功及其他量刑情节的法律规定;(10)有关刑事案件侦查管辖的法律规定;(11)其他有关法律问题。

辩护律师侦查阶段会见时应当注意的不可为的事情包括:

1. 将手机等通信设备提供给犯罪嫌疑人使用,或者通过免提等手段泄露会见过程;

2. 带领犯罪嫌疑人家属、亲友或者其他无关人员参与会见；

3. 帮助犯罪嫌疑人非法转移资产、逃避债务或损害被害人及相关人员合法权益；

4. 除核对犯罪嫌疑人本人口供以及辨认等情形外，将从办案机关复制的案卷材料给犯罪嫌疑人、被告人阅看；

5. 向犯罪嫌疑人提供、传递非其自知的检举揭发他人犯罪的线索，或者向社会和其他无关人员公开、透露有碍侦查的信息；

6. 为犯罪嫌疑人传递看守所条例等规定禁止传递的物品；

7. 未与看守人员衔接、办理好被会见人移交手续，擅自离开会见室的；

8. 其他违反法律法规等规定的情形。

律师会见完毕后应同羁押犯罪嫌疑人的机关办理犯罪嫌疑人交接手续，民警将犯罪嫌疑人接收后，方能离开会见场所。

律师会见犯罪嫌疑人应制作会见笔录，并交犯罪嫌疑人阅读或者向其宣读。如果记录有遗漏或者差错，应当允许犯罪嫌疑人予以补充或者改正。在犯罪嫌疑人确认无误后应当要求其在笔录上签名并捺印。

（九）辩护律师会见犯罪嫌疑人亲属（当事人）应当注意的事项

辩护律师在承办案件过程中只接待委托律师事务所办理案件的犯罪嫌疑人亲属或经犯罪嫌疑人授权委托的其他委托人（以下简称当事人），对于其他无关人员，律师可不予接待。

律师接待当事人时，可以向当事人提供以下几个方面的法律咨询：

1. 告知犯罪嫌疑人所涉嫌的罪名的构成要件及量刑档次；

2. 自首、立功、累犯等法定量刑情节；

3. 强制措施的条件、期限、适用程序、取保候审、缓刑等法律规定；

4. 犯罪嫌疑人的合法权利；

5. 犯罪嫌疑人法定代理人、亲属的合法权利；

6. 律师接受委托介入刑事案件可以提供的法律服务和相关的义务；

7. 本案可能的结果；

8. 律师提供法律服务的方案。

律师会见当事人不得从事以下活动：

1. 将会见犯罪嫌疑人时制作的笔录复印给当事人；

2. 将犯罪嫌疑人陈述的案情告知当事人；

3. 指使或引导当事人找证人串供；

4. 将通过律师工作获得的案件信息告知犯罪嫌疑人；

5. 指使或诱导当事人毁灭证据；

6. 发表有损司法机关形象、损害司法公正的言论和意见；

7. 诋毁其他律师和律师事务所；

8. 从事其他违反法律规定的活动。

（十）辩护律师阅卷的基本操作指引

律师阅卷应当遵循客观、全面、细致的原则，摘抄、复制案卷材料时应当保证所阅取的案卷的准确性、全面性、真实性。阅卷时，要着重审查以下内容并复制相关材料：

1. 起诉意见书指控事实的相关证据是哪些，这些证据是否充分。

2. 犯罪嫌疑人是否认罪，历次的供述和辩解以及提讯证。

3. 犯罪嫌疑人认罪的，审查其认罪是否符合事实与法律；经审查构成犯罪的，着重审查是否构成轻罪及是否具有自首、立功等法定从轻、减轻情节及其他酌定从轻、减轻情节。

4. 犯罪嫌疑人否认犯罪的，审查其辩解是否合理，有无证据予以支持；审查指控证据是否合法，是否存在矛盾，是否排除合理怀疑。需要将指控证据和辩解证据均收集到位，以备分析。

5. 证人、鉴定人、勘验检查笔录制作人是否适格，作证是否符合法定程序。

6. 被害人的基本情况及其陈述是否客观。

律师在查阅、复制、摘抄案卷材料后，应当及时审查分析以下主要内容：

1. 犯罪嫌疑人的基本情况（身份事项、有无前科、身体状况、家庭情况、有无特长、如何归案等）；

2. 被控罪名及刑罚；

3. 有哪些指控证据，标出证据中证明力强的部分；

4. 被告人有何辩解；

5. 被告人辩解有何证据支持或证据线索是否需进行调查核实；

6. 控方证据体系中有无矛盾和疑点，是否足以推翻被告人辩解（质证意见和相应分析）；

7. 有无法定和酌定情节；

8. 有罪或无罪、此罪或彼罪、重罪或轻罪的分析；

9. 定性与量刑预测；

10. 制订辩护方案，是否申请调查、是否自行调查取证、形成何种辩护观点和意见等。

律师对查阅、摘抄、复制所获得的案卷材料应当保密，不得复印或以其他方式提供给委托人。律师对查阅、摘抄、复制所获得的案卷材料应当妥善保存，依法使用，不能故意或过失泄露给无关人员。

（十一）辩护律师取证的操作指引

辩护律师经证人或者其他有关单位和个人同意，可以向他们收集与案件有关的材料，也可以申请人民检察院收集、调取证据。辩护律师经人民检察院许可，并且经被害人或者其近亲属、被害人提供的证人同意，可以向他们收集与案件有关的材料。辩护人认为在侦查期间公安机关收集的证明犯罪嫌疑人无罪或者罪轻的证据材料未提交的，有权申请人民检察院调取。

律师进行调查时，应当持律师事务所介绍信，并出示律师执业证。律师进行调查，一般应由两名以上律师人员进行，可以由一名执业律师和一名律师助理进行。

辩护律师认为需要对被害人或者其近亲属、被害人提供的证人进行调查的，应当先申请检察院调查；如果检察院不予调查，辩护律师应当书面申请经检察院同意后，方可自行调查。

律师调查人证，应当由两名以上的人员进行，其中一名可以是律师助理。

律师调查笔录应当载明调查人、被调查人和记录人的姓名以及调查的时间和地点;笔录内容应当有律师身份的介绍、被调查人的基本情况、律师对证人如实作证的要求、作伪证或隐匿罪证要负法律责任的说明,以及证人对被调查事项的详细陈述。笔录制作完毕后,被调查人有阅读能力的,应当由被调查人自行阅读笔录,确认无误后,签下"以上笔录看过,和我说的一样,属实",并在每页末端签名,并注明日期,签名及涂改处应捺指印;被调查人无阅读能力的,在制作笔录时,应当进行同步录像或录音。笔录制作完毕后,由调查律师向其宣读,确认无误后,由调查律师在笔录结尾处注明"问:以上笔录向你宣读过,是否与你所说一致?答:听清了,与我说的一致",由被调查人签名,无书写能力的,由被调查人在每页末端及涂改处捺指印确认。

律师收集物证、书证和视听资料等证据,可以一人进行。律师在收集证据时应当制作提取清单,列明所提取的证据名称和数量以及该证据系原件还是复印件,并由证据持有人签名确认,一式两份。必要时可以向证据持有人制作提取笔录,以说明证据持有人持有该证据的原因和过程。提取原件系物证且可以提取的,应当当场拍照,将照片作为提取清单附件;如无法提取的,应当当场对提取过程进行录像,并将物证拍照,由证据持有人对物证照片进行签字捺指印进行确认以作为证据使用。提取的原件系书证的,在原件上由证据持有人注明某年某月某日由某人提供给某律师,并由证据持有人签名捺指印。证据持有人要求留存复印件的,应当当场复印,将复印件交给证据持有人保存。提取原件系视听资料的,应当当场复制两份,原件当场封存,由证据持有人在封口处签名捺指印,复印件由证据持有人签名确认,一份提交检察机关,一份留档。对提取过程,必要时可以进行全程录像。律师在调查、收集案件材料时,可以录音、录像。对被调查人录音、录像的,应当向被调查人说明。律师摘抄、复制有关材料时,必须忠于事实真相,不得伪造、变造材料,或者对材料断章取义。

(十二)辩护律师核实证据的操作指引

辩护律师应事先掌握和了解在案证据,在会见犯罪嫌疑人时要核实证据内容。对犯罪嫌疑人本人笔录可交由其阅读核对;对书证、物证、视听资料、电子数据、鉴定意见、勘验、检查、辨认、侦查实验笔录等证据可直接出示,供其辨认核对;对同案犯供述、证人证言、被害人陈述等言词类证据，可就证人与犯罪嫌疑人的关系、证言对犯罪嫌疑人不利的内容是否属实等情况向犯罪嫌疑人核实。

（十三）律师办理涉及黑恶势力犯罪案件应当注意的事项

2018年最高人民法院、最高人民检察院、公安部、司法部《关于办理黑恶势力犯罪案件若干问题的指导意见》提出，律师办理涉黑涉恶案件，应当注意以下四点：

1. 禁止违规会见。律师在代理案件过程中，禁止违反会见规定。

2. 禁止制造舆情。以串联组团、联署签名、发表公开信、组织网上聚集、声援等方式或者借个案研讨之名，制造舆论压力，攻击、诋毁司法机关和司法制度，干扰诉讼活动正常进行。

3. 禁止实施行动。煽动、教唆和组织当事人或者其他人员到司法机关或者其他国家机关静坐、举牌、打横幅、喊口号等，扰乱公共秩序、危害公共安全的。

4. 禁止披露散布。违反规定披露、散布不公开审理案件的信息、材料或者本人、其他律师在办案过程中获悉的有关案件重要信息、证据材料等违法行为，要依照有关规定予以处罚；构成犯罪的，依法追究刑事责任。

律师办理涉黑涉恶案件，要建立四个制度：

（1）报告备案制度，多报、勤报。

（2）集体研究制度，研究、留痕。

（3）检查督导制度，审前、审中及时到位。

（4）档案管理制度，归档、保存依制依规。

（十四）律师办理监察委案件应当注意的事项

对于监察委正在办理的案件，法律没有规定律师有介入的权利。《中华人民共和国监察法》（以下简称《监察法》）第四十七条第一、二、三款规定："对监察机关移送的案件，人民检察院依照《中华人民共和国刑事诉讼法》对被调查人采取强制措施。人民检察院经审查，认为犯罪事实已经查清，证据确实、充分，依法应当追究刑事责任的，应当作出起诉决定。人民检察院经审查，认为需要补充核实的，应当退回监察机关补充调查，必要时可以自行补充侦查。对于补充调查的案件，应当在一个月内补充调查完毕。补充调查以二次为限。”

《中华人民共和国刑事诉讼法》(以下简称《刑事诉讼法》)第一百七十条规定:“人民检察院对于监察机关移送起诉的案件,依照本法和监察法的有关规定进行审查。人民检察院经审查,认为需要补充核实的,应当退回监察机关补充调查,必要时可以自行补充侦查。对于监察机关移送起诉的已采取留置措施的案件,人民检察院应当对犯罪嫌疑人先行拘留,留置措施自动解除。人民检察院应当在拘留后的十日以内作出是否逮捕、取保候审或者监视居住的决定。在特殊情况下,决定的时间可以延长一日至四日。人民检察院决定采取强制措施的期间不计入审查起诉期限。”第一百七十三条规定:“人民检察院审查案件,应当讯问犯罪嫌疑人,听取辩护人或者值班律师、被害人及其诉讼代理人的意见,并记录在案。辩护人或者值班律师、被害人及其诉讼代理人提出书面意见的,应当附卷。”

(十五)民事案件中如何防范虚假诉讼

代理民间借贷事务的律师,主要应当在以下三个方面预防刑事法律风险:一是在债务形成之前,切忌对债务虚增的形成方式进行策划和指点,帮助炮制套路贷、校园贷、裸贷、房贷、车贷、P2P 非法融资等犯罪操作模型和犯罪模式;二是在债务形成之中,切忌参与签订不实合同,制造砍头利息,制造虚假流水,恶意制造违约,搭桥担保归还、垒高债务平台,谨防成为“套路贷”的共犯;三是在债务形成之后,要提高识别能力,一定要坚决识别并坚决杜绝以下三种情形:(1)对于明知是虚增、虚假的债务,接受委托,向人民法院提供明知是虚假或者是伪造、变造的证据主张虚假债权;(2)以明知或者显而易见是不真实的债权凭证,向人民法院起诉,参与调解、执行;(3)指导当事人采取黑恶势力手段,采取非法拘禁、绑架勒索、寻衅滋事、敲诈勒索等手段向债务人讨债。

About the Author
作者简介

张友明

男，1965年8月出生，江西省武宁县人，现为浙江海泰律师事务所高级合伙人，一级律师，宁波市律师协会常务理事，浙江省法学会刑法学研究会理事。连任浙江省律师协会刑事专业委员会第六届、第七届、第八届、第九届、第十届副主任至今，曾任宁波市律师协会刑事专业委员会第三届、第四届、第五届、第六届、第七届主任；兼任宁波大学、浙江财经大学、浙江万里学院、浙江大学宁波理工学院等法学院客座教授。曾获浙江省优秀律师、浙江省优秀专业律师（刑事类）、宁波市司法局三等功、“宁波市十佳律师”、宁波市律协首届年度人物、宁波市首届十大法治人物等荣誉称号，入选宁波市首届“领军型”律师人才培育对象（刑事领域）。

联系电话：13906614536

五、纪　律

(一)律师的执业风险主要有哪几类

虽然律师的日常工作之一就是为当事人提供法律服务,为其合理规避法律风险,但是律师从事的工作本身也存在诸多法律风险,主要分为以下两类:

1. 刑事责任风险。律师在工作过程中,特别是诉讼案件,多数工作内容与证据有关,辩护人、诉讼代理人毁灭证据、伪造证据、妨害作证罪是律师在工作过程中比较容易触犯的罪名。另外,根据我国《律师法》第四十九条的规定,结合《中华人民共和国刑法》(以下简称《刑法》)有关条款,泄露国家机密罪、行贿罪、介绍贿赂罪也是律师在工作工程中较为容易触犯的罪名。

2. 民事责任风险。我国《律师法》第五十四条规定:“律师违法执业或者因过错给当事人造成损失的,由其所在的律师事务所承担赔偿责任。律师事务所赔偿后,可以向有故意或者重大过失行为的律师追偿。”这条规定中的民事责任往往是因为律师工作不尽职造成的,因为律师本身的过错而给当事人造成损失,律师应承担因违法执业或过错而产生的民事赔偿责任。

因此,律师为了避免执业上的风险,应严格要求自己,尽心尽责为当事人提供法律服务,在工作上精益求精,在法律允许的范围内最大限度维护当事人利益,做到严格自律,依法执业。

（二）青年律师执业中容易导致行业处分的违规情形有哪些

青年律师是律师行业的储备力量，随着全社会法律意识的提高以及对法学教育的重视，越来越多的青年人才投入法学学习以及法律行业中。青年律师虽然对工作有充足的热情与旺盛的精力以及远大的理想抱负，但是由于社会阅历较少，办案经验不足，也容易发生因违反律师执业的相关规定而被行业管理机构处分的情形。因此，青年律师应格外注重对于律师执业相关规定的学习，规范自己的执业行为。

我国《律师法》第四十七条规定："律师有下列行为之一的，由设区的市级或者直辖市的区人民政府司法行政部门给予警告，可以处五千元以下的罚款；有违法所得的，没收违法所得；情节严重的，给予停止执业三个月以下的处罚：（一）同时在两个以上律师事务所执业的；（二）以不正当手段承揽业务的；（三）在同一案件中为双方当事人担任代理人，或者代理与本人及其近亲属有利益冲突的法律事务的；（四）从人民法院、人民检察院离任后二年内担任诉讼代理人或者辩护人的；（五）拒绝履行法律援助义务的。"

第四十八条规定："律师有下列行为之一的，由设区的市级或者直辖市的区人民政府司法行政部门给予警告，可以处一万元以下的罚款；有违法所得的，没收违法所得；情节严重的，给予停止执业三个月以上六个月以下的处罚：（一）私自接受委托、收取费用，接受委托人财物或者其他利益的；（二）接受委托后，无正当理由，拒绝辩护或者代理，不按时出庭参加诉讼或者仲裁的；（三）利用提供法律服务的便利牟取当事人争议的权益的；（四）泄露商业秘密或者个人隐私的。"

第四十九条规定："律师有下列行为之一的，由设区的市级或者直辖市的区人民政府司法行政部门给予停止执业六个月以上一年以下的处罚，可以处五万元以下的罚款；有违法所得的，没收违法所得；情节严重的，由省、自治区、直辖市人民政府司法行政部门吊销其律师执业证书；构成犯罪的，依法追究刑事责任：（一）违反规定会见法官、检察官、仲裁员以及其他有关工作人员，或者以其他不正当方式影响依法办理案件的；（二）向法官、检察官、仲裁员以及其他有关工作人员行贿，介绍贿赂或者指使、诱导当事人行贿的；（三）向司法行政部门提供虚假材料或者有其他弄虚作假行为的；（四）故意提供虚假证据或者威胁、利诱他人提供虚假证据，妨碍对方当事人合法取得证据的；（五）接受对方当事人财物或者其他利益，与对方当事人或者第三人恶意串通，侵害委托人权益的；（六）扰乱法庭、仲裁庭秩序，干扰诉讼、仲裁活动的正常进行的；（七）煽动、教唆当事人采取扰乱公共秩序、危害公共安全等非法手段解决争议的；（八）发表危害国家安全、恶意诽谤他人、严重扰乱法庭秩序的言论的；（九）泄露国家秘密的。律师因故意犯罪受到刑事处罚的，由省、自治区、直辖市人民政府司法行政部门吊销其律师执业证书。”

青年律师往往由于经验不足，以及获取案源上的焦虑或急于求成的心态，在承揽业务的过程中可能存在违规情形或在工作上造成失误。上述规定所列举的情形，均为青年律师在执业过程中容易违规并遭到处分的情形。鉴于此，青年律师在执业过程中，应稳中求进，踏踏实实打磨自己的专业水平，认真对待每一件小事，做好每一件小事，虚心求教，并且学习律界前辈为人处世的态度与方式，多学多思。综上所述，青年律师应当严格按照执业规范，循序渐进，切莫急功近利，违规违纪。

（三）哪些行为属于会见时的违规行为

会见是刑事律师的重要工作内容之一，是律师辩护的前提和基础，是程序正义的重要要求，也是人权保障的重要要求。律师的会见，对于律师了解案情，进一步安排后续辩护工作，保障犯罪嫌疑人的权益以及监督司法机关执法的合法性都具有重要意义。正因为会见的重要性，所以要规范律师的会见行为。

我国《刑事诉讼法》第三十九条就律师会见的行为进行了具体的规定。浙江省律师协会于 2016 年 7 月 4 日印发的《浙江省律师协会律师会见在押犯罪嫌疑人、被告人规范》就律师会见在押犯罪嫌疑人、被告人作了详细的规定。其中，第八条明确规定：“律师会见在押犯罪嫌疑人、被告人时，不得有下列行为：（一）将手机、笔记本电脑等移动通讯设备提供给犯罪嫌疑人、被告人使用，或者通过手机免提通话、QQ、微信等通讯方式连接外界人员，泄露会见过程；（二）带领犯罪嫌疑人、被告人的家属、亲友或者未经批准的其他人员参与会见；（三）为犯罪嫌疑人、被告人私自传递书信（供律师使用的本人申辩、上诉、申诉等材料除外）、钱财、食品、药品、烟酒、衣服、书籍等物品；（四）未与看守所人员办理好被会见人的移交手续，擅自离开看守所；（五）携带易燃、易爆等危险品、违禁品进入看守所；（六）擅自对看守所监管工作人员、看守所内部的建筑构造、安防、警用等设施装备、执法管理活动等进行拍照、录像;(七)其他严重干扰或危害看守所正常管理秩序的行为。”第十条规定:“律师违反本规范的,律师协会应根据相关规定作出行业处分;需要行政处罚的,及时报送司法行政机关立案处理。”浙江省高级人民法院、浙江省人民检察院、浙江省公安厅、浙江省司法厅于2014年1月20日印发的《关于刑事诉讼中充分保障律师执业权利的若干规定》第三部分“会见与通讯”也专门就律师会见的行为作了细化的规定。其中,第二十三条对律师会见时的禁止行为作了明确规定,同时规定看守所工作人员如发现辩护律师有第二十三条第一款所列行为之一的,应当及时制止;对不听劝阻的,应当终止当次会见,并在3日内将有关情况通报办案机关、其所在的律师事务所、所属律师协会和司法行政机关。

《律师协会会员违规行为处分规则(试行)》第三十五条规定:“不遵守法庭、仲裁庭纪律和监管场所规定、行政处理规则,具有以下情形之一的,给予中止会员权利六个月以上一年以下的纪律处分;情节严重的给予取消会员资格的纪律处分:(一)会见在押犯罪嫌疑人、被告人时,违反有关规定,携带犯罪嫌疑人、被告人的近亲属或者其他利害关系人会见,将通讯工具提供给在押犯罪嫌疑人、被告人使用,或者传递物品、文件……”

上述对律师会见的规定,不仅是为了规范案件办理、查清犯罪事实,也是对律师的保护,警示律师办案严格遵守规定,避免卷入不必要的纠纷。

(四)哪些情形属于违规收费

违规收费是当事人投诉律师的重要原因之一。这种现象,一方面,是当事人对律师的工作不满及误解造成的;另一方面,是律师的收费确实存在违规的情形。

律师违规收费的行为表现为以下两方面:

1. 私自收费。避免私自收费是现在各律所制定的律师行为规范之一。如今各律所都建立了完备的财务制度,律师的各项收费都应该通过律所这个平台,收费标准也应公开透明,杜绝灰色收入,维护当事人的合法权益,这也有助于维护律师的形象。《律师法》第四十条明确规定,“律师在执业活动中不得有下列行为:(一)私自接受委托、收取费用,接受委托人的财物或者其他利益……”。国家发展和改革委员会、司法部于2006年4月13日印发的《律师服务收费管理办法》(发改价格〔2006〕611号)第二十二条规定,“律师服务费、代委托人支付的费用和异地办案差旅费由律师事务所统一收取。律师不得私自向委托人收取任何费用”。《律师法》第四十八条规定:“律师有下列行为之一的,由设区的市级或者直辖市的区人民政府司法行政部门给予警告,可以处一万元以下的罚款;有违法所得的,没收违法所得;情节严重的,给予停止执业三个月以上六个月以下的处罚:(一)私自接受委托、收取费用,接受委托人财物或者其他利益的……”

律师收取律师费均应汇入律师事务所指定账户并向当事人开具正规发票,未按上述行为操作的均可视为私自收费。律师应当杜绝私自收费,如有特殊情况,经当事人的强烈要求,律师个人收取现金的,应出具收据,在第一时间将律师费用缴纳至律师事务所财务处并开具相应发票。

2. 违规风险代理。为当事人尽职工作是律师的本职工作,是其理应完成的任务。在律师追求利益动机的影响下,在当事人激励律师实现工作目的影响下,现实中经常会出现违规风险代理的情形。虽然风险代理有其合理性和现实意义,有利于促进律师的工作效率与最终成果,但是,并不是所有案件都适合此种代理方式。《律师服务收费管理办法》第十一条至第十三条对风险代理进行了相关规定。第十一条规定:“办理涉及财产关系的民事案件时,委托人被告知政府指导价后仍要求实行风险代理的,律师事务所可以实行风险代理收费,但下列情形除外:(一)婚姻、继承案件;(二)请求给予社会保险待遇或者最低生活保障待遇的;(三)请求给付赡养费、抚养费、扶养费、抚恤金、救济金、工伤赔偿的;(四)请求支付劳动报酬的等。”第十二条规定:“禁止刑事诉讼案件、行政诉讼案件、国家赔偿案件以及群体性诉讼案件实行风险代理收费。”第十三条规定:“实行风险代理收费,律师事务所应当与委托人签订风险代理收费合同,约定双方应承担的风险责任、收费方式、收费数额或比例。实行风险代理收费,最高收费金额不得高于收费合同约定标的额的30%。”

《律师协会会员违规行为处分规则(试行)》第二十七条规定:“违规收案、收费具有以下情形之一的,给予训诫、警告或者通报批评的纪律处分;情节严重的,给予公开谴责、中止会员权利一个月以上一年以下或者取消会员资格的纪律处分:……(六)在实行政府指导价的业务领域违反规定标准收取费用,或者违反风险代理管理规定收取费用。”

违规收费是律师代理工作的重点问题。如果处理不好收费问题,必将影响律师与当事人的关系,造成律师与当事人之间关系的恶化,进而影响案件办理,这是一个双向影响的过程。因此,有必要规范律师的收费行为,保证律师的工作得到尊重,同时保障当事人的财产权益。

(五)律师能否以自己的名义私自接受委托办理案件

《律师法》第四十条明确规定,律师在执业活动中不得私自接受委托、收取费用,接受委托人的财物或者其他利益。《律师协会会员违规行为处分规则(试行)》第二十七条规定:“违规收案、收费具有以下情形之一的,给予训诫、警告或者通报批评的纪律处分;情节严重的,给予公开谴责、中止会员权利一个月以上一年以下或者取消会员资格的纪律处分:(一)不按规定与委托人签订书面委托合同的;(二)不按规定统一接受委托、签订书面委托合同和收费合同,统一收取委托人支付的各项费用的,或者不按规定统一保管、使用律师服务专用文书、财务票据、业务档案的;(三)私自接受委托,私自向委托人收取费用,或者收取规定、约定之外的费用或者财物的;违反律师服务收费管理规定或者收费协议约定,擅自提高收费的;(四)执业期间以非律师身份从事有偿法律服务的;(五)不向委托人开具律师服务收费合法票据,或者不向委托人提交办案费用开支有效凭证的;(六)在实行政府指导价的业务领域违反规定标准收取费用,或者违反风险代理管理规定收取费用。”

判断律师是否私自接案,从实质要件看,不能仅从代理是否有效的角度去衡量,而要审核律师出具的律师函或者代理合同是否经过律师事务所的同意或者认可;从外在标准看,一是要看律师函或者委托代理合同的来源是否正当,二是要看律师的业务行为是否遵守了律师事务所收案登记等统一接受委托的管理制度。因此,如果律师事务所建立了收案登记等统一接受委托的管理制度,律师没有遵守该项制度,也没有证据证明其律师函或者委托代理合同来源的正当性,就可以认定律师该业务代理行为构成私自接案。

（六）如何谨慎选择律师代理权限

《中华人民共和国民事诉讼法》（以下简称《民事诉讼法》）第五十九条规定：“委托他人代为诉讼，必须向人民法院提交由委托人签名或者盖章的授权委托书。授权委托书必须记明委托事项和权限。诉讼代理人代为承认、放弃、变更诉讼请求，进行和解，提起反诉或者上诉，必须有委托人的特别授权。”由此可见，委托代理分为一般授权代理和特别授权代理。一般授权代理是指在诉讼程序问题上的代理，委托诉讼代理人一般不直接涉及委托人实体利益的诉讼行为，如调查收集、提供证据，申请回避，提出管辖权异议，参加庭审诉讼活动等。特别授权代理是指委托人通过特别授权委托律师对案件的实体问题直接作出决定并有权明确表态的代理，如代为提出、承认、放弃、变更诉讼请求，进行和解，提出反诉或上诉等。

另外，根据最高人民法院《关于适用〈中华人民共和国民事诉讼法〉的解释》第八十九条第一款的规定，当事人向人民法院提交的授权委托书，应在开庭审理前送交人民法院。授权委托书仅写“全权代理”而无具体授权的，诉讼代理人无权代为承认、放弃、变更诉讼请求，进行和解，提起反诉或者上诉。可见，委托人作特别授权时，必须在授权书上写明具体的委托事项和权限。

律师应根据诉讼活动实际需要及与客户的沟通情况，谨慎选择代理权限，切莫贪图一时方便而一味选择特别权限，权限行使不当容易引起执业风险。

（七）律师如何履行保密义务

保守委托人的秘密是律师执业的基本准则之一。我国《律师法》和《律师执业行为规范（试行）》中对于律师保守委托人的秘密均有相关规定。《律师法》第三十八条规定：“律师对在执业活动中知悉的委托人和其他人不愿泄露的有关情况和信息，应当予以保密。但是，委托人或者其他人准备或者正在实施危害国家安全、公共安全以及严重危害他人人身安全的犯罪事实和信息除外。”《律师执业管理办法》第四十三条规定：“律师应当保守在执业活动中知悉的国家秘密、商业秘密，不得泄露当事人和其他人的个人隐私。律师对在执业活动中知悉的委托人和其他人不愿泄露的有关情况和信息，应当予以保密。但是，委托人或者其他人准备或者正在实施危害国家安全、公共安全以及严重危害他人人身安全的犯罪事实和信息除外。”

当事人商业秘密是指不为公众所知悉、能为当事人带来经济利益，具有实用性并经权利人采取保密措施的技术信息和经营信息。因此，商业秘密包括两部分：技术信息和经营信息，如管理方法、产销策略、客户名单、货源情报等经营信息，生产配方、工艺流程、技术诀窍、设计图纸等技术信息。当事人的个人隐私是指个人生活中不愿为他人（一定范围以外的人）公开或知悉的秘密，属于人格权保护范畴，如私生活中的习惯、私密文件、日记、不愿公开的社会关系以及其他当事人不愿公开的信息资料。各种规定表明，律师保守职业秘密的问题可做如下理解：律师或曾任律师的人，对保守由其职务上所得知的秘密，享有拒绝披露的权利，负有不得泄露的义务，但法律另有规定的除外。

特别要注意的是，中华全国律师协会于2017年9月20日印发的《律师办理刑事案件规范》第三十七条规定：“律师参与刑事诉讼获取的案卷材料，不得向犯罪嫌疑人、被告人的亲友以及其他单位和个人提供，不得擅自向媒体或社会公众披露。辩护律师查阅、摘抄、复制的案卷材料属于国家秘密的，应当经过人民检察院、人民法院同意并遵守国家保密规定。律师不得违反规定，披露、散布案件重要信息和案卷材料，或者将其用于本案辩护、代理以外的其他用途。”

《律师法》第四十八条规定：“律师有下列行为之一的，由设区的市级或者直辖市的区人民政府司法行政部门给予警告，可以处一万元以下的罚款；有违法所得的，没收违法所得；情节严重的，给予停止执业三个月以上六个月以下的处罚：……（四）泄露商业秘密或者个人隐私的。”第四十九条规定：“律师有下列行为之一的，由设区的市级或者直辖市的区人民政府司法行政部门给予停止执业六个月以上一年以下的处罚，可以处五万元以下的罚款；有违法所得的，没收违法所得；情节严重的，由省、自治区、直辖市人民政府司法行政部门吊销其律师执业证书；构成犯罪的，依法追究刑事责任：……（九）泄露国家秘密的。”

律师的保密义务，从律师与当事人的关系来讲，事关律师的诚实信用，事关当事人对律师的信任度以及对律师工作的满意度，甚至事关律师是否承担法律义务；从案件办理层面来讲，律师保守秘密事关侦查机关侦查工作的顺利进行，事关案件的顺利侦破与完结。

(八)哪些行为属故意提供虚假证据及妨害诉讼

根据《律师法》等相关规定,律师故意提供虚假证据及妨害诉讼的行为主要有以下四个方面:

1. 故意向司法机关、行政机关或者仲裁机构提交虚假证据,或者指使、威胁、利诱他人提供虚假证据的;

2. 指使或者帮助委托人或者他人伪造、隐匿、毁灭证据,指使或者帮助犯罪嫌疑人、被告人串供,威胁、利诱证人不作证或者作伪证的;

3. 在法庭、仲裁庭上发表或者指使、诱导委托人发表扰乱诉讼、仲裁活动正常进行的言论的,阻止委托人或者其他诉讼参与人出庭,致使诉讼、仲裁活动不能正常进行的;

4. 煽动、教唆他人扰乱法庭、仲裁庭秩序的;煽动、教唆当事人采取非法集会、游行示威,聚众扰乱公共场所秩序、交通秩序,围堵、冲击国家机关等非法手段表达诉求,妨害国家机关及其工作人员依法履行职责,抗拒执法活动或者判决执行的;利用媒体或者其他方式,煽动、教唆当事人以扰乱公共秩序、危害公共安全等手段干扰诉讼、仲裁及行政执法活动正常进行的。

《律师法》第四十九条规定:"律师有下列行为之一的,由设区的市级或者直辖市的区人民政府司法行政部门给予停止执业六个月以上一年以下的处罚,可以处五万元以下的罚款;有违法所得的,没收违法所得;情节严重的,由省、自治区、直辖市人民政府司法行政部门吊销其律师执业证书;构成犯罪的,依法追究刑事责任:(一)违反规定会见法官、检察官、仲裁员以及其他有关工作人员,或者以其他不正当方式影响依法办理案件的;(二)向法官、检察官、仲裁员以及其他有关工作人员行贿,介绍贿赂或者指使、诱导当事人行贿的;(三)向司法行政部门提供虚假材料或者有其他弄虚作假行为的;(四)故意提供虚假证据或者威胁、利诱他人提供虚假证据,妨碍对方当事人合法取得证据的;(五)接受对方当事人财物或者其他利益,与对方当事人或者第三人恶意串通,侵害委托人权益的;(六)扰乱法庭、仲裁庭秩序,干扰诉讼、仲裁活动的正常进行的;(七)煽动、教唆当事人采取扰乱公共秩序、危害公共安全等非法手段解决争议的;(八)发表危害国家安全、恶意诽谤他人、严重扰乱法庭秩序的言论的;(九)泄露国家秘密的。律师因故意犯罪受到刑事处罚的，由省、自治区、直辖市人民政府司法行政部门吊销其律师执业证书。”《律师协会会员违规行为处分规则（试行）》第三十六条规定：“故意向司法机关、仲裁机构或者行政机关提供虚假证据或者威胁、利诱他人提供虚假证据，妨碍对方当事人合法取得证据的，给予中止会员权利六个月以上一年以下的纪律处分；情节严重的给予取消会员资格的纪律处分。”

近年来，律师协助当事人采取虚构事实、伪造证据等手段进行虚假诉讼的现象频发，而律师作为法律工作者，用自身的法律知识帮助当事人妨害司法审判活动，这对于我国司法秩序的破坏是极为严重的。因此，律师应严格遵守自己的职业道德，不去触碰法律的底线，规范自己的执业行为，只在法律允许的范围内维护当事人的合法权益。

（九）以不正当手段承揽业务、不正当竞争有哪些主要表现

《律师和律师事务所违法行为处罚办法》第六条规定：“有下列情形之一的，属于《律师法》第四十七条第二项规定的律师‘以不正当手段承揽业务的’违法行为：（一）以误导、利诱、威胁或者作虚假承诺等方式承揽业务的；（二）以支付介绍费、给予回扣、许诺提供利益等方式承揽业务的；（三）以对本人及所在律师事务所进行不真实、不适当宣传或者诋毁其他律师、律师事务所声誉等方式承揽业务的；（四）在律师事务所住所以外设立办公室、接待室承揽业务的。”

《关于反对律师行业不正当竞争行为的若干规定》第四条规定：“律师或律师事务所的下列行为，属不正当竞争行为：（一）通过招聘启事、律师事务所简介、领导人题写名称或其他方式，对律师或律师事务所进行不符合实际的宣传；（二）在律师名片上印有律师经历、专业技术职务或其他头衔的；（三）借助行政机关或行业管理部门的权力，或通过与某机关、部门联合设立某种形式的机构而对某地区、某部门、某行业或某一种类的法律事务进行垄断的；（四）故意诋毁其他律师或律师事务所声誉，争揽业务的；（五）无正当理由，以在规定收费标准以下收费为条件吸引客户的；（六）采用给予客户或介绍人提取‘案件介绍费’或其他好处的方式承揽业务的；（七）故意在当事人与其代理律师之间制造纠纷的；（八）利用律师兼有的其他身份影响所承办业务正常处理和审理的。”

关于以虚假承诺方式承揽业务问题。需要特别注意的是:任何诉讼均存在法律风险,案件进程和案件结果可能受到各种客观因素的影响,因此律师在接受当事人的委托后应及时、如实告知当事人可能承受的法律风险,不得故意对可能出现的风险作不恰当的表述或做虚假承诺。因此,对于案件的输赢问题,律师应向委托人就案件可能出现的法律风险进行全面客观的陈述,对委托人提供的证据、案情陈述等内容进行客观的分析。影响案件输赢的变数很多,委托人所言是否真实,证据是否合法、有效,对方委托人的抗辩理由能否成立,以及一些非法律因素,都有可能影响案件的结果。律师在与委托人签订委托代理合同时,还应该书面告知法律风险,让委托人了解每个案件都均有相应的风险,也可另行在接待笔录中告知法律风险,使委托人对于案件的风险有所了解,以避免今后办案过程中产生不必要的纠纷。律师对于法律风险的告知,并不仅仅限于判决结果的风险、无执行财产的风险,对于诉讼费用不及时缴纳以及当事人不如实陈述事实和提供证据等风险均应全面告知。律师对于案件的分析判断完全取决于当事人如实提供全面准确的事实和证据。若当事人虚假陈述,或提供虚假证据,将会导致律师作出错误的分析、判断,从而使当事人承担不利或败诉的后果。

(十)哪些属于利益冲突的情形

利益冲突不仅是道德问题,也是法律问题,是律师在执业过程中面临的一个普遍且重大的问题。如何有效地识别和处理利益冲突问题对于律师工作的正常开展具有重要意义。

《律师和律师事务所违法行为处罚办法》第七条规定:“有下列情形之一的,属于《律师法》第四十七条第三项规定的律师‘在同一案件中为双方当事人担任代理人,或者代理与本人及其近亲属有利益冲突的法律事务的’违法行为:(一)在同一民事诉讼、行政诉讼或者非诉讼法律事务中同时为有利益冲突的当事人担任代理人或者提供相关法律服务的;(二)在同一刑事案件中同时为被告人和被害人担任辩护人、代理人,或者同时为二名以上的犯罪嫌疑人、被告人担任辩护人的;(三)担任法律顾问期间,为与顾问单位有利益冲突的当事人提供法律服务的;(四)曾担任法官、检察官的律师,以代理人、辩护人的身份承办原任职法院、检察院办理过的案件的;(五)曾经担任仲裁员或者仍在担任仲裁员的律师,以代理人身份承办本人原任职或者现任职的仲裁机构办理的案件的。”

在一个律师代理的案件中,律师有自身的个人利益,委托人也有其个人利益,各种关系错综复杂。因为存在利益冲突的情况,所以可能影响案件的代理,有些身份甚至可能影响案件的公正判决,或者使当事人对案件结果的公正性产生怀疑,进而影响我国司法工作的威信。如何避免利益冲突,是律师在代理案件之前、代理案件之时,都应该谨慎考虑的问题。只有正确处理好利益冲突,才能更好地维护当事人的合法权益。

About the Author 作者简介

茅迪群

女，复旦大学法律硕士，现任宁波市律师协会副秘书长，浙江和义观达律师事务所合伙人。曾获浙江省优秀专业律师（金融与保险专业）、宁波市首批“骨干型”名优律师（金融资本市场及投融资领域），曾负责的浙江波宁律师事务所金融证券部获得2014年度宁波国家高新区总工会“工人先锋号”称号、2017年度“宁波市巾帼文明岗”和2018年度“宁波市优秀专业律师团队”荣誉。擅长金融、行政、资本市场及投融资领域的法律事务，负责过多个企业改制、债券发行、股权收购等非诉项目和金融、民商、行政等领域的非诉案件。

联系电话：13857404542　电子邮箱：isabella_mao@163.com

六、情　感

(一)青年律师如何兼顾工作与家庭

人的时间、精力和能力是有限的,青年律师若要平衡好工作与家庭,可以给自己制定规划,具体包括:(1)建立一个支持系统,如果要攀登事业高峰,在工作上花费的时间肯定会更多,这就需要得到父母、丈夫(妻子)、朋友的支持,得到他们的认同和理解,这样就可以让自己全身心投入工作而没有后顾之忧。(2)要统筹工作和生活事务,在选择和权衡中达到工作与家庭的动态平衡。根据自己的判断,将重要的事由自己完成,而对并不重要的事由可以请他人完成,比如辅助工作交给助理去做,家务交给保姆去做,留出陪伴家人的时间。(3)凡事按照轻重缓急排列出顺序,把重要的事放到自己效率最高的时刻去做。工作忙时,就不要想着回家陪伴家人,专心工作,保证工作质量;和家人在一起时就不要想着工作,尝试安排与家人在一起的时间,争取和家人相处的机会。多陪伴家人,多和家人沟通,可以安排一家人每天吃早餐,或是每周日下午一起看电影;工作间隙比如通勤、等待开庭或是午间时刻可以通过手机和家人交流,促进家人之间的感情。兼顾两者其实是寻找内心的平衡点,此时不要求自己事事完美,而只是重要的事尽力做好即可。(4)保持充沛的体力,加班熬夜对律师来说并不少见,连续的高强度工作导致律师无法有更多的精力陪伴家人。这就需要律师自己寻找方法保持自己充沛的精力,例如,每周抽出一定时间进行运动、保持良好的饮食作息习惯等。平时对体能的良好管理能够让律师在工作与家庭之间不至于过于疲惫。(5)尽量避免工作中的负面情绪影响到家庭。因为职业的特性，律师经常接触各行各业的当事人，甚至会直面人性的黑暗，导致负面情绪产生，但在下班后回到家中，不要把这种负面情绪带给家人。

(二)青年律师如何处理工作与恋爱的关系

恋爱和工作学习是可以兼得的，恋爱不仅仅是一起吃吃喝喝，逛街看电影打电玩唱歌这么简单，这些只是恋爱的一部分。好的恋爱关系应该更像志同道合的战友关系。两个人有相同的价值观和奋斗目标，并在通向成功的道路上互相鼓励、互相扶持。共同经历过风雨的爱情才能长久。具体来说：(1)管理计划时间，寻求工作与恋爱的平衡。律师工作时间和强度并不固定，有时工作节奏紧迫、强度大，有时可能节奏立马会慢下来，有较多的时间。在青年律师工作繁忙无法抽身时，恋爱伴侣能够通情达理予以体谅。而当空闲时候，青年律师可以再予以补偿。两人也可以约定，尽量在作息时间上同步。工作的时候一起各自保持良好状态，全身心投入工作；约会玩耍的时候尽情释放，增进两人的感情。(2)多交流并分享各自的想法，促进互相的理解。工作中如果遇到问题或者不顺心的事，两人也可以相互交流解答并且鼓励支持对方。(3)遇到矛盾，首先要尝试沟通，保证两人沟通的高效，有不满情绪应及时向对方表达。有时候两人可能仅仅是因为一些小事存在误解，及时高效的沟通能够防止误解加深，同时避免青年律师将消极情绪带入工作中。(4)工作之余也要重视对感情的投入。在工作结束时，可以考虑买礼物给另一半制造惊喜，给二人的感情升温。总之，工作时一心一意，而恋爱时也要尽情享受美好的两人世界，要让恋爱成为青年律师创业的助推剂。

(三)青年律师应当如何和客户建立情感联系

青年律师与客户建立情感联系，关键还是以"诚"取胜。首先，要认真为客户提供专业的法律服务，能够让客户对自己及提供的服务印象深刻，进而取得和客户深入合作的机会。青年律师要牢牢抓住首次为客户进行法律服务的这一关键机会，为客户提供法律服务的过程也是与客户建立合作关系的过程，是律师向客户展示自己专业形象进而取得客户信任的重要环节。与客户沟通前，应当对客户的信息有翔实的准备，换位思考，以客户的角度出发，考虑客户的实际需求，从而让客户产生对律师的信任。

其次,在与客户沟通过程中要尊重客户,多用礼貌用语,这不仅体现了对客户的尊重,也是律师对自己的尊重及自身修养的体现。

再次,通过与客户的沟通,向其展示自身的专业水平,让客户信任律师解决问题的专业性,放心将事务交由律师处理。同时要表现律师的亲和力,耐心倾听客户的法律诉求,在倾听客户诉求的过程中让他们感受到律师的认真负责,进一步促进双方的沟通。

最后,青年律师在提供法律服务时向客户表现出亲和力,了解客户喜好、习惯等方面信息,在此基础上与客户进行良好的沟通。同时,青年律师还应遵守职业道德与操守,严格保护客户的商业秘密和个人隐私,提升客户对自己的信任感。

(四)与同事和指导老师之间如何保持良好的沟通

1. 和同事要多探究,互相提高专业素养。每个人都有优缺点,律师也是。在和同事沟通的过程中,善于发现同事身上的专长和优点,抓住一起工作的机会,互相学习补足,这也是青年律师刚进入行业时提高自己最直接的方法。遇到疑难问题,可以进行深入研究,抽出时间就问题进行讨论,这有助于律师自己专业的提升。

2. 向指导老师学习要保持诚恳、虚心求教的态度,尊重老师。指导青年律师工作的老师一定拥有丰富的执业经验和高超的专业水平。青年律师在与指导老师沟通交流的过程中要发现老师的过人之处。刚入行的律师要勤勉刻苦,心态良好,这样一定能够得到指导老师的赏识,主动与指导老师沟通交流,表达自己的观点和思想,虚心求教。在老师对你进行指导的时候,虚心听取并接受,与此同时,敢于就自己的观点与老师进行探讨,保持自己独立思考的能力。

3. 用诚恳的态度进行沟通交流,沟通时的态度对结果有着重要的影响,青年律师要思考合适的表达方式。对于沟通而言,除了表达的内容,表达的态度也很关键,要把握态度的诚恳。

4. 学会合理的拒绝。如果对指导老师安排的工作觉得不适应,要向老师交流;对同事的观点有不同意见,也要第一时间说出来。在专业问题上有不同的意见,经过自己的深入研究,找到合理的根据并进行合理的表达,相信也会得到指导老师和同事的认可。

5. 多点实际行动。如果指导老师对自己产生误解,分析出原因所在,及时提出自己的解决方案并向指导老师探讨。一定要把自己的工作做到位。

(五)与律师同行之间的关系如何处理

青年律师与同行之间的关系要做到:(1)尊重与合作。青年律师执业时要严格遵守“相互尊重”这一职业行为规范,在执业中更要尊重同行。如果客户决定另行委托同行使其同自己共同提供法律服务,不应当进行阻止;与同行向客户在提供同一法律服务时应当秉持职业精神,相互配合。若发生异议,应当向客户及时反映并由其决定;不应当利用媒体或在公众场合对同行进行形象贬低,损害同行名誉;庭上或者在法律事务谈判中不应当相互讥讽,应当互相尊重,等等。(2)禁止不正当竞争。不得采用不正当手段和同行进行业务竞争,比如采用编造谣言等方式诋毁、诽谤同行,损害同行的名声;故意以低于行业正常价格拉拢客户,或采取回扣等方式进行竞争;故意在同行及其代理案件的当事人之间制造矛盾,等等。(3)维护行业秩序,不可低价竞争。律师在任何一个国家都是高端的职业,要维护行业命运共同体,不可低价竞争而毁坏律师的职业形象。

总之,律师同行要共同尊重和维护法律职业共同体。同行之间应相互交流学习,尤其是刚进入行业的律师更应该多向同行前辈们学习。即使在法庭上是对手,但在庭后也可以向他们虚心求教,进行友好的交流沟通。共同进步才能推动律师事业的发展,营造更为良好的律师执业环境。

(六)交际和学习如何做到统一

一名优秀的律师应该同时具备“硬件”和“软件”两方面条件。“硬件”即是指律师的专业知识、业务能力,这是成为一个好律师的基本条件。“软件”则包括多方面的内容,交际能力就是其中很重要的一个方面。社交和学习两者并不矛盾,而是相辅相成的。提高交际能力要从社交的点点滴滴做起。改变自己,在众人面前呈现出一个全新的社会形象。锤炼良好的社交心态,不要把交际活动看成简单的待人接物、关系往来。交际实际上是一个律师综合素质的反映,更是一个律师处世心态的外现。律师在与法官、检察官的沟通交流中，要注意保持正常的社交距离，学会换位思考，适应不同的法官和检察官。律师应当与法官和检察官在专业知识和工作能力上多交流，用简洁明了的方式进行表达，抓住重点，这要求律师通过不断学习来提高自己的专业素养。

律师与当事人的交往体现在日常工作接触，律师的专业水平是能让当事人信任的重要保障，律师就当事人的问题进行专业的分析与研究，通过恰当的方式与当事人沟通，给当事人塑造直观的印象和评价。律师在与专业人士或者当事人的交际接触中如发现专业或者实践性问题，要有针对性地进行学习研究，不断总结经验，不断提高交际能力。

律师与潜在客户的接触体现在当青年律师有机会面对大众时，律师一定要争取机会，要多亮相，多展现自己。给其他行业做专题讲座、在论坛中发言是个很好的系统梳理自己知识、学习新知识的机会，还可以收获大批量的粉丝。

（七）青年律师心理压力大的时候如何调节

首先，正确理解所谓的付出与工作成果的关系。青年律师接触行业不久，完成工作任务时，会比较费时费力，感觉付出很多，但完成的效果却有限，这是因为办案技能和能力往往决定了完成的成果。因此，理解了这个道理后，青年律师便要更积极主动地把重点放在提高能力以求得高质量的工作成果上，从而得到与本身价值相当的回报。

其次，在面对办案技能的压力时，时时要有一颗求知、进取的心，不断保持自己大脑知识储备的更新，这需要律师花时间在研究法律法规及案例学习上。不断学习专业及专业外的知识，开阔自己的视野，提升自己的知识素养。在办理案件过程中，要锻炼自己的剖析问题能力和法律逻辑思维能力。青年律师平时应注重积累，多锻炼自己的逻辑思维能力，遇到问题多运用自身的独立判断能力，探究深层次原因。

最后，面对客户的压力，需要我们律师个体具备敏锐的洞察力，筛选客户，分清界限和判断标准。以诚相待，与客户做好沟通。面对客户的质疑，多倾听，减少客户的误解。这样可以化压力为动力。

总之，一是心态上的调整；二是将该做的工作尽力做到位，对法律关系和事实认定的判断要精准把握。

（八）女律师在怀孕、哺乳期间如何处理好工作

青年女律师在怀孕和哺乳期阶段应尽量降低工作强度，缓解工作压力，不要经常熬夜，保持心情愉悦。在这个时期，家人尤其是丈夫，应当多给予理解，愉悦的心情有利于增进夫妻感情，也有利于宝宝的神经系统发育。家里人应当充分尊重孕期女律师的想法，降低女律师特殊阶段的焦虑，共同迎接新生命的到来。在哺乳期，家人除了应当给予宝宝照顾，也应特别关注哺乳期妈妈的心理状况，避免产后抑郁的发生。

工作上，女律师在确认怀孕后，要及时和客户以及同事告知情况，请同事或助理代为分担需要出差或相对疲劳的工作，合理分配时间。因生理原因不适合接收的新客户可以交与同事代劳，手头的工作分担上以承担文案工作为主，平时和客户沟通可以通过电话或邮件完成。在这个时期，女律师还是应以调养自己身体和哺育宝宝为主，以工作为辅。身体是革命的本钱，这个阶段过了以后，女律师完全可以恢复到原先的工作状态和工作强度，对自己的职业发展应该不会造成太大的影响。当然，因为怀孕或哺乳期而放弃工作，也是不可取的。工作是实现自己人生价值的舞台，不要轻易脱离这个舞台。所以，在怀孕和哺乳期，青年女律师一定要合理分配时间和精力，兼顾好家庭与工作。

（九）当事人因对律师代理不满意而情绪激动时如何处理

首先，耐心认真地听取当事人的意见。在此过程中一定不要急于解释客户疑问，一定要有澄清询问的过程，一定要听到客户更加详细、具体的反对意见，再次确认我们是否真正理解客户的问题了。这个过程一方面是当事人抒发情绪宣泄不满的过程，另一方面也是收集信息，了解当事人不满的原因的过程。尽量安抚当事人的情绪，并针对不同的情况作出判断。如果当事人不满的原因在于当事人自己，要耐心解释清楚，对所提供的法律服务进行说明。如果双方都有原因，则应当与当事人及时地进行协商，将当事人态度明确成对应的解决方案，找出其不满的深层次原

因,看当事人的要求是否合理、能否满足,并将其转换为可以解决的问题。可以的话,制订明确的解决应对方案,并要确保能够得到当事人的理解和认同。如果是律师本身的问题,律师要诚恳道歉,并寻找弥补的方案,寻求当事人理解。

其次,在律师和当事人产生纠纷后,律师必须按照实际情况及时向律师事务所报告,解释清楚事情的来龙去脉。在律师事务所的调解下,把问题解决在萌芽状态。

再次,对于当事人明显无理取闹的,律师及律师事务所也要搜集整理好书面、录音等材料,在做好说服工作的前提下及时向司法行政或律协等负责投诉处理的部门汇报。

最后,律师在与当事人接触时,一定要做好相应的记录工作,既能作为律师总结不足之处的宝贵经验,又能为进一步解决问题提供依据。

(十)青年律师如何调节理想和现实的差距

青年律师刚步入律师行业,对自己的执业生涯满怀热情和信心。然而现实是生活上的入不敷出和专业上的获得感、成就感缺失。面对这种巨大的落差,首先,青年律师要对自己的职业有正确的认识。对于自我认知,青年律师如果急于想要在执业初期获得财富,非常容易形成错误的认识,因此应当有一个准确的自我定位。青年律师要能够合理安排自己的时间,制定短期及长期职业的规划。在社会认知上,青年律师应当熟悉律师职业的性质。律师是中国特色社会主义法治建设者,青年律师在法治建设过程中,应当对自己的价值有清晰明确的认识。准确的社会定位能够帮助青年律师在执业中作出正确选择。

其次,要明确方向。当今社会,法律服务市场在悄然转型,社会对提供的法律服务质量要求越来越高,专业化成为律师行业发展的趋势。青年律师应当走专业化之路,在熟悉各行业领域的基础上,作出专业化的定位和选择。

再次,要加强自身的专业能力。专业能力是青年律师在行业扎根的基本功,青年律师要不断学习提高自己的专业能力。同时,青年律师也要具备一定的毅力和恒心。作为刚步入律师行业的青年律师,受制于经验不足、能力等多方面因素,而律师是一个实践性很强的职业,需要投入大量时间去研究案件,因此,青年律师一定要把握当下,坚持提高自身能力。

最后,青年律师要有工匠式的钻研精神。认真研究经手的每个案件,及时总结,积累实践经验,做到谦虚谨慎、戒骄戒躁。

(十一)如何消解客户、指导老师的质疑和指责

面对客户的质疑和指责,首先,要认真冷静倾听客户的质疑是什么,提出质疑的原因是什么及对律师提供的法律服务的感受如何。青年律师往往容易在客户未将质疑表述完全时,就打断客户,以自己的想法作出判断,这是不正确的;应该认真倾听客户所讲的内容,让其能够完整表达。

其次,要对客户所表达的质疑表示认同,让客户感受到其质疑得到尊重。接着弄清客户产生质疑的深层次原因;倾听完客户的质疑后,要进一步问清客户具体的反对意见或者疑问,了解问题症结所在,并与客户进行确认。

最后,是对客户提出的疑问进行答复并提出相应的解决方案,向客户提供方案的实施计划并能够让其认可。在面对和处理客户的质疑时,重要的是保持良好的心态,学会换位思考,从客户的角度出发。在客户情绪不稳时,要先安抚客户,同时,处理质疑要将解答的过程记录下来。

得到指导老师的认可是能够得到客户信任的重要前提。律师面对指导老师的质疑和指责时,首先,要认真听清指导老师质疑的内容,明确产生质疑的原因;其次,思考自身的原因,是因为不细心产生的错误还是专业知识不足或者逻辑混乱导致质疑产生;最后,要向指导老师解释原因。如果是因为不细心产生的错误应多加注意,如果是专业知识或者逻辑思路上的原因要和指导老师交流自己的想法,有不明之处则虚心向指导老师请教;同时对指导老师提出的质疑进行记录并总结,从而形成青年律师在成长过程中十分宝贵的经验。

(十二)青年律师如何将压力转换成动力

青年律师在来自各方面的压力之下会出现不良心态,需要学会将压力带来的消极的心态转化成奋斗的动力。首先,刚入行的律师会经常做大量的“小事”,例如整理案卷、查询法律法规、搜索法院判例,发现现实与自己理想的律师行业不同,从而产生浮躁的心理,因此往往会眼高手低,“小事”不做,真的案子来了做不了。克

服这种浮躁的心态一定要静心去思考,平衡自己的心态,仔细认真地做好手上每一件“小事”,脚踏实地,不断积累。

其次,作为青年律师切记执业前期不可过于重视名利。执业初期必须遵守执业道德,要有自己的原则,不可逾越底线;此外,青年律师在执业中总会有因为自己的业务能力不足导致失败的经历,也必然经受一定的挫折。律师是为当事人解决疑难问题的,遇到挫折随时反思自己的不足之处,积累宝贵的经验,积极面对挫折。

再次,青年律师也会有遇到无事可做带来的焦虑。面对长时间的空闲,应该主动思考如何进行提高,无论是专业能力还是逻辑思辨能力。无事就找事做,例如多研究法院的判例并总结判案的思路逻辑,发现法律实践中的疑难问题,对此尝试写些专业文章等。

最后,自律是应对压力的好方法。刚入行的青年律师可以制订长期和短期的计划,固定每天必做的事,不断地通过充实自己来避免无谓的一些焦虑和紧张感。

总之,刚入行的青年律师都会有来自各方面的压力,不断充实提高自身是将压力转化为动力最好的方法之一。

(十三)如何减少公开场合发言的焦虑感

人际交往是律师一项非常重要的技能。青年律师在平日接待当事人或者和法官沟通时,往往能够表达自如,但若面对台下众多期待律师发言的观众时,难免会产生焦虑紧张感。若要减少这种焦虑感,首先要有充足的知识储备,平时多阅读,拓宽自己的视野,了解不同的领域。有了较为丰富的积累也能避免发言时因词穷而紧张。其次,从发言的内容入手。提炼发言内容的提纲,熟悉发言的逻辑思路。用明确、清晰、简洁的词句表达,特别注意法律专业名词的表述。这样不仅能让听众明白发言的内容,也能让发言者自己清楚自己的发言脉络。适当地在发言内容中加入案例,可以将每个案例作为发言时段中的某一节点,也能让发言律师不至于过于紧张。记住发言内容需要被表达出来,在发言前,自己多加练习发言。同时,自信也是减少发言时焦虑的一个重要因素,提高自信心有助于消除焦虑感。在发言中减少自己的否定性评价,多些对自己的肯定性评价。

发言时不要过分在意自己的表现。在公众场合发言时,往往会希望给听众留下不错的印象，过于想把自身的不足掩饰起来，容易造成紧张焦虑的情绪。因此，不用苛求自己让所有人都留下好印象，容忍自己发言时的一点失误；同时在发言过程中试着转移自己的注意力，重视发言与听众的整个氛围。也可以适当地附加一些肢体语言来帮助自己的表达，从而减少焦虑感。再者，发挥律师思维逻辑缜密的特点，这是青年律师发言时一个重要的优势。

（十四）如何加强律师执业的心理支撑

首先，减少自责情绪，多发现自己的进步。青年律师刚进入律师行业，在执业过程中会不可避免地犯错，当错误发生后，青年律师会过于自责，从而对自己产生怀疑。吸取错误的经验固然重要，但同时应当关注自己在承办案件中作出的努力和获得的进步，这有助于青年律师从过于自责的阴影中走出，增强自己的信心。

其次，学会通过自己的方式去减压。初期执业会遇到形形色色的问题，也会产生巨大的压力，寻找自己喜欢的方式减轻压力。例如，可以通过看电影、骑车等方式来放松自己，从而更有斗志投入工作。

再次，克服自己的思维方式障碍。律师职业的强烈对抗性及案件的复杂性等多方面形成的律师心理压力，可能造成律师心理障碍，例如：应付、先入为主、急功近利等心理。这些心理都会影响律师的思维，对律师办案产生负面影响，因此需要认识并克服这些障碍。

最后，改变自己的思维定式。律师在办理案件的思考过程中，由于知识、经历、经验等因素的影响及制约，研究解决问题时难以改变固有的思考方式，形成思维定式。青年律师需要多结合书本和实践，从法律实践的角度认识并运用知识，多比较，开阔视野，认识到书本的局限性，避免被书本所束缚；同时要多倾听他人的意见，比较与自己不同的见解；此外，还需熟悉掌握案件材料，勤思考问题，总结经验，使自己保持良好的执业水平。

（十五）青年律师如何避免主观判断

若要避免主观判断，先要了解容易导致主观判断产生的因素。对于青年律师，影响主观判断产生的因素主要有为书本知识所束缚、仅从自己的立场和角度去看待别人的行为、从众的惯性思维等。我们应当根据以上因素来寻找避免主观判断的方法。

首先，青年律师还未有大量的执业实践经验，接受一个新案件，容易仅仅根据书本知识轻易对案件作出判断。面对这种情形，青年律师一方面需要研究实践中相似的判例，了解知识在实践中如何应用；另一方面，需要深入案情，厘清思路逻辑，而不是简单地依据法律法规进行判断。

其次，在办案过程或者与客户沟通过程中，青年律师会不自觉地从自身认知、观点出发来作出判断，忽视对方或者客户所说的内容，导致的结果可能是被对方抓住弱点或客户产生不信任。为此，青年律师要学会改变认知案件角度，学会换位思考，站在他人的角度考虑其感受，多倾听他人的意见，在结合自身的观点及他人的意见基础上作出判断。

最后，由于刚进入律师行业，经验不足，青年律师思维方式与解决问题的方法经常性地模仿和参照别的律师。对此，在遇到问题时要更多保持自己的独立思考，从案件每一个细节着手，问自己为什么会这样，而不是一味去借鉴相似的解决方式。没有完全相同的两个案件，也没有完全相同的两种解决方式。青年律师要自己多发现问题，探究原因，提出经过自己独立判断后的解决方案。

（十六）青年律师应先成家还是先立业

关于这个问题，青年律师先问自己更希望先将精力放在成家还是立业。就先成家来说，家庭是温馨的港湾，也是坚强的后盾。执业初期的青年律师可能会因为经验不足等原因遇到挫折和困难，先成家的律师有家庭提供的后盾力量，能够将执业道路上遇到的压力变为动力，激发自己的斗志。有了家庭的支持，律师也能够让自己安定下来，将精力投入工作中。但是，成家后面对的生活更多的是柴米油盐，平日的琐事也会影响到律师工作的状态。当刚进入行业的律师正要大展身手时，疲于处理家庭琐事可能会导致自己的斗志被逐渐消磨。青年律师在希望先成家时，既要看到成家给自己带来的后盾支撑，也要考虑到成家后如何平衡好家庭和工作，减少家庭的琐事给自己执业带来的影响。

如果选择先立业，不用为成家后的琐事烦恼，能够全身心投入工作中。作为律师界的新人，想要在这个行业中立足必定要投入大量时间和精力，青年律师优先选择自己的事业，为自己职业理想埋头奋斗，选择面变广的同时应当作出更理性的选择。先立业虽然能够让律师集中精力投入事业，但律师行业的竞争压力巨大，成家前的律师需要独自一人面对来自各方面的压力，这对律师个人的承受能力是巨大的考验。选择先立业时，需要考虑到最艰难的执业初期是否可以独自经受考验。

About the Author 作者简介

赵　晶

女，1989年5月2日出生，浙江盛宁律师事务所合伙人。2013年出国深造，获得美国伊利诺伊大学硕士学位，主攻商法方向。曾获宁波市优秀青年律师、宁波市消费者协会公益律师等荣誉称号，入选宁波市“成长型”名优律师培育对象、浙江省涉外法律专业库专家、宁波市贸促会法律顾问团专家律师。主要从事的业务方向为国际贸易、国际海上货物运输、国内外民商事业务等，所撰写的论文曾多次在华东律师论坛、浙江省律师论坛、宁波市律师实务理论研讨会获奖。

联系电话：13805860384　电子邮箱：156093555@qq.com

七、素　养

(一)律师应具备的基本素养

律师作为专业的职业群体所应具备的基本素养,较之其他职业所应具备的基本素养,既有共通点也有其特性,律师应当具备的基本素养主要可被总结为以下三点:

1. 学会做人。律师职业每天都需要和客户、法官、检察官、同事同行等不同社会群体打交道,法律不是一门科学,而是社会经验和艺术,这就决定了律师应具备的最基本的素养就是学会做人。抛开律师身份不谈,你在日常工作中、生活中、学习培训中,能否让他人觉得你是一个值得信赖的人,是个懂礼貌和尊重别人、诚实正直的人,这些信任感和认同感就决定了他人是否愿意与你交流甚至将重要之事托付于你。把人做好了,那么律师职业才会有发展和腾飞的可能。

2. 具备法律专业技能。青年律师应当具备扎实的法律知识和专业律师技能。青年律师在正式入职律师行业后,还要不断学习和掌握经常更新的法律法规、司法解释、部门行业规章制度、各地区法院指导性意见,律师职业本身的知识性就决定了青年律师必须保持终生学习和更新知识体系的习惯。专业的律师技能主要指两方面:写作能力和语言能力。法律文书比如起诉状、答辩状、代理词或辩护词、法律备忘录、应诉方案分析等都是律师服务当事人、说服法官、表达法律意见的重要形式。一份格式规范、逻辑缜密、文风简洁干练的法律文书是青年律师的重要利器,青年律师应在执业初期花大量时间和精力不断打磨这件武器。青年律师具备良好的语言能力，除了要求能清楚准确地表达自己的想法外，还要求面对不同群体时，要以对方最容易理解的方式去表达。青年律师在接待当事人与和法官探讨法律问题时所使用的语言词汇和语调、语气显然需要做不同的安排和调整。

3. 拥有法律思维能力。像法律人一样去思考，这是青年律师应具备的基本素养。法律思维能力是指按照法律的逻辑来观察、分析和解决问题的思维方式，这是一种独立思考和独立判断的能力，也是当事人为什么需要律师来帮助其梳理事实、归纳争议焦点、分析法律风险和提出解决办法的原因。

（二）律师应具备的职业风度和仪姿

有些律师面无表情，尚未开口说话，就能让人心生敬畏、感受到强大的气场，而有些律师即便滔滔不绝甚至大声咆哮，都无法服众；有些律师自吹自擂，也难以获得当事人的信赖，而有些律师，被客户看第一眼就能获得信赖。律师之于人前，应当时刻保持精力充沛、优雅知性、容光焕发的职业风度。

1. 气质高贵。律师形象的重要表现在于气质，高贵的气质会让当事人对律师和法律本身心生敬畏，而气质是心性的外在表现，需要长期熏陶和有意识地培养。人的气质在一定程度上是由见识决定，故作为青年律师应当有意识地多去阅读各类书籍、接触不同社会群体、参加律协组织的各种培训交流活动、参加各地甚至跨境律师论坛等，你所接触的人和所阅读的书往往决定了你所具备的气质。

2. 举止谈吐优雅得体。律师的形象是由一系列的细节来树立，简约大方应当是律师追求的职业风格。因此，律师的言行举止、穿衣风格都应当讲究简洁和大气。律师在公开场合发表口头陈述或发布写作文书，要讲究用语精准简练、立论有高度，格局开阔方能彰显优雅得体的职业风格。同时，律师的言谈举止要讲究格调和与场合相适宜，不能给人低俗之感。律师群体不是一个畏畏缩缩的群体，要给人以专业人士印象，并能体现干练、高效、高雅、和谐的职业特点。

3. 具有人格魅力。律师的最大魅力来自职业道德的人格力量，青年律师做到后期会发现，越高层次律师之间的较量，知识与技能所占的比重越低，人格魅力才是重要决定因素。青年律师在执业初期靠的是技能来站立脚跟，而后期的发展突破要靠人格的力量。律师职业的特点决定了律师本身会听到特别多的故事并接触到社会前沿问题,这就决定了律师之间的交流本身就是一件赏心悦目之事。

(三)律师应具备的人文素养

由于律师每天不仅要面临复杂的社会问题,而且需要与各种社会群体打交道,这就意味着青年律师应当对于人文、社会、历史、风俗人情等要有了解和涉猎并形成自己独到的见解。律师若对人不了解,那么法律将只能是文字的绳索,不可能为社会群体带来真正的正义,也无法从根部上解决问题。所谓人文素养,引用龙应台老师的话来说,“其中包括美学、文学、史学和哲学”。

青年律师要有意识地培养自己的人文素养,可通过阅读和旅行方式来积累自己的人文素养。读书应当不拘泥于形式,杂志、报纸、经典名著、有声读物都可以是青年律师吸收人文知识的渠道,但建议青年律师最好制订阅读计划,即每年的阅读书单,细化到每月完成哪些资料的阅读、每天完成几页阅读量。只有这样才能养成阅读习惯,从而潜移默化地培养人文素养。而旅行是一种具有互动性的无字阅读,通过与不同区域人群的接触和交流,阅读他们的文化和历史、他们的痛点和快乐,建立与他人共情的能力,才能更好地从别人的角度思考和提出解决方案。

(四)律师与当事人之间的相处之道

当事人对律师的认可和口碑是衡量律师成功的重要标志之一,当事人是律师的“金主”,其委托的项目又是我们律师增长经验值,完成自我成长的重要田地。因此,与当事人相处应注意以下两点相处之道:

1. 与当事人之间保持一定的距离。从法律关系上来讲,当事人与律师的关系是委托人与代理人的关系,这就意味着律师是受当事人之托为其解决问题,切不可将当事人的利害关系与自身画上等号。在为当事人提供法律服务过程中,青年律师要始终铭记律师的定位,保持超然的境界,与当事人的切身利害关系保持一定的距离。这样做,不仅可以使自己更加理性和客观地帮助当事人分析并准确作出判断,而且能避免律师自身执业风险。比如,个别律师为了帮助当事人获得最大利益,不惜为当事人伪造证据或间接地参与违法违规不正当的操作等。

2. 与当事人的沟通贯穿始终。首先,在首次接待当事人时,要有耐心听完当事人的故事陈述,并对当事人的处境能产生同理心,这样才能读懂当事人真正的预期和想法,从而有针对性地提供服务;其次,在谈论案件时,要提供多种解决方式和分析多种可能遇到的问题,让当事人感觉律师把他没想到的问题都想到了;最后,对当事人来讲,其是法律的外行人,所以在与其沟通整体方案时,需要对办案的具体程序和推进进程作宏观介绍和告知。另外,无论是案件开庭前还是开庭后,都需要将进展和可能的走向与当事人作充分沟通。即使有些阶段没有实质性进展,那么也需要通过电话或邮件/微信方式向其问候和汇报,让当事人觉得律师在尽心尽职地为其提供服务。

(五)律师为什么要尊重法官?要以怎样的方式表达尊重

法官在律师执业生涯中是非常重要的角色,无论刑事领域还是民事领域执业的律师,都需要接触形形色色、风格各异的法官。从宏观上来讲,尊重法官也就是尊重司法权威和司法公正;从微观来讲,在案件承办过程中,律师若能通过自己的一言一行让法官感到被尊重,那么律师的观点就更容易被采纳或者至少让法官对律师留下良好的印象,有利于和法官建立良性的沟通渠道。青年律师可以通过以下方式表达对法官的尊重:

1. 熟悉案情和法规,开庭前做足功课。律师对法官的最大尊重不是出于礼仪上的恭敬,而是在法庭上尽到作为律师的基本职责。有些律师在开庭时才第一次看案卷,庭前没有对书面材料进行审阅,也未和当事人就相关事实提前调查核实,等到开庭时,法官一问三不知,那么法官就会觉得律师完全不尊重他的工作和时间、不尊重整个庭审,没有提前做过功课的律师参与庭审就是浪费法官的时间。遇到上述情况时,法官有时候不得不中止庭审,休庭让律师先与当事人联系了解基本事实后再开庭。因此,律师对案件案情了然于心,对必须核实的事实问题都提前熟悉和准备,对法律引用不张冠李戴,就是对法官和法庭最重要和最基本的尊重方式。

2. 正面回答法官为查明事实必须核实的问题。中国式庭审中,法官是积极参与诉讼、负责核实相关事实的角色。因此,法官为了查明事实真相,庭审中会有向律师提问的环节,其中有些问题是他写判决书时必须要核查的事实问题。对于该类问题，即使答案对所代理的当事人不利，也要正面回应法官，不要绕了半天答非所问，让法官感觉律师在“扯”。建议青年律师本着诚信诉讼的原则，正面回答法官要求必须回答的问题，你的答案可以陈述你所了解的情况或回答“不清楚”，但千万不要陈述半天还是答非所问，让法官觉得你是在忽悠他。

3. 让法官感受到律师是在协助法官工作。基于上述提到的中国式庭审的法官责任，如果青年律师能把法官写判决书时需要引用的法律条款和司法解释提前做好梳理，将相关的判例也帮助法官提前做好搜索和整理工作甚至形成一份案例报告，将正方观点和反方观点都提前整理以书面形式呈现给法官，那么法官就觉得律师在协助他办理他的本职工作，这种方式能让法官感觉你对他的尊重是实实在在并且用心的。

（六）与律师同行相处应具备的职业素养

律师同行在青年律师成长过程中既是你的对手，也是你的陪练师父，更是案源和业内口碑的有力推荐人。青年律师要获得经验值，需要通过一个个具体案子的历练，而这个与你对庭的律师同行之间切磋较量的过程，有助于你快速提升律师专业技能；如果你的人品和业务能力能获得所内或所外律师同行的欣赏与认可，那么日后会有很多找你合作共事的机会。因此，与律师同行之间建立良好和谐的关系，对于青年律师的发展意义深远，提供以下三点相处之道供青年律师参考与借鉴：

1. 尊重同行，切不可进行人身攻击。律师同行之间的相处保持基本的礼节是底线。庭审对抗过程中，即使各自立场不同、所代表的利益方不同，也不能对同行进行侮辱性或蔑视性语言攻击，不要轻易使用“对方在进行虚假陈述”这种表述，庭上应尽量避免使用反问或嘲笑语气。

2. 真诚交流，不卑不亢。与同行的相处方式应当有别于客户，相处交流中切不可过分夸大描述或掺入过多营销成分，否则会给同行留下华而不实、不够坦诚的印象，不利于建立友好紧密的联系。在青年律师执业过程中，会遇到比你资历深、名声在外的名律师，此时青年律师可以表达对同行前辈的欣赏与敬意，但在具体工作沟通、庭审对抗环节仍需尽到代理人应尽的职责，不卑不亢、有条不紊地完成应做的工作；当遇到比你更年轻、刚毕业不久的同行后辈时，青年律师也应当与其真诚平等交流,甚至可以视情况对其提出善意的提升改进意见。

3. 积极帮助,乐于分享。律师都会有各自擅长的专业领域,当有同行向你请教你所擅长的专业领域问题时,请尽可能提供力所能及的帮助,你的举手之劳会有很多意想不到的收获。这种良性的分享互动也是双向的,当你遇到业务实务难题时,相信也会有同行伸出援手,把他的实战经验和专业研究毫无保留地分享给你,这种同行之间的良性互动分享对整个行业高质量发展有重大作用。

(七)律师应具备怎样的心理素质

律师工作具有高强度、高压力、变数多的特点,作为一名律师如果没有良好的心态,很难在漫漫律师执业生涯中走出自己的路。结合笔者从业经历,认为以下三点心态是一名律师应当具备的心理素质:

1. 自信。青年律师要对自己有信心,只要认真勤勉、脚踏实地完成手头每一项工作任务,都会取得辉煌的成就,走出自己的一条康庄大道。青年律师往往低估自己的实力,从而由于自我限制而影响自身潜能的开发与利用。要知道能跻身法律界人士行列,本身就是一种成就和荣耀,能获得律师执照就意味着你具备与同行在同一个平台对话的能力,拥有较高的逻辑思维能力、处理问题能力和沟通能力。青年律师首先要看重自己、尊重自己,别人才会尊重你。律师执业过程中会遇到很多困难和挫折,如果没有自信心,那么一点儿小挫折或小挑战就会让你身心俱疲,无法在职业生涯中继续前行。因此,保持自信心是青年律师坚持从事律师职业必须具备的心理素质。

2. 勇敢。律师在执业过程中会遇到“瓶颈”和挑战,需要突破“瓶颈”和面对挑战的勇气。许多具有历史突破性或行业代表性的案例通常都是由勇气十足的律师创造,他们遇到山重水复疑无路的境遇时,会有放手一搏、背水一战的勇气,这些勇气会给他们带来内驱力和行动力,并带来突破的可能。同样,律师在执业过程中自身也会犯错误,没有哪位律师每时每刻都能做到完美。实际中,青年律师经常会因经验不足而犯错误,这时就需要勇于承担责任,勇于承认错误并及时设法弥补,这样才能树立堂堂正正的形象,更能以此态度化解眼前的危机。

3. 宽容。青年律师必须有入世的包容,面对社会百态、人间万象,要有包容的心,才能有宽阔的发展空间和源源不断的一切。要对他人的行为和观点保持宽容的心态,不同的律师对于同一个法律事件会有不同的看法和观点,这可能是由立场不同和看问题的角度不同造成的。在参与争论法律问题时,不要轻易上纲上线,将见解的问题上升到大是大非的高度;应当尊重他人的原则,不能强迫别人接受自己的原则和价值。并且,青年律师要想说服对方接受你的观点,必须要先以包容的心态去理解别人,才能从他人的角度出发,以他人能接受的方式提出自己的观点。

(八)律师应如何保持良好的身体素质

律师进行执业工作需要良好的身体素质,律师经常一开庭就需要三四个小时的全身心专注工作,商务出差及短时间内的高强度工作都是常态。要想精力充沛、神采奕奕地完成这些工作任务,青年律师必须具备健康的体魄。而若要保持健康体魄和饱满精神,需要律师养成以下良好的生活习惯:

1. 保证足够的睡眠,制定符合自己身体特性的作息表。睡眠充足是保证健康的基本条件,长期睡眠不足不仅对思维敏捷度和反应力有负面影响,还会对身体造成不可逆转的伤害。由于生活和工作习惯不同,律师也有早睡和晚睡的差别,但是每天保证八小时睡眠和中午半小时的午休,会让律师的大脑和身体都有足够的休息时间,从而使自己更好地参与下一步的工作。

2. 合理健康的饮食。当下很多律师都有肥胖或三脂高的问题,这不仅导致律师自身身体不健康,还会向当事人传达一种律师缺乏自制力和自控力的讯号。因此,律师应当合理饮食,尽量使用高蛋白低脂肪类食物,并搭配蔬菜和膳食纤维类食物来均衡营养。另外,遵循古人的教诲,吃饭吃到七分饱即可。

3. 保持规律性运动。长期运动不仅能提高律师的体能,对缓解工作压力也非常有效,律师应当将运动视为每天必须完成的工作任务,有了这样的认知才能坚持运动。对于如何坚持运动,提供以下几点建议:第一,选择适合自己且喜欢的运动,才能细水长流,并在运动当下就能收获愉悦。有些人喜欢跑步、瑜伽、登山等个人运动,有些人喜欢羽毛球、拳击、篮球等对抗性较强的团体运动。只要根据自身身体特性和喜好选择一样,重在长期坚持。第二,最好有一起运动的伙伴,这样能相互督促、相互监督,从而更容易坚持。第三,要有极强的运动安全风险意识,适量运动，尽量避免身体发生不可复原的伤害，这样才能长久运动下去。

（九）律师应具备良好的外语沟通能力

在经济全球化的当今社会，学好外语可使青年律师拥有更多的优势和机会，也是响应中国当下“一带一路”政策，鼓励律师能为中国企业走出去提供更好的法律服务的必要条件。青年律师在学习法律业务的同时，要分配同等比例时间学习英语。而学习英语作为一种语言的习得，讲究时间积累、量变到质变，所以学习英语最大的问题就是如何坚持长期学习。在此，为青年律师提供几点建议：

1. 设立长远的目标，并将近期目标细化为每月、每周、每日对应的具体项目和任务。比如，我们的目标是能和国外律师同行顺畅交流，能轻松读懂英语法律文献和书籍并能进行英语法律文书书写，那么，我们就需要将这个目标拆分成项目，即为了达到这个目标我们需要阅读 50 本英语原著和 100 篇专业论文，为了完成这些细项目，我们需要规划到每天的任务中，具体到读几页书和完成多少字的英语写作。只有这样的长远目标加上具体可执行的每日任务，才能保证英语的坚持学习。

2. 多争取和积极参与涉外相关的工作任务。作为青年律师，在执业初期，不会马上有客户委托你办理重大的涉外法律业务，但是为了督促自己长期坚持学英语，可积极参与所里同事涉及英语的辅助性工作，比如英文邮件翻译，英语法律文书错别字核对，甚至可以主动要求参与接待外籍客户等。在工作中学习是进步最快的，这种主动参与的英语工作任务是帮助你坚持学英语的有效“外力推动”。

3. 积极参与跨境律师行业交流。宁波是一个开放的现代化港口城市，宁波市律师协会每年也会有组织与、新加坡、欧洲地区、美国等境外律师同行交流的机会，比如律师论坛或游学项目。积极参与这些项目，多接触境外优秀同行，会使青年律师有更强劲的内动力保持长期学习英语的好习惯。

（十）面对人工智能的挑战，青年律师应当如何应对

当今社会随着高科技和互联网的发展，青年律师除了面对传统的行业内竞争外，还需面对行业外“人工智能”的挑战。美国 IBM 公司推出的智能机器人“深蓝”是破产法专业的“智能律师”，其所提供的法律服务质量和准确度甚至高于人类律

师。在这样一个时代,青年律师应当如何应对这类挑战,笔者认为主要把握好两点:一是弄清律师职业的定位;二是以积极开放的心态学会与"人工智能"合作。

1. 对律师职业的定位决定了青年律师是否会被人工智能取代。如果对律师职业的定位就是点对点地提供法律咨询、案例搜索、法律问题解答、个案诉讼,那么律师职业迟早会被人工智能这种成本低、准确度高、专业化分工更细的法律机器所取代,因为你对律师的定位是象棋中"车"的定位,认为其只是冲锋陷阵且执行力较强的技工。如果你对律师的定位是要当"帅",需要你来指挥全局,需要你具备综合解决问题的智谋、能力和执行力,能够彻底地帮当事人解决争端或给出全局的解决方案,那么律师职业就不会被取代,"帅"的地位就决定了律师职业的不可替代性。目前已经在试用的法律人工智能机器都是针对某个较为细化的专业法领域,该类人工智能无法提供综合性、部门交叉性较强的法律服务。因此,选择并立志做一名当"帅"而非"车"的律师,才不会被人工智能所取代,当然这也要求青年律师从入行那天起以高标准要求自己。

2. 学会积极参与并加强与"人工智能"的合作才是出路和未来发展方向。未来社会人工智能的普及是个必然趋势,法律行业也不例外。我们回过头来看工业革命,人类并没有被取代,而工业革命中最成功的那群人是最擅长利用机器的人。同样地,青年律师要积极地学会利用人工智能,甚至可选择投身于人工智能的法律产品研发。现在市面上的多款法律智能助手类软件可以帮助青年律师做到高效搜索案例法规,节省时间和金钱成本,一款好用的人工智能软件可以帮助青年律师节省雇用一名律师助理的成本。青年律师未来职业发展方向可以是法律知识工程师、法律流程分析师,青年律师可以与软件工程师合作参与人工智能法律服务产品的研发,促进法律行业多元化发展。

(十一)律师的社会责任和担当方式

律师作为拥有法律执业资格的特殊社会群体,在当下共建法治社会的背景下,有自己特殊的社会责任:

1. 在个案中实现公平正义。律师不应追求自己代理的每个案子必须赢,而应追求"应该赢的案子不能输、应该输的案子不能赢"。在充分了解案件事实之后,律师对裁判结果会有一定的预判，作为确有冤屈的原告代理律师，应当穷尽所能地搜集证据、搜集法规、搜集案例，保证诉讼结果能实现公平正义，让当事人的合法权益得到实实在在的实现；而作为确有过错一方的代理律师，应当为当事人寻求最佳解决方案，尽可能地让其损失减少到最低，积极促成调解方式结案。青年律师应通过自身的法律技能和职业素养引导当事人作出正确选择，尽可能实现公平正义。

2. 维护法律的权威。律师应当对法律有敬畏之心，完全认可法律的强制力和权威性，在平时工作、社会生活中要向社会公众传递法律的崇高和权威。在具体案件承办过程中，律师做司法判决结果预测分析应多强调事实的认定和法律适用，而不是社会关系等非法律因素，引导公众对国家司法体系建立信任感，对生效的裁判文书应当完全履行，维护国家法律的权威和实施。

3. 主动参与普法宣传和社会公益。由于法律法规是高度抽象的产物，普通民众在社会生活中去理解与适用法律会有一定的难度和理解偏差。作为青年律师，应当积极参与国家普法工作，贯彻法律法规的正确理解与适用，让普通民众对于难懂晦涩的专业法律术语和容易误解的法条作出正确的解读，在国家法律和普通民众之间搭建法律通俗化解读的桥梁，确保每位公民知晓自身应享有的法律权利和应尽的法律义务。同时，青年律师应当积极参与律师协会组织的各种公益律师服务活动，对于需要提供免费法律咨询和服务的群众及时伸出援助之手，树立律师的良好社会形象。

About the Author 作者简介

李晓靖

女，浙江素豪律师事务所律师，三级律师，宁波大学法学本科毕业，波士顿大学研究生项目在读，现担任宁波市律协涉外专业委员会秘书长、台企台商法律服务团秘书长，曾获“宁波市十佳青年律师”“宁波市优秀辩手”等荣誉称号。

联系电话：15957486885　电子邮箱：lixiaojingrita@qq.com

八、礼 仪

(一)什么是律师礼仪

律师礼仪是个很宽泛的概念,大言之,律师礼仪其实体现了律师的素养,不仅体现律师在工作时的言行举止,也反映律师在个人生活时的心性;小言之,律师礼仪即是律师在工作状态时所展现的应有的职业形象,这个职业形象包括外在和内在。

在此,将着重讲一下律师在工作中所应展现的律师礼仪。外在的职业形象包括衣着和仪容。在衣着方面,律师的着装应以严肃和端庄风格为主,尤其是在出庭、接待客户、参加论坛会议等时应着正装,这对男女律师来讲都是一样的,大部分人也许会认为男律师有普遍意义上的西装作为正装,而女律师没有。实则不然,女律师的正装也是西装外套内搭衬衫,脚穿深色的皮鞋。在仪容方面,简单来说即是干净整洁,男律师在发型上不宜过长过短,女律师宜把头发扎起来或者理干练的短发。上述这些外在形象可以说是非常重要的,它决定了律师给他人的第一印象,容易让人产生先入为主的印象,更主要的还有接下来要介绍的内在形象。

这里所说的内在职业形象不包含律师在专业上的素养,当然内在职业形象往往可能和专业素养会互有影响、互为表里。内在职业形象即是律师的言行举止,虽然可能让人感觉这些也是外在的表现,但实际上这是一个律师内心的反映。简言之,律师的言行举止就是说得像个律师和做得像个律师,说得像个律师即指律师表达时区别于其他人抑或是普通人,表达时声音不卑不亢,吐字口齿清晰,不过分生疏也不过分亲昵；另外是表达上应有逻辑、不能前后自相矛盾，更不能结结巴巴，这也是由律师对案情的熟悉程度和专业素养决定的，故上文说到内在职业形象和律师的专业素养互为表里。做得像个律师意即律师在待人接物和与他人沟通时不应有不合时宜的行为，小到坐姿，大到对待当事人带来的证据等；还有律师在独处时的行为也应时时注意，独处时所体现的律师礼仪也能一定程度影响律师对案件处理的成败，如借阅案卷、整理案卷等。

（二）律师礼仪对律师执业有何影响

律师礼仪可以说是律师的软实力，对构筑律师职业形象有着非常巨大的作用，律师礼仪对律师执业的影响主要体现在三大方面：

1. 对案源的影响。虽说专业素养是律师执业的根基，没有专业价值，即使打扮得再怎么像一个律师，也是徒劳。但是反过来，即使有着非常精湛的专业知识，但是没有律师的形象，则很有可能让到手的业务白白溜走。当事人正因为自己不懂法律，所以才需要委托律师，可是当事人也正是因为不懂法律，也无法评判律师的专业水平，此时，对律师好坏的评判只能停留在律师的职业形象上。良好的职业形象，可能会让原本对是否委托犹豫不决的当事人一下子就选择了你；反之，可能会让客户止步于第一次的委托。

2. 对执业的影响。青年律师在执业过程中免不了各种沟通，和公、检、法机关工作人员沟通也好，和客户沟通也好，良好的律师礼仪无疑能推动良性沟通。而某些案件中，正是由于沟通顺畅，才能使案件更顺利地解决。

3. 对工作关系的影响。律师既是一个“单打独斗”的职业，也是一个合作共赢的职业。良好的礼仪能让周围的同事成为自己的合作伙伴，无形中增加了自己的资源，为青年律师未来的执业打下更扎实的基础。

（三）青年律师如何使自己的着装符合律师形象

何为律师形象，律师形象概括来说即给人一种精英的形象，精英形象在大众眼中又是西装革履的形象，所以这样的着装即是符合律师形象的着装。

总体来说，青年律师在出庭、接待客户、谈判等工作场合中应当以严肃、正式的形象为宜,给人以信赖感和稳重感,应着正装。很多青年律师对正装还是有一定的误解,以为只要是西装样式的服装即为正装,这是不对的。这里以男律师为例,正装应是正式的西装套装,上衣和裤子应是同样的面料和花纹。因为西装中其实有晚礼服、晨礼服等更为正式的服装,在此就不将其列为日常穿着的选择。而对上装来说,虽然戗驳领比平驳领显得更为正式,但在日常中都是可以视为正式的领型,青果领这种领型则不太适合。要显得正式,面料非常重要,西装面料应以羊毛为宜,其他面料或是显得不够正式或是显得非常廉价。但对于青年律师来说,有的可能执业不久,在经济没有那么宽裕的情况下,羊毛混纺面料也可以,只需不反光、非丝绒的即可。在颜色和花纹上,应选择深色,如藏青色、深灰色等,黑色是很正式的颜色,但如果穿着不当,则会经常被打趣为"卖保险的穿着",这也是因为面料等原因给人以廉价感。青年律师在日常工作如经常着黑色西装也显得"过于"正式,西装的花纹一般可选纯色、竖条纹或格纹,但也不能过于浮夸。

在衬衫的选择上,一般也以白衬衫为宜,主要是任何颜色的西装外套搭配白衬衫是不太容易出错的。当然,淡蓝色等其他颜色的衬衫也可以,还是要看如何和西装外套进行搭配。在皮鞋的选择上,牛津鞋和德比鞋是两种较为正式的皮鞋也不容易出错,可以适当带有布洛克风格,皮鞋颜色也以黑色或深棕色为宜。

有了好的着装,更要好地着装。前文提到"卖保险的穿着",还有很大的一个原因是没有好好地穿。西装是很体现身形的服装,如果青年律师平时工作太忙,疏于身材管理,那么起码要穿上合身的西装。西装的合身主要体现在肩部不要过宽或过紧,衬衫袖子应长于西装袖子一厘米左右。西装有一粒扣、两粒扣和三粒扣,对于一粒扣的西装一般没什么问题,只有扣上和解开两种操作。但是对于两粒扣的西装,就经常看到有人做错,其实第二粒扣是永远不能扣上的,这也是西装礼仪长久以来的做法。三粒扣的西装现在已经非常少见了,这里也提一下,一般是中间那粒扣子要扣上,第一粒可扣可不扣,第三粒则永远不扣。正式的西装礼仪还要求起身时把扣子扣上,坐下时则解开,但对于这些我们不必过分遵循。我们穿西装裤子也要注意裤脚长度,正式的做法是裤脚放下来盖住小半个鞋面为宜,有些时尚的做法也会把裤脚做的较短,但切忌裤脚过长,堆在鞋面上,非常不美观。还有比较重要的一点就是切忌白袜子配黑皮鞋,穿皮鞋时应搭配深色袜子,同时袜子的长度要保持在坐下时不露出小腿皮肤的长度为宜。

以上这些都是要建立在衣着干净整洁的前提下，如果西装衬衫是皱巴巴的，那么穿得再好都是前功尽弃。

对于女律师来说，以上原则基本都适用，有区别的地方就在于女律师的裙装和高跟鞋。女律师的裙子长度在膝盖附近最佳，最短不可短于膝盖以上十厘米，在款式上以贴合身形的偏直线条的包臀裙、铅笔裙为宜。高跟鞋则是要包脚的尖头高跟鞋，设计越简单越显得高级、职业，鞋跟高度因人而异，但也以五公分以下为舒适度最好的高度。

（四）青年律师在接待客户时应注意哪些礼仪

接待客户是最能体现律师礼仪的一个工作环节，我们把接待客户的过程拆解为三个阶段，即接待前、接待中、接待后。那么如何在整个过程展现律师礼仪，下面作进一步阐述：

1. 待客之礼是我国自古所遵循的，接待客户时礼貌先行是必需的。在接待之前，最好的礼仪就是迎候客户的到来。现在大部分律所基本都有接待室，也有专门人员引导客户，但对于青年律师来说，如果在工作不是太忙的前提下，尽量每位客户都能提前迎接，给客户留下良好的印象。在迎接过程中也应注意一些小细节，比如提前比客户先进电梯或先出电梯，提前帮客户按好电梯，为客户拦一下电梯门，在电梯里站位时则要站在比客户更靠近门的位置。在引导客户时我们一般应站在客户前方引导，并与客户保持一定的距离。

当然，在迎接之前，首先必称呼客户，对于有职务、职位的客户，可称呼其职位，对于没有职位、职务的客户，可称呼其职称或学衔，如某工程师、某研究员、某博士。如果上述都没有，则可称呼其职业，如某律师、某老师。“老师”一词在当今社会也属大众化称呼，对于比较生疏且不清楚具体职务、职称、职业的客户，称其为老师既不失轻慢，也不显得过于生分。称呼客人之后，我们应立即做自我介绍，以方便客户对我们进行称呼。自我介绍简洁明了即可。在自我介绍的同时，可双手递上自己的名片，并按次序递给每位在场的客户。在接待室中，我们作为接待者应招呼客户按照长幼尊卑的次序落座，以防止大家都站着面面相觑而尴尬。在其他场合，也应让客户先落座。但是基于职业的特殊性，我们不应离案件知情者或者首要当事人过远,这样不利于案情的倾听。

2. 接待过程是律师体现其专业素养和礼仪最关键重要的时刻,在此时青年律师更应注意把握一些礼仪的细节。首先是态度,态度包括对人的态度和对案件的态度。对人的态度应是不卑不亢,不要显示出对客户唯唯诺诺,对客户的条件和要求言听计从的态度。有些客户并不是很懂法律,我们作为律师要为客户厘清利弊、权衡权益,该拒绝的要求要断然拒绝,该维护的利益要坚定维护;但也不要显示出对客户不屑一顾的态度,有些客户的确会让人感到不舒服甚至厌恶,这对于律师来说都是正常的,但这些都不能表现在脸上,在接待时仍应表现对对方的尊重。不卑不亢的态度表现在语言和举止上,即要以适中的音量对话,不要过分高以致附近房间都能听到,严重的甚至泄露客户隐私,但也不要过低让人感觉沟通困难。用词上则不能使用表现得过分强势的词语。在外在举止上,着正式严肃的服装是前提,坐姿和站姿都要让人感觉到律师的气度,不佝背弯腰,也不睥睨傲然。同时要避免一些不礼貌的小动作,有些青年律师平时有转笔、抖腿的习惯,都要努力改掉。

对案件的态度则表现为律师是否提前做好充足的准备,如果在接待时被当事人问到自己不太清楚的问题,不应草率回答或胡乱回答。如对与案情无关的问题,可告知当事人该问题与案情无关,不必知晓;如与案情有关,则可向当事人表明查证确实后再回复。但有些案件即便做过前期准备,青年律师心里仍可能存疑或自信不足,这些也都不能在当事人面前表现出来。因为人在不自信慌张时总会有不自觉的小动作或微表情,这些要极力避免。记得某位执业多年的大律师说过,无论你对案件的把握如何,都要在当事人面前表现出泰然自若、闲庭信步的感觉,方能给当事人以信任感。对案件的态度还表现在对证据、案卷的态度上。当事人一般会在我们接待时就把相关证据一并带来,我们对这些证据也应双手呈递以示重视,而不能觉得不重要就随意放在一旁,这样也能给当事人展现我们对案件的重视之感。

3. 在接待完毕后,也应按照迎接时的礼仪送客户,对于重要的客户应送至门口。开始着手准备案件后,对于关键的节点都应通知客户,给客户你正在尽职尽责接受委托的印象。对于要让客户提前办理相关手续的,要给客户留出足够的时间准备,以免贻误案件。

（五）青年律师在出庭时应注意哪些礼仪

律师在出庭特别是刑事案件庭审时应按照规范着律师袍，这是最高人民法院、司法部与全国律师协会颁布的相关规定中所明确规定的。但是在实践中，着律师袍出庭的律师不多，因此着正装出庭是律师的“底线”。一位青年律师曾在和笔者的沟通中提到，着正装出庭能给自己带来自信和职业感，对自己有很大的帮助。另外，律师在出庭时对自己的案卷、物品等也要注意，切忌带无关的物品出庭，一些个人的随身物品也不应太浮夸和个性化，以免破坏法庭庄重的气氛，或者在庭审时转移自己的注意力。将手机调制静音，不使用录音录像设备等违反法庭纪律的物品也无须赘述。同时，青年律师应将随身携带的案卷整理好次序以备开庭时使用，避免出现要用时手忙脚乱找不到相关材料的情况。在离开时也应将案卷按照顺序整理好，防止将其遗忘在法庭的情况。除此之外，我们再谈谈青年律师在出庭时应注意的几点：

1. 注意自己的态度和情绪。青年律师应认真对待每一个案件，这也体现在对庭审的态度上。首先，不能错记、忘记开庭时间，律师可提前几分钟到达法庭做相应的准备工作。如果迟到，不仅是礼仪的问题，更有可能导致视为撤诉等严重后果。其次，对法官和对方当事人及律师的态度都应不卑不亢。律师在庭审时都是以证据、事实、法律说话，即使我方当事人有非常大的冤屈或者不满，都不能将憎恨、厌恶抑或是怜悯的情绪向对方当事人发泄，这不仅不能带来良好的庭审效果，甚至会引起法官的反感。对法官或对方当事人、律师进行人身攻击、羞辱更是被禁止的。即使遭遇对方当事人或律师的情绪发泄或人身攻击、羞辱，律师也不能及时反击，否则可能会造成法庭秩序混乱，律师要做的还是要“以德报怨”，用证据事实和法律将对方说服。相信对方的不恰当行为和情绪会得到法官的居中裁判和制止。

如果遇到某些法官对自己进行案件以外的羞辱和斥责，律师也不宜及时“反击”，否则可能会给自己代理的案件带来不良的后果。曾出现法官当庭羞辱律师不懂法、缺乏法律素养的事件，对于此类“极端”情况，律师也应“平心静气”地进行完庭审，待庭审结束之后用正当手段维护自己的权益。同时，青年律师应不断提升自我修养和业务能力。

2. 注意自己的谈吐。在庭审时最重要的应当是让各方都能听清楚自己的发言,因此律师在发言时要控制音量。尤其是对于某些庭审直播或录音录像的案件更要注意,有话筒的尽量靠近话筒发言。再者是要注意语速,对于一些程序性的回答可适当加快,但对于法庭辩论等阐述律师观点的关键环节要控制节奏,给书记员记录的时间,也有利于法官明白你的观点。在刑事辩护时,适当放慢语速还可给人以庄重感和经过精心准备的感觉,让辩护更有分量,以带来良好的庭审效果。

3. 注意自己的当事人。有些案件律师会独自出庭,但有些可能会和当事人同去。与当事人一同出庭的案件,作为律师,在自己做到法庭礼仪的同时,有必要也有义务教当事人一些法庭礼仪,如不能随意发言,要注意自己的情绪及态度,不能随意进出等。

(六)青年律师在表达上如何注重礼仪以及提升自己的语言艺术

汉语言博大精深,律师除了在工作中接触、接待外国客户外,工作语言应是汉语。那么如何在工作中发挥汉语的优势,发掘语言的艺术,体现律师礼仪,可从以下几方面来做:

1. 注重讲话的逻辑。律师不同于其他行业,语言上的逻辑是否通顺对律师来说非常重要。无论是在庭审还是接待客户时,语言逻辑通顺,不仅可以体现专业素养以增加别人的信赖感,而且更重要的是让对方对你的阐述无懈可击。做到讲话有逻辑,必然要先打好腹稿或草稿,做到胸有成竹,再者要避免讲和自己观点相冲突、矛盾的内容。有时候分别从正面论述和反面论述可能会造成逻辑混乱。

2. 注意不把话讲死。有人总说律师讲话圆滑,不把话讲死,其实这不仅是给自己留有余地,更是语言的礼仪和艺术。有些律师为争取当事人信任,总是打包票案件的结果,这对律师是非常不利的,即使对案件结果胸有成竹,也不能在当事人面前把话说得过满。

3. 注意讲话的态度。对于讲话的态度,前面也已有论述,具体包括在庭审时、接待客户时该如何表达才能更有说服力、更能让人信服。除了在语速、音量上要注意,在语调上也要注意。语调低一点,给人沉稳庄重之感,会有更好的效果。

4. 换一种方式来说。律师有时候为了目的达成,不得不做一些表达,而如何表达使人听起来更能接受、更舒服则是关键。如当事人要律师做一些有违职业道德的事情时，如果断然拒绝，在当事人看来你可能并没有很好地维护其利益。此时，你可从当事人角度出发，以你如果这样做会给他带来更不好的后果来讲，这样更容易让当事人接受。

（七）青年律师在举止上如何注重礼仪

律师在行为上以庄重、严肃风格为主，这样才能体现职业形象。但律师是个要和他人打交道的职业，如何做到庄重、严肃，又不拉开与他人之间的距离，可从以下几方面来做：

1. 不要有不合时宜的小动作和不雅的习惯。很多青年律师可能离开校园不久，还保留着曾经的一些小动作和小习惯，如喜欢在思考时抓耳挠腮、抖腿、转笔。做者无心，看者有意，这些细微的小动作有时无伤大雅，但是对于某些注重细节的客户来说，会给人不信任感。所以有这些不良习惯的青年律师，应尽早发现并尽早克服。如果一时难以克服，也要注意不要在某些重要场合上出现这些不良习惯，给人以良好的职业形象。

2. 不要把生活中的嗜好带到工作中。某些青年律师可能有某一类的爱好，从而在自己的随身物品上体现出来。并不是说律师不能有自己的爱好，而是这些物品会给他人带来有违律师职业形象的效果。更有甚者，曾有位律师将自己的手机铃声设置成当下非常恶俗的铃声，虽然搞笑，但是非常不严肃。如果在接待客户时响起这种铃声，给当事人带来的应该是非常不好的感觉，甚至反感。

3. 在行使律师权利时的礼仪。很多相关法律法规都授予律师在办案时某些权利，某些是对公、检、法等机关的权利，某些是对当事人的权利。近年来，公、检、法机关对律师权利的保护越来越完善，但仍出现相关机关对律师办案不利的情形。青年律师在争取自己相关权利的同时务必有理有据有节，不能阻挠相关机关正常办公，更不能做有违律师尊严和道德乃至法律的行为。对于相关机关配合自己办案，青年律师要感谢示意，这样既可以拉近与相关部门的距离，也有利于自己办案，更能提升个人形象。

(八)青年律师在工作团队中或同事中相处的礼仪

虽然律师行业是个以个人能力为主体的行业,但是在现代律师事务所中,往往以团队的形式或模式工作,在平时工作中,青年律师也经常要和其他同事积极往来。因此,和团队伙伴、工作同事的相处之道,也是青年律师非常值得学习的礼仪。

1. 注重团队配合。之所以成立团队,正是因为可以利用团队的优势来弥补个人的短板,正所谓"一加一大于二"。既然成立了团队,青年律师就应该在团队中积极配合,互相进步。团队对每个人都有分工,原则上律师的职责在于完成自己的工作。但作为团队,团队的利益需要保证,在某个律师的环节出现工作量较大的情况下,其他青年律师应积极伸以援手而非袖手旁观。

2. 注重沟通。沟通也分情况,在平时,律师之间可以积极沟通案情、时事以增进互相之间的情感。但当律师之间出现矛盾时,矛盾双方更需沟通,主动化解误会。沟通时也讲究方法,并非只一味地讲,也要学会倾听。同时避免在沟通时打探律师隐私甚至其他律师所代理案件的隐私。

3. 注重尊重和以诚相待。以诚相待是同事之间相处最为重要的一点。诚为诚信和真诚,即不要抱着虚情假意对待他人,唯有诚心做事、诚心做人。这样做虽然一时显得愚钝,但时间长了得到了同事的信赖,才更有利于工作的进行。首先,尊重同事应注意工作场合的礼貌,尤其是在有客户在时,应称呼其他同事为某律师;其次,要区分工作和生活,不对他人妄加评论;最后,同事之间关系虽好,也要保持一定的距离和空间。举个例子,未经其他律师允许,尽量不要在其他律师处寻找材料,除非事出紧急。

4. 注重利益的取舍。同事之间难免有案件进行互相合作,有合作就难免有利益的冲突。有些青年律师因为不懂得以退为进的道理,为了眼前的利益而拼得你死我活,从而失去了长远的利益。同事之间是要进行长久合作的,放弃一时的利益,可能会增加你在同事中的好感,增加你的人格魅力,从而获得更多机会和利益。

(九)在网络媒体上要注意哪些律师礼仪

网络媒体等新媒体是青年律师宣传自己、提升自己的一个良好的平台,网络媒体有着更为广泛和不特定的受众,这虽然为青年律师开拓业务提供了良好的机会,但也是一把“双刃剑”。所以只有在网络媒体上更好地展现律师的礼仪，才能把网络媒体给律师带来的弊端最小化。

网络媒体分为两种，一种是邮件、QQ、微信等沟通类的软件，还有一种是公众号、微博等媒体化的软件，两者要注意的律师礼仪也不尽相同。在微信、邮件等沟通类软件上，首先要做到的即是和正常面对面沟通那样的礼貌，在和客户、相关机关工作人员沟通时，注意自我介绍表明自己的身份、明确沟通的来意、结束时的问候缺一不可。在称呼上也和面对面沟通相同。网络上的沟通相较于面对面沟通更有其“记录性”，即意味着一词一句都会保留在对方的聊天记录里，如果沟通得好则好，如果沟通得不好则会时时刻刻成为不利于自己的“证明”。

微信、QQ 等软件都有头像，好的头像也是律师礼仪的一部分。很多青年律师都喜欢以卡通图案作为头像，这虽然并没有什么大的过错，但这和前面提到的个人爱好一样，将其带入工作，则会给自己营造不那么职业的形象。所以好的做法即是用正式的形象照来作为头像。另外，在用邮件沟通时，尽量不要用自己的私人邮箱，如果律所有企业邮箱，则尽量用企业邮箱来处理工作上的事务，如果实在没有企业邮箱，也建议用相对商务一点的邮箱，并且不要使用过于个性化的昵称，用某某某律师即可。

对于公众号、微博类的平台，一般是青年律师用来发布最新法规、评论实事案件、发表个人作品的。这类平台要注意适度原则，何为适度，有的律师为了标新立异博人眼球，可能会发布出格的观点。本来这些观点就毫无可取之处，发布在网络平台上更可能会遭人攻击。更要注意的是，很多网民并不懂法，某些案例判例有其特殊背景和情节，律师在评判时更要客观宏观地评判，而不要发表极端的观点，或者为了迎合网民而改变自己的观点，此举只会被法律界的同人轻视。对于自己发表的文章著作，青年律师更要切忌抄袭，因为这轻则侵犯著作权，重则影响自己在法律界的声誉。

（十）青年律师的社交和社会关系相处艺术

做好律师终究是一门社会学问，好的律师必然有其独到的社交和社会关系相处方式。

1. 律师日常除了同事之间，接触最多的应该就是公、检、法机关工作人员。在和公、检、法机关工作人员沟通时，要做到以下几点：首先，在和法官、检察官等约见时，应先礼貌地电话沟通，在商定时间地点之后再前往，避免白跑一趟扑了个空，费时费力。电话沟通时要礼貌、尊重对方，这样也才能获得对方的尊重，互相尊重才能使事倍功半，取得更好的沟通效果。其次，律师在和公、检、法机关工作人员沟通时要专业，一是体现在事先准备上，提前整理好沟通的内容，交流时条理清晰、逻辑严密，有理有据，展现自己的职业素养和法律水准。二是准备好相关的书面材料，材料准备要齐全周到，方便对方阅读和整理。三是律师要展现良好的态度，用词规范、态度恭谦、有修养。四是青年律师切忌在有了一定的身份地位之后变得傲慢和夸夸其谈，或是变成另一种极端，过于谦卑、说话唯唯诺诺，这两种态度都会把律师和公、检、法机关工作人员割裂开来。只有双方关系平等、和谐，才能进行理性沟通。

2. 客户是律师的“衣食父母”，律师作为法律服务行业的主体，本身要做的便是接受委托，做好法律服务。但是好的法律服务的尽头在哪里？这就需要青年律师处理好共情和理性的关系。在接受当事人委托时，尤其是刑事案件当事人委托时，当事人对律师总是抱以极大的希望，在和律师阐述案情时往往也事无巨细。对于当事人，家里发生这样的情况的确非常困难，身为律师应充分理解并同情委托人，但我们作为律师也应站在理性的角度，从案件事实和法律关系去提供必要的法律服务，而非花费巨大的时间处于和当事人“共情”。当然，青年律师还应当具有高度的责任感，在办理每个案子时要站在为当事人利益出发，注重细节，谨慎处理。

3. 关系最重要的不在于建立，而在于维护。良好关系的维护对律师执业起着举足轻重的作用。青年律师平时应注重礼尚往来，礼轻情意重的社交，能让律师与客户及他人之间的感情历久弥新，帮助律师维系住良好的社会关系。礼物不在于贵重，但往往在于精心，切忌有不良意义的礼物或者是伤害对方习惯信仰的礼物。在出差或旅途中购置的礼物更能彰显你的诚意。同时，在确定接受别人的请求后，要遵守诺言，如果实在没时间也要提前明确拒绝，否则多次言而无信也很容易失去这么一段社会关系。

About the Author 作者简介

杜　晶

女，1982年12月28日出生，中共党员，浙江工业大学法学学士、宁波大学工商管理硕士，曾留学于日本十文字女子大学。现为浙江和义观达律师事务所高级合伙人，无虑财富保障与传承中心核心成员，并任宁波市青年联合委员会常委及副秘书长、宁波市律师协会知识产权专业委员会副主任。曾获宁波市优秀青年律师、“宁波市十佳女律师”、青年律师公益之星等荣誉称号。主攻民商事法律事务，尤其擅长财富保障与传承、知识产权等案件的办理以及公司治理相关法律事务。

联系电话：13732118507　电子邮箱：dujing@hygdlf.com

九、学　习

(一)青年律师为什么要不断学习

随着社会经济持续发展与“互联网 + ”法律服务行业快速发展,国家普法工作成效非常显著。公众面临法律疑难问题的时候,可以通过互联网资源和社会公共普法资源等途径快速有效地获得争议问题的法律疑点与相应的解决方案。对于普通诉讼或非诉讼法律知识的获取已变得非常容易,导致社会大众对律师的专业能力要求越来越高。此外,随着律师人数与学历的普遍提高,客户在面对聘任律师时,可替代性的选择越来越多,法律服务市场上充斥着各种低价竞争手段。青年律师的执业竞争压力凸显,尤其是经济相对发达地区执业 3 年内的青年律师面对客户的咨询时,必须要对案件所涉及的法律问题有足够广度与深度的认识,同时需要结合地区司法实践状况对案情进行系统分析,寻求可行性的解决方案供客户决策。青年律师从高校毕业,自身的知识储备主要来源于教材与课堂,教材的知识虽然来源于实践,但考虑到应试需求又是脱离实践的,在校学生很难从中学习规范的业务操作与办案技能。应届毕业生从事律师之初往往缺乏相应的实践基础与办案能力,而这些能力通常就是律师执业的专业根基。青年律师为了加强分析问题、解决问题的能力以及逐渐形成一套符合自身或团队的办案理念与技能,必须要在高校理论知识积累的基础之上,进一步强化实践能力与最新法律规范的储备更新。此外,青年律师对于职业的信仰、归属感的产生也是需要一个长期实践积累的过程,尤其需要青年律师学习坚守职业理想与信念。因此,青年律师在加强业务能力、专业技能以及自身职业素养方面,需要通过各种途径持续不断地进行学习。

(二)青年律师应该有怎样的学习心态

青年律师的学习目标主要有两个:实务技能学习和专业理论学习。这两个目标可以有所侧重,但都要加强。对于实务技能学习方面,青年律师主要通过实务办案过程中的经验积累所得,可以向指导老师请教,可以向事务所内外同行人士探讨,也可以通过具体办案过程中向接触的法官、检察官、企事业单位主管等虚心求教。对于有些需要现场处理的事务,青年律师可以跟随有经验的律师一同前往,通过"耳听、眼观、口说"学习,并在每次实务学习后尽量整理成书面心得或感悟,以备日后"温故而知新"。此外,青年律师可以根据自身的时间分配多参与法律实务论坛、高校讲座、青训营,通过这种方式不但可以发掘潜在客户,也可以结识志同道合的好友,更可以与行业精英面对面交流,获取实务技能。关于理论学习方面,青年律师获取新知识的途径包括图书教材、互联网、移动自媒体等方式,图书应当有所选择,内容以理论与实践工作相结合为好,可以定期购买书籍,或者前往图书馆借阅书本。青年律师应当充分利用图书馆资源。图书馆是当地文献资料的聚集地,还有充足的数据库资源,这些属于公共资源且大部分是免费的,只需要办理借阅卡就能享用丰富的文献资源。例如,宁波市图书馆,纸质藏书235万册(其中古籍近8万册)、电子图书350万种,电子报刊1.2万种,藏书品种及收藏的地方报刊在浙东地区最为丰富和完整,青年律师应当好好利用。另外,高校学习也是一条很好的学习途径,青年律师可以通过攻读非全日制的硕士或者博士学位进行更高层次的深造,一方面能学习专业理论知识,另一方面又可以将理论知识与实务工作结合。青年律师对于实务工作有一定感触之后,便可以将自身的实务经验提炼成理论研究成果,实务与理论相辅相成,最终有助于拓展自身知识的广度与深度。

(三)青年律师应该利用哪些学习方法

青年律师可以利用实践学习法、文献学习法、应试学习法、文书撰写法等学习方法提升自己。所谓实践学习法,是指通过调查取证、法院旁听、辅助开庭、庭审记录、非诉谈判等方式加强实践能力的锻炼。比如,在立案、取证、保全、开庭、辩论等诉讼程序中,法律条款只能规定抽象的事实,但实务中要结合案件本身的实际情况进行判断。在这一系列诉讼活动中,青年律师通过亲身实践进行系统训练,学习各地关于诉讼活动的特殊细节要素。此外,针对不同的专业领域,法院工作人员在沟通方式上也会存在较大区别,如专利类实务需要学习技术方案的鉴别,法官也更侧重强调技术问题。因此,青年律师应当通过实务训练培养自己应对法律事务、解决法律疑难的技能,“实践是检验真理的唯一标准”。所谓文献学习法,是指通过阅读各类文献资料学习相关专业知识。关于文献的学习要有针对性,要结合自身未来的专业发展方向进行选择,文献可以通过购买书籍、图书馆借阅、互联网电子资源检索等方式获取,但要特别注意学习的广度与深度。所谓应试学习法,是指参加一些资格类考试以实现掌握某一个专业领域基础知识的方法。尽管是应试性质,但在一定程度上能够激励应试者尤其是青年律师学习某一个领域的基本知识,例如,专利代理师资格考试、注册会计师考试、保险代理人资格考试、证券从业资格考试等。青年律师通过这类从业资格类考试的全程学习,可以将该领域的基础知识与法律业务相融合,还可以获取相应职业资格以便后续拓展案源。所谓文书撰写法,则是要勤动笔、勤写作,无论是法律文书也好,还是普通工作笔记也好,青年律师要尽可能用心撰写整理,努力将其多方面学习成果高度凝练化;此外,写作更是头脑高速运转的过程,不但可以训练记忆能力与思考应变能力,还能帮助青年律师通过写作总结以前遇到的各类案件,从中剖析问题的原因并反思应对策略。总之,“学习道路千万条”,能否学到知识就看用心与否,学习本就是成长的过程。青年律师的成长离不开学习,青年律师要利用各种学习机会,针对不同状况采用不同的学习方法,以实现理论与实务相互结合。

(四)青年律师应该如何利用互联网资源进行学习

正如前文所述,互联网资源是获取知识的主要途径之一,如研究会的官方网站、知名高校图书馆的免费数据库、司法机关网站、行业协会网站、地方图书馆的文献资源库、知名博主的微博、微信公众号等,这些互联网资源非常丰富,足够青年律师参考学习。面对信息爆炸时代,青年律师必须要对信息进行一定程度的筛选。笔者比较推荐高校图书馆的免费数据库、司法机关网站与行业协会的网站。高校图书馆的网站经过系统性建设，是一所大学文献的集中之地，图书馆网站又基于其社会服务的功能，大都是面向公众开放的，网站上不仅有文字资源，而且有音频资源，部分高校甚至有名师讲堂的全程教学视频。此外，推荐青年律师关注传统“五院四系”高校的图书馆网站资源，即中国政法大学、中南财经政法大学、西南政法大学、华东政法大学、西北政法大学、北京大学法学院、中国人民大学法学院、武汉大学法学院、吉林大学法学院以及其他法学应用领域较强院校的互联网资源。司法机关的网站会发布一些比较实用的答疑解惑类文件、政策法规文件等对于青年律师而言很“接地气”的内容。行业协会的网站也是青年律师获取学习资源的有效途径，比如律师协会、专利代理师协会、中国证券投资基金业协会等网站，这些网站会及时更新本地本行业的最新资讯，有助于青年律师及时掌握相关行业信息。当然，随着移动自媒体的迅速发展与普及，微信公众号已经逐渐代替网站，公众号发布内容与所属网站同步匹配，有时甚至比网站更新还快。青年律师要根据自身的兴趣爱好，充分利用互联网获取专业学习资料。

（五）青年律师如何协调学习与工作之间的关系

学习和工作本就是生活的两个组成部分，如何协调两者，则取决于日常时间的有效合理分配。青年律师应当努力将二者融合，即在学习中工作，在工作中学习。无论是诉讼业务，还是非诉讼业务，律师的职责是替客户解决实际法律问题，这些问题有些熟悉，有些则是完全陌生。对于完全陌生的法律事务，就需要律师进行学习。我们需要针对性地查阅相关案件资料、学术论文、法律法规、既往判例，如此丰富的资料就是我们学习的资源，这就实现了一种在工作中学习的良好状态，而学习的良好效果又可以正面促进自身工作的成效。青年律师应当合理统筹自身的时间，建议每周制定工作与学习安排，将学习计划表张贴于办公室或居所的明显之处。计划表应当明确某时间段为自身学习时间，学习专业知识，学习外语，观看资深律师演说，观看学术讲堂等。自己要有一定的恒心与毅力，一旦确定学习时间，原则上不轻易更改，即便因为重要事项更改，也应当重新安排。另外，在工作中应当注意用笔记摘录所遇到的疑难困惑，利用每周的学习时间集中精力研究这些疑难问题，并做到举一反三，将与此相关的延伸问题理解透彻。需要特别强调的是，青年律师应当加强案例学习，这是一种可以将工作与学习高效融合的学习方法。案例中蕴含着司法机关的裁判准则，体现了实务性，对于控辩双方争议焦点的分析过程，又体现了理论性，案例的最终裁判结果一定是实务与理论相结合的产物。实际上，优秀的裁判文书可谓法官的“作品”。建议青年律师多关注本专业领域的优秀司法判例。

（六）青年律师如何协调学习与家庭之间的关系

家庭的支持是律师工作与学习的动力来源，家庭和睦是律师进行高效工作的大后方。对于青年律师而言，或许存在不同情况，有一些已经结婚生育，有些尚未婚嫁。对于已经结婚生育的，应当使自己的配偶成为学习的伙伴，即便两人属于不同专业，但仍可以相互促进、相互监督，这种学习状态的效率会非常高。当遇到疑难问题，相互之间可以探讨，通过互助寻找解决资源。而对于已经生育的青年律师，则要科学确定自身的学习时间，每周在照顾家庭与解决生活问题之余，适当安排时间用于学习。尤其是女性青年律师，在这当中承受较大的精神与生理压力，要特别注意处理自身与家庭关系。例如，培养孩子规律的生活习惯，在孩子休息或入睡的时间，则可以抽出时间安排学习。当孩子参加周末辅导班时，可以利用闲暇时间学习。青年律师要有自己的长远学习规划，比如职业培训、考研考博、出国交流等，及时将自身的规划告诉家属，获取他们的理解与支持，切莫独自面对。当家庭出现一定状况时，应当暂时搁置或交接自身的工作与学习安排，集中精力妥善处理家庭事务，稳定家庭事务。

（七）青年律师如何加强理论与实践学习

青年律师可以通过阅读学术论文、撰写专业文章、参加学术研讨论坛、参加职业培训、参加职业资格考试、报考硕士研究生等方式加强理论学习。要学会利用本地互联网资源，通过数据库检索期刊论文资源来提升自己，例如宁波地区的“宁波市科技文献检索服务中心”，这是一个对宁波地区 IP 地址完全免费的在线检索数据库，用户可以免费在线注册账户，免费下载论文和获取其他数字资源。知网数据库虽可以更加全面地搜集论文资源，但需要付费使用。当检索学术论文时，要适当突出文章的专业化程度，尽量阅读名家大师的学术著作，勤思考、擅笔记。除了专业书籍之外，青年律师还可以通过阅读经典法理学、社会学名著来加强理论学习，诸如《法理学：法律哲学与法律方法》《国富论》《法边馀墨》《道德与立法原理导论》《资本论》《法律之门》《社会契约论》《理想国》《论法的精神》等经典著作。通过阅读这些经典著作，青年律师可以加强自身的法学理论深度与职业伦理。此外，青年律师应当尽可能通过撰写论文的方式参加一些理论研讨会，在相应会议上发言或辩论，对于他人的优秀观点，可以与之进行深入探讨，从而完善自身的观点。另外，青年律师还可以通过报考职业资格或参加相应的资格培训，以应试者的角度去加强自身理论学习。因为在这些职业考试或培训中，往往会遇到一些对该专业领域有独到见解的专家学者，通过和他们交流，也可以加强自身的理论学习。实践能力对于律师整体执业能力具有非常重要的影响，青年律师必须加强实务办案能力，而这一点只有通过不断办案、逐年积累才能获得。随着法律服务对专业化要求越来越高，青年律师应当尽可能朝着专业化方向发展。专业化发展的定位需要极大的勇气，这意味着执业前期需要舍弃掉一些案源和收费，而专注于某一类案件的办理。专业化律师的实践技能包括接案能力、应诉能力、取证能力、文书撰写能力、沟通交流能力、谈判能力、开庭辩论能力等。这些实践能力的培养，需要耗时数年积累，更需要领路人指引。青年律师应当多向资深律师请教实务办案问题，将每次亲身办案的心得体会记录下来，积极向指导老师或同事探讨交流。同时，可将理论学习的成果与实践心得相结合，使两者相辅相成。

（八）学习专业知识对于青年律师成长的重要性

专业化意味着有所为有所不为，这就必然要舍弃一些与专业领域不相关的业务。我们也经常听到一些同行提起，青年律师选择专业化道路，尤其是前期的时候，必然会面临基本的生存问题。这种“阵痛”是实现专业化的正常现象。而要更好地解决这一问题，笔者认为准确选择合适的专业方向并扎实学习专业知识很重要。当今的法律服务市场瞬息万变，互联网与人工智能已经替代了基础的法律服务工作，客户在选择律师提供法律服务的时候，越来越在乎律师对于涉及法律专业问题的认识深度。事实上，客户在咨询某位律师之前，他可能已经咨询了好几位律师，也不排除他日后还会再去找别人咨询。因此，能否迅速吸引客户，就在于律师对专业知识的把握程度。例如,关于专利权无效宣告程序事务显然属于专业化程度非常高的非诉法律事务,客户在咨询的时候肯定会非常关注专利能否被宣告无效或者维持。律师在接待此类案件的时候,首先,要能深刻理解客户所讲述的技术问题,并产生技术上的共鸣。其次,有关无效程序的最重要的法律规定是《中华人民共和国专利法》规定的创造性和新颖性条款,律师对于创造性条款能否准确理解关系到客户对于律师专业能力的认可。最后,律师还需要准确把握关于无效程序的流程问题。律师在接案前只有加强专业知识点的理论与实践学习,才能获得客户的充分信任,同时自身也在这过程中得到了充分锻炼与成长。至于其他专业领域也是同样道理,青年律师应当把握各种机会学习专业化知识,学习过程也应当持之以恒,切不可今年学习婚姻家事,明年学习劳动人事,后年学习金融证券,这样的学习策略永远无法使自己成为一名专业化律师,对自己长远发展也不利。

(九)青年律师为什么要写文章

青年律师在执业初期面临着“知名度低”“案源少”“客户群少”“缺乏专业化方向”等问题。写文章,就是一条非常好的推广青年律师专业的途径。据相关资料显示,多数地级市以上的律师协会会定期举办论文研讨会,尤其鼓励青年律师投稿参加。青年律师参加此类研讨会,一方面可以认识本行业的优秀律师,在交流过程中拓展知名度,寻求业务合作机会;另一方面,通过写文章可以探索自身未来的专业化发展方向。例如,某位律师写的文章一直是知识产权类,久而久之,知识产权就会逐渐成为他的专业化方向。写文章的过程本就是思考学习的过程,写得越多,对某方面的问题也会研究得越多,对这一领域的认知便能形成自己的观点。此外,写文章也有助于青年律师晋升职称,中级职称、高级职称对于律师的文章数量和刊物级别都有明确的要求。当然,对于从事实务工作的律师而言,我们无法像高校研究人员一样具备充足的时间专心写论文,但每年争取写一两篇文章,这显然是做得到的,也应当做得到。

(十)青年律师写文章应当注意什么

青年律师写文章应当注意以下八点:第一,实务在前,理论在后。文章首要凸显实务应用性，从实务当中分析理论问题，再从国内外理论成果中去探索解决实务问题的方案。第二，文章量多，标题突出。无论是律师论坛，还是期刊投稿，审稿专家都面临着数量庞大的评选论文，论文标题是否新颖有深度将是决定审稿专家是否进一步评阅论文的关键。第三，格式规范，摘要规范，字数控制。这是论文最基本的要求，作为论文必须要有一定的规范与格式，字数应当符合征文要求。摘要是文章观点的高度浓缩，尤其要注意写好论文摘要。第四，文章框架明确，主次结构清晰。写作过程中，应当注意避免头重脚轻，尽量做到开头清晰，主干明显，结尾顺畅，建议在撰写一级标题的时候就要做好文章字数的分布。第五，避免一眼就被看出的"硬伤"。这主要指的是非常明显的细节性错误，比如乱用标点符号、注释不规范、错别字太多等。第六，研究点宜小不宜大，宜新不宜旧。论文研究的切入点应适当小一点，涉及的面不宜太大，而且研究的问题要尽可能新颖，不宜过于陈旧。第七，观点清晰、易懂，分析深入。论文的观点应当清晰明确，文章措辞用语要通俗易懂，分析方法应适用于所研究的法律问题，分析有深度。第八，文章具备理论与实务价值。律师撰写的文章要具有实践应用性，同行或者客户在阅读律师所撰写的文章之后，能够从中获得启发，能够对涉及的法律问题有一定的理解。同时，文章要具备一定的理论高度，能够在本专业领域率先提出新颖的观点。

（十一）青年律师是否应该积极参加各类论坛讲座

高校或律师协会经常会举办各类论坛、讲座，数量不少。青年律师应当如何选择参加呢？青年律师若要参加论坛讲座，一定要结合自身的兴趣与专业化发展方向，讲座要具有实务性。比如，各级法院资深法官作为主讲嘉宾的讲座就很有意义，通过聆听法官的讲座可以近距离理解审判人员的裁判思路，这对于实务办案具有很好的启示作用。还有一线城市品牌律所的合伙人、企业高管主讲的论坛也有很好的学习价值，这些讲座往往能开拓视野与知识面，与资深律师和企业家面对面交流，可以发现自身的不足之处与奋斗的方向。知名高校学者的讲座也很有意义，法学教授拥有很强的理论功底，而且他们往往善于研究该专业领域的前沿问题且形成独立观点，此类讲座尤其对法学理论指导实务工作具有很高的价值。总之，青年律师在参加各类论坛讲座的时候，一定要有所取舍、有所选择。

About the Author
作者简介

骆俊峰

男，1990年1月出生，浙江素豪律师事务所律师、专利代理师，西南政法大学硕士毕业，重庆大学法学院在读博士研究生。任宁波市青年知识产权律师团团长，入选宁波市第二批“骨干型”名优律师（知识产权和反不正当竞争领域），宁波市高层次人才法务专员，市兼职政府法律顾问人才。论文《GUI外观设计专利权保护问题研究》获第六届全国知识产权青年学者论文比赛优秀奖，论文《论专利法框架内自媒体信息发布行为的定性》获第九届浙江律师论坛论文一等奖。

联系电话：15805743295　电子邮箱：1054024154@qq.com

十、研　究

（一）青年律师为什么要做研究

律师行业是一个需要沉淀、积累的行业。而大部分律师最大的问题还是案源问题、业务量问题。要有案源，一则依赖自己的人脉资源；二则依赖自己的专业能力。在专业领域进行深入研究，不仅能提高自己的专业能力，而且可因为研究成果的发表和获奖而打响自己在业内的知名度。持之以恒，一旦行业内公认你为专业律师，那么就有同行找你合作，有客户慕名来委托你，就能解决你的案源问题。

（二）什么是青年律师的研究

青年律师的研究主要是就专业问题、业务开拓问题、法律服务产品问题、管理问题进行研究。青年律师的研究与高校、科研院所的学者所做的研究不同，与法院、检察院、政府部门内设的研究机构所从事的研究工作也不同。青年律师做研究不仅选题自由、时间自由、形式自由，而且最关键的是没有考核要求。

（三）做研究对青年律师成长有什么好处

第一，做研究能提升青年律师的专业能力，在处理疑难复杂案件时候，相对于没有研究的律师而言，容易找到问题的突破口。第二，做研究能培养自己的问题意识、逻辑分析能力。一般的研究工作遵循发现问题、分析问题、解决问题的路径。

在律师界，大部分律师的强项是发现问题，而对于分析问题、解决问题的能力较弱。甚至有律师认为解决问题是法官的事情，自己提不出合法合理的解决问题的方案并不要紧。而受过专业训练，具有研究能力的律师，不仅能发现问题，而且能根据现有法律，进行相应的法理分析，进而提出具有建设性的解决问题的方案。这种方案甚至会被立法部门、司法部门所采纳。第三，做研究能够赢得法律职业共同体的尊重。一名具有研究能力的律师，提出观点前一般经过认真思考和分析，提出的观点具有相应的法律和理论依据，而不是信口开河。对于这样的观点，不管法官最终是否采纳，但内心还是会对你表达敬意。有些法院、检察院召开座谈会、沙龙等活动时，可能也会邀请你去参加。第四，青年律师做研究能迅速跨越资历鸿沟。做研究是成为一名"名律师"的捷径。一般而言，律师资历越老，经验和人脉资源等也越丰富，业界知名度也比青年律师高。但如果一名青年律师善于搞研究，多次在律师界的论文研讨会、法律专业论坛上发言、获奖，那么该律师在业界的名声就会迅速扩散。此时，例如"优秀青年律师"等荣誉也会伴随你，你就是青年律师的佼佼者，很多大所、名律师也会向你伸出橄榄枝。所以，做研究是青年律师成名的一条捷径。

（四）青年律师做研究应坚持什么样的态度

（1）要制定符合实际的目标。做任何事情都要有奋斗目标，有了目标以后，才有动力去努力实现该目标。青年律师如果没有目标，抱着无所谓的态度，撰写论文完全为了应付，不在乎能否发表或得奖，那么其也就不会认认真真地去做研究、写论文。当然，在制定目标时，不能好高骛远，要切合实际。如果你为自己定下的目标就是为了得一等奖，但如果最后没有实现该目标，这种心理的落差会影响你的心态。（2）要有平和的心态。虽然做学问、写论文是为了出成绩，但是凡有竞争的地方就有第一名，也有最后一名。成绩、荣誉受多种因素影响，而人文社会科学的研究成果相对于理工科受到的影响更大。所以，得了第一名稍微开心一下就够，没有得奖也不要气馁，没必要怨天尤人，大不了以后再来。（3）要谦虚，要尊重不同意见者。在从事律师职业时，不管是为了委托人利益，还是做研究、做学问，意见不一致是常有之事。有些无所谓对错，有些即使对方犯了常识性错误，但于自己而言，还是要秉持谦恭的态度，尊重不同意见者，不能目中无人，骄傲自满，更不能落井下石，得理不饶人。(4)要独立思考，有自己的观点。做研究最重要的是创作具有创新意义的独创性研究成果。所谓独创性，就是研究成果是作者自己独立研究所得，不是抄袭、剽窃、东拼西凑的。在分析研究过程中，对他人的观点可以引用，可以批判，但绝不是人云亦云，不是仅对他人的观点表达赞成或反对，而不进行详细的分析。(5)要严谨治学，小心求证。做学问、做研究的最重要态度就是“大胆设想、小心求证”。治学严谨是衡量一个学者是否合格的标准。我们作为律师更应该具有严谨的专业素养，不管是起草法律文书、发表代理词、辩护词还是写论文，都要有相应的事实依据、法律依据、理论依据，符合逻辑，切忌空穴来风，信口开河。(6)要持之以恒，不轻言放弃。在从事学术研究中，特别是人文社会科学领域，想一夜成名几乎是不可能的。一开始，大多是很难出成果，论文不能发表，也不能获奖，默默无闻。但如果就此放弃，那么以后也很难再回去做研究工作。如果真的认认真真在做研究，那么要相信自己的能力，也要相信编辑、评委的眼光，你的研究成果迟早会得到大家的认可。

(五)文学素养不高、文学功底薄弱的青年律师可以做研究吗

法律研究论文不同于小说、杂文、散文、诗歌等文学作品，法律论文更像科研成果、实验室作品。文学水平的高低与研究能力的强弱也没有必然的关系。所以文学素养不高、文学功底薄弱者也是可以做研究的，只要认真做研究，也是能出成果的。

(六)如何发现需要研究的问题

应该来说，律师在执业中，面对的问题最多，最容易发现问题。所以，律师是善于发现问题的群体。律师办理的疑难复杂案件中，任何一个法律适用的争议焦点均可以作为研究的问题进行深入研究。即使自己没有机会接触这种疑难复杂案件，但现在中国裁判文书网上有大量的最高人民法院、省高级人民法院、中级人民法院作出的有法律适用争议的疑难复杂案件的裁判文书。这些案件中的问题就是最好的研究课题。所以，只要平时多观察，多问为什么，就能发现值得研究的问题。

（七）研究成果的表现方式有哪些

研究成果的表现形式主要是论文、著作，但理论上的研究成果不仅仅是这些，例如调研报告、案例分析报告、立法建议书、法律服务产品、律师业务规范等也可以作为研究成果的表现形式。

（八）如何将研究成果转化为青年律师自身的专业素养

要将研究成果转化成自身的专业素养，首先，研究的问题要贴近律师实务。只有对律师业务有关的问题进行研究，才能直接提升自己在该专业领域的研究水平和业务能力。其次，要长期聚焦于研究某一特定专业领域内的问题，要专一，让大家能感觉到你就是这个领域的专业律师。比如，若研究婚姻法，就要连续多年一直研究婚姻法的问题，而不能今年研究婚姻法，明年研究证券法，后年研究刑法。这样，即使你在婚姻法领域非常专业，但也容易被其他专业所模糊化。最后，要利用各种平台、渠道传播你的专业研究成果，要让你的研究成果成为你的名片。现在微博、微信公众号等传播媒介非常发达，人人都是自媒体，传声筒。所以，除了传统的参加论文研讨会、发表文章的传播途径外，现在还可以将研究成果在微博、微信公众号上发布，这样能够迅速将你的研究成果予以传播、扩散，效果比传统途径更加明显。

（九）青年律师如何培养自身的研究能力和研究素养

所谓研究能力和研究素养的培养，从宏观层面而言就是秉持“独立之思想、自由之精神”，在研究过程中要做到“大胆设想、小心求证”。从微观层面而言，可以根据以下几个步骤进行安排：(1)要有问题意识，要多观察，多质疑。在学术研究领域，唯真理不唯权威，不要迷信学术权威、学术大师的观点。只有敢于质疑，才有动力去研究如何反驳被你质疑的观点，如何论证自己的观点。(2)要勤于思考。如果仅有问题意识，只会提问题，自己不思考，那么是无法提高自己的研究能力的。而且在一个团队里面，只会提问题，但是提不出解决问题的建设性方案，那么你或许就会被人称为“刺头”，不合群。(3)要多看别人的论文。任何人都不是天才，而且人文社科领域的研究，都是在前人基础上进行研究。因此，收集研究素材、文献检索就需要阅读别人的文章。此外，多看别人的文章，也可以学习借鉴别人的论证技巧。(4)要多动笔，多实践。“纸上得来终觉浅，绝知此事要躬行。”如果只看别人的文章，自己不动笔写，不但出不了研究成果，而且不能提高自己的论证能力。只要经常在写，那么对于论文的规范、论证的体系这些基本能力就可以信手拈来。(5)多请教、多探讨、多修正。对自己在研究中遇到的问题以及自己的研究成果，多向业内行家请教、探讨。笔者自己，往往是以自我为中心，不识庐山真面目，自己很难发现问题所在。所以，多向行家请教，与同行多探讨，就会发现自己研究成果、论证方法存在的问题。青年律师可针对请教、探讨中发现的问题，进行修改、完善。

(十)研究论文的撰写步骤是什么

论文是研究成果最重要的体现形式，可以说每一个获得法学学士学位以上的律师都写过论文。至于写论文的步骤，可谓五花八门，每个人都有自己的套路。北京大学王力教授认为，写论文分三个阶段：(1)论文的选题；(2)论文的准备；(3)论文的撰写。我国台湾地区的宋楚瑜先生在《如何写学术论文》中提出，撰写学术论文和研究报告有十个步骤：(1)选择题目；(2)阅读相关文章；(3)构思主题与大纲；(4)搜集参考书与编制书目；(5)搜集资料，做成笔记；(6)整理笔记，修正大纲；(7)撰写初稿；(8)修正初稿并撰写前言及结论；(9)补充正文中的注释；(10)修缮完稿。王力教授撰写论文的三阶段是从大的角度而言的，而宋楚瑜先生撰写论文的步骤则总结得非常详尽细致。我认为撰写论文应该做到以下几个步骤：(1)选题；(2)检索资料；(3)做笔记；(4)列提纲；(5)写初稿；(6)添加注释；(7)修正题目和大纲；(8)撰写摘要、关键词、结语；(9)修改完稿。

(十一)研究论文如何选题

论文选题只涉及自由选题的论文，如果是命题作文，则就不存在选题的问题。自由选题的论文首先是要跟自己的学术背景、兴趣和抽象思维能力有关。选择自己具有一定学术积累又感兴趣的领域中的问题进行研究，往往会得心应手；如果选择一个陌生的领域，就会觉得无从下手，若从该学术领域的基本理论开始学习，显然是赶鸭子上架。在具体的选题中,应该处理好以下几个方面的问题:(1)小题目、中题目、大题目的问题。一般而言,我们律师适合写小题目,小题大做,能够写得深入。大题目适合学术大家去研究。小题目,比较微观,如论刑事案件的精神损害赔偿问题,但小题目发挥余地不大,理论性不强。大题目,如侵权责任法的制定,价值高,但写起来不容易,对作者的要求过高。中题目,研究一个具体的法律制度,如精神损害赔偿问题研究,但若要写好,篇幅也较长,一般也是博士学位论文的选题。(2)务虚还是务实的问题。一般务虚的问题,理论性较强,适合高校的学者去研究,往往能够在此问题上提出制定新的法律或修改原有的法律的建议。而律师还是要针对法律实务中的问题进行研究,研究的目的主要是如何在现有的法律框架下解决现实中的问题。(3)冷门还是热门的问题。一般冷门的问题,研究的人少,容易出成绩,但是也有可能因为冷门,关注的人少,包括评委、编辑对该问题都不是很熟悉,可能面临无人赏识的局面。但如果是热门的问题,研究的人多,竞争激烈,研究成果很难超越别人,脱颖而出。另外,如果在业界没有知名度,也难得到评委和编辑的关注。对我们实务界人士而言,还是建议选择热门的话题进行研究,如果有可能,也可以与稍有名气的专家一起合作研究。(4)新和旧的问题。这个问题与热门、冷门的问题有相似之处。通常而言,新的问题比较热门,旧的问题不怎么引起人们的关注,每年写类似题目的论文,人家会觉得你炒冷饭,吸引不了读者的兴趣。但该情况也不是绝对的,有些新的问题刚出现,业界无人关注,可能就是一个冷门的话题,几年以后才变成热门的话题。

(十二)如何检索文献

做研究之前基本上都要检索一下文献,查一下所要研究的问题别人有没有研究过,已有的研究成果是怎么样的。这样做的目的,一是避免低水平的重复研究,二是可以站在前人肩膀上做出具有创新意义的研究。就文献检索的平台而言,现在有中国知网、维普资讯、北大法宝、数字图书馆、大学图书馆、中国裁判文书网、无讼案例等网络或实体平台。

（十三）如何进行论证

从论证方式上来看，论证可以分为立论和驳论。立论是正面组织材料，利用逻辑三段论的论证方法，得出研究结论；驳论是针对他人的观点，组织材料进行反驳。从论证的体系性而言，论证要一条红线贯穿始终，标题与内容之间要衔接，而且研究的主题要突出，不能一篇文章有多个主题。从论证的逻辑而言，论据必须与论点有关系，符合三段论的逻辑体系。同时，论证应摒弃两种模式：第一种模式，大前提"某问题是什么"；小前提，就该问题，"甲专家的观点是，乙专家的观点是，丙专家的观点是"，偶尔还会来一句"通说认为"；最后是结论"笔者认为"。第二种模式，大前提"某问题是什么"；然后小前提，就该问题，英美法系如何，即英国如何、美国如何；大陆法系如何，即德国如何、法国如何、日本如何；最后结论是我国应当如何，对于作者为什么得出这个结论没有论证。此外，切忌自己下个定义作为论据，如"某问题就是某某"。此外，论证要简洁。论据、引用的观点、案例以必要为前提，没必要面面俱到，包罗万象，更要避免长篇大论地重复类似的论据材料。

（十四）研究论文的语法有什么讲究

对于法学研究论文而言，首先论文文字上应该是法言法语，而不是满篇大白话。其次，文章的题目、标题意思表示清楚，逻辑严谨，避免出现句子化倾向。再次，文章的题目、标题一要避免文学化，二要注意主副标题的作用，副标题是对主标题起限定作用的，不能主副标题颠倒。最后，句子、文章的用语要符合中文的语法规范，不能病句连篇，句子不像句子，词语不像词语。

About the Author 作者简介

吕甲木

男，二级律师，法律硕士，浙江海泰律师事务所权益高级合伙人，兼任浙江省律师协会知识产权委员会主任、宁波市律师协会知识产权委员会主任、宁波市法学会知识产权法学研究会副会长、秘书长，宁波仲裁委仲裁员，被聘为“最高人民法院知识产权案例指导研究（北京）基地专家”。曾获得浙江省优秀专业律师（知识产权类）、“宁波市十佳律师”等荣誉称号，入选宁波市“领军型”名优律师培育对象（知识产权与反不正当竞争领域）。承办的案件入选最高人民法院公报、全国法院五十大知识产权典型案例，浙江法院、宁波法院十大知识产权保护案件。撰写的知识产权论文曾多次被评为全国知识产权律师年会十佳论文，出版了《侵权法原理与判例研究》《知识产权保护理论与判例研究》等著作。

联系电话：13616575797　电子邮箱：jarmoo@163.com

十一、品　牌

（一）为什么青年律师也要有品牌意识

首先简单说明一下什么是“品牌”。简单地讲，“品牌”是指消费者对产品及产品系列的认知程度。品牌是人们对一个企业及其产品、售后服务、文化价值的一种评价和认知，是一种信任。美国著名的市场营销学专家菲利普·科特勒教授在《市场营销学》一书中将“品牌”定义为销售者向购买者长期提供的一组特定的特点、利益和服务。“品牌”是具有经济价值的无形资产，当品牌文化被市场认可并接受后，品牌才产生其市场价值。品牌承载的是一部分人对其产品以及服务的认可，正因为其经济价值的存在，所以企业越来越重视品牌建设，最后以商誉价值的形式体现出来。

很多人可能会认为：多数青年律师还在为生计奔波，为多接到一些案件而努力，基本上对案件没有选择权，有案必接、无论大小，现在还根本谈不上“品牌建设”。只有到成为一名知名律师之时，才需要考虑“品牌建设”。执业初期就谈“品牌建设”，还为时尚早。

笔者认为这种观念是存在一定偏差的。试想一下，如果一家企业一开始就不重视品牌营销，将一个商标搞成了伪劣产品的代名词，这个商标还“值钱”吗？这个企业的品牌营销做得成功吗？即使这个企业完成“原始积累”后，开始重视品牌建设，若要重新获得用户的认可，塑造起良好的品牌形象，花的金钱与时间可能要比一开始就重视品牌营销要多得多，而且以后还存在隐患，很容易被竞争对手以其以前的“不良形象”来攻击,还会被新闻媒体、社会舆论“重提旧事”。所以,要进行品牌建设,要从一开始就重视,真正的品牌营销从品牌调研就开始了。品牌建设具有长期性,少则三五年,长则数十年。

做律师首先是要做好人。如果一个人品行不端或存在不良记录,他想要“重新做人”就比较难一些,因为他已经给别人留下了不好的“形象记忆”。所以,律师要一开始就严格要求自己,重视对外“形象”塑造,这就是品牌建设的初级阶段。

品牌意识亦称品牌知名度,即品牌在消费者记忆中留下的印象,表现为消费者在不同情境下识别出品牌的能力,包括品牌认知与品牌回忆。品牌意识是一个企业对品牌和品牌建设的基本理念,是企业对其产品自觉维护并创成名牌的意识。品牌意识具体包括:品牌使用意识,是指企业对品牌效用与价值、使用品牌的重要性的认知和认同;品牌保护意识,就是指企业对保护品牌重要意义的认知和理解;品牌发展意识,是指企业牢固树立发展品牌、增加品牌深度、不断创新品牌的思想,以不断提高品牌的市场形象和品牌竞争力,使品牌的内在价值得到充分的发挥。

青年律师要有品牌意识,也要有以上品牌的使用、保护、发展三个方面的意识。首先,青年律师要珍惜自己的“名誉”,逐步形成对外的良好形象;其次,青年律师要保护并发展属于自己的“品牌”,如获得各种荣誉可以增加自己的品牌价值,积极参加行业活动、承担一定的律所或律师协会职务可以为自己增光添彩,提供公益法律服务可以提高自己的社会知名度;更重要的是使用好自己的品牌,良好的品牌可以为自己带来很多的业务与更多的荣誉,如一些企业是因为某位律师担任律师协会的重要职务而聘请其担任法律顾问或将案件委托给其办理;但如果律师不珍惜名誉、不妥善使用自己的品牌,如卷入虚假诉讼案件中,自己多年辛苦积累的名誉可能会因为某个案件全部被毁了,甚至因此身陷囹圄之中,这就得不偿失了。

(二)律师个人品牌建设的主要内容

律师个人开展品牌建设,可以包括以下一些主要内容:

1. 律师个人名片制作。如在名片上印制事务所 LOGO 标志与微信公众号二维码,但要符合《律师业务推广行为规则》的相关要求;

2. 通过发送微信朋友圈或利用个人自媒体的方式开展宣传;

3. 申报各类个人荣誉或奖励；

4. 申报律师职称；

5. 提升学历学位或争取重要的资格；

6. 担任人大代表、政协委员等社会职务，积极参政议政；

7. 担任各级律师协会的职务；

8. 担任各级党委或政府法律顾问：

9. 加入相关学术团体或各级律师协会专业委员会；

10. 加入各类法律服务团；

11. 参加公益法律服务活动；

12. 举办学术讲座或开展普法宣传；

13. 承办法律援助案件；

14. 发表论文或论文获奖；

15. 发表学术著作或编辑整理相关重要材料；

16. 整理典型案例与非诉讼项目材料；

17. 参与研发设计法律服务产品；

18. 积极写稿，向事务所与当地律师协会提供相关材料；

19. 报名参加培训讲座、研讨会、论坛等活动；

20. 担任事务所的一定职务，承担相应的公共事务；

21. 其他推动律师个人品牌建设的工作与活动。

（三）律师在品牌塑造过程中需要注意哪些误区

企业在品牌塑造中经常存在一些误区，这在律师品牌塑造的过程中也可能会发生，需要加以注意。

1. “为了形象而形象。”如有些企业以为挂几块招牌，做几次广告，形象就出来了。企业可以在短时间内为品牌树起一个形象，去赢取消费者。但是以这种方法树起的品牌形象就很单薄，没有根基，没有生命力。在律师行业也存在类似情况，如有些律师以为自己获得一次荣誉、发表一篇论文、上一次电视节目、应邀讲一次课、参加一次公益活动，就觉得自己的形象很“高大”，加上一些律师同行的“好意”

吹捧，就开始飘飘然了。其实这种“光辉形象”很快就过去了，也会被人逐渐淡忘了，离“品牌塑造”还有一定的距离。只有坚持不懈的努力，如经常参加公益服务活动、多篇论文发表或获奖、每年数十次地讲课，才会给大家留下深刻的印象，律师的品牌才会逐渐塑造起来。而且，律师要在自己的本行如办理诉讼案件或非诉业务中非常出色、专业，才能被律师同行认可。为此，律师要把握主次业务，不能舍本求末。

2.“过度美化品牌。”企业喜欢用虚假广告和华丽词汇过度美化品牌，拔高品牌，虚构品牌形象，这是品牌形象塑造中常见的毛病。律师行业也同理，如果某位青年律师经常吹嘘自己是“样样行、样样通”，估计大家很难相信，因为“神枪手是靠子弹喂出来的”，办案经验是靠案件积累出来的，在时间、精力有限的情况下，青年律师可能是每种类型案件都办过几件但不可能“精通”。与其如此，还不如说自己“很多类型的案件都办过，比较擅长办某几类或某几个领域案件”，让人觉得更加可信。另外，青年律师要学会谦虚，有些人获得一些荣誉如获得“优秀青年律师”称号后，就觉得自己已经进入“知名律师”行列了，经常在微信朋友圈中“晒成绩”进行自我表扬。有时候，有个别律师对其他律师同行表现出来很不屑，甚至通过贬低别的律师来抬高自己，这是很不可取的做法。其实，当事人在委托重要案件前，经常会找其他律师问一下拟委托律师的人品、能力及在律师行业的知名度，律师同行的评价很大程度影响到当事人的决定。如果同行评价较高，当事人可能就下决心了，即使律师收费报价高一些也能接受；如果同行评价不高或不愿意评价，当事人可能会犹豫，至少不会接受高一些的收费报价。

3.“随意改变品牌形象。”有一些企业，产品销售额一下降，或者市场状况一改变，就急于重塑品牌形象，推翻过去，重新开始。在律师行业，也有类似现象，有些律师去年吹嘘自己是“刑辩专业律师”，今年说自己是“知识产权律师”，明后年可能又说自己是“资本市场法律服务专家”。他给自己贴的“专业律师”标签经常在更换，不仅是不同时间在变，而且针对不同客户的说法也在变化。到头来，这些所谓“品牌”可能是除了他自己承认以外，其他律师同行都不认可。现在，很多律师在努力朝专业律师方向努力，明确一个或几个主要领域进行重点发展，适当贴个标签（品牌形象）是可以理解的，但不是你自己一贴上标签、对外一宣布，大家就很快认可了。只有通过若干年甚至数十年的努力，大家才会承认你此前所贴的标签，或者律师协会授予你一定的荣誉（如某领域优秀专业律师），大家才会认可你。而且，专业律师的标签不宜贴很多，一般是 1 个至 2 个。更加忌讳的是“随意改变品牌形象”。除非因为特殊情况，如原来想主要从事的法律服务市场目前还没有兴起，或已经从事的律师很多、市场竞争很激烈，否则不要轻易更换标签。

（四）青年律师的定位与职业发展规划具体包括哪些内容

律师行业与其他很多行业一样，存在明显的“二八法则”，即 20% 的律师占领了 80% 的业务份额，其余 80% 的律师在挤占剩余的 20% 的业务。在有些区域或领域，这种两极分化、悬殊差别情况更加明显，表现出来的是“一九法则”。在律师行业中，青年律师大多是“80%”的范畴，基本上都有缺少案源、没有知名度的焦虑，有些青年律师甚至连生存都成问题，所以以“法律民工”自嘲。

在这样的大背景下，有些青年律师找准定位，找到案源，很快就能脱颖而出，能独立执业，有些甚至在执业前三五年就成为律师事务所的合伙人；有些青年律师一直没有找到方向，也缺少相对固定的案源，只好选择当授薪律师或在原来指导律师的手下帮助办案，获得虽然不高但比较稳定的收入来源；有些青年律师选择做法律援助律师或公司律师；还有一些青年律师熬不过前三年的痛苦期，只能选择转行，如报考公务员、到企业当法务等；甚至，有些青年律师在利益的诱惑下，在知道有风险的情况下去承办一些案件，如与“司法黄牛”合作办一些交通事故人身赔偿案件、办理 P2P 网络贷款催讨案件，或者与人合作提起虚假诉讼等，最后，因此受到处罚或处分，毁了一生的前途。

在上述分析的基础上，笔者认为，青年律师要做好自身的定位与执业发展规划非常重要，如：

1. 方向定位。从业务类型来看，律师主要分为两大类，即诉讼律师和非诉讼律师。青年律师一般是从诉讼律师起步开始做，一开始尽量要参与不同类型的案件，积累一些办案经验，争取先成为一名“综合性”的律师。到一定阶段（如执业三五年后），特别是在规模较大的综合性律所或专业律所中，建议青年律师要逐步明确自己今后的方向定位，是以诉讼为主还是非诉讼为主。如果以诉讼为主，还可以再细化一些，如以刑事诉讼、民商事诉讼、海商海事诉讼、婚姻家事诉讼、劳动纠纷处理或行政诉讼为主;如果以非诉讼为主,可以结合行业、专业、服务对象的不同,有不同的定位。

2. 专业定位。专业定位与方向定位有一定的相关性,专业定位是根据法律服务的专业方向和分工来进行定位。如以刑事为主的律师除了刑事辩护、刑事控告等诉讼业务以外,还可以做刑事合规审查等非诉讼业务。随着法律服务市场的逐渐扩大,尤其是非诉讼领域的兴起,律师行业划分的专业也越来越多,如企事业单位的法律顾问、金融债券领域、投融资领域、公司上市、公司并购、公司治理、建筑与房地产领域、知识产权、涉外法律服务、破产与重整业务、环境与资源、劳动与社会保障、移民业务等。当然作为青年律师来说,没有必要划分得非常细,如果只专注于某一细小领域、某一类服务对象,在有限的法律服务市场内,可能很难做大,甚至可能难以生存。当然,律师个人虽有一定的定位,但不必非常拘泥,如非某类案件或某个领域的案件不办。

3. 综合定位。每一位律师的能力与资源不同,所以可能达到的成就不同,其定位也应有所不同。青年律师应该按照自身的专业背景、学历学位、写作技能、口才、社会关系等不同要素进行综合考量,实现合适的自我定位。如某位青年律师是工科毕业后考取法律硕士,他当知识产权律师可能会比一般的法学专业毕业的律师要有优势;如某位青年律师擅长写作,但表达能力一般,更加适合做非诉讼业务;如某位青年律师有海外留学背景,英语很流利,适合做涉外业务或海事海商业务;如某位青年律师学历一般但口才很好,反应能力很快,适合做诉讼业务,在法庭辩论中有一定优势。如果觉得自己既没有优势又没有资源,那就老老实实地当个普通律师,相信经过一段时间的积累与磨炼,迟早会发现自己的长处。

4. 模式定位。律师可以根据自身情况以及客户的需求进行服务模式定位,常见的律师服务模式有:个体律师服务、小组律师服务(2—3 人)、团队律师服务(4人及以上)。如果是普通的案件,一般就个体律师服务;如果是重大的案件或比较重要的非诉业务,需要以小组律师服务的形式;如果是公司上市、公司并购、破产与重整业务等较大规模、周期较长的非诉业务,就需要以团队律师服务的形式。所以,青年律师不仅要学会"单打独斗",更要学会"团队合作"。

律师在初步定位后,在现实情况下需要进行一定的修正。青年律师需要经过三五年的探索,才能逐步明确自己的定位。在此期间,律师要分"五步走":一是审视自己目前所处的位置；二是找到自己想要的定位；三是找出自己的优势、不足与障碍；四是需要付出一定的成本，包括时间、精力和金钱的投入；五是持续的努力与投入，建立并保持自己在市场竞争中的相对优势地位。

一般情况下，新执业律师首先要解决自己的独立问题与生存问题，即先跨过实习生、律师助理、实习律师的阶段，才能成为独立执业的律师。一般的发展阶段是：先独立、后案源、待生存、再定位。等青年律师做了一个阶段（一般是3—5年）的独立律师后，可能晋升为主办律师，或成为律师事务所的合伙人，此时就必须要明确自己的定位了。等青年律师在明确了自己的定位以后，就可以明确自己的努力方向，进而做好自己的职业发展规划。

（五）如何从客户的角度思考品牌形象塑造

律师的品牌形象塑造要得到客户的认可才有价值体现。品牌形象是客户眼中的形象，不是律师自己推销的想象。如果律师自认为自己是“知名的专业律师”，但客户认为只是“普通律师”，就可能不会将案件委托给该律师，即使委托也不会付很高的律师费。所以，律师必须要从客户的角度思考品牌形象的塑造。

律师要重视服务质量。质量是品牌的基石，所有强势品牌最显著的特征就是质量过硬。如律师接受当事人委托后，从来不主动与当事人沟通进展情况，即使当事人打电话来问，不是挂掉就是语焉不详，当事人可能就会怀疑律师是否尽心尽力帮我办案。如果某资深律师按照自己的标准收取律师费，但转手交给律师助理去办，自己也没有关心此案进展，如果被当事人知道，以后就可能不会再委托案件了。

律师要重视品牌定位。品牌定位是使品牌在社会公众心目中占有一个独特的、有价值的位置的行动，因此品牌定位对品牌形象的影响很大。品牌定位过高或过低、定位模糊都可能会危害品牌形象。如某青年律师自认为是“知名律师”，开出“每小时法律咨询收费5000元”的标准，并制作成牌签放在办公桌上提示当事人，可能当事人一看到这个牌签就不敢开口咨询问题了；如某位有一定知名度的律师整天在忙于办案，无论大小案件、不同类型的案件都亲自办理，不与其他律师同行合办办案，反而会让当事人认为层次不够高。

律师要重视服务公众。品牌形象塑造的全部工作包括公关和广告，要面向公众，以公众为核心，高度重视公众的反应。如知名律师也要办一些法律援助案件，如某高官受贿案、某外来民工集体讨薪案件、某意外爆炸造成群体性受伤案件等，这些往往是社会关注的事件。通过新闻媒体对这些案件的关注与报道，可能会给承办律师带来更大的社会知名度。律师通过参加公益服务活动，如为社区提供免费法律咨询、给小朋友讲法治课、帮助残障人士、给贫困学生捐款等，以获得良好的口碑。

（六）如何从客户的角度思考业务拓展

随着我国“依法治国”战略的实施与经济社会的快速发展，法律服务市场在不断扩大，但律师队伍也在快速增长，市场竞争也日趋激烈。同时，律师行业出现严重的两极分化现象：有少部分律师发愁案子太多，工作压力大；大部分律师则发愁缺乏案源，事情不多。所以，有人提出“律师的主战场不在法庭，而在市场”，有一定道理。

有些青年律师的思维较为被动，如等案件上门、当事人来律所咨询法律问题等，没有“主动营销”的想法，如参加公益法律服务活动、参加行业的研讨会或培训班、研发设计法律服务产品等，或者，以前办过类似案例就敢接，如果没有办过或不熟悉的案件就不敢承接或参与办理。但这种“等”“靠”的思维，会限制青年律师业务拓展。所以，笔者建议青年律师要从客户的角度去思考业务拓展：首先，不是你想办什么样的案件，而是客户希望你办什么样的案件；其次，不是你现在会办什么样的案件，而是你可以通过学习后学会办什么样的案件或者承接后与同事一起办理什么样的案件；最后，要主动为客户考虑、提出建议与意见，而不是被动地等客户要求做什么。对于律师来说，有客户才会有案源，有案源才会有收入。从这个意义上讲，客户才是律师的衣食父母，“客户是上帝”这个观念在一定程度上可以用在法律服务这个行业中。

如青年律师在提供免费法律服务时，有人来咨询法律问题，律师要通过初步交谈，知道他只是路过顺便问个问题，还是有目的地来问问题进而要找律师代理。如果是前者，简单回答一下即可；如果是后者，应该认真、详细地回答，最好能让咨询者约你下次详谈，律师可以提醒他要带证据一起来。

另外，有时候律师在客户需求不明确的时候，要帮助客户明确需求。如某个企业将某个货物买卖合同纠纷案件委托给你办理，等案件办理完成或进展到一定阶段后，律师可以找机会与企业主谈一次，帮助企业主分析这个案件的情况，并分析出现纠纷的原因，如合同中违约责任没有写清楚、纠纷解决条款写法存在歧义、送货后存在交接手续不明等问题，进而指出公司管理制度中存在的一些问题。企业主听后若觉得律师的分析很有道理，可能就会聘请律师担任企业的法律顾问了。

对于律师拓展业务来说，要识别伪需求，放弃伪客户，别把时间浪费在这些人身上。如找律师只为解闷聊天，从不付费；使用不实名的微信、QQ 咨询问题，只要求帮忙从不说感谢；只是向律师倾诉，对自己的经历与不幸大谈特谈；喜欢与律师辩论，要求律师赞同自己的意见；希望律师为其对付同行，帮其出谋划策；或者出于不良目的，让律师提供不违反的手段；等等。

对于律师来说，有需求而且有价值的真正客户一般有三个标准：一是有支付能力，二是有支付意愿，三是能认可律师的服务价值。只有面对这样的客户，律师才需通过自己的努力让客户觉得他们的法律服务是物超所值。客户请律师，除了要对律师信任以外，还要觉得律师能帮助其解决问题，最好能提供一些增值服务，达到其预期要求。

（七）如何在公益服务活动参与中提升形象与美誉度

无论是企业还是个人，参与公益活动对于塑造其品牌形象无疑是非常有帮助的，可以提升企业（个人）的品牌知名度与美誉度。

公益营销非常适合律师群体，尤其是适合青年律师推广业务。公益法律服务可以使青年律师成长起来，有时候还会给青年律师带来业务的拓展。律师不仅有回报社会的责任与义务，也有服务社会的能力与切入点，还可以塑造起良好的公众形象。

青年律师参与公益服务的主要途径与做法有：

1. 法律援助。法律援助是指由政府设立的法律援助机构组织法律援助的律师，为经济困难或特殊案件的人给予无偿提供法律服务的一项法律保障制度。根据《中华人民共和国法律援助条例》第十条和第十一条的规定，对于符合 13 类事项的公民，如果没有委托代理人或辩护人的，可以申请法律援助或由人民法院指定辩护。青年律师在执业初期往往案源不多，有时间、精力可以承办法律援助案件，这样做既可以在一定程度上增加一些收入，也有利于塑造正面形象。有意向的青年律师可以与各地的法律援助机构联系，表达愿意提供义务服务的意思。当然，律师参与法律援助，也应当像服务其他当事人一样，需要用认真、负责、仔细的工作态度同等对待与重视，最大程度上帮助当事人争取合法权益。

2. 普法宣传。如每年的“12·4”国家宪法日，各地的司法局(普法办)都要安排一些普法宣传活动；各地都在推进律师担任中小学校法治副校长工作；学校开展普法宣传与教育，围绕预防校园欺凌、霸凌、未成年人犯罪、未成年人安全教育等开展讲座；宁波市委法制办、市司法局、市普法办组织开展了“百名青年律师千场法制讲座”活动，市律师协会组织二百多位青年律师积极参与，首批讲座主题为“P2P网络借贷风险防范”，重点是P2P网络借贷风险防范等内容的宣讲活动，让更多群众能够认识金融风险、防范财产损失。青年律师应积极参与这些公益性质的普法宣传工作，将所学的知识与实际结合起来，在奉献中逐步成长。

3. 义务法律咨询。各级司法部门、律师事务所经常会组织一些义务法律咨询活动，或者结合党建活动为群众服务，青年律师有机会应积极参与。例如，律师走进社区，可以为社区居民化解各类矛盾纠纷，减少不和谐、不稳定的因素；律师走进学校，可以开展未成年人法律咨询、法律宣传、法律援助等工作，保护未成年人的利益；律师走进农村，可以围绕农村经济发展、推进农村建设、维护农民权益等开展工作，为农村规模承包户提供法律顾问工作；等等。青年律师只要有心去做，总能找到可以发挥作用的场所与机会。

此外，青年律师还可以在律师调解、参与公益诉讼、走进企业提供法治体检、帮助农民工维护权益、帮助残障人士、参与捐助助学、关爱青少年等很多领域提供力所能及的帮助与服务，这些都是公益服务的内容，也是青年律师成长成才的重要途径。

(八)如何在发微信朋友圈中体现自己的专业形象

现在，微信朋友圈已经取代QQ、微博、博客、网站等传统的互联网媒介，成为最重要的“自媒体”。很多人以微信作为主要手段进行信息发布，但很多人并不知道该如何利用微信朋友圈为自己服务，特别是品牌形象塑造，甚至造成一些难以弥补的负面结果。例如，有些人喜欢利用微信朋友圈发广告图片或在微信群中群发各种广告，结果被人屏蔽或踢出微信群；有人喜欢发一些争议性的政治评论或奇谈怪论来圈粉，结果被腾讯公司警告或微信禁用一段时间。

微信作为现在最主要的交流工具，具有即时通信的功能，而且有微信朋友圈这个“自媒体”发布平台，显然比原来的通话、短信、QQ 等功能都要综合且强大。律师是一个特殊的职业群体，不能像普通人一样随心所欲地发微信朋友圈。青年律师要重视微信朋友圈的应用，特别是体现自己的专业形象，有助于品牌形象的塑造。

笔者认为，律师发朋友圈要有一些忌讳，如发微信朋友圈不要太多，一般每天不超过 3 条，1—2 条为宜，偶尔因为特殊情况多发几条信息也可以，但不宜太频繁。过于频繁的信息推送或垃圾信息、广告信息的推送会让别人产生反感，容易被拉黑或屏蔽朋友圈；不要经常发很多与工作无关或与自己身份不适合的信息，如果某位女律师每天发带孩子玩、吃饭的信息，别人看后会认为她是一位“好妈妈”但不一定是位“好律师”；不要经常吐槽或发泄对社会不满的言论，或者经常发“宝宝今天不开心”等卖萌的图案或语句，让别人看后会觉得该律师可能压力较大、心理素质不好；不要发表有争议的政治性言论或奇谈怪论；不要发表对律师同行（尤其是本所同事）的不利言论；发微信朋友圈前将文字内容尽量仔细检查一次，避免出现低级错误（如多处错别字），因为这样会让人觉得该律师做事不够认真仔细；等等。

律师的微信好友中较多的可能是律师同行、其他法律职业共同体的相关人员（如法官、检察官、警察等）、当事人、亲戚、好友、同学、同事等。所以，律师如果希望通过发微信朋友圈的方式体现自己的专业形象，主要发与工作相关的内容，如果生活方面或其他内容发得很多，会让人产生喧宾夺主的感觉。

律师将自己的微信朋友圈定位为以工作为主，可以体现自己的专业形象。如对一些社会热点问题或典型案例，发表法学分析意见与个人有见解的观点，体现自己的专业水平；对律师本人承办的有特色的案例（要隐去当事人姓名等信息），可以在结果明确后，有选择性发表法律意见；对看过的书籍或文章谈读后的感受，要有一定的深度；对参加的公益服务或学术研讨活动进行记录，最好图文并茂，或转发相关微信公众号内容；对律师本人参与研发设计的法律服务产品的介绍，要有一定的特色；行业媒体对律师本人、同事同行或所在团队的介绍，最好是转发相关微信公众号内容；对律师同行（尤其是本律所同事）获得荣誉或其他好的方面，要不吝赞美之意。还有，律师的微信朋友圈要吸引大家的关注，观点要原创，有一定特色，不是简单地转发；制作要图文并茂，让人觉得可读性好，切记不要长篇大论，内容要简明扼要。

很多人在微信朋友圈中发信息，总是希望有更多的人会阅读并点赞。影响人们阅读或点赞的因素除了发的内容引起大家的关注以外，发信息的时间点也很重要。根据统计，在8—10时、12—14时、20—24时是用户平时打开微信公众号阅读的主要时间段，尤其是晚间工作结束后的休息时间。所以，建议青年律师在此期间发微信朋友圈。

（九）如何针对不同的受众对象进行宣传

大家都很注重对外的公众形象，尤其对律师而言，对外的公众形象与知名度有很大的关系。知名度往往与能否获奖或表彰相关，也与业务拓展有一定的关系。但有些律师在对外宣传中，不注意把握好"度"，喜欢自吹自擂，有时候过度吹嘘会让别人产生反感，结果适得其反。我们中国人比较喜欢谦虚、含蓄的品德，所以中国人喜欢的习惯做法是："好话让别人来说，而且自己还要表现出非常谦虚。"

同时，律师要针对不同的受众对象，对宣传的内容与方式有所区别。笔者简要地将这些区别概括为：对客户要讲"情怀"；对同行要讲"专业"。

1. 对客户（包括潜在客户）要讲"情怀"。在所有的营销方式中，口碑营销无疑是最有效的营销方式。有些律师通过原来的客户介绍很多案源，逐渐将客户的规模越做越大。客户愿意继续委托案件或将别人的案件介绍给律师，除了对律师原来的办案感到比较满意以外，还出于信任、诚实、服务态度好等正面评价。所以，律师要在客户面前继续保持这种良好形象，不能出现发脾气、不守时、态度差等情形，否则很容易破坏了客户对律师以前的良好印象。如某位客户为某位律师介绍了好几个案件，但该律师没有任何感谢的表示，后在客户提出某个法律事项的咨询时，律师要求对方支付"咨询费"，这就容易将关系搞僵了。所以，律师对这些老客户要特别关照，不能动不动就提"咨询费"，所谓的"情怀"往往体现在"免费服务"上。

另外,律师要对客户展示出“专业形象”,如工作认真负责、办事可靠、获得荣誉多、积极参加公益服务等。如果有专业律师团队,可以考虑制作一份内容少但很精美的宣传单页(便于携带且印刷成本低),这样有利于对外宣传,给客户留下一个良好的印象。

2. 对同行要讲“专业”。律师同行之间的评价除了行业职务、获得荣誉等以外,较多的是对其人品素质、专业能力的评价。所以,除了律师自己在微信朋友圈内发的内容以外,律师会比较重视专业性的评价:如某位律师所撰写的论文在律师实务理论研讨会或律师论坛上是否获奖及等级;某位律师在辩论赛、演讲赛、法律服务产品大赛或其他学术性的比赛中是否获奖及等级;某位律师是否在法学专业期刊上发表学术论文或出版著作,是否经常为律师行业举办培训活动授课;等等。

(十)如何在律师行业媒体宣传中推广自己或者被宣传

虽然现在有很多的新闻媒体,但律师参与的机会不一定很多。比较多的情况是:某地发生了一件有社会影响力的案件,纸质新闻媒体请某位律师以点评的方式提供法律意见,或电视台请某位律师出镜点评。有些律师利用新媒体搞搜索引擎营销或发布广告等,或利用 QQ 提供法律咨询,制作网站、微信公众号进行法律服务介绍,但效果往往差强人意,有些花费较多,有些花费不多但投入的精力较大。即便如此来委托律师的也是一些小额案件,大额案件还是通过口碑方式介绍,所以知名律师一般不会通过以上方式进行营销,比较多的还是采取会议、讲课、图书、写作等方式扩大自身在行业内的影响力。但律师一般比较重视在行业媒体,尤其是微信公众号、刊物、网站等的宣传,因为这些方式对于扩大其在律师行业的知名度有较大帮助。

律师想要在行业媒体宣传中推广自己或者被宣传,主要可以通过以下一些方式:(1)发表学术论文。尤其指律师在重要、有影响力的学术刊物上发表论文或形成系列论文,在全国性的学术活动中获奖。(2)入选典型案例。即律师所承办的案例被选入最高人民法院或省、市法院公布的典型案例中,或者被司法行政机关、律师协会评选为典型案例或选入典型案例集。(3)发布法律观点。指在一些有影响力的事件发生或社会热点问题形成时,某位律师及时地发表很有见地的法律观点,体现出专业水平。(4)介绍个人或团队。尤其是在个人或团队在获得某项比较重要的荣誉后,律师协会会在行业媒体上对其进行一定的介绍,如果文章写得自然感人,会吸引更多人阅读,让大家对此留下一定的印象。

(十一)青年律师如何看待荣誉、机会以及如何申报荣誉

荣誉是每个人都希望获得的,对律师来说,荣誉意味着知名度,也意味着业务拓展的机会。青年律师因为积累还不足,在争取荣誉方面可能比较困难,对难得的"优秀青年律师""优秀青年公益律师"等评比机会往往是"心向往而力不足"。

对于青年律师来说,要有较好的心态面对荣誉与机会:

1. 秉持积极努力的态度。如果青年律师对荣誉没有任何心动,即使律所推荐,也不愿申报或对申报采取应付心态,是很不可取的。如果律所或行业推荐申报了,青年律师应当珍惜机会、认真申报,即使知道申报成功可能性不大,但努力过了即使没有评上,至少可以对自己以及关心自己的人都有一个交代。

2. 不要有争抢的心态。有个别律师对荣誉看得很重,一旦有机会,就要主动去争取,有时候采取诽谤或背后说坏话的方式排挤与自己竞争的同事。这样一来,如果最后没有被评上,会被别人笑话;即使被评上荣誉,也会因为采取不正当的手段,被别人看轻,把关系搞僵了。有些律师认为自己符合申报条件,就一定要抢占数额不多的推荐名额,从而采取找领导说情的方式,这种做法也会被人所不耻。所以,笔者认为青年律师既要积极努力又不要与同事去争抢,相信自己努力了,迟早会有机会获得荣誉的。要学会体谅领导的难处,申报荣誉的机会要相对平衡地分享。

3. 做好坦然面对落选的心理准备。荣誉评选很少是申报了就获得,一般有一定的差额或者获奖等级。所以,有人获奖必然有人落选,有人获大奖也有人获小奖。自己积极努力后,结果就让别人去评判,不必很介意。能获奖当然值得开心,没有获奖也不必伤心难过。

如果领导或同事们将申报机会给了某位律师,该律师一定要认真对待。要认真看申报要求,填写申报材料,并准备相关证明材料。申报中常见的问题有:材料不齐,很多证明材料应交不交;对材料质量不重视,几张材料用长尾夹夹一下就算了,没有胶装、打页码等,容易让评委觉得不重视;交材料拖拉,习惯性地延迟时间,

严重者可能影响评审时间，甚至失去申报机会。这些都是需要青年律师在申报荣誉时注意的一些事项。

（十二）青年律师如何建立有个性特质的品牌形象

现在很多青年人都在追求个性，青年律师也难免要追求自己的个性，但其实很多人并不知道自己的个性特质有哪一些。比如在应聘过程中，如果面试官说："请你说一下你的特长、优点、性格特质"，应聘者支支吾吾说不清楚所以然，就容易给面试官留下不好的印象，应聘成功的机会就不高了。

所以，青年律师在想塑造自己的品牌形象之前，首先要清楚自己的个性特质。如：自己的性格是内向、外向还是中性的？如果性格偏内向、做事很认真仔细，比较适合做一些文字工作，在律师定位上比较适合做不需要与当事人有较多沟通交流的非诉业务；如果性格偏外向，适合开庭去进行辩论，在律师定位上就比较适合做诉讼业务，如刑辩专业律师。如果某位律师的理论基础较好又喜欢看书、学习，可以经常动笔写文章，以擅长写作的印象扩大自己在律师行业的知名度；如果某位律师觉得自己理论基础比较薄弱，也不喜欢看学术书籍，那就不要为难自己非要在写论文上与人一争高低了，可以多参加辩论赛、演讲赛等活动，在自己擅长的方面发挥特长；如果某位律师有其他专业背景或工作经历，如曾在保险公司工作过多年，就比较适合做与保险相关的业务；如果某位律师是从检察院辞职出来后当律师，可以考虑选择自己比较擅长的刑事辩护业务。总之，青年律师不仅要明白自己的特长、优点、性格等个性特质，也要明白自己的不足、缺点，这样才能有正确的定位，才有比较清晰的品牌形象。

About the
作者简介 Author

俞建伟

男，1976年8月出生，中共党员，浙江合创律师事务所律师，宁波仲裁委员会仲裁员，合创万商法律服务团队学术指导。1997年从西北工业大学航天学院本科毕业，获工学学士，后获得法学学士与教育学硕士学位。1997—2010年，在宁波大学工作，获评副研究员职称，其间曾在法学院开设多门课程。2003—2010年，在浙江众信律师事务所任兼职律师。2010—2017年，在中国科学院宁波材料技术与工程研究所从事科技合作与技术转移工作。2018—2019年，在宁波市律师协会工作，担任专职副秘书长。2020年起在浙江合创律师事务所工作，并重新开始律师执业，主要从事知识产权与民商事业务。

联系电话：13705749100　电子邮箱：yujianwei@nbu.edu.cn

业务篇

一、刑事诉讼业务

刑事辩护既是一项技术，也是一门艺术，唯有孜孜不倦地以实践用心打磨，才能不断攀登高峰，没有捷径，不容松懈。本部分从会见、阅卷、调查取证、证据审查、审前辩护和庭审辩护及相关辩护技巧、辩护律师参与流程指引六大方面分享刑事辩护技巧，旨在给青年律师办理刑事案件时做参考。

（一）会见

辩护律师的会见权是律师在刑事诉讼活动中一项极为重要的权利。辩护律师通过会见来了解当事人涉嫌的罪名及有关案件情况，听取其对指控罪名和事实的意见和辩解理由，从而更好地为当事人提供法律帮助，依法辩护。辩护律师会见犯罪嫌疑人、被告人时不被监听。当然，不同的刑事诉讼阶段，律师会见的权利内容有所区别。

1. 侦查阶段律师会见权

辩护律师在侦查阶段会见时，主要向在押的犯罪嫌疑人了解案件有关情况，了解其合法权益是否得到保障，并为犯罪嫌疑人提供法律咨询。一方面，会见使辩护律师能够及时、深入了解案情，尽早拟定辩护方向；另一方面，也使犯罪嫌疑人对涉案行为有正确的理解和把握，避免其后续做出不利于辩护的行为。同时，被羁押的犯罪嫌疑人，尤其是刚被羁押不久的，内心压力往往是非常大的，辩护律师的疏导能一定程度上稳定其情绪，作用有点类似于心理医生。对一般案件，律师会见直接向看守所提出，看守所必须最迟在48小时内予以安排。危害国家安全犯罪、恐怖活动犯罪案件，辩护律师在侦查期间会见在押的犯罪嫌疑人，应当经侦查机关许可。

2. 审查起诉、审判阶段律师会见权

自案件移送审查起诉之日起，辩护律师可以向犯罪嫌疑人、被告人核实有关证据，主要包括证明犯罪嫌疑人、被告人有罪、无罪、罪重、罪轻的证据，听取犯罪嫌疑人、被告人的供述和辩解。此时的会见要配合阅卷，律师会见前提前做好提纲，对于经核对后发现卷宗有疏漏或不实的内容，应与承办检察官及时沟通。

案件公诉到法院后，起诉书将是庭审中检方指控的汇总，辩护律师在会见时应针对起诉书中罗列的犯罪时间、地点、人物、行为、情节等内容与卷宗材料核对后，再与被告人进行仔细核对，听取被告人对起诉书及指控证据的意见，同时与其讨论和确定辩护观点，介绍和演练庭审流程，指导被告人更好地行使辩护权。

（二）阅卷

阅卷是进行科学、有效辩护的重要前提。其中有以下三个方面需要注意：

1. 不要求所有案卷材料都得复制，但所有卷宗的封面和“卷内文书目录”应完整地复制。这么做的目的是便于核实所阅案卷材料是否有遗漏，为今后是否需要补充阅卷提供参考和索引，同时有助于辩护律师构建案件证据体系和逻辑体系，在制作阅卷笔录或其他法律文书时提供依据，在庭审时能够及时索引跟进并展开有针对性的质证和辩论。

2. 建议将言词证据全部复制，首先，与立案、采取强制措施、到案情况、搜查、扣押、提取证据、辨认、鉴定意见相关的证据及起诉意见书等原则上应全部复制。其次，对于口供有疑点的相关讯问录音录像也应复制，以便届时根据案件需要决定是否提起排除非法证据的申请。最后，补充侦查卷宗亦应重视并及时复制。退补材料比较重要，从退补材料中可以了解检察机关承办人对案件的意见和看法，甚至有时还能折射出案件的真实情况，所以辩护律师应及时与检察机关承办人联系，尽早复制退补材料，关注卷宗是否有所变动。

3. 注意核实所阅卷宗是否完整。随着电子阅卷制度的推行，辩护律师从检察机关案管中心拿到的主要是刻录的光盘，但光盘中的内容可能不完整，因此辩护律师就要与接待人员或承办人员进行仔细核对,以免遗漏重要的证据材料。实践中,有些视频资料或是有些分案处理的同案犯笔录可能较容易被忽视而未能全部复制在卷,辩护律师一旦发现后应及时向有关人员提出并复制完整的卷宗内容。当被告人提出其讯问笔录记录的内容与其供述有重大出入的,也可以申请调取审讯同步录音录像以备核查。

(三)调查取证

根据《刑事诉讼法》相关规定,辩护律师可以向证人以及被害人进行调查取证,但是在实践中,辩护律师尽量不要直接向证人和被害人进行取证,最好选择申请检察院、法院等公职机关收集、调取证据,或者通过向法院进行申请,由法院出面通知证人出庭作证。辩护律师直接向证人或者被害人调查取证,难度较高、风险较大,而且这个问题在证据材料尚未完全固定的侦查阶段显得尤为突出,所以青年律师一定要注意取证的风险。律师作为法律行业的专业服务人员,不像侦查机关那样技术完备,调查取证能力有限,也没有强大的国家权力机关为其行为做后盾,在缺乏完善的法律保障的前提下,律师自行调查取证的行为非但可能无法帮助到当事人,还会将本人置于危险的境地。在特殊情况下,如果辩护律师必须向证人或者被害人进行取证,则需要注意以下几点:

1. 确保调查取证的程序合法

对于被害人或者其近亲属、被害人提供的证人的调查取证,除经得其本人同意外,还必须经检察院或法院许可;必须向被调查人出示律师事务所出具的律师调查专用介绍信、委托书、律师执业证,并由两人以上进行。调查人必须是有执业资格的律师,而且应是接手委托事项的辩护律师,另一名至少是实习律师;避免提前接触被调查人,避免与被告人家属一同前往或是在被告人家属在场的情况下调查取证;如果有多名证人,应对证人一对一单独询问;询问建议在办公时间、办公场所进行,有条件的建议在征得被调查人同意后全程录音、录像;询问开始前必须明确告知证人的权利义务,确保其系自愿。

2. 确保调查取证的实体合法

提前准备好详尽的调查提纲,发问的问题避免临时拼凑;对被调查人询问要注意方式方法，不得带有主观倾向，不可采取诱导式发问的方式，不得向被调查人介绍自己对案件的分析和认识；了解被调查人的生理及精神状况，确保其系真实表达自己意思；不要向被调查人提供作证草稿或代其书写证词，证人形成的自书材料尽量要求其自行提交给办案机关；谈话笔录应由被调查人或法定监护人阅读核对无误后签字确认，同时将其身份证复印件及联系电话留存备查；一旦发现调查取证相关证据对当事人会产生不利影响，应当停止调查，发现被调查人存在串供、伪证行为的，应立即终止调查取证；如果发现被调查人做出的陈述与其本人或他人在侦查卷宗中的陈述或供述相矛盾，或者与其他客观证据相矛盾的，应尤其慎重，综合判断后再决定是否作为证据提交。

（四）证据审查

在刑事诉讼中，辩护律师对证据的审查不是目的而是手段，而且是一种为辩护做准备的手段。审查证据的直接目的，是在刑事诉讼中正确、有效地运用证据为辩护服务。证据审查主要包括以下几点：

1. 言词证据审查

（1）如何对当事人口供进行审查。

当事人口供在全案的证据材料中具有特殊的证明作用，其比其他证据更能正确反映案件事实的全部情节，但口供的特殊性也决定了其具有较大的不可靠性，需要辩护律师擦亮慧眼，全面审查。

第一，分析当事人的供述是否具有自愿性和自主性。当事人供述，尤其是有罪供述，往往是定罪的重要依据，因此需要重点关注。如果当事人始终辩解其无罪，且检察机关也无法提供除当事人有罪供述之外的其他有力证据，辩护律师就要考虑当事人是否有受到他人的欺骗误导而产生错误的法律认识，对“做有罪供述”的后果产生错误理解，没有认识到有罪供述的严重性，或是即使认识到有罪供述的严重性还是迫于无奈做了有罪供述，比如因刑讯逼供、欺骗、引诱、胁迫等非法侦讯手段而被迫做出违心供述。当事人重复性自白是其供述非自愿、自主的表现特征之一，是被《关于办理刑事案件排除非法证据若干问题的规定》原则排除的证据，但“例外”规定又对排除提出了更高的要求。辩护律师若发现当事人存在重复性自白的情况,还要结合重复性自白出现的审讯情况及前后的审讯记录、时间间隔、审讯环境及审讯人员是否变化等因素进行多角度分析。当然,还应注意排除当事人因替人受过而包庇犯罪分子或是夸大犯罪事实等情形。

第二,分析当事人做的供述是否具有真实性。由于刑事案件的处理结果直接关系到当事人的人身自由、财产权利甚至生命,出于自我保护和趋利避害的本能,当事人的供述在诉讼过程中极易发生变化或反复,或者说有较大的虚伪性,因此需要辩护律师结合现有的客观证据进行审查,比如审查已经查明的事实、其他证据之间能否相互印证,还有当事人做的供述是否自然、稳定,是否合乎常理、符合生活逻辑和经验法则。

司法实践中,法院在审理案件时对于经当事人签字确认的笔录内容尤其是有罪供述一般将予以认定,要想推翻当事人的有罪供述极其困难,很多成功的辩护案例都是因为调取了讯问时的同步录音录像,经核查发现存在诱供、胁迫、欺骗或未如实记录当事人供述的情形。青年律师在办案过程中可以参考借鉴。

(2)如何对同案被告人口供进行审查。

在共同犯罪案件中,同案被告人的口供也是辩护律师证据审查的重点。同案被告人的口供情形比较复杂,在审查同案被告人的口供时需要特别注意以下两点:

第一,审查该同案被告人的笔录是否客观、真实。客观性、真实性是同案被告人笔录具有证明力的基本要求。如何判断同案被告人笔录的客观性与真实性,首先要结合现有的客观证据,看能否相互印证。其次,要结合同案被告人的笔录内容,结合其供述的动机等,看供述内容与同案犯口供之间能否相互印证,是否符合情理。比对同案被告人的口供,往往更容易发掘事实真相。当然,也要注意审查同案被告人之间是否存在利害关系,注意排除同案犯之间串供的情形。如果同案被告人之间存在利害关系,往往会相互推诿,做出不实的供述。所以如果有同案犯的不利口供,辩护律师可以从双方之间存在利害关系的角度向检察院或法院提出辩护观点,以降低同案被告人口供的可信度。最后,要审查搜集口供的程序是否合法,能否排除刑讯逼供、诱供等非法审讯行为。

第二,审查该同案被告人本身的笔录是否齐全。因为共同犯罪案件中,有些案件存在分案处理的情形,部分同案犯的笔录未能全部复制在卷,这会导致辩护律师无法全面获悉证据材料和案情,导致在质证和辩护时陷入被动,甚至出现辩护的方向性错误和偏差。因此辩护人要注意审查同案被告人笔录的完整性，一旦发现存在不完整的可能性，就应当及时与检察院或法院沟通并申请调取该同案被告人所有的笔录资料以便进行全面审查。

2. 实物证据审查

刑事诉讼中，实物证据主要包括：物证，书证，勘验、检查笔录，视听资料，电子数据等。与言词证据相比，实物证据的优势在于更为客观、固定、可靠，但也存在其所反映的案件事实不如言词证据形象、生动和具体的问题，且对现有科学技术的依赖性较强，具有历史局限性的特征。因此，辩护律师在审查实物证据时，可以抓住实物证据的上述特征，围绕证据的合法性、关联性、客观性展开。

（1）审查实物证据的客观真实性。

同言词证据的审查标准类似，实物证据的客观真实性也需要从已查明的客观事实出发，结合其他证据内容，看能否相互印证，以及该证据的存在是否符合常理。一要判断证据来源是否可靠，是否全面收集，是否系人为伪造或变造，有些案件中不排除存在为了栽赃陷害或逃避法律责任而伪造、变造物证的情形，比如将视听资料进行剪辑、添加、删改。二是判断提取、收集、制作、保管等环节操作是否科学，是否因操作不当或是自然因素导致不能反映原有的特征，比如现场遗留的脚印因风吹雨淋而变形，物品保管过程中自然损耗、变质等。危险驾驶案件中可以着重审查血样（检材）在流转、保管、送检的过程中是否保持同一性和不受污染。

（2）审查实物证据的关联性。

实物证据特别是物证本身没有思想，不会自己陈述所要证明的案件事实。因此，如何证明或推翻物证与待证事实之间的关联性，是刑事诉讼过程中控辩双方必然关注的问题。很多物证无须经过鉴定就能够基于物质的属性、形态、内容等证明案件事实，有些物证，比如血迹、指纹、毛发、体液、笔迹等痕迹，由于涉及专门性问题而须进行鉴定才能证明案件事实。对于鉴定意见，重点可以审查鉴定结论是否属于同一认定，如果仅是种属认定，由于该类意见不具有独特性和唯一性，故其证明力非常有限，不能独立地证明待证事实。

（3）审查实物证据的合法性。

《刑事诉讼法》和“两个证据规定”，即《关于办理死刑案件审查判断证据若干问题的规定》以及《关于办理刑事案件排除非法证据若干问题的规定》，确立了对于非法言词证据实行绝对排除、对于非法实物证据实行裁量排除的原则，也就是说，对非法取得的实物证据采取相对宽容的态度，允许侦查机关予以补正或者作出合理解释，不能补正或者作出合理解释的，才予以排除。辩护律师一旦发现侦查机关通过非法方式取得实物证据的情形，比如通过刑讯逼供或是威胁、欺骗、引诱等手段而迫使当事人供出或交出实物证据，或是以非法搜查、扣押方式获取实物证据的，可以申请法院对以非法方法收集的证据依法予以排除，但应当提供相关线索或者材料。

（五）辩护技巧

2012 年、2018 年两次修正的《刑事诉讼法》明确规定律师审前阶段的辩护人身份往前延伸至侦查阶段，并确立了辩护律师在审查起诉和法庭审理阶段的“双重阅卷权”，这大大扩展了律师的辩护空间。当然，由于不同诉讼办案机关的诉讼任务不同，辩护重点亦应有所不同。侦查阶段，应以程序性辩护为主，实体性辩护为辅，审查起诉阶段，则程序性辩护和实体性辩护兼顾，到了审判阶段，则应以实体性辩护为主，程序性辩护为辅。下面，主要从审前阶段与庭审阶段两个部分来阐述不同诉讼阶段的辩护要点，以及辩护应关注的几个重点问题。

1. 审前辩护

审前辩护，是指审判阶段之前的辩护，具体而言就是侦查阶段和审查起诉阶段的辩护。审前辩护的价值，不仅包括为当事人争取到取保候审、不批捕、撤销案件或者不起诉的结果，还包括说服侦查、检察机关核实有利事实、澄清不利事实，以更轻的罪名批准逮捕或者起诉，当然也包括监督侦查机关和检察院在办案过程中滥用职权或者玩忽职守侵害当事人权利的行为发生。关于审前辩护，辩护律师可以做好以下几点工作：

（1）在审前阶段最大限度争取当事人的人身自由。

从司法实践来看，能否在审前争取到当事人的人身自由会对后续处理结果产生显著影响。案件当事人一旦被羁押，那么其后续不起诉或者被判处缓刑的概率就会大幅度降低，因此，辩护律师必须高度重视“黄金三十七天”，如果案情条件允许，争取在当事人被逮捕前向侦查机关提出取保候审申请书或向检察机关侦查监督部门提出不批准逮捕意见书。一旦当事人被逮捕后,变更为取保候审的难度明显加大,但并不意味着没有机会,辩护律师仍可以结合案件的具体情况向办案部门提出取保候审申请或向检察机关提起羁押必要性审查申请。

(2)充分做好审前阶段的书面辩护和口头辩护。

书面辩护是辩护律师开展辩护工作的最主要的方式,在审前阶段主要包括准备取保候审申请书、羁押必要性审查申请书、不批准逮捕建议书、辩护意见。在撰写这些材料时应做到观点明确、逻辑严谨、论证充分、论据有力、用词严谨。实践中并不拘泥于一个阶段提交一份辩护意见或申请,辩护律师应随时根据了解到的新情况、证据材料的新变化和法律的新规定,补充撰写书面辩护意见或者提出新申请,并将案件书面辩护意见及时递交给案件承办人员。

口头辩护也很重要。刑事辩护过程不仅是书面交换意见的过程,也是与司法人员进行沟通和交流的过程。在审前阶段,如果仅是单方面地递交书面意见,很难了解和知悉办案人员的真实想法,无法做到互动交流和有效沟通。而且,有些意见比如辩诉交易、案外因素,也不适合书面提交,因此,口头辩护也是必不可少的。青年律师在与办案人员进行口头交流时,应做到逻辑清晰、层次分明、简明扼要,切忌没有重点、废话连篇。

(3)与侦查机关、检察机关人员沟通的技巧。

一般而言,侦查人员对辩护律师不会特别友好,这是由双方的工作职责决定的。同时,由于在侦查阶段案件尚未定型,案情尚未明朗,侦查机关所要获取的证据或口供尚未固定,难免担心辩护律师的介入会打乱他们的侦查计划或办案方向,或者被辩护律师发现侦查过程中存在违法、违规的行为,而辩护律师本身对案情了解也不多或是不确切。因此,辩护律师在这个阶段与侦查人员的沟通往往不太顺畅,或者说很局限,沟通内容除了简单地了解涉嫌罪名和案情外,主要还是为了申请取保候审或变更强制措施等程序性问题进行的沟通。

到了审查起诉阶段,辩护律师可以阅卷,全面地获知案件证据及案情,并向公诉机关递交辩护意见。这个时候,辩护律师的能动性就较侦查阶段大得多。一般而言,公诉人都会非常重视辩护律师的意见,他们也非常期望辩护律师能够提出合理的观点,及时向他们提交相关证据材料,避免因作出错误的指控而陷入被动。但是,在此也要提醒广大青年律师,与公诉人交流辩护观点时也应视公诉人对案件的态度和看法决定是否有所保留，尤其是在案件事实相关证据薄弱且主要依靠犯罪嫌疑人及同案犯口供时，如果公诉人不能认同辩护观点的情况下，不能无条件地将辩护思路和理由和盘托出，否则，一旦公诉人在知悉辩护思路后着力修补原本薄弱的证明点，便会使自身庭审辩护陷入不利。

2. 庭审辩护

（1）重视庭前、庭后与承办法官的沟通。

在审判阶段，除了提交书面辩护意见以及各类申请文书外，辩护律师还应该积极和案件承办法官进行口头沟通，向承办法官陈述己方观点，尤其是针对是否构罪或罪名、罪重罪轻有较大争议的案件，争取在开庭前就能与承办法官进行交流，先入为主，让承办法官带着疑问去审阅案卷、主持庭审。庭后沟通也应重视。除了少数当庭宣判的案件外，庭后才是承办法官有针对性地研读案卷、梳理审判思路的时候，辩护律师一方面要及时根据庭审情况整理好辩护意见递交给承办法官或书记员，另一方面还应就案件争议的问题，找适当的机会与承办法官进一步沟通与交流。“重要的事情说三遍”，就是这个道理。当然，律师与承办法官交流时应注意抓住重点，有理有据，简明扼要，少谈案件事实和证据之外的非实质性话题。

（2）庭审发问有技巧。

法庭调查中有一个重要环节就是庭审发问，掌握庭审发问技巧毫无疑问对于查清案情真相、驳斥对方观点有重要作用。绝大多数情况下，辩护律师向当事人发问是经过庭前辅导的，明知故问，通过一问一答的形式向法庭展示辩方对事实的认识和态度。这里的问题设计，一般是围绕无罪或罪轻的问题展开，并为后续的举证、质证及辩护作铺垫的。也就是说，律师要通过必要的发问展示辩方对案件事实的基本立场和态度，把有利于当事人的情节及事实凸显出来，并反驳、澄清不利于当事人的情节及事实。庭审发问一般要求制作发问提纲。发问时，应注意倾听，深思熟虑，抓住要点，简单明了，掌握时机，因势而变，适时反对，避免诱导、重复发问、率性而为不计后果式发问，或是应付性、无关性发问，否则容易被法官打断或制止，或是发问问出不利于当事人的事实，那就会出现极其尴尬的场面。同时，当不可控制地出现当事人或其他被告人做出不利的回答时，律师应视情况及时补救。

(3)庭审质证不容忽视。

质证是法庭调查的重要环节。庭审实质化即质证实质化。质证作为控辩双方反驳和攻击对方证据的重要手段,对法官的认证和裁判有着重要影响,是辩护律师成功辩护的前提。在实践中,很多辩护律师对质证认识不足,不予重视,在法庭上三言两语一笔带过,甚至干脆一言不发,而在辩论阶段却夸夸其谈,看似很精彩,却因缺乏证据的支撑而显得没有说服力,结果必然也不会理想。因此,辩护律师一定不能忽视质证,仅靠辩论阶段的雄辩口才想要力挽狂澜是空想。

质证时,辩护律师应紧紧围绕证据的真实性、合法性、关联性三特征,充分利用、发挥不承担举证责任这一诉讼优势,对公诉机关出示的证据提出异议、怀疑或否定,对有利于被告人的证据进行说明、强调,扬长避短,还可以从证明目的、证明效果、证明标准、证明过程等方面进行质证和辩论。无论案件难易、卷宗繁简,律师都应当制作书面的质证意见,必要时提交给法庭。

(4)法庭辩论应抓住重点。

辩护律师在进行法庭辩护时,应抓住重点、有的放矢,切忌泛泛而谈,具体有以下几点可供参考:

①要善于准确找出并归纳对被告人有利的法定理由,包括无罪或不负刑事责任的法定情形,以及从轻、减轻或免除处罚的法定、酌定情节,注重抗辩从重处罚的理由,善于运用辩护技巧敢辩、善辩,不可歪辩、乱辩和错辩。辩护必须围绕被告人被指控的事实展开,然后充分结合在案证据尤其是控方移送的证据,进行分析、论述、辩护,在论证中揭示事实,有理有据地对公诉人或者对方当事人所指控的事实进行驳斥。法庭辩论时,辩护律师要善于发挥不承担举证责任这一诉讼优势,扬长避短,积极、充分地发表辩护意见。

②在对公诉人的公诉意见进行反驳的同时必须坚持自己的思路,不被对方思路所影响。对于辩护人来说,庭审辩护的终极目标并非驳斥公诉人所出示的证据材料,揭发事实真相,因为寻找真相是侦查机关的任务而不是辩护人的,辩护人只要做到能够动摇承办法官心证,使其产生合理怀疑就成功了。因而在庭审辩护过程中,辩护人要能够坚持自己的辩护思路,不受公诉人影响,充实己方观点,这样才能取得良好的辩护效果。

③首轮辩论与第二轮辩论侧重点应有所区别。辩护律师在发表首轮辩论前必

须准备好书面的辩论意见，尽量争取脱稿表达。在第二轮辩论阶段，律师应补充遗漏，围绕核心争议焦点，针锋相对，直击本质，在较短的时间内清晰表达自己的立场和观点。

庭审发问、质证和辩论是有机衔接、彼此联系的三个部分。法庭发问是法庭调查的基本方法，通过发问发现问题，还原事实真相，建立起诉讼的事实。法庭调查了解的事实需要有相关的证据予以支撑，只有真实、合法、有关联性的证据才能被采信。在庭审辩论中，辩护观点的发表需要以发问、质证为基础，任何脱离发问、质证的辩论都只是"形式辩护"，起不到实质的作用。

3. 辩护律师的独立辩护权

刑事诉讼法赋予了律师独立的辩护权，这种独立不仅是相对于公诉人、相对于法庭，也是相对于当事人的。所以，辩护律师要有自己的独立思考。虽然律师辩护应充分尊重当事人的意见，将律师的辩护思路与当事人沟通商量，达成共识，但也不能一味依从。这里的当事人显然不等同于委托人，委托人利益也不等同于当事人利益，在二者发生冲突时，辩护律师必须站在当事人一边，切实维护当事人的合法利益，不能谁出钱就听谁的，这才是辩护律师独立辩护权的应有之义。当然，如果当事人提出无理要求，比如，无视检方的证据一定要辩护律师做无罪辩护的，辩护律师应该结合证据情况，实事求是地与当事人进行案情分析，告知其无罪辩护是与证据不相符合的，经多方努力仍无法达成共识且是原则上的问题，则可以建议当事人另行委托辩护人。如果当事人不听劝告，对辩护律师有诸多隐瞒，辩护律师也有权解除辩护委托合同。这或许是无奈之举，但也可能是最好的选择。此外，如果当事人在庭上临时改变主意，干扰辩护律师的辩护思路，且不能给出合理的理由，辩护律师可以忽略当事人的要求，坚持按照自己的思路完成辩护。

借此篇幅还想谈一下"骑墙式辩护"的问题。"骑墙式辩护"尽管广受诟病但在实践中却也被广泛应用。辩护律师一条腿在"无罪辩护"那里，一条腿在"罪轻辩护"那里，尽管面对审判长"你究竟是做有罪辩护还是罪轻辩护"的提问无法直截了当地正面回答，但为了保障被告人量刑辩护权的充分行使，辩护律师往往会豁出去而忽略那种无法正面回答的尴尬。虽然承办法官可能会就此认为辩护律师对被告人无罪的底气不足，或者与其他从轻、减轻情节产生逻辑矛盾而影响辩护效果，但不得不说，"骑墙式辩护"仍是无罪判决近乎为零的审判现状下的一种有效辩护方式。

4. 充分利用好附条件不起诉、刑事和解和认罪认罚从宽等制度

附条件不起诉制度适用于未成年人犯罪案件，必须是涉嫌《刑法》分则第四章、第五章、第六章规定的侵犯公民人身权利、财产权利或者妨害社会管理秩序的轻微犯罪，并且是依法可能被判处 1 年以下刑罚，符合起诉条件但有悔罪表现的。辩护律师一旦接手这类案件，就应该积极与检察机关、侦查机关进行沟通，甚至可以与被害人进行沟通，努力促成附条件不起诉，使案件不继续走下去，止于诉前。目前，在部分地区探索的对涉嫌违法犯罪依法不捕、不诉、不判处实刑的企业合规试点工作也可以说是附条件不起诉的一种，今后可能会逐步推广。律师在企业刑事合规业务上究竟能参与多少，比如能否作为合规监督员等，还有待于制度进一步细化，但是，可以明确的是，律师在刑事合规业务中必定是可以有所作为的。

刑事和解制度是 2018 年修正的《刑事诉讼法》第二百八十八条、第二百八十九条、第二百九十条规定的内容，对部分公诉案件，即因民间纠纷引起，涉嫌刑法分则第四章、第五章规定的犯罪案件，可能判处 3 年有期徒刑以下刑罚的；或除渎职犯罪以外的可能判处 7 年有期徒刑以下刑罚的过失犯罪案件，如果双方当事人和解的，可以从宽处罚，甚至不起诉。此类案件，尤其是存在被害人的刑事案件，公、检、法机关在处理案件时必须要充分考虑被害人的意见，顾忌被害人的情绪，因此，取得被害人谅解是当事人能否获得从宽处理至关重要的一点，辩护律师应尽早告知当事人取得被害人谅解的重要性，积极促成当事人与被害人之间的和解，引导当事人自愿认罪。

认罪认罚从宽制度也是 2018 年《刑事诉讼法》修改的主要内容之一，已在全国范围内逐步推开施行，基本精神是对认罪认罚案件实行从宽处理，程序从简，审判机关依法作出判决时，一般应采纳检察机关指控的罪名和量刑建议。辩护律师，对于犯罪事实无争议、证据确实充分的案件，由于在三阶段的从宽幅度不同且呈递减，因此应及时告知当事人认罪认罚的法律后果，引导当事人尽早自愿认罪，在审查起诉阶段与检察机关进行充分沟通并就量刑进行协商。当事人同意检察机关量刑建议和程序适用的，律师应见证认罪认罚具结书的签署。对于犯罪情节轻微的认罪认罚案件，争取能让检察机关作酌定不起诉处理。由于此类案件也强调被害人的有效参与，办案机关会充分听取被害人的意见，并且将是否赔礼道歉、退赃退

赔、赔偿损失、达成和解、谅解协议作为量刑的重要考虑因素，因此，辩护律师应提前向当事人释明，争取为下一步达成和解、谅解做好铺垫。

5. 重视辩护风险，做到行为留痕

刑事辩护无疑是高风险的，“妨害司法罪”就是高悬在所有辩护律师头上的达摩克利斯之剑，所以辩护律师在履行辩护职责过程中，必须要时刻谨记职业规范，重视辩护存在的风险，做好预防工作，其中最为有效的就是重视笔录和工作记录的作用。

辩护律师为当事人提供法律服务，根据事实和法律为当事人提出无罪、罪轻或者减轻、免除刑事处罚的材料及意见。在这过程中，辩护律师需要从不同的实物证据和言词证据中了解事实，尤其是言词证据中的证人证言、当事人供述，往往并不那么可靠，所以为了保证辩护律师自身的安全，不管是事实问题还是程序问题，都争取做好笔录，留下工作记录，保留痕迹，以规避可能发生的风险。比如会见犯罪嫌疑人、被告人或者询问证人时，必须做好会见或询问笔录，确定辩护观点和其他重要问题时，辩护律师需向委托人充分释明并征求其意见，同时做好谈话笔录。如果对案件要进行无罪辩护，或改变罪名定性，或者接受委托的是重大敏感案件，辩护律师则应当按照行业规定事先向律师事务所或司法行政主管部门进行书面报告。

除此，还有一个特别需要关注的问题，由于法律规定同一律师事务所在接受两名或两名以上的同案犯罪嫌疑人、被告人辩护，分别指派不同的律师担任辩护人的，须告知委托人并经其同意，此处也须制作谈话笔录或是当事人承诺书以证明当事人对此情况已知悉并同意委托辩护。

6. 尊重事实、敬畏法律，重视沟通、用心辩护

律师参与刑事诉讼应当坚持维护当事人的合法权益、维护法律的正确实施、维护社会公平和正义的原则，忠于职守，认真负责。作为一名法律人，对法律的敬畏应当深刻心底，而不应只挂在嘴边。辩护律师并没有掌控案件结果的权力，能做的无非就是帮委托人梳理证据、分析案情，探寻有利于当事人的事实真相，在事实和证据的基础上尽力为当事人争取权益，因此，应始终秉持实事求是的原则，不夸大也不说假，切忌向当事人做出超过律师能力范围的承诺。对于那些当事人的不合理要求，应直截了当地予以拒绝，勇于捍卫自身的权利。

当然,律师有其行业特殊性,不仅需要扎实的理论功底、专业技能,还需要有较强的沟通能力。辩护律师不仅要同当事人进行沟通,了解事实真相,还要同公、检、法不同阶段的司法办案人员进行沟通,时刻跟进案件的发展动向,了解司法人员的内心想法,以利于辩护工作的推进,所以做好辩护工作必须重视沟通,不断提升表达能力和沟通能力,尤其是青年律师,一门心思埋头书本最后只会变成一个脱离实践、脱离当事人的"书呆子律师"。

当然,以上所述的其实都是辩护技巧,究其根本,还需要用心辩护。技巧可以后天学习,经验可以逐步积累,只要有心,这些都不是问题。辩护律师只有怀揣对法律的信念,坚守对正义的信仰,保有对当事人的同情和责任,才能真正成为一个有能力、有温度的法律人。

(六)辩护律师参与案件流程指引

1. 公诉案件

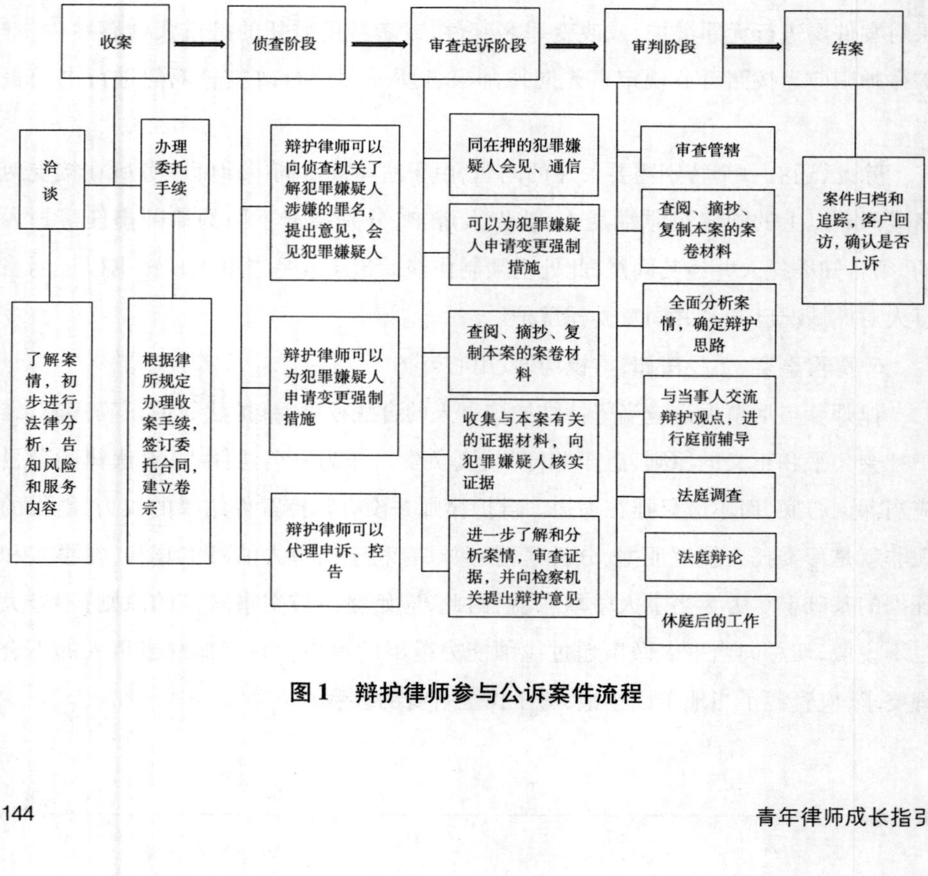

图1 辩护律师参与公诉案件流程

2. 自诉案件

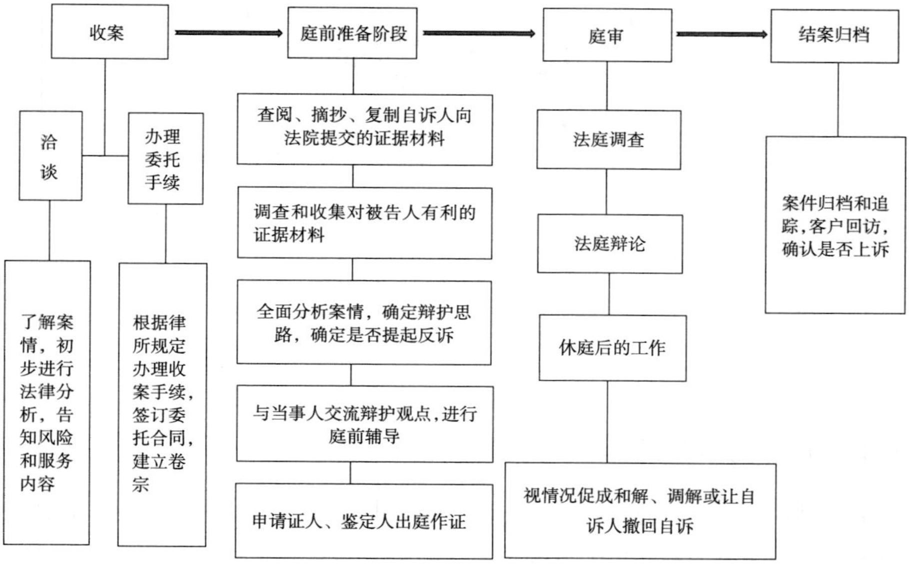

图 2　辩护律师参与自诉案件流程

About the Author
作者简介

乐琳妮

女，1980年4月出生，浙江太安律师事务所高级合伙人，三级律师，法学本科学历。大学毕业后先后在宁波两家大型集团公司担任法务专员，后从事专职律师工作，现任宁波市律师协会刑法及刑事诉讼专业委员会副主任、宁波仲裁委员会仲裁员、宁波市青年联合会委员、民盟宁波市委会法律工作委员会委员。曾获第二届“浙江省优秀女律师”、宁波市第二届“十佳女律师”等荣誉称号。

联系电话：13777025466　电子邮箱：reinfall@163.com

二、民商事诉讼业务

(一)常见合同审查的方法与技巧

合同,顾名思义又称契约或协议,是平等主体的自然人、法人、其他组织之间设立、变更、终止民事权利义务关系的协议。随着市场交易日趋完善的今天,对合同进行针对性的审查,是我们律师执业中需要掌握基本技能和常态业务。

1. 合同审查目的的递进标准

合同审查是企业法律风险管理的重要组成部分和关键一环,开展高质量的合同审查,可以有效地防范各种合同陷阱,降低企业法律风险,维护企业合法权益,甚至增长企业利润。

合同审查递进三标准:

第一境界标准:通过对合同进行审查,使交易合同和规则合法合规,将可撤销合同、无效合同基本排除在法律的强制性效力性规则之外。

第二境界标准:通过对合同主体、标的描述、交货条款、付款方式和条件、验收(应注意审查验收与付款的衔接问题)、安装、调试、初验、试运行和终验条款、送达条款、争议解决等条款的实质性审查,使交易过程降低风险。

第三境界标准:在合同审查第一境界和第二境界基础上,以"受人之托,忠人之事"之原则,对委托人之立场、交易主体的市场地、交易标的的技术含量和依赖程度等进行审查,使委托人达到合同交易的最佳利益增长。

图3　合同审查递进图

2. 合同审查的方法与技巧

(1)形式审查：

①合同文本行文结构是否完备,具备合同一般应有条款；

②合同是否存在文字错误；

③合同是否存在金额、日期、期间、期限等数据错误；

④合同当事人在文本中的称谓指代是否前后一致；

⑤合同条款序号是否前后连贯,条款的引用是否准确；

⑥合同文本排版格式是否整齐、美观；

⑦合同主体信息是否具备包括但不限于:姓名(名称)、住址,有效的联系方式、通信地址、开户银行、银行账户等。

(2)实质审查(以买卖合同为例)：

①注意审查合同项下标的的描述,应当有品名、规格、型号、数量、单价或总价；

②交货条款:交货时间、地点；

③付款方式(应注意审查付款条件)；

④验收(应注意审查验收与付款的衔接问题)；

⑤运输条款(应注意审查运输费用的承担、运输和交货条款的衔接)；

⑥包装(注意审查是否有特殊的包装要求)；

⑦检验条款；

⑧安装、调试、初验、试运行和终验条款；

⑨培训条款(注意培训费用、培训内容的约定)；

⑩保修(注意保修期限的起始点和保修期内保障的处理)；

⑪索赔和违约责任；

⑫履行送达条款和争议纠纷送达条款是否明确；

⑬争议解决（注意审查仲裁条款的效力问题）；

⑭不可抗力条款。

（3）在修改或审查时根据当事人的不同需求、合同提供者的不同，具体可以采取以下修改审查模式，供甄别选择：清洁修改模式、痕迹修改模式以及意见书模式三类。

清洁修改模式，就是律师对合同文本直接进行修改，修改完成以后将终版合同提供给委托人，不需要标注修改痕迹。此种修改模式常见于小微型企业，没有专门的法务人员，企业负责人对律师的信任度较高的情形。

痕迹修改模式，是指留有修改痕迹的一种修改模式。委托人可以从律师提供的合同文本中一目了然地看出律师在什么时间、在哪些地方进行了修改、删除了哪些内容、增加了哪些内容、提出了哪些建议、提示了哪些问题。此模式是实践中较为常见也是应用最多的一种修改模式。

意见书模式，是指律师不在委托人提供的合同文本上进行修改，而是将律师修改意见以意见书的形式发给委托人，由委托人参照采纳修改的一种模式。一般来讲，委托人的经办部门会对律师的修改意见和建议进行慎重考虑，适于采纳的予以采纳并修改，不适于采纳的则不予修改（通常合同经办部门需要向审批部门作出相应的解释）。此种模式在大中型企业（尤其是国有企业）及政府机关、事业单位应用较多，因为这些单位对于合同均有较为严格的审批流程，律师意见书通常是报审的文件之一，而且这些单位对于合同档案管理也有较高的要求，律师的修改意见通常也会被作为档案一并留存。

以上审查方法和技巧看似在合同法律条文中都有，但是在实际合同审查过程中律师往往会对相关点产生疏忽或疏漏，其实结合实例、再与客户进行交流式的动态沟通，合同审查犹如画一幅素描，越画越漂亮，越审越完美。

（二）民商事诉讼业务操作流程

法律程序是流程化、标准化的规范性程序，诉讼前的相关流程也可以流程化、模块化。律师通过积累与成长，可以将枯燥的程序进行归纳、总结与分享。下面是民商事诉讼业务操作流程的相关介绍。

1. 听取当事人陈述

(1)听取当事人陈述的要点。

要点:听取、记录、整理思路。

(2)当事人陈述后向当事人提问。

要点:提问方式、提问角度、澄清答问。

(3)制作接待笔录——整理当事人陈述之记录。

要点:整理要点,厘清法律关系。

2. 律师起诉前准备

(1)收集证据。

要点:收集的途径、收集的方式、判断证据的关联性、确认证据的全面性。

(2)起草起诉方案。

要点:诉讼方案的基本格式、诉讼方案的内容。

(3)搜集法律依据——进行法律研究。

要点:搜集的方法、法律推理、法律识别、案例搜集。

(4)确定案件的地域管辖法院和级别管辖法院。

方式包括法律、司法解释查询,电话咨询有关法院,查询最高人民法院的司法解释。

要点:地域管辖及其运用技巧、级别管辖及其运用技巧。

(5)对被告状况的审慎调查。

①调查拟起诉被告之工商登记资料(包括但不限于基本信息、营业执照、分支机构、验资报告、年检报告)。

要点:工商登记内容、涉诉情况。

②调查掌握的拟起诉被告的财产状况(包括但不限于不动产、车辆等运输工具、动产的权属,以及抵押、质押、查封状况)。

要点:财产所有权状态、财产取得方式、担保物权的设定情况。

(6)编制证据清单。

①根据当事人的案情介绍,确定起诉时必须提交的初步证据。

要点:初步证据范围的确定、初步证据与后续证据的区别。

②编制证据清单,列明证明事项。

要点:证据清单格式,简明扼要,不宜陈述。

③对证据进行归类。

要点:归类的方式与标准、归类的目的。

④根据案情所涉及的法律关系以及当事人的案情介绍,判断对方可能会提出的证据以及据以反驳的证据。

要点:结合诉请证据,分析辩驳事理。

⑤判断是否需要准备作为证据的专家证词、部门规定,如需要,进行准备。

要点:对于专业性强的问题,在条件允许的情况下,寻找专家进行权威性判别。

(7)起草起诉状。

①起诉状格式的准确性。

要点:对原告、被告名称与地址、法定代表人准确描述。诉讼请求简洁清晰。

事实与理由的针对性与平稳性,法院名称描述的正确性,原告名称的一致性,时间、证据与来源内容的必要表述。

②繁简适当。

要点:根据案情及证据,事实与理由部分繁简适当。

③厘清基本事实与基本理由。

要点:以时间逻辑为线索,简明扼要,忌详论、忌辩论。

(8)与当事人确定起诉状。

①告知当事人有关起诉状的内容。

要点:让当事人确认盖章,保存底稿。

②征求当事人是否需要对起诉状描述的事实发表意见。

要点:记录征求事项,如有变更,切记做访谈笔录。

③征求当事人对起诉状确定的案由和理由之意见。

要点:先解释,后征求案由,并附带说明。

④确定起诉状。

要点:以法律关系和现有证据为基础,综合当事人意见与建议。核对事实与理由。一定要将起诉状打印出来进行文字、语言和表述上核对。

(9)征求当事人是否打算采取诉讼保全措施。

①告知诉讼保全之利弊。

要点:说明保全之意义。

②征求其意见。

要点:记录访谈。

③如保全,则进行准备有关保全之文书等工作。

要点:确定保全金额,明确保全财产及具体线索。

(10)准备与起草其他起诉之诉讼材料。

诉讼材料有:营业执照、授权委托书、法定代表人身份证明、律师事务所公函。

要点:必须准备一式三份以上。

(11)确定诉讼保全方案并起草诉讼保全申请。

①如当事人确定诉讼保全的,应当立即准备保全方案。

②起草保全申请。

③确定保全所需的其他法律文书。

(12)递交起诉状。

①起诉状的份数。

要点:按当事人人数再加一份,自己至少保留一份正本。

②递交起诉状。

要点:建议在递交起诉状时在第一页加一张自己的名片。

③立案通知书的收取。

要点:收取立案通知书后,当天拍照通知客户缴纳诉讼费或当场在法院缴纳,将缴纳凭证拍照或复制入卷,必要时告知主审法官。

3. 开庭前准备(一般应在开庭前3天内完成)

(1)与当事人联系。

①要求当事人提供证据原件,注意要列表。

要点:整理证据原件,原则上要求当事人保管证据原件。

②征求当事人是否旁听庭审。

要点:建议当事人旁听,尤其是涉及家事纠纷类型的案件。

③询问当事人是否愿意调解,如愿意调解,其调解方案如何。

要点:庭前根据原被告证据,给当事人分析诉讼结果,并向当事人提出调解思路和方案,向当事人征求调解上限和下限,必要时制作笔录。

④征询当事人是否打算对合议庭组成人员提出回避申请，如有，要求证据并自行补充证据。

要点：庭前向当事人释明回避的法律意义。

(2)所内准备。

检查卷宗中所有材料，分类编写目录（如诉状类、证据类、法律类）。

(3)法律研究汇编。

将案件相关的所有法律、法规调出汇编，列明法律名称、拟适用的条文。

要点：汇编要点，条文标注。

(4)罗列、准备对方律师对当事人可能的攻击点（特别是当事人在证据上的缺陷及无法举证之事实）。

要点：实际是对证据和事实问题的再次梳理，做到在掌握现有证据前提下的知己知彼。

(5)罗列、准备对方在适用法律和理解法律上的可能攻击点。

要点：以事实为基础的法律关系梳理、请求权基础梳理、抗辩权梳理。

(6)起草提问要点。

要点：注意提问问题不能过于直接，注意表明那些问题将作为下一步问题的前提，建议释明向对方当事人提问。

(7)起草辩论要点。

要点：辩论意见应直截了当。注意简洁，为庭审时的当场调整留有余地。

(8)起草代理词初步提纲，包括事实和法律两方面的提纲。

要点：提纲格式、提纲要点。

4. 开庭前特别准备

开庭前3天与主审法官或书记员取得电话联系，确定时间是否有变化，确定开庭地点（注意有些法院会将案件分发到派出法庭），并再次将开庭时间、地点告知当事人。

5. 宣读起诉状

6. 法庭调查阶段出示证据与质证

(1)证据出示（包括证据交换）。

(2)证据质证（或庭前会议）。

首先围绕证据的“三性”即客观真实性、关联性、合法性进行，其次围绕证明力，证明力是法官对证据的可信性和关联性加以判断所产生的对事实的证明效力，是证据对法官形成内心确信或者强化这种内心确信所具有的作用和价值。

质证。

· 对书证、物证、视听资料的质证。

必须要求对方出示原件并与之核对，从证据形成时间、内容等角度发表有针对性的证据“三性”意见。

· 对证人的质询。

对证人围绕其感知力、记忆力、表达力等进行质询，即对证人对案件事实是否有正确的感知、记录、回忆能力进行质证，对证人能否正确表达这一感知、前后矛盾等进行询问，并发表质证意见。

· 对鉴定人、勘验人的质询。

发现鉴定文书或意见有程序性瑕疵时，一定要申请法庭要求鉴定人、勘验人到庭接受质询。

· 对专家的讯问。

不宜对专家证人在专业问题上进行发问。

7. 法庭辩论

辩论内容必须围绕案件争议焦点和庭审调查的重点进行。

（1）从案件事实和证据上进行辩论。

事实是处理案件的根据，因此法庭辩论应针对案件事实。而案件事实本身不会说话，需要证据加以证明，辩论就是通过对事实证据的论辩弄清案件真相的过程。

（2）从适用法律方面进行辩论。

法庭辩论的过程就是运用质证后的证据和有关法律规定来论证自己观点的过程。在进行论证时，律师必须援引具有确切出处的法律依据以论证自己对案件性质和情节的认识结论，提出案件的处理意见。

（3）从案件程序上进行论辩。

诉讼活动必须按照法定的程序进行，这是案件得到公正解决的保障。为此，律师应当注意诉讼程序进行中的问题，围绕诉讼程序的合法性来进行论辩。

对于法庭调查发现的新问题、新情况，及时调整自己的代理思路，及时修改辩论发言提纲。辩论发言要切中要害，具有针对性，论证要准确，反驳要有力，观点要鲜明，逻辑要严密。

8. 庭审笔录

必须制作庭审笔录，至少要在庭审期间记录对方和法官关心的事实和证据问题、庭审焦点。

9. 开庭后工作

(1)整理庭审记录。

(2)及时（最好当日）向客户汇报庭审。

(3)起草律师代理词（包括质证意见、争议焦点、法律适用，建议一周内完成并提交主审法官）。

从内容而言，代理词不宜烦琐，可在开头对案情及双方无争议或已被法院（或仲裁庭）认证之事实简单概括，而后列出争议焦点。代理词中之重点论述要针对争议焦点，论述要简明突出，逻辑要清晰。

(4)及时补充证据及法律说明。

在遇到法院要求补充证据及提出观点时，应及时补充法院要求的证据，并附具体书面证据说明。对法院之观点有不同见解的，应认真起草书面回函或补充代理意见。

(三)民商事案件调解的方法与技巧

民商事调解是诉讼当事人双方维持融洽关系的最佳机制，是成就双赢格局的有效途径，律师对民商事纠纷的调解需要精深的法学功底、睿智的洞察能力和丰富的社会阅历、执业经验，还要懂得因时因势运用各种恰当的调解方法和技巧。

1. 练就“四个基本功”

“四个基本功”可比拟中医学上的“望、闻、问、切”。

“望”就是通过观察当事人的形态表情，来了解当事人的心态和思想倾向，明晰调解工作的思路。要确保“望”得准，律师必须具有敏锐的洞察力和一定的生活经验。

“闻”即是通过认真听取双方当事人的陈述了解案件的真实情况，从而找准调解的契合点。

“问”即是针对案件的事实和双方陈述的疑点进行必要的询问，这是了解案件事实，对症下药，实现调解目的的重要一环。“问”不仅有助于查明事实，而且通过有目的、有重点的问，还可以及时消除双方的误会，化解双方的隔阂，沟通双方的感情，进而达到调解案件的目的。

“切”就是在查明事实、明辨是非的基础上，确定案件调解的关键和焦点，采取不同的策略，进行有针对性的调解。

2. 用好“四个方法和技巧”

（1）探知当事人的诉求和目的法。

通过与当事人的前期沟通，了解、掌握当事人的诉求和目的。明白要求或目的，便于寻求通道或路径，无论庭前、诉中，只要判决下来之前，调解只要顺应当事人的诉求和目的即是成功，哪怕是动态的诉求和目的，只要用客观的笔录固定合法合规调解的相关内容即可。概括起来当事人的心态主要有以下几种：有的是为争输赢打气官司；有的是想通过打官司，获取一定的利益；有的是迫于无奈，不得不通过诉讼解决纠纷等。诉讼也只是达到其目的的方式和通道之一，更何况诉讼也未必能达到当事人的预期。

（2）案例展示法。

对有些案件的当事人，仅凭口头说服或说理，效果并不明显。可以在调解之前，将类似的典型案例提供给当事人，供其参阅，使当事人了解该类案件的处理原则及处理结果。虽然我国不是判例法归家，但在审判实践中，同类案件的判决或调解对类似案件的处理是有一定指导作用的。

（3）圆桌听证法。

此方法对于处理家庭纠纷比较适用。对双方当事人各执一词、争执较大的案件，邀请当事人熟悉的亲朋好友、所在村、社区的干部或所在部门的负责人、司法所的工作人员，尤其是双方公认的或德高望重的长辈等，在相对宽松的环境下，组织双方当事人进行“听证”说理，旁听人员发表意见。以情理、伦理之道，打通法理之门。

（4）适当隔离法。

此法又称“背靠背”调解法。由于有些纠纷双方当事人正处在情感、利益冲突中，对立情绪很大，易激动。因此，在调解工作中，首先要设法使双方冲动的情绪冷却，使其恢复理智。一般采取将双方当事人暂时隔离的措施。通过隔离或要求双方回去后再分别做工作，使他们冲动的情绪降温。待双方恢复理智以后，借助法官这一中间桥梁，单方面通过法理、道理、情理向当事人讲明权利义务和是非责任，进一步调解。另外在参与调解的双方当事人的亲戚朋友人数较多时，同处一室进行协商往往人多嘴杂，一言不合便引起群体纷争，不利于调解的顺利进行。这时也可以适时地将双方人员进行隔离，避免无谓的争吵，分头进行调解工作。使用此方法期间，一定要将法官的中间桥梁作用发挥好。

（四）民商事诉讼案件的策略

1. 民商事诉讼案件的庭前准备

俗话说“台上一分钟，台下十年功”，律师在庭审中的游刃有余，一方面取决于经验积累，另一方面取决于庭前的充分准备。笔者通过查阅资料、经验总结，归纳出“庭前准备工作十步法”。如图 4 所示：

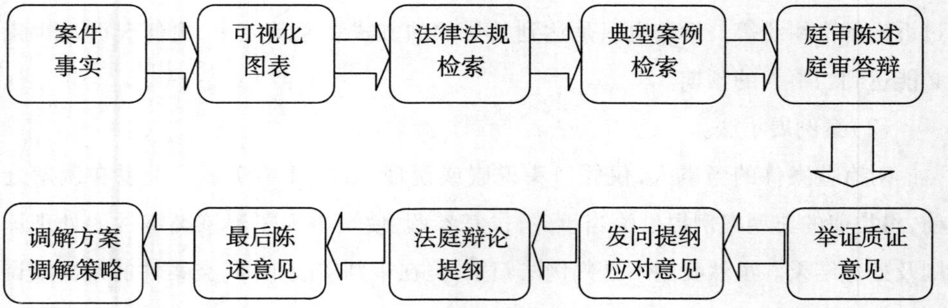

图 4　庭前准备工作十步法示意图

（1）案件事实。

这里所说的事实是指客观事实，事实是案件的基石，无论是老律师还是刚执业的青年律师，倾听当事人陈述、梳理案件事实，是代理案件最基本也是最重要的工作。有了全面的客观事实基础，对于法律事实的认定便有了台阶基础。有时追寻事实的过程是个痛苦过程，但是事实总在痛苦过后释放精彩。

在梳理客观事实时，必须做到精准、全面、清晰，附上或标记可印证的证据，确保庭审中陈述的每一个细节都有证据支撑,有迹可循。对于案件事实梳理要素,可从序号、名称、时间、地点、主体、内容、事件、来源等方面进行整理,并进行必要的批注、原文摘录、提炼关键词。这项工作的前提是要对案件事实进行全貌了解。

(2)可视化图表。

图表式表示比文字式表述更直观、更有说服力,在法律文书中运用可视化表述更有利于法官在短时间内了解、吸收律师所要表述的信息。经常用的可视化图表有:时间节点图、法律事实图、法律关系图、主体关系图、流程图、原理图、庭审思维导图等。

在制作可视化图表时,建议根据不同法律关系、法律事实用不同图表,并用不同字体、不同颜色进行标注,例如,合同履行问题可用时间节点图或法律事实图;主体较多的,建议用主体关系图;涉及标的、项目原理或专业性较强的,建议用流程图或原理图。

(3)法律法规检索。

鉴于不同法律关系不同法律事实,庭前检索作为诉请或辩驳依据的法律法规。检索法律法规时,建议要穷尽各级别的法律、行政法规、地方规范性文件、最高人民法院司法解释、地方法院指导意见、法院审委会意见、国家标准、行业标准、地方性标准等。

因我国法律法规、规范性文件、指导意见、各级标准等规定繁多,在检索法律法规时,要注意已经失效或与新近法律法规、规范性文件、指导意见、各级标准等相悖的条款或内容。常用的检索工具有北大法宝、无讼、中国法律网等。

(4)典型案例检索。

我们不是判例法国家,但是典型案例、《最高人民法院公报》上的案例对于地方各级人民法院的审判实践有一定的指导和借鉴意义,也是我国法律渊源之一。尤其是省内上级法院的典型案例,对省内法院、下级法院有很大的参考价值。

常用的案例检索工具上除了有北大法宝、无讼外,权威的还有《最高人民法院公报》和中国裁判文书网。

(5)庭审陈述答辩。

根据笔者执业经验,在起诉状内容较多或事实与理由部分较长的案件中,建议代理人事先准备围绕诉请的精简版起诉状,因开庭时间相对有限,主审法官一般会在法庭调查阶段先向原告方示明:“诉讼理由是不是与起诉状内容一致,有无补充?”同样,作为被告如果提供了内容较长的答辩状,法官也会示明:“答辩理由是不是与答辩状内容一致,有无补充?”所以建议代理人也事先准备精简版答辩状。如果原告只是简单的一句“同起诉状”,被告也是简单的一句“同答辩状”,很难给法官留下代理人的深刻印象,也给在场的当事人留下不太好的感觉。

建议精简版起诉状或答辩状字数不超过800字,紧扣诉请或辩驳观点,思路清晰,逻辑缜密。

(6)举证、质证意见。

《民事诉讼法》第六十四条规定:“当事人对自己提出的主张,有责任提供证据。”即“谁主张,谁举证”。有证据并不必然可以将客观事实升级到法律事实,尚待当事人或律师挖掘、剖析证据的“三性”和证明力,代理人一定要在证据的“三性”和证明力上下苦工夫,让证据证明事实,让律师替证据说话。

注意律师必须与当事人核实证据的真实性,否则不仅庭审尴尬,也有可能面临虚假证据的境地。律师不仅要事先准备证据目录,还应对证明目的进行充分说理。不仅单个证据有证明力,而且单个证据对证据链形成递进或链锁关系。

(7)发问提纲、应对意见。

庭审发问主要是补强事实、发现事实和印证事实。律师通过庭审发问可以增强、驾驭庭审控制力。律师庭审发问应事先准备发问提纲;围绕争议事实、环环相扣;突出重点、注意法庭需求;避免开放式问题、限制对方回答空间;适当进行归纳和引导;根据提问和回答内容,及时进行归纳,尤其发现问题时,及时记录并归纳,不宜当场戳穿,待辩论时引证辨析。

应对发问时,律师应充分预想发问方所要追求的事实,分析表面问题隐藏的目的;回答力求言简意赅,立意明确,不给对方可乘之机;回答时避免用“不知道、不清楚”等用词;发现漏洞,及时记录,在后续的回答或辩论中进行逻辑弥补。

(8)法庭辩论提纲。

法庭辩论提纲主要由事实之辩,证据之辩和法律之辩三部分组成。律师应事先制作庭审辩论提纲,根据庭审证据的有效性和证明力,结合庭审的发问、质证中发现的问题蓄势调整;在辩论提纲中灵活取舍,但不立主线;提纲不宜通念,留有即兴辩驳的余地,体现现场感。

(9)最后陈述意见。

庭审结束前,法官让双方当事人释明各自最后陈述,这不仅是当事人的法律权利,也是法庭调查后表明其诉请或应诉最后立场的机会,应当言简意赅,但在发现整个庭审对自己不是很有利的情况,可以巧妙建议法官对案件进行调解。

(10)调解方案、调解策略。

以笔者的执业经验,建议开庭前征求当事人的调解方案,并经当事人确认,任何民事诉讼,无论结果如何,都只是解决纠纷的其中一个途径,通过诉讼过程如果能够调解结案,是上策,既不伤原被告双方和气,又能快速结案。不要因为代理原告方,便对被告不依不饶,作为律师总有代理被告方的时候,更何况同对方律师在庭上是工作,在庭下都是业内朋友。

策略上无论是代理占据有利地位的原告方还是即将败诉的被告方,律师在法庭辩论阶段抑或最后陈述阶段都可以巧妙地向法官、向对方示意。

2. 民商事诉讼案件的庭审策略

曾是美国历史上伟大的律师之一的克莱伦斯·丹诺说:事实上,如果说事实是构筑法庭陈述这座宏伟大厦的砖块与沙砾,那么技巧就是起关键作用的水泥与黏土了。没有人会否认,再漂亮坚实的岩石也会由于缺乏适当的黏合剂而成废土一堆。

法庭的黏合剂就是庭审策略和辩论,如前文所述,“台上一分钟,台下十年功”,律师在开庭前进行充分细致的准备,是庭审策略和辩论最好的基石。

(1)开庭前充分熟悉案件的所有材料。

代理律师不仅对自己当事人的证据等材料要熟悉,也要对对方已经交换的证据材料熟悉在胸,还要结合证据了解与案件相关的具体细节。执业经验丰富的律师会“职业病”似的对案件细节产生高度重视。出现疏漏不要抱怨法官或对方对于细节为何这么重视,关键还是自己功力未到。

(2)充分梳理和编排证据。

同样的一系列证据,通过梳理和编排犹如设计师精湛巧妙的设计,不仅在举证质证环节将整个案件的法律逻辑呈现在法官面前,自成体系,而且能给法官留下良好的印象。准备好举证意见和质证意见,把证据中的关键内容标注好,做好相关观点的索引,是展现律师法庭风采的最好道具,也是法庭辩论的最好基石。

(3)条件允许的前提下,进行模拟法庭实训。

模拟法庭的实训,既可以从律师的角度准备问题,也可以从法官的视角发现问题,便于知己知彼、知裁判思路,对一些可能出现的问题,准备好调整思路和应对策略,能够提高对案件预判的精准度。

(4)得体大方,言谈从容。

律师出庭,一定要注重着装,穿深色正装或律师袍,尚未开口说话,先体现专业精神,也能赢得法庭的尊重和敬畏。开庭时,律师应提前10分钟到达,把所有资料有序地放置好,方便取阅,切忌开庭迟到。

开庭时,律师要学会讲故事,要用事实讲故事、用证据讲故事、用逻辑讲故事。

About the Author 作者简介

胡志明

男,1977年12月出生,现为浙江太安律师事务所高级合伙人,获法学学士、工商管理学学士、法律硕士学位,2015年获"宁波市优秀律师"荣誉称号。现为宁波市律师协会民商法专业委员会主任、宁波市律师协会《民法典》宣讲团成员、宁波仲裁委员会第五届、第六届仲裁员、宁波市中级人民法院调解员、浙江省检察机关民事行政案件咨询专家成员。

联系电话:18905746767　电子邮箱:hzm6767@sina.com

三、婚姻家庭法律业务

家庭是社会的细胞，构建和谐社会，首先要构建和谐家庭。“家和万事兴”“一家和而天下和”。律师在处理婚姻家庭纠纷案件时，也要紧紧围绕婚姻家庭法律行为准则，以解决纠纷、化解矛盾为宗旨，保障人们在婚姻家庭中的合法权益，并以此引导和弘扬良好的家庭美德，防范婚姻家庭中不良现象的滋生蔓延。

本部分从律师如何代书离婚协议书、如何代理离婚和继承诉讼以及诉讼中律师如何取证、如何发挥律师参与调解工作的作用这几个方面介绍婚姻家庭法律纠纷律师实务，旨在给青年律师办理此类案件做简要引导。

（一）协议离婚

1. 协议离婚和离婚协议

（1）协议离婚是指男女双方自愿解除婚姻关系，并就离婚的相关法律问题达成协议，自婚姻登记机关收到离婚登记申请之日起三十日期限届满后的三十日内，双方亲自到婚姻登记机关申请发给离婚证从而解除双方婚姻关系。

（2）协议离婚中双方就相关法律问题达成的协议即离婚协议。离婚协议是指双方均表示自愿离婚以及就离婚后子女抚养、财产分割等问题达成的意思表示。

2. 离婚协议书的基本内容和补充内容

（1）离婚协议书基本内容：①当事人离婚的意思表示；②子女抚养权归属、抚养费约定和探视约定；③财产分割的约定。具体要结合当事人的实际情况和需求对范本协议书内容进行补充。

(2)离婚协议书补充内容主要包括:①子女的探视时间、地点、接送方式,抚养费承担年限、支付方式,大额教育和医疗费等;②房屋的装修、家具和家电的归属,房屋过户和交付;③股票、公司股权结合公司法规定进行约定;④对各自名下的银行存款作明确约定(避免事后发现有隐瞒部分发生争议时处于不利地位);⑤共同债务和个人债务如何承担;⑥各自名下的财产和个人用品的约定;⑦户口的迁移;⑧违约责任。

3. 登记离婚前离婚协议书的效力

离婚协议书是集人身关系、财产关系、抚养关系为一体的书面约定,协议书中涉及的财产关系以及子女抚养与人身关系的意思表示是紧密相连的,如果离婚没有成就,财产、子女的约定自然也没有生效。即离婚协议中关于子女抚养、财产分割的约定只有在双方解除婚姻关系后才能生效。律师需明确告知当事人,双方即使在离婚协议书中均已经签字,如果一方反悔致使双方未能到婚姻登记机构办理离婚手续,法院对离婚协议书的内容一般只是参考,而不是作为判决的依据。

4. 诉前离婚协议的性质和效力

最高人民法院《关于适用〈中华人民共和国民法典〉婚姻家庭编的解释(一)》第六十九条规定:"当事人达成的以协议离婚或者到人民法院调解离婚为条件的财产以及债务处理协议,如果双方离婚未成,一方在离婚诉讼中反悔的,人民法院应当认定该财产以及债务处理协议没有生效,并根据实际情况依照民法典第一千零八十七条和第一千零八十九条的规定判决。

当事人依照民法典第一千零七十六条签订的离婚协议中关于财产以及债务处理的条款,对男女双方具有法律约束力。登记离婚后当事人因履行上述协议发生纠纷提起诉讼的,人民法院应当受理。"

第七十条规定:"夫妻双方协议离婚后就财产分割问题反悔,请求撤销财产分割协议的,人民法院应当受理。

人民法院审理后,未发现订立财产分割协议时存在欺诈、胁迫等情形的,应当依法驳回当事人的诉讼请求。"

律师在实务中对该司法解释的理解应包含三层意思:(1)适用本条的前提条件

是当事人在婚姻登记机关协议离婚,并就财产分割问题达成了协议;(2)明确规定在当事人向婚姻登记机关提交的离婚协议中有关财产分割问题的条款及作为离婚协议组成部分或者附件的财产分割协议,对离婚的双方当事人都具有法律约束力;(3)离婚后一年以内,男女双方因履行上述协议发生纠纷向人民法院起诉的,人民法院应当作为民事案件受理。

(二)诉讼离婚

1. 如何确定管辖法院

(1)一般原则:由被告住所地人民法院管辖,被告住所地与经常居住地不一致的,由经常居住地人民法院管辖。

(2)特殊规定:夫妻一方离开住所地超过一年,另一方起诉离婚的案件,可以由原告住所地人民法院管辖。夫妻双方离开住所地超过一年,一方起诉离婚的案件,由被告经常居住地人民法院管辖;没有经常居住地的,由原告起诉时居住地的人民法院管辖。

(3)特别规定:①对下落不明或者宣告失踪的人提起诉讼,由原告住所地人民法院管辖,原告住所地与经常居住地不一致的,由原告经常居住地人民法院管辖。②对被告被监禁或者被采取强制性教育措施一年以上的,由被告被监禁地或者被采取强制性教育措施地人民法院管辖。

(4)军婚规定:①现役军人的配偶要求离婚,应当征得军人同意,但是军人一方有重大过错的除外;②离婚诉讼双方当事人都是军人的,由被告住所地或者被告所在的团级以上单位驻地的人民法院管辖。

2. 如何判定“感情是否确已破裂”

(1)应当判决离婚的情形:①重婚或有配偶者与他人同居的;②实施家庭暴力或虐待、遗弃家庭成员的;③有赌博、吸毒等恶习屡教不改的;④因感情不和分居满二年的;⑤其他导致夫妻感情破裂的情形。一方被宣告失踪,另一方提起离婚诉讼的,应当准予离婚。经人民法院判决不准离婚后,双方又分居满一年,一方再次提起离婚诉讼的,应当准予离婚。

(2)司法实践中法院对夫妻感情是否破裂的认定

实践中,律师遇到以下情况的案件要格外谨慎,不要给当事人过于肯定的承诺:①军婚;②当事人住房困难的;③老年人离婚;④一方当事人有特殊生活困难的;⑤一方当事人情绪激动,易做出极端行为的。

3. 子女抚养权的归属和抚养费的支付

(1)抚养权归属分三个时间段:①两周岁以内的子女一般随母亲生活;②两周岁至八周岁子女的抚养权归属以有利于保护子女利益为原则并结合双方实际情况来确定;③八周岁以上子女的抚养权归属应当尊重子女真实意愿。

(2)律师代理中取证要点:①已做绝育手术或因其他原因丧失生育能力的;②一方无其他子女,另一方有其他子女的;③患有久治不愈的传染性疾病或其他严重疾病,或者有其他不利于子女身心健康的情形,不宜与子女共同生活的;④有婚外情或其他品质问题的;⑤有赌博、酗酒等不良嗜好的;⑥收入较低、工作不稳定,没有固定住所的;⑦子女随其生活时间较长、改变生活环境对子女健康成长明显不利的;⑧双方抚养条件相当,但子女单独随祖父母、外祖父母共同生活多年,且祖父母、外祖父母要求并有能力帮助子女照顾的。

(3)抚养费标准和包含的项目

①抚养费标准:一般情况下,父母有固定收入的,抚养费按其月总收入的20%—30%的比例支付,无固定收入的,抚养费的数额可依据当年总收入或同行业平均收入,但并不是绝对的,同时还要结合当地的实际生活水平来确定一个合理的比例,如果父母收入很高,教条地以工资收入的比例来计算孩子的抚养费是不切实际的。

②抚养费项目:抚养费包括生活费、教育费和医疗费等费用。但是,如果离婚后,孩子产生较大的医疗、教育费用,一方可以另行起诉要求非直接抚养的另一方支付。

③抚养费的支付方式:一般是按月支付,随着经济发展和生活水平的提高,司法实践中判决按年度或半年度支付的情形已比较常见。如果一方要求一次性支付,但对方当事人不接受一次性支付,法院判令其一次性支付的可能性极小。

④抚养费数额的变更:原定抚养费数额不足以维持当地实际生活水平,或子女患病、上学实际需要已超过原定数额的,父或母有给付能力的,可以通过协商或诉

讼方式要求增加抚养费数额。

(4)探望权的行使

《民法典》第一千零八十六条对探望权作了明确的规定,不直接抚养子女的一方享有探望权,另一方有协助的义务;行使探望权的时间、方式由双方约定,约定不成的,由法院进行判决。当出现一方行使探望权不利于子女成长时,法院可以中止探望,事由消失后,可以恢复探望。基于探望权是法定的,一般只有在调解离婚时根据双方当事人的意愿在调解协议中明确探望的时间,离婚诉讼判决书中一般不会直接对探望权利的行使、时间作出判决。

4.财产分割和债务承担

(1)区分共同财产和个人财产

①《民法典》第一千零六十五条规定,夫妻可以对婚姻关系存续期间所得的财产以及婚前财产的归属作出约定——或为共同所有,或为分别所有,或部分共同所有,或部分各自所有。如果夫妻双方约定实行分别财产制,则财产归属较为明晰,发生纠纷时关键在于举证,当对个人财产还是夫妻共同财产难以确定时,主张权利的一方负有举证责任,当事人举不出有力证据,法院又无法查实的,一般按夫妻共同财产处理。

②应当归共同所有的财产包括:一方以个人财产投资取得的收益;男女双方实际取得或者应当取得的住房补贴、住房公积金;男方双方实际取得或者应当取得的养老保险金、破产安置补偿费。

③应当归个人所有的财产:离婚时与个人身份不可分离的婚后所得财产和未获得经济利益的知识产权;一方因受到人身损害获得的赔偿或者补偿;军人的伤亡保险金、伤残补助金、医药生活补助费;其他应当归一方的财产。

(2)区分共同债务和个人债务

根据《民法典》第一千零六十四条规定,夫妻共同债务主要体现在以下三点:

①夫妻双方共同签字或者夫妻一方事后追认等共同意思表示所负的债务,应当认定为夫妻共同债务。

②夫妻一方在婚姻关系存续期间,以个人名义为家庭日常生活所负的债务,债权人以属于夫妻共同债务为由主张权利的,人民法院应予支持。

③夫妻一方在婚姻关系存续期间以个人名义超出家庭日常生活需要所负的债

务，债权人以属于夫妻共同债务为由主张权利的，人民法院不予支持，但债权人能够证明该债务用于夫妻共同生活、共同生产经营或者基于夫妻共同意思表示的除外。

(3)离婚案件中房产的分割比较普遍的两种性质：

①婚前首付并登记在一方名下婚后还贷的房产，房屋产权归登记一方所有，产权登记方对另一方进行补偿。补偿数额计算公式：[婚后还贷本息总额 ÷(购房时房价 + 应还贷款利息总额)] × 离婚时房价 ÷ 2。如房屋购置价 100 万元，首付 30 万元，贷款 70 万元并需支付利息 20 万元，离婚时已归还贷款本息 50 万元，离婚时房价 180 万元，则一方需补偿的金额为：[50 ÷(100 + 20)] × 180 ÷ 2 = 37.5 万元。

②最高人民法院《关于适用〈中华人民共和国民法典〉婚姻家庭编的解释(一)》第二十九条规定："当事人结婚前，父母为双方购置房屋出资的，该出资应当认定为对自己子女个人的赠与，但父母明确表示赠与双方的除外。"

③当事人结婚后，父母为双方购置房屋出资的，依照约定处理；没有约定或者约定不明确的，按照《民法典》第一千零六十二条第一款第四项规定的原则处理。

5. 如何区分离婚中的经济帮助、经济补偿和损害赔偿

(1)离婚时，如果一方生活困难，有负担能力的另一方应当给予适当帮助。

①"一方生活困难"，是指依靠个人财产和离婚时分得的财产无法维持当地基本生活水平。

②一方离婚后没有住处的，属于生活困难。

③离婚时，一方以个人财产中的住房对生活困难者进行帮助的形式，可以是让渡房屋的居住权或者房屋的所有权。

(2)付出义务较多一方的经济补偿。

夫妻一方因抚育子女、照料老年人、协助另一方工作等负担较多义务的，离婚时有权向另一方请求补偿，另一方应当给予补偿。具体办法由双方协议；协议不成的，由人民法院判决。

(3)离婚中无过错方有权请求损害赔偿。

《民法典》第一千零九十一条对离婚损害赔偿作了规定，有下列情形之一，导致离婚的，无过错方有权请求损害赔偿：①重婚；②与他人同居；③实施家庭暴力；④虐待、遗弃家庭成员；⑤有其他重大过错。

最高人民法院《关于适用〈中华人民共和国民法典〉婚姻家庭编的解释（一）》第八十六条规定，民法典第一千零九十一条规定的“损害赔偿”，包括物质损害赔偿和精神损害赔偿。涉及精神损害赔偿的，适用最高人民法院《关于确定民事侵权精神损害赔偿责任若干问题的解释》的有关规定。

6. 反家庭暴力和人身安全保护令

（1）家庭暴力的概念

2016 年 3 月 1 日起实施的《反家庭暴力法》第二条规定：“本法所称家庭暴力，是指家庭成员之间以殴打、捆绑、残害、限制人身自由以及经常性谩骂、恐吓等方式实施的身体、精神等侵害行为。”

（2）构成家庭暴力事实的认定

《反家庭暴力法》第二十条规定：“人民法院审理涉及家庭暴力的案件，可以根据公安机关出警记录、告诫书、伤情鉴定意见等证据，认定家庭暴力事实。”

（3）法律对人身安全保护令申请的规定

《反家庭暴力法》第二十三条规定：“当事人因遭受家庭暴力或者面临家庭暴力的现实危险，向人民法院申请人身安全保护令的，人民法院应当受理。”

第二十三条第二款规定：“当事人是无民事行为能力人、限制民事行为能力人，或者因受到强制、威吓等原因无法申请人身安全保护令的，其近亲属、公安机关、妇女联合会、居民委员会、村民委员会、救助管理机构可以代为申请。”

（4）司法实践中人身安全保护令是如何执行的

人身安全保护令是《反家庭暴力法》的核心内容之一，保护令的执行是人民法院、公安机关和居民委员会、村民委员会的共同职责。人身安全保护令的执行主要包括两方面内容：一是监督当事人遵守保护令的规定，及时制止当事人违反保护令的行为；二是对当事人违反保护令的行为进行处罚。

（三）继承纠纷

1. 继承的开始

继承从被继承人死亡时开始。因此确定继承开始的时间，应以被继承人死亡的时间为准。被继承人的死亡可以分为两种，即自然死亡和宣告死亡。这两种死亡都可以成为继承开始的法律原因。

2. 遗产范围的确定

遗产是公民死亡时遗留的个人合法财产，包括：(1)公民的收入；(2)公民的房屋、储蓄和生活用品；(3)公民的林木、牲畜和家禽；(4)公民的文物、图书资料；(5)法律允许公民所有的生产资料；(6)公民的著作权、专利权中的财产权利；(7)公民的其他合法财产。

3. 法定继承

(1)法定继承遗产的先后顺序

根据《民法典》第一千一百二十七条的规定，遗产按照下列顺序继承：①第一顺序：配偶、子女、父母；②第二顺序：兄弟姐妹、祖父母、外祖父母。继承开始后，由第一顺序继承人继承，第二顺序继承人不继承；没有第一顺序继承人继承的，由第二顺序继承人继承。

(2)法定继承中遗产分割的基本原则

在法定继承中，对于遗产的分割，主要遵循以下基本原则：

①均等分割原则，即在同等条件下，遗产由所有的法定继承人平均分配。

②适当照顾原则，即对生活有特殊困难的缺乏劳动能力的继承人，分配遗产时，应适当予以照顾；对继承人以外的依靠被继承人扶养的缺乏劳动能力又没有生活来源的人，可以分给他们适当的遗产。

③权利义务对等原则，即对被继承人尽了主要扶养义务或者与被继承人共同生活的继承人，分配遗产时，可以多分。而有扶养能力和扶养条件的继承人，不尽扶养义务的，分配遗产时应当不分或者少分；继承人以外的对被继承人扶养较多的人，可以分给他们适当的遗产。

④继承人协商原则，即继承人之间可以协商分割遗产，包括遗产分割时间、方法和份额。

⑤充分发挥遗产效用原则，即遗产分割应当有利于生产和生活需要，不损害遗产的效用，不宜分割的遗产，可以采取折价、适当补偿或者共有等方法处理。

(3)法定继承权的丧失和放弃

①丧失继承权的情形包括：继承人故意杀害被继承人的；继承人为争夺遗产而杀害其他继承人的；继承人遗弃被继承人或虐待被继承人情节严重的；继承人伪

造、篡改或销毁遗嘱，情节严重的；以欺诈、胁迫手段迫使或者妨碍被继承人设立、变更或者撤回遗嘱，情节严重的。

②继承权的放弃，是指继承人在继承开始后到遗产处理以前，所作出的放弃自己的继承地位和应继承份额的意思表示，是继承人的单方法律行为，是继承人的一项民事权利，继承人有放弃继承权的权利。放弃继承权，不产生代位继承。

4. 遗嘱继承

(1)遗嘱继承的形式

①公证遗嘱由遗嘱人经公证机关办理。

②自书遗嘱由遗嘱人亲笔书写，签名，注明年、月、日。

③代书遗嘱应当有两个以上见证人在场见证，由其中一人代书，注明年、月、日，并由代书人、其他见证人和遗嘱人签名。

④打印遗嘱应当有两个以上见证人在场见证。遗嘱人和见证人应当在遗嘱每一页签名，注明年、月、日。

⑤以录音形式立的遗嘱，应当有两个以上见证人在场见证。

⑥遗嘱人在危急情况下，可以立口头遗嘱。口头遗嘱应当有两个以上见证人在场见证。危急情况解除后，遗嘱人能够用书面或录音形式立遗嘱的，所立的口头遗嘱无效。

(2)遗嘱的效力

①无行为能力人或者限制行为能力人所立的遗嘱无效。

②伪造的遗嘱无效。

③遗嘱被篡改的，篡改的内容无效。

④遗嘱人以遗嘱处分了属于国家、集体或他人所有的财产，遗嘱的这部分，应认定无效。

(3)遗嘱中的保留部分

①遗嘱人未保留缺乏劳动能力又没有生活来源的继承人的遗产份额，遗产处理时，应当为该继承人留下必要的遗产，所剩余的部分，才可以参照遗嘱确定的分配原则处理。

②应当为胎儿保留的遗产份额没有保留的，应从继承人所继承的遗产中扣回。

(4)遗嘱继承应注意的几个问题

①无行为能力人、限制行为能力人，继承人、受遗赠人，与继承人和受遗赠人有利害关系的人都不能作为见证人。

②立有数份遗嘱，内容相抵触的，以最后的遗嘱为准。

(四)证据运用

(1)证据类型

民事诉讼证据有以下几种：①书证；②物证；③视听资料；④证人证言；⑤当事人的陈述；⑥鉴定结论；⑦勘验笔录。

(2)证据收集和运用

①律师要做好收集对方有过错的证据工作。照顾无过错方是法院在处理离婚案件中的一个基本原则，因此，律师在代理中，收集对方有过错的证据是必要的。司法实践中，收集过错证据就是收集另一方有婚外情、同居、家庭暴力、不良恶习、恶意转移、隐匿夫妻共同财产、制造伪证等行为的证据。

②律师要做好诉前共同财产证据收集工作。法院一般都严格按照最高人民法院关于举证期限的相关规定，给予原告一个举证时限，如果原告在举证时限内没有举证，法院一般不会主动告知丧失举证权利，但有经验的对方律师会及时指出来，否则会使当事人陷入尴尬境地，甚至失去了财产分割的机会。

③律师要运用好申请法院调查收集证据的权利。在离婚案件中，大量的财产证据必须靠法院去收集。如银行存款、股票一般是需要法院查询的，有些需要法院开具调查令，如调查员工公积金、保险、工资等，此外，如亲子鉴定、价格鉴定等，均需法院委托。

(五)律师调解

(1)离婚案件调解的特点

①当事人双方关系的特殊性。俗话说："一日夫妻百日恩。"无论是什么原因导致双方对簿公堂，过去的种种美好、双方共育并抚养长大的子女，都可以被作为调解引导的切入口。

②调解程序法定上的必然性。法律明文规定，离婚案件审理中，调解是必经程序。在法院审理程序中，应征求双方当事人调解意向，先做和好工作，在无法调和的情况下寻找利益平衡的时机并促成调解。

③调解工作的反复性。在代理中的诉前协商、立案前、立案后的整个审判阶段包括开庭前、开庭后，甚至判决后，整个离婚案件程序中都贯穿着调解。

(2)离婚案件调解的意义

①有利于化解当事人的矛盾，有利于社会和谐和稳定。

②有利于减少诉累和诉讼成本，提高诉讼效率。

③有利于体现老百姓心目中法律的公正和合理性。

④有利于避免委托人败诉风险。

(3)律师在参与离婚调解时应具备的能力和素质

①调解前，要充分了解和分析案情，特别是对案件的争议焦点作全面的分析。

②适当倾听，让当事人适当宣泄，同时了解双方的真实想法，并适当地给双方当事人进行普法，让他们对事实和法律以及能不能得到法院的支持有一个基本的认识。

③找到双方的争议点或矛盾的焦点，分析他们的差距所在，寻找双方利益的平衡点。

④在调解时要适时中立，一味站在自己一方当事人的角度，反而不能使当事人的利益在全局中最大化。

⑤在调解时保持理性情绪，离婚案件的当事人容易受情绪影响，但律师不能和当事人一样受情绪控制，更多的是用自己的理智心和平和心制订调解方案。

⑥在调解时要发挥驾驭能力，不但要有大局和全局观，而且要有策略性和计谋性，这是做离婚案件律师的基本功底。

⑦在调解时要发挥自己能言善辩的表达能力，说服对方当事人接受你的观点，缩小双方的差距，这在调解过程中尤其重要。

(4)律师如何参与离婚调解

律师在参与离婚调解中，一般很难让对方接受至少是完全接受自己一方提出的方案，建议不要先开门见山把生硬的条条框框方案拿出来，先倾听对方当事人对整个事件的陈述以及对解决案件的大致思路和方案，在倾听的同时对当事人某些很合情合理的说法适当地认可并表示称赞，适时阻止自己一方当事人有些过激的语言并进行劝告，取得对方当事人一定程度上的信任，同时根据对方的陈述找到双方差异较小的一个点作为调解的切入口，适时引导他们回忆婚姻中美好的时光以及对方的优点，让调解气氛始终处于一个和谐的状态。

笔者很多调解成功的案例基本上都是遵循了以上原则，根据离婚案件不同于其他诉讼案件的特点来制定其独特的调解方法。如有一对夫妻，法官让双方先自行调解一下，这对夫妻在调解室一坐下，就骂开了，互相指责各不相让。笔者代理原告一方即女方，男方未委托律师，记得一开始笔者连插嘴的机会也没有，偶尔插上一句，男方的态度也非常不友好。这种情况下，笔者只能先制止女方，让男方先说，不管男方说什么，笔者让女方尽量不要打断对方。在男方陈述时，笔者通过认可、表扬、纠正，以及婉转的反对等方式和他沟通，同时安抚并劝说女方时不时表现出来的不满，经过这样的交流基本上已经取得了男方的信任，双方都能理智地坐下来心平气和地商量解决的方案。因双方对离婚没有不同意见，笔者就提出先解决婚生儿子的抚养问题，笔者听出男方在陈述时对儿子很关心，要求抚养儿子，但其苦于做生意不能全身心照顾儿子，且他们的儿子刚上初中不管是学习还是生活都离不开父母照顾，笔者就对女方做了一些工作，女方同意儿子由男方抚养，但对男方出差期间让她过去照顾儿子觉得不方便。笔者以夫妻离婚对儿子伤害降到最小，为人父母在孩子成年前先考虑孩子的成长和利益为理，说服女方同意在儿子初中学习期间双方轮流照顾儿子。笔者帮男方解决了其经常出差期间儿子的生活问题，在后来商量共同财产分割时，男方也没有斤斤计较，特别是婚姻存续期间男方做生意在银行借的几十万元款项，男方很爽快地全部承担了。

笔者还有一个比较成功的案例是调解当事人双方和好并撤回了诉讼。律师参与离婚调解并要取得好的效果，真正为双方当事人解决问题，仅仅取得委托方当事人的信任是不够的，适当取得对方当事人的信任，在维护当事人合法权益的同时，在法律的框架内，耐心劝导，提出合情合理的方案，真正解决当事人的问题，减少当事人的诉累。

（六）《民法典》新增与修改内容

《民法典》婚姻家庭编在七个方面有新增和修改，包括：

1. 对禁止结婚条件的修改

将疾病婚从无效改为撤销，将是否结婚的最终决定权交给当事人本人，前提是患病一方在结婚登记前要履行告知义务，否则另一方可以向人民法院请求撤销该婚姻。

2. 对无效或者被撤销婚姻无过错方的损害赔偿规定

婚姻无效或者被撤销的，无过错方有权请求损害赔偿。无过错方是指本人不具有无效婚姻的情形，且善意相信婚姻登记成立的一方。如果其本身也具有无效婚姻的情形，比如一方系重婚，另一方系未达法定婚龄，双方均不能认定为无过错方。

3. 登记离婚冷静期的规定

针对离婚率不断攀升引起的一系列社会问题，《民法典》增加离婚冷静期制度，旨在减少草率离婚、冲动离婚的情况，改变现行登记离婚即申即离的现状，使申请离婚的当事人整理情绪、保持理性，经过适当时间的冷静，更加理性地对待离婚的要求。

4. 家务劳动补偿制度

《民法典》规定，离婚时的经济补偿请求权。主张家务劳动补偿款势必成为离婚案件中的一个重要诉请。但具体补偿数额，要结合当地经济生活水平、婚姻关系存续时间、一方对家庭所做的贡献、另一方的经济能力等，公平合理地裁决。

5. 夫妻债务问题

夫妻双方共同签名或者夫妻一方事后追认等共同意思表示所负的债务，以及夫妻一方在婚姻关系存续期间以个人名义为家庭日常生活需要所负的债务，属于夫妻共同债务。

夫妻一方在婚姻关系存续期间以个人名义超出家庭日常生活需要所负的债务，不属于夫妻共同债务；但是，债权人能够证明该债务用于夫妻共同生活、共同生产经营或者基于夫妻双方共同意思表示的除外。

上述规定旨在避免处理夫妻债务时出现两个极端，既要避免夫妻双方恶意逃债损害债权人的利益，又要避免夫妻一方离婚时被高额负债。

6. 离婚分割夫妻共同财产照顾无过错一方的问题

原来照顾子女、女方权益的条文中增加了照顾无过错方的原则，为今后处理有关案件提供了具有可操作性的裁判依据。

7.离婚损害赔偿问题

增加了“有其他重大过错”的条款，拓宽了离婚损害赔偿的请求范围。至于何种行为构成重大过错，由法官根据过错情节及伤害后果等事实作出认定，比如一方与他人通奸生育子女，吸毒、赌博、嫖娼等。

About the Author 作者简介

朱平飞

女，浙江波宁律师事务所副主任、执行主任，宁波市律师协会婚姻家事专业委员会主任，宁波市政策法规性别平等评估工作专家，宁波婚姻家庭法研究会理事，宁波市人民监督员。曾荣获“宁波市首届十佳女律师”“宁波市优秀律师”“宁波市优秀指导老师”“浙江省优秀女律师”等荣誉称号。

联系电话：13806675215　电子邮箱：894329251@qq.com

四、知识产权业务

知识产权案件属于专业性强且小众的案件，专业性强主要体现在：一方面，知识产权业务本身还可以再细分为专利、商标、著作权、不正当竞争等不同领域，这些不同领域的知识产权案件在办理过程中适用法律不同，相关的侵权认定标准亦不同，因此，这对于从事知识产权专业领域的律师提出了更高的专业化要求；另一方面，体现在知识产权案件的办理，除了律师具备法律理论功底外，还需要具备相关技术的理论知识，这点尤其体现在专利及技术类商业秘密案件中，当然商标、著作权、不正当竞争案件随着新技术、互联网的发展也需要在办案过程中对技术类知识予以学习。小众主要体现在，目前专门从事知识产权专业的律师人数在整体律师人数中占较小比重，并且知识产权专业领域与其他民商事案件相比，企业的需求也属小众。当然在近几年国家关于科技创新、知识产权保护等相关政策的引导下，企业对于知识产权法律服务的需求已有很大提升。

本部分内容力图使初次涉足知识产权案件的青年律师了解其中的主要特殊点，以避免因经验不足而产生办案中的遗憾。知识产权案件具有案件内容新型、相关法律更新快的特点，内容中尽可能地选择最为基本的且变动不大的办案程序上的要点，对于具体知识产权法律上的认定内容因需要具体案件具体分析仅在第四小节提出一些学习上的建议。

（一）知识产权法律服务范围

知识产权法律服务已不仅仅是律师的专有服务领域，在知识产权法律服务领域中，除了律师事务所以外，还有 IP 服务公司，如知识产权代理公司、专利代理公司、商标代理公司等以公司制管理的组织作为这个法律服务市场的主体，与律师事务所一起参与知识产权法律服务市场的分配。通常来说，对于律师而言知识产权法律服务主要分为诉讼与非诉两大业务，诉讼包括专利、商标、著作权、不正当竞争、商业秘密案件等的诉讼代理，非诉业务则比较多样化，具体有以下几种：

1. 知识产权的申请（国内申请和涉外申请），包含专利、商标、集成电路布图设计、植物新品种、域名及网络有关登记注册；

2. 知识产权的复审、异议、无效等请求；

3. 知识产权的转让、许可、质押及备案等服务；

4. 知识产权贯标业务，驰名商标认定，科技项目申报；

5. 知识产权尽职调查、知识产权布局、专利分析评议、专利规避设计；

6. 知识产权评估和知识产权战略方案的设计、拟定、管理及风险诊断；

7. 提供特许经营所需政策和法律咨询及特许经营体系框架搭建等事项的法律服务；

8. 其他企业需要的知识产权专项服务。

前三种非诉业务也可由许多 IP 服务机构推出的线上服务平台来提供，如"知果果""权大师"等。

（二）知识产权纠纷处理的要点

与这些 IP 服务机构不同的是，知识产权律师需要本着法律工匠的精神，为当事人提供一对一定制化的高效法律服务。因此，对于青年律师来说，务必掌握好处理知识产权诉讼案件要点，力求精益求精。

1. 知识产权诉讼案件的基本操作流程

依据知识产权客体的不同，处理案件的基本流程主要分为专利案件、商标案件及著作案件这三类办案流程，下面分别展开进行说明。

(1)专利诉讼案件的处理流程

如作为原告的代理方,处理专利诉讼案件大致有以下四个步骤:

第一步是评估自身专利的稳定性,一般可依据专利评价报告;

第二步是初步判断涉嫌侵权方的产品是否构成侵权;

第三步开展调查取证工作;

第四步确定维权策略,提起专利侵权诉讼。

这里还需要注意两点:第一,拥有专利证书并不等于自身专利权就是稳定的,尤其是外观和实用新型专利,一般可提交专利权评价报告佐证其稳定性;第二,专利案件的取证一般需要通过公证的方式进行,很多情况下,必须取得侵权产品用于庭审对比。

如果作为被告的代理方,处理专利诉讼案件则有以下四个步骤:

第一步核实涉案专利的权利状态,一般通过检索进行核实,查看专利是否处于正常存续状态;

第二步初步判断是否构成侵权;

第三步是答辩期内考虑提出专利无效宣告申请;

第四步是专利侵权抗辩,如不构成侵权、先用权、现有技术等的抗辩。需注意的是,第三步不是必需步骤,具体需要根据案件的实际情况而定。

这里需特别注意的是,专利无效与专利诉讼的关系问题,根据我国《专利法》第四十七条的规定:宣告专利权无效的决定,对在宣告专利权无效前人民法院作出并已执行的专利侵权的判决、调解书,已经履行或者强制执行的专利侵权纠纷处理决定,以及已经履行的专利实施许可合同和专利权转让合同,不具有追溯力。但是因专利权人的恶意给他人造成的损失,应当给予赔偿。依照前款规定不返还专利侵权赔偿金、专利使用费、专利权转让费,明显违反公平原则的,应当全部或者部分返还。因此,如果在诉讼判决并执行后专利才被宣告无效的,那已经判决赔偿或强制执行的费用是无法要求返还的,除非是存在专利权人恶意造成他人损失或者不返还存在显失公平的情形。

(2)商标诉讼案件的处理流程

如作为原告代理方,处理商标诉讼的案件有以下三个步骤:

第一步收集涉嫌侵权方和侵权产品信息,初步判断涉嫌侵权方的侵权产品是否构成侵权；

第二步开展调查取证工作；

第三步确定维权策略，开展维权活动。

而如果作为被告代理方，则有以下三个步骤：

第一步需要审查涉案商标的权利状态、商标标识和商品类别；

第二步初步判断是否构成侵权；

第三步进行商标不侵权的抗辩，如不构成侵权、合法来源、合理使用、先用权等。

这里需要注意的是，将商标不使用作为抗辩理由的情形，根据《商标法》第六十四条规定："注册商标专用权人请求赔偿，被侵权人以注册商标专用权人未使用注册商标提出抗辩的，人民法院可以要求注册商标专用权人提供此前三年内实际使用该注册商标的证据。注册商标专用权人不能证明此前三年内实际使用过该注册商标，也不能证明因侵权行为受到其他损失的，被控侵权人不承担赔偿责任。"但被控侵权人需要停止侵权。当然，被告也可就原告的商标申请撤销，因为根据我国《商标法》第四十九条第二款规定："注册商标成为其核定使用的商品的通用名称或者没有正当理由连续三年不使用的，任何单位或个人可以向商标局申请撤销该注册商标。"如果确实因商标三年没有使用而撤销原告的注册商标，原告由于商标权利基础被撤销了，被告自然也就取得胜诉。

(3)著作权诉讼案件的处理流程

如作为原告代理方，处理著作权诉讼案件有以下三个步骤：

第一步收集涉嫌侵权方和侵权产品信息，初步判断涉嫌侵权方的侵权产品是否构成侵权；

第二步开展调查取证工作，并做相应的侵权公证；

第三步确定维权策略，开展维权活动。

这里需要注意的是，作品自创作完成之日起即享有著作权，并不必须进行著作权登记，但进行著作权登记有助于举证，且著作权侵权判断的公式是：接触＋实质性相似。

如作为被告代理方，则有以下三个步骤：

第一步审查涉案作品著作权的权利状态；

第二步初步判断是否构成侵权；

第三步进行不构成侵权抗辩，如没有接触的可能、独立创作、公有领域、不构成近似等。

此时，需要注意的是，专利、商标和著作权三者比较而言，我国对于著作权的保护力度最弱，只要被告方能证明己方产品为其独立创作完成，法律上不禁止创作上的"巧合"。

2. 知识产权投诉类案件的基本操作流程

除了以上三种类型的诉讼案件以外，权利人还可以通过行政投诉和刑事投诉维护自身的权利，根据受理知识产权投诉的内容不同，知识产权投诉主要分专利行政执法、工商侵权投诉、版权侵权投诉、电商平台投诉、知识产权刑事投诉等。商标侵权投诉与版权侵权投诉较为简单，因此不在此展开特别说明，而知识产权刑事投诉手续较为复杂，需要具备一定知识产权业务基础的律师办理。笔者主要就难度居中且实务中常涉及的专利行政执法和电商平台投诉做一介绍：

(1)专利行政执法

根据我国《专利行政执法办法》(2015年5月29日修订，7月1日起实施)第二条的规定："管理专利工作的部门开展专利行政执法，即处理专利侵权纠纷、调解专利纠纷以及查处假冒专利行为，适用本办法。"下面，我们就对以上三种行政执法行为分别展开说明：

①处理专利侵权纠纷

根据《专利行政执法办法》第六十条的规定，未经专利权人许可，实施其专利，即侵犯其专利权，引起纠纷的，专利权人或者利害关系人除了可以向人民法院起诉外，还可以请求专利行政执法部门处理。专利行政执法部门处理时，认定侵权行为成立的，可以责令侵权人立即停止侵权行为，侵权人期满不起诉又不停止侵权行为的，管理专利工作的部门可以申请人民法院强制执行。该专利行政执法行为依当事人申请启动，行政执法人员可以采取相关的措施对侵权人的侵权事项予以取证，并作出是否构成侵权的行政裁定，但不作行政处罚。

另外，进行处理的专利行政执法部门应当事人的请求，可以就侵犯专利权的赔偿数额进行调解；调解不成的，当事人可以依照《民事诉讼法》向人民法院起诉，但应注意的是专利行政执法部门可以处理专利侵权纠纷，但只能责令停止侵权，而不能要求侵权人赔偿。

②调解专利纠纷

根据《专利行政执法办法》的规定,知识产权局还可以对专利侵权纠纷进行调解,在调解时不仅可以有停止侵权的规定,也可以对赔偿额度进行调解。在知识产权案件处理中,宁波的部分地区开展了法院与行政机关或第三方机构之间的诉调对接工作,通过行政调解或第三方调解前置的方式,快速处理侵权事实清楚争议较小的知识产权纠纷案件。

③查处假冒专利行为

根据我国《专利法》第六十三条的规定,假冒专利的,除依法承担民事责任外,由管理专利工作的部门责令改正并予公告,没收违法所得,可以并处违法所得4倍以下的罚款;没有违法所得的,可以处20万元以下的罚款;构成犯罪的,依法追究刑事责任的规定,专利行政执法部门还可以对假冒专利的行为进行处罚,情节严重的,可以移送公安追加刑事责任。

(2)电商平台投诉

随着互联网经济的发展,网上知识产权侵权案件数量急骤上升,在网上产生的侵权事实越来越多,而线上侵权又有别于线下侵权,通常出现金额小、侵权人多、影响大的情况,通过诉讼解决侵权纠纷不能及时有效地遏制侵权行为,因此,运用网络知识产权非诉讼平台维权也是十分有效的手段之一。

各个平台知识产权投诉方式大致相同,现以最为常见的淘宝线上投诉方式为例,给大家做快速投诉的技巧分享:

第一步,必须要注册一个淘宝账号(建议提前注册)。个人注册的,需要上传本人身份证/护照正反两面原件的彩色扫描件;企业注册的,需要上传年检章齐全的有效营业执照副本原件的彩色扫描件。

第二步,提交知识产权权属证明,商标权人需提供商标注册证书,而不是受理通知书;专利权人需提供专利证书,如果是外观设计、实用新型则需提交评价报告;著作权人需提交著作权登记证书。

第三步,填写充分的投诉理由。投诉的理由要充分,并能排除合理的怀疑。若简单填写,就很有可能被淘宝小二退回来。正确的写法如:"宁波某某童车有限公司是(专利号:×××××)坐式滑行车的外观设计专利权人,其从未许可任何第三方（包括被投诉方）生产、销售和许诺销售使用该专利设计的产品，被投诉方在淘宝网上销售的‘××’品牌的产品与投诉人享有的坐式滑行车外观设计专利相同，投诉人正规的专利产品品牌为‘××’，而被投诉方的品牌为‘××’，因此，被投诉方构成对我方专利权的侵犯。”

另外，需注意的是，专利的投诉须提供专利侵权分析报告，如外观设计专利应提供比较六面视图；而实用新型和发明专利，则需要指出请求保护的专利权利要求，并就其技术特征进行一一对比。

第四步，投诉后，等待小二处理。符合条件的，淘宝小二会受理投诉，并请被投诉方在合理的期限内申诉；不符合条件的，淘宝小二会将你的投诉退回，并要求你改正。

第五步，等待被投诉方的申诉。有两种情况：一种情况是被投诉方未申诉的，系统将认定投诉成立；另一种情况是被投诉方在申诉期限（三个工作日）届满前提起申诉的，淘宝小二会将申诉理由告知投诉方。

第六步，投诉方提供补充证据。投诉方在收到申诉理由后，一般需在三个工作日内回应，也可请求淘宝小二直接介入处理该争议；投诉方在三个工作日内未回应的，视为自动撤回投诉。

最终，淘宝小二介入后，如果认为被投诉方侵权的，会删除侵权的链接。

另外，需要提醒各位权利人维权时注意以下几点：

第一，权利人自身知识产权的有效性。如商标权有无续展、专利有无缴纳年费、专利权利要求是否放弃等。

第二，侵权证据的固定。如发明、实用新型专利权维权，则必须购买侵权产品，并就技术特征进行比对。

第三，专利权的侵权比对对象。如专利权保护的范围为权利要求书中记载的技术特征，故做侵权对比时，应该是将专利权记载的技术特征与侵权产品进行比对，而非将已生产的产品与侵权产品进行比对。

如果是被投诉方，应对电商平台投诉有以下几个步骤：

第一步，收集产品有合法来源（如从权利人处进货）的证据或对投诉方主张的知识产权效力进行审查。若确定有合法权利来源或对方权利存在瑕疵，及时申诉。

第二步，充分阐述申诉理由。若专利侵权的申诉理由为："我的产品是直接从别的厂家进的，不是从权利人处进货""我的产品与你们公司的产品相比多了什么功能，跟你的产品不一样"等，基本不会被淘宝小二采纳。此时，建议聘请专业的人员帮忙写一份专利侵权分析对比报告。

（三）知识产权典型案例分享

案例一：专利侵权诉调对接案例

在武汉亿童文教股份有限公司（以下简称亿童文教）与浙江金童益智玩具有限公司（以下简称金童公司）侵害外观设计专利权纠纷案中，2015年5月20日，申请人亿童文教向丽水市中级人民法院提交诉前保全证据申请，请求法院记录、拍照、录像被申请人金童公司存放在浙江省丽水市水阁开发区龙庆路253号四楼的涉案侵权产品，同时向法院提供了相应的专利权证书及金童公司的侵权产品目录。

丽水市中级人民法院经审查后，向其释明应明确停止生产或查封的产品型号，并告知其该院与丽水市科技局（丽水市知识产权局）诉调对接机制的内容及操作流程，建议其可先向丽水市科技局请求处理。丽水市科技局接收案件后，立即到被申请人生产场所进行执法检查，并召集双方当事人进行调解，于5月27日就涉案29项外观设计专利达成协议。

丽水市科技局在双方达成调解后，根据与丽水市中级人民法院达成的《关于建立专利民事纠纷诉讼对接机制的意见》，在征得当事人同意后，于5月28日将案件移送至丽水市中级人民法院，由该院立案对达成的调解协议进行审查确认，调解内容约定：

（1）被申请人金童公司同意立即停止生产及销售涉嫌侵犯申请人的"玩具（蛇形棋）"等29项外观设计专利的产品；

（2）申请人同意被申请人在丽水市知识产权局的监督下，于5月29日前自行销毁库存产品，并由丽水市知识产权局提供销毁照片或视频；

（3）双方在协议签订后，如发现被申请人仍存在生产、销售涉嫌产品的行为，申请人保留依法追究法律责任的权利。

2015年5月27日，在丽水市知识产权局的监督下，被申请人自行销毁了全部涉嫌侵权的库存产品，该案件圆满解决。

案例二：侵害专利权纠纷案

威海嘉易烤生活家电有限公司（以下简称嘉易烤公司）系专利号为ZL200980000002.8的“红外线加热烹调装置”发明专利权人。永康市金仕德工贸有限公司（以下简称金仕德公司）在天猫商城销售了一款3D烧烤炉。嘉易烤公司针对该产品向阿里巴巴知识产权保护平台上传了包含《专利侵权分析报告》和《技术特征比对表》在内的投诉材料，但未被审核通过。嘉易烤公司认为金仕德公司销售的产品落入其专利权保护范围，浙江天猫网络有限公司（以下简称天猫公司）在其投诉后未采取有效措施，应与金仕德公司共同承担侵权责任，遂诉至法院，请求判令：金仕德公司、天猫公司停止侵权，连带赔偿损失50万元。

金华市中级人民法院经审理认为：被诉侵权产品落入涉案专利权保护范围，金仕德公司未经许可销售该产品构成侵权。天猫公司在收到嘉易烤公司的有效投诉材料后未及时采取措施，直到该公司提起本案诉讼后才对侵权产品做出下架及删除链接的处理，并未尽到合理的审查义务，应当对损害扩大的部分与金仕德公司承担连带责任。遂于2015年8月12日判决：金仕德公司立即停止侵权行为并赔偿嘉易烤公司15万元，天猫公司对其中的5万元承担连带赔偿责任。

一审判决后，天猫公司不服，向浙江省高级人民法院提起上诉。

二审法院浙江省高级人民法院经审理认为：网络服务提供者对被投诉商品采取的必要措施应当秉承审慎、合理原则，以免损害被投诉人的合法权益。天猫公司作为电子商务平台服务的提供者，基于其对专利侵权判断的能力、侵权投诉胜诉概率以及利益平衡等因素的考量，并不必然要求其在接受投诉后对被投诉商品立即采取删除和屏蔽措施。但是，将有效的投诉通知材料转达被投诉人并通知被投诉人申辩当属天猫公司应当采取的必要措施之一，否则权利人投诉行为将失去意义，其维权行为也将难以实现。网络服务提供者应该保证有效投诉信息传递的顺畅，被投诉人在接到投诉信息后，对于其产品是否侵权，以及是否应主动停止被投诉行为，自会作出相应的判断及应对。天猫公司未履行上述基本义务的结果导致被投诉人未收到任何警示从而造成损害后果的扩大，故应对损害的扩大部分与金仕德公司承担连带责任。遂于同年11月17日判决:驳回上诉,维持原判。

从本案中得出的启示:根据《侵权责任法》第三十六条的规定,网络用户、网络服务提供者利用网络侵害他人民事权益的,应当承担侵权责任。网络用户利用网络服务实施侵权行为的,被侵权人有权通知网络服务提供者采取删除、屏蔽、断开链接等必要措施。网络服务提供者接到通知后未及时采取必要措施的,对损害的扩大部分与该网络用户承担连带责任。网络服务提供者知道网络用户利用其网络服务侵害他人民事权益,未采取必要措施的,与该网络用户承担连带责任。

本案将《侵权责任法》第三十六条中"必要措施"的类型进行了拓展性解释,认为除删除、屏蔽、断开链接之外,"转通知"亦是"必要措施"的一种,至于具体采取何种措施应在个案中结合受侵害权利的性质、侵权的具体情形和技术条件等加以认定。天猫公司在收到本案权利人有效投诉后,未采取必要措施,故被判令承担相应的赔偿责任。本案将《信息网络传播保护条例》中关于"通知—转通知—反通知"的投诉机制类推适用至专利领域,对于正确界定电子商务平台提供者的知识产权侵权责任,具有借鉴意义。

从此案中可以看出,以"互联网+"为先导的新经济形态使知识产权的权利主体和客体及侵权行为的形式都发生了深刻的变化,在现有法律相对滞后的现实面前,知识产权律师既要固守现有的法律框架,又要善于在适用法律的基础上勇于改进。既要大胆假设,也要勇于创新。

案例三:侵害商标权纠纷案

株式会社不二家是"不二家""POKO""Peko"等商标的权利人。该公司许可不二家(杭州)食品有限公司(以下简称不二家公司)使用上述注册商标,并授权其以自己的名义进行维权。不二家公司认为钱某某未经许可将其公司生产的糖果擅自分装到带有涉案商标的三种规格包装盒,并在实体店以及浙江淘宝网络有限公司(以下简称淘宝公司)开设的网店销售的行为,侵害其商标权,遂诉至法院,请求判令:钱某某赔偿经济损失15万元及合理开支15 000元;淘宝公司对上述赔偿责任承担连带赔偿责任。

杭州市余杭区人民法院经审理认为:商标具有识别商品来源的基本功能,也具有质量保障、信誉承载等衍生功能。商标的功能是商标赖以存在的基础,对于商标的侵害足以达到损害其功能程度的，无论是否具有市场混淆的后果，均可以直接认定其构成商标侵权行为。

本案中，虽然钱某某分装、销售的三种规格的涉案产品中的糖果本身系来源于不二家公司，且其使用的三种规格的外包装上也附着了与涉案商标相同或相近似的标识，从相关公众的角度来看，并未产生商品来源混淆的直接后果，但是商品的外包装除了发挥保护与承载商品的基本功能外，还发挥着美化商品、宣传商品、提升商品价值等重要功能，而钱某某未经不二家公司许可擅自将不二家公司的商品分装到不同包装盒，且该些包装盒与不二家公司对包装盒的要求有明显差异，因此，钱某某的分装行为会降低涉案商标所指向的商品信誉，从而损害涉案商标的信誉承载功能，属于《商标法》第五十七条第（七）项规定的“给他人的注册商标专用权造成其他损害的行为”，构成商标侵权。该判决从《商标法》第五十七条所规定的“其他损害”这一条文表述的开放性入手，以维护商标质量保障、信誉承载等衍生功能为落脚点，对于厘清此类商标侵权界限，具有可资参考的价值。

在激烈的市场竞争中，各种营销手段花样翻新，将正品重新包装并贴附与权利人商标相同或相近似的标识后再行出售即是一例。对该行为如何定性，是否构成商标侵权也是存在较大的争议。本案判决从商标本身的基本属性出发，认为商标既具有识别商品来源的基本功能，也具有质量保障、信誉承载等衍生功能，对商标的侵害足以达到损害其功能的程度的，即使未造成市场混淆的后果，也可能构成商标侵权行为。

案例四：侵犯商业秘密案

台州迈得医疗工业设备股份有限公司（以下简称迈得公司）于2009年年初开始对“三通滴斗乳胶帽自动组装机”进行批量生产销售。张某1、张某2在迈得公司工作期间与该公司签订了保密协议，但仍利用工作之便，秘密窃取了该公司“三通滴斗乳胶帽自动组装机”的相关技术图纸资料。

东莞市福丰自动化设备有限公司（以下简称福丰公司）的法定代表人为张某1，2011年年初，张某2从迈得公司正式离职，并受聘担任福丰公司的副总经理。张某1利用上述秘密窃取的技术生产福丰牌“三通滴斗乳胶帽自动组装机”，张某2利用窃取的技术信息对机器设备进行调试指导并介绍销售。经鉴定，迈得公司生产的“三通滴斗乳胶帽自动组装机”的技术信息中“三叉件上料装置”和“三叉件扶正机构的结构设计”系不为公众所知悉。两公司的涉案产品相比较,涉及的主要技术信息基本相同。

台州市玉环县人民法院经审理认为:福丰公司明知涉案商业秘密来源于迈得公司而加以非法使用,实施了生产、销售侵权设备的行为,张某1、张某2作为福丰公司直接负责的主管人员、直接责任人员,违反约定或者违反权利人有关保守商业秘密要求,披露、使用其所掌握的商业秘密,并且以盗窃手段获取权利人的商业秘密,均构成侵犯商业秘密罪。

遂于2014年12月8日判决:以侵犯商业秘密罪,判处福丰公司罚金400万元;张某1有期徒刑四年,并处罚金200万元;张某2有期徒刑三年六个月,并处罚金200万元。

福丰公司、张某1不服,向台州市中级人民法院提出上诉。

台州市中级人民法院经审理认为:浙江省科技咨询中心在技术查新的基础上认定涉案技术不为公众所知悉。虽然上诉人出具的专利文件与涉案技术具有一定相似性,但在实现技术的方式、步骤等方面不尽相同;上诉人还辩称国内其他企业早有同样的产品技术设计,但经核查,未查得其他企业案发之前生产涉及涉案技术信息产品的相关事实,故应当认定涉案技术信息具有秘密性。

上述技术信息能够给迈得公司带来利益,迈得公司也采取了相应保护措施,故涉案技术信息构成迈得公司的商业秘密。张某1、张某2违反权利人有关保守商业秘密的要求,披露、使用其所掌握的商业秘密,或以盗窃手段获取权利人的商业秘密,福丰公司明知涉案商业秘密系通过上述方式非法获取仍非法加以使用,实施了生产、销售侵权设备的行为,均构成侵犯商业秘密罪,遂于2015年7月6日裁定:驳回上诉,维持原判。

本案判决明确了商业秘密构成要件的证明标准,认为应当由公诉机关对“市场上不存在与权利人技术信息相同或类似的现有技术”“不存在与权利人产品相同或类似的竞争产品”进行初步举证,再由被告人举出反证;反证成立的,裁定不构成商业秘密;不成立的,应当认定公诉机关完成证明责任。该证明标准符合刑事诉讼排除合理怀疑的标准,也符合知识产权审判实践的需要,具有借鉴意义。

（四）给青年律师从事知识产权法律业务的建议

1. 知识产权理论学习的建议

一名律师，无论何时何地都不能忘记内修与实操的兼顾，才能在这一行中有长足的发展。尤其是对于知识产权律师，随着当今知识产权价值的凸显和企业技术运用能力的提高，侵犯知识产权的现象也日益增多，知识产权纠纷呈复杂化趋势，新形势带来的众多新问题并不能为法条所穷尽，青年律师需要做到与时俱进，善于研究新的问题。因此，青年律师需要积极参加各种讲座、培训，随时不忘为自己充电，保持涉猎广泛、博闻强记、勤写文章的良好习惯，在实践与理论的结合中进行反复思考，这样才能得到快速的成长。

除了学习知识产权相关最新的法律、行政法规及司法解释外，应注意培养自己知识产权案件的搜索能力及学习能力。知识产权案件存在裁判思路更新快、各地裁判结果差异大的特点，针对具体案件涉及的法律问题，很可能出现同类案件不同地区不同裁判，更甚至出现同一地区不同时期不同裁判，最为典型的例子是 OEM 定牌加工纠纷案件。因此，办理知识产权案件需要经办律师与时俱进，及时了解知识产权案件的裁判动态，才可能提供最合适的法律服务方案。

2. 知识产权法律服务定位的建议

我国在短短的十几年内走过了发达国家几百年的历程，经济的发展离不开知识产权的完善，在全球经济一体化的环境中，知识产权的占有和运用，已成为影响国家科技、经济竞争和国际贸易的重要因素。科技的发展给知识产权法律服务带来了巨大的挑战，尤其是在“互联网＋”环境下，各种新型的知识产权侵权方式不断涌现，如百度关键词、深度链接、流量劫持等；各种新型的取证方式不断出现，在带来方便、快捷的同时也对证据固定和证据效力提出了挑战。这些都使知识产权法律服务有别于传统的法律服务，需要我们不断地去了解新的技术特征，并用传统的法律去解释它。

科技和政策给知识产权法律服务带来巨大的机遇。自 2008 年国家提出知识产权战略以来，国家在政策层面对知识产权投入不断加大，社会公众和企业对知识产权保护的意识不断加强，这都使知识产权迅速进入了人们日常的视野，给知识产权法律服务提供了广阔的法律服务市场。此外，中美贸易争端实质上就是知识产权之争,这也要求中国的企业不断地进行科技创新,而科技创新必然随着知识产权法律服务的创新,知识产权法律服务可以与不同的科技相结合,挖掘出新的知识产权法律服务产品。建议每个青年律师可以从自身的兴趣爱好出发,结合自身的资源优势,选择自己喜欢和感兴趣的知识产权法律领域。兴趣加努力必定会使青年律师在知识产权法律服务领域中创出一片独有的天地。

About the Author 作者简介

黄　妙

女，二级律师，法律、经济学双硕士、科技管理博士（在读），现为北京大成（宁波）律师事务所高级合伙人、知识产权部主任。兼任第四届浙江省律师协会知识产权专业委员会主任、宁波市中级人民法院特邀调解员、宁波仲裁委员会仲裁员、宁波大学兼职硕士生导师等。2018年入选宁波市律师首批“领军型”名优律师培育对象，2019年被评为浙江省优秀专业（知识产权）律师、浙江省优秀女律师，2020年被评为宁波市第一批兼职政府法律顾问人才。专注于民商事及知识产权纠纷案件，并发表了很多相关著作与论文，主要有参与编写著作《知识产权保护理论与判例研究》，论文《C2C网上交易平台提供商法律责任分析》被收入《中国律师》2009年第10期。

联系电话：13566052086　电子邮箱：miao.huang@dentons.cn

五、海事海商业务

（一）海事海商法律业务简介

海事海商法律是随着航海贸易的兴起而产生和发展起来的。就其历史发展而言，它起源于古代，形成于中世纪，系统的海商法典则诞生于近代，而现代海商法则趋于国际统一化。我国的海事海商法律是 1993 年 7 月 1 日起施行的《海商法》。海事海商法律适用范围为海上运输关系和船舶关系。

海事海商法律与其他民商法律相比，表现出以下特殊性：(1) 制度的多样性与特殊性，如船舶碰撞损害赔偿制度、海事赔偿责任限制制度、共同海损理算制度、海难救助款项制度等；(2) 与海上风险相关，海事海商法律应对的是船舶在海上或其他可航行水域进行运输或者其他活动中遇到的各种风险；(3) 国际统一性，海事海商法律具有较强的涉外性，相关的国际海事条约或者民间规则得到广泛的实施和遵循；(4) 内容的技术性，海事海商法律的内容与航海技术、造船技术、防污染技术等相关，学习与研究海事海商法律，需要了解和掌握相关的技术知识。

正因海事海商法律具有上述特殊性，从事海事海商法律业务的青年律师应当初步掌握相关的航海货运知识，了解船舶的具体构造和航行操作等专业知识。同时，考虑到海事海商业务具有较强的涉外性，青年律师也应当基本能够将英语作为工作语言。希望通过简单介绍海事海商法律的特殊实务操作要点（主要区别于传统民商法律业务），使青年律师可以初步了解海事海商诉讼案件操作实务。

(二)收案阶段

1. 利益冲突审查

律师在接到委托人咨询或案件指示时,第一步要进行利益冲突审查,确定拟代理的案件是否存在利益冲突。有关律师代理利益冲突问题,《律师法》的规定很简单:“律师不得在同一案件中为双方当事人担任代理人,不得代理与本人或者近亲属有利益冲突的法律实务,”青年律师觉得审查利益冲突很简单,只要让原被告双方当事人名称在事务所的 OA 系统中做个利益冲突检索就行了。但是在海事海商案件中,案件当事人各方涉及的利益相关方更多、更复杂,稍有不慎,就可能会造成利益冲突,特别是触犯隐藏或潜在的利益冲突。

海事海商案件当事人利益冲突主要体现在两个方面。一方面表现为代表船舶一方的当事人和代表货物的当事人之间的冲突,俗称“船货利益方”之间的冲突。船舶利益方包括:船舶所有人(船东),船舶光船租船人、船舶期租人、船舶保险人和船舶抵押银行等。其中船舶保险人主要分为:船壳保险人和保赔保险人(保赔协会)。货物利益方包括:托运人、收货人、FOB/CIF 货物买卖的船舶航次承租人,货物保险人、信用证开证银行等。另一方面表现为在船货利益各方的内部又存在利益冲突,例如,(1)船舶所有人(包括光船承租人)与期租人;(2)船壳保险人和保赔保险人;(3)船舶所有人与船舶保险人;(4)托运人与 FOB 货物买卖项下航次租船人;(5)收货人与 CIF 货物买卖项下航次租船人;(6)货物保险人与 FOB/CIF 货物买卖项下航次租船人;(7)开证银行与航次租船人等。

因此,在利益冲突审查时,青年律师首先要明确拟代理的委托人属于船舶利益方还是属于货物利益方,然后再明确拟代理的委托人属于船货利益各方内部的哪个利益方。对此,在利益冲突审查前,需要从拟代理的委托人处尽可能地获得相关当事人的名称以及其所代表的利益。在向事务所提交利益冲突检索时,应当披露涉及的所有利益相关方的名称(特别是船舶名称),以避免遗漏可能的利益冲突方。

如果利益冲突检索没有通过,这就涉及是否可以豁免利益冲突的问题。对此,分两种情况,如果拟代理的委托人属于船舶利益方(如船东或者船舶保险人),同一事务所其他律师已经代理了同一案件的货物利益方(如收货人或者货物保险人),则不应代理本案;同一律师事务所其他律师在另外案件中代理了货物利益方,则应向拟代理的委托人披露，并尝试申请利益冲突豁免；反之亦然。如果拟代理的委托人属于船货利益方中的一方，同一事务所其他律师已经代理了同一案件的相同利益方内部的不同利益方（如船东与船壳保险人或者船壳保险人与保赔保险人），则需要向拟代理的委托人披露，并尝试申请利益冲突豁免；同一事务所其他律师已经代理了另外案件的相同利益方内部的不同利益方，则仅需向拟代理的委托人披露，无须正式申请利益冲突豁免。

在涉外海事海商案件中，如果拟代理的委托人是国外客户（如国外船东、船壳保险人或者保赔协会），其会比较关注利益冲突审查，要尽可能向客户披露可能存在的利益冲突情形，有助于获得客户更好的信任。

2. 案件审查法律意见

在上述利益冲突审查通过后，委托人（特别是保险公司）通常会提供其目前获得证据材料和相关信息，要求代理律师提供一份案件审查法律意见。案件审查法律意见不但体现出代理律师的专业能力，而且为案件的下一步处理确定初步的代理思路。

案件审查法律意见通常包括以下几个方面的内容：(1)案件背景信息；(2)适用法律和管辖法院；(3)法律关系；(4)案件争议点；(5)代理思路和计划。针对海事海商案件，案件审查法律意见的内容通常还应当分析：(1)诉前扣船的可能性；(2)船舶优先权；(3)海事赔偿责任限制和基金的设立等。

（三）诉前阶段

1. 管辖法院确定

在接受委托后，代理律师首先要确定管辖法院。海事海商案件不同于其他民商事案件，一审案件全部由海事法院专属管辖，二审案件由高级人民法院管辖。

首先，律师应当明确代理的案件是否属于海事法院的受理案件范围。有关海事法院受理案件范围的最新规定是最高人民法院《关于海事法院受理案件范围的规定》（法释〔2016〕4 号），该规定对海事法院受理海商合同纠纷案件范围进行了扩充，基本囊括了所有与船舶相关的纠纷案件，而且规定了海事行政案件也属于海事法院专属管辖。

其次，律师在确定代理的案件属于海事法院的受理案件范围后，需要明确向哪个海事法院提起诉讼。目前全国有十一家海事法院，各个海事法院的管辖区域可通过查询其官网确定。海事海商纠纷案件的地域管辖，主要依据《海事诉讼特别程序法》及其司法解释确定。

最后，在确定管辖法院时，律师应当留意案件当事人之间是否存在约定仲裁协议或者管辖法院。在集装箱运输合同纠纷中，外国班轮公司签发的提单背面通常有“法律与管辖法院条款”，例如约定“因本提单引起的或有关的所有索赔和纠纷，应由马赛法院管辖，排除其他国家的法院管辖”。在散货运输合同纠纷中，船长签发的提单通常在提单正面或背面注明“租约中所有条款、条件、特权与免责，包括法律适用及仲裁条款都并入提单”。因此，代理律师在确定管辖法院时要考虑上述约定的排他性管辖条款和仲裁条款的效力问题。

2. 船舶碰撞事故登轮调查

船舶碰撞案件属于海事海商纠纷中比较典型的案件，虽然海事部门在船舶碰撞事故发生后会按照行政职能要求进行事故调查，但是代理律师通常应当代表委托人（船东或者船舶保险人）第一时间上船进行事故原因调查，以便及时地给委托人提供事故原因/责任的法律意见。

首先，代理律师应做好上船调查的前期准备。如果需要登外轮，应当先与船代公司进行联系，在港口的边防检查站办理登轮证书。如果必须在锚地登轮，应当安排好交通艇以便从码头坐船到锚地。

其次，代理律师登轮后应当询问船长、事故当时的值班驾驶员和水手，并制作询问笔录。同时，从船上复印如下材料：

（1）船舶登记证书、船舶检验证书、ISM 证书、DOC 证书等；

（2）船员名单、职务船员的适任证书等；

（3）事故航次的航海日志、轮机日志、车钟记录、VHF 日志等；

（4）工作海图、航线计划等；

（5）VDR 数据、船长的事故报告等。

最后，登轮调查结束后，代理律师应根据委托人要求，根据登轮调查获得的证据材料，确定碰撞事故的事实经过，随后按照《1972 年国际海上避碰规则》，分析碰撞事故的责任比例。

3. 诉前扣船

海事海商案件的诉前扣船是一个比较特殊的诉前保全程序,不受案件当事人之间的诉讼管辖协议或仲裁协议的约束,即使在申请扣船时不能立即查明被申请人的名称,也不影响扣船申请的提出(可以在申请书中将被申请人列为“×××”轮的船舶所有人和/或光船承租人)。

但是,并不是每个海事请求都有权扣押船舶,可以扣押船舶的海事请求的范围由《海事诉讼特别程序法》第二十一条具体规定。同样,也不是被告的所有船舶均可以扣押,可以扣押的船舶应当根据《海事诉讼特别程序法》第二十三条的规定确定。

申请诉前扣押船舶,应当向船舶所在地的海事法院提交书面申请。扣船申请书应当载明海事请求事项、申请理由、扣押船舶的目前位置以及要求提供的担保金额,并附相关证据。同时,申请人应当根据法院要求提供错误扣船的担保(通常称反担保)。反担保可以通过向保险公司投保诉讼保全责任保险的方式,由保险公司向法院提供相应的担保函。另外,需要注意一点:诉前扣船的期限为三十日,申请人未在三十日内提起诉讼或者申请仲裁,法院有权解除船舶扣押。

(四)诉讼阶段

1. 庭审准备

(1)案件事实整理

在案件庭审前,代理律师应当充分掌握案件事实。了解案件事实的最好手段是与委托人接触、沟通。委托人在聘请律师之后,主观上非常想把他所知道的所有事实告知律师,但事实上当事人又常常会无意识地对他所知道的事实进行删减,把他认为应该告知律师的事实告诉律师,他认为不应该告诉律师的事实省略掉。代理律师要不断与委托人谈论案情,要求委托人提供相关的证据材料。代理律师应仔细审阅委托人提供的证据材料,结合从委托人或者其他纠纷相关人处了解到的案件情况,逐渐启发委托人,以使他把所知道的事实完整地讲述给代理律师。代理律师随着其了解的案件事实越多,相应地要求委托人提供更多的证据材料,从而代理律师提交的证据材料可以在最大程度上证明案件事实,使自己在法庭上可以应对自如。

(2)案件事实摘要

在对事实了解的基础上,代理律师应该制作一份案件事实摘要,就是按照时间或事件发展顺序把案件涉及的案件事实罗列起来。通过制作案件事实摘要,代理律师可以梳理自己的代理思路,对案件事实的细节和事件的发展脉络有更清楚的认识;通过制作案件事实摘要,代理律师可以将案件的当事人、法律关系,时间、地点等因素有机地组合在一起,从而发现其内在的联系。特别是事实比较复杂,涉及的当事人多,时间跨度大的案件,不制作案件事实摘要是很难理顺案件事实的来龙去脉的。

制作案件事实摘要的最大益处在法庭审理中会体现出来,对方所举的每一份证据,代理律师能够很快将它置入案件事实摘要中予以对比,以发现其矛盾之处。对方陈述的每一个事实,代理律师亦可以很快地把它置入案件事实摘要,与自己掌握的事实予以比较。代理律师手中有一份案件事实摘要,在法庭上不会面对错综复杂的事实手足无措,足以应付法庭上的“明枪暗箭”。

(3)证据归纳整理

经过上述对案件事实的了解和取证后,代理律师这时候要做的主要工作是确定提交法庭的证据,即从众多的证据材料中甄选出可以提供给法庭的证据。代理律师决定提交法庭的证据必须足以证明自己的主张,且证据与证据之间能够互相印证,形成一个完整的证据链。

对于确定提交的证据,代理律师应该进一步明确向法庭举证的顺序。代理律师可以根据案件性质和事实的不同情况确定举证顺序,以达到通过脉络清晰的举证使法官能够很快掌握自己的主张的效果。

在拿到对方当事人的证据后,代理律师的工作是研究对方证据,然后补充提供针对对方证据的反驳证据。对证据质证主要从真实性、关联性和合法性出发,考虑证据的证明力有无和大小。

在海事海商案件中,很多证据涉及专业检测报告、检验报告、公估报告和专家报告。代理律师应当根据案件的不同情况,准备自己的检验报告、公估报告或者专家报告。同时,如果公估人、技术专家等专家证人准备出庭作证,代理律师应在举证期限届满前向法院提交书面申请。一旦确定了专家证人出庭,代理律师应在庭前与专家证人进行沟通，制作用以法庭质证阶段对专家证人进行询问的问题单，以便充分发挥专家证人的作用。

2. 船舶碰撞案件审理

有关船舶碰撞案件的审理，《海事诉讼特别程序法》作了特殊的规定：(1)原告在起诉时、被告在答辩时，应当如实填写《海事事故调查表》；(2)当事人应在开庭审理前完成举证，在完成举证并向法院出具完成举证说明书后，当事人可以查阅有关船舶碰撞的事实证据材料；(3)当事人不能推翻其在《海事事故调查报告》中的陈述和已经完成的举证，除非有新的证据，并有充分的理由说明该证据不能在举证期间内提交的除外。

因此，《海事事故调查表》是一份非常关键的证据，代理律师应当结合此前的登轮调查情况，谨慎填写。必要时，代理律师可将填写好的《海事事故调查表》发给船长或值班驾驶员予以进一步核对，以保证其内容的准确无误。

鉴于有关船舶碰撞事实的证据必须在庭审前完成举证，代理律师应向法庭提供充分证据，以避免遗漏。同时，对于船舶碰撞事实，代理律师应当额外制作一份碰撞船舶的动态摘要，清楚地标明碰撞船舶在特定时间点的相对位置和距离等，从而充分了解船舶碰撞的具体细节。

在庭审时，代理律师可按照上述碰撞船舶的动态摘要，根据避碰规则，向法庭陈述碰撞船舶在如下阶段的动态和避免碰撞的行动：(1)碰撞危险；(2)紧迫局面；(3)紧迫危险。必要时，代理律师可以申请法庭播放 VDR 雷达图像，以进一步印证自己的主张和观点。

(五)海事诉讼特别程序

1. 设立海事赔偿责任限制基金

在海事案件中，一旦船舶发生严重事故，便造成巨大损失。代理律师的第一反应应是考虑是否建议委托人设立海事赔偿责任限制基金。

根据《海事诉讼特别程序法》的规定，船舶所有人、承租人、经营人、救助人和保险人可以设立海事赔偿限制基金。如果船舶所有人准备申请设立海事赔偿责任限制基金，通常会联合经营人、承租人和船舶保险人共同设立海事赔偿责任限制基金,以避免出现多方当事人就一次事故分别设立基金的情况。需要特别注意一点:船舶造成油污损害的,船舶所有人和责任保险人为了取得责任限制的权利,必须向法院申请设立油污损害的海事赔偿限制基金。

诉前设立海事赔偿责任限制基金的管辖法院是事故发生地、合同履行地或者船舶扣押地海事法院,而且不受当事人之间的诉讼管辖协议或者仲裁协议的约束。

申请人向海事法院申请设立海事赔偿责任限制基金,除了提交书面申请以外,还要提交已知的利害关系人名单(包括名称、地址和通信方式)。如果在申请时遗漏了已知的利害关系人,可能会造成遗漏的利害关系人将来在基金以外向申请人另行提起诉讼。

海事法院受理设立海事赔偿责任限制基金申请后,在七日内向已知的利害关系人发出通知,同时通过《人民日报》[如果是外籍船舶,通过《人民日报》(海外版)]发布公告,通知债权人登记债权。申请人将承担上述的公告费用。

一旦准许申请人设立海事赔偿责任限制基金的裁定生效后,申请人必须在三日内向海事法院提供基金(包括现金、保险公司/银行的担保函两种方式)。这个时间比较紧凑,若以担保函形式设立基金的,申请人应当提前与法官进行沟通,先行确定基金担保函的格式。海事法院接受申请人提供的基金担保后,海事赔偿基金的设立正式完成。

2. 船舶优先权催告程序

船舶优先权是一项特殊的权利,不因船舶所有权的转让而消灭。因此,代理律师处理船舶买卖案件时要考虑到船舶所附的原船舶所有人在经营过程中产生的优先权。能够充分保障船舶买方利益的办法是受让人在船舶转让时向海事法院申请船舶优先权催告,以便买方获得"清洁"的船舶。

可被申请船舶优先权催告的管辖法院是转让船舶交付地或者受让人住所地海事法院。船舶受让人应当向海事法院提交书面申请,同时提交船舶转让合同、船舶技术资料等文件。

海事法院在收到申请文件后予以审查,在七日内作出准予或者不准予申请的裁定。一旦海事法院准予申请的裁定生效后,海事法院将通过报纸发布公告,催促船舶优先权人在催告期间内主张船舶优先权,催告期间为六十日。

船舶优先权催告期间届满,无人主张船舶优先权,海事法院将根据申请人的申请作出判决,宣告该转让船舶不附有船舶优先权。对此,船舶受让人可以拥有“权利清洁”的船舶。

(六)执行阶段

1.船舶拍卖与分配

海事海商案件的执行阶段,最常见的是船舶的拍卖和款项分配。如果此前委托人申请海事法院扣押了当事船舶,被扣押船舶的一方在三十日扣押期间届满后不提供担保,而且船舶不宜继续扣押,委托人可以在提起诉讼或申请仲裁后,向扣押船舶的海事法院申请拍卖船舶。但是,是否决定申请拍卖船舶应当事先综合考虑以下几个因素:(1)起诉债权的性质(是否属于海事优先权、留置权和抵押权)和金额;(2)是否存在其他优先受偿的债权及其金额;(3)被扣押船舶目前的市场价值;(4)是否有能力先期支付船舶检验、估价和拍卖的费用;(5)船舶看管费用的情况;(6)流拍的可能性等。

一旦决定申请拍卖船舶,申请人应当向海事法院提出书面申请。海事法院收到拍卖船舶的申请后,作出准予或者不准予拍卖船舶的裁定。海事法院裁定拍卖船舶,将通过报纸发布公告。

海事法院裁定拍卖船舶的公告发布后,债权人应当在公告期间内,就拍卖船舶有关的债权申请登记。公告期间届满不登记的,将视为放弃在本次拍卖船舶价款中受偿的权利。

债权人向海事法院申请登记债权的,应当提交书面申请,海事法院审查后予以裁定是否准许登记。鉴于船舶拍卖有可能流拍,海事法院目前的做法是待船舶拍卖成功后,才签发是否准许登记的裁定书。

海事法院裁定准许登记后,债权人有两种途径申请确认债权:(1)债权人提交了证明债权的生效判决书、裁定书、调解书、仲裁裁决书或者公证债权文书的,海事法院经审查认定上述文书真实合法的,裁定予以确定;(2)债权人提供其他证据的,在办理债权登记后,向法院海事提起确权诉讼;如果有仲裁协议的,及时申请仲裁。

债权人的债权确认后,海事法院将组织召开债权人会议,协商债权分配方案。如果债权人协商不成,海事法院按照《海商法》规定的受偿顺序,裁定船舶价款的分配方案。船舶价款分配方案通常按照以下受偿顺序:(1)诉讼费用,保存、拍卖船舶所产生的费用,以及为债权人的共同利益支付的其他费用;(2)船舶优先权的债权;(3)船舶留置权的债权;(4)船舶抵押权的债权;(5)其他海事债权。

2. 海事赔偿责任限制基金受偿与分配

海事海商案件中,还有一种特殊的执行阶段,即对海事赔偿责任限制基金的受偿和分配程序。海事法院受理设立海事赔偿限制基金的公告发布后,基金债权人应当在公告期间就海事事故有关的债权申请登记;公告期间届满不登记的,视为放弃债权。尽管有关债权是否属于限制性债权存在争议,代理律师也应当建议委托人申请债权登记,债权登记申请不影响在确权诉讼中提出登记的债权属于非限制性债权的主张。

基金债权人向海事法院申请登记债权的,应当提交书面申请,海事法院审查后予以裁定是否准许登记。考虑基金申请人可能在基金裁定生效后不向法院提供基金担保,海事法院目前的做法是待基金申请人向法院提供基金担保后,才签发是否准许登记的裁定书。

海事法院裁定准许登记后,基金债权人有两种途径申请确认债权:(1)债权人提供了证明债权的生效判决书、裁定书、调解书、仲裁裁决书或者公证债权文书的,海事法院经审查认定上述文书真实合法的,裁定予以确定;(2)债权人提供其他证据的,在办理债权登记后,向法院海事提起确权诉讼;如果有仲裁协议的,及时申请仲裁。在船舶碰撞案件中,有关基金债权的确权诉讼涉及船舶碰撞责任比例,部分海事法院可能会对船舶碰撞责任比例先行进行判决,当事人可以对该先行判决提起上诉。

基金债权人的债权确认后,海事法院将通知基金担保人将基金款项一次性汇付至法院执行账户,以担保方式设立基金的,基金款项包括:(1)海事赔偿限制和自事故发生之日起至基金设立之日(法院接受基金担保之日)止的利息;(2)基金设立期间的利息。

收到基金款项后,海事法院将组织召开债权人会议,协商基金分配方案。有些案件,登记的基金债权人仅两家,法院通常的做法是由基金债权人与基金申请人自行协商分配基金,不通过法院的执行程序。如果债权人协商不成,海事法院按照《海商法》规定的受偿顺序,裁定基金款项的分配方案。

基金款项的分配方案通常按照以下受偿顺序：第一，人身伤亡的赔偿责任限制基金不足支付全部人身伤亡的赔偿请求，其差额与非人身伤亡的赔偿请求并列，在非人身伤亡的赔偿基金中按照比例受偿；第二，就港口工程、港池、航道和助航设施的损失提出的赔偿请求，在非人身伤亡基金中有限受偿；第三，其他债权按照比例受偿。

About the Author 作者简介

张凯兵

男，1978年12月20日出生，毕业于大连海事大学国际海事（海商法）专业，上海瀛泰（宁波）律师事务所执行主任，兼任宁波市律师协会海事海商与物流专业委员会主任、浙江海事行政争议调解中心特邀调解员、宁波仲裁委员会仲裁员。自2004年开始执业以来，一直专注于海事、海商、国际贸易和海上保险领域，擅长处理涉外法律事务，尤其在船舶碰撞、油污损害、海上保险、租约和提单等方面拥有丰富的实务经验。

联系电话：13957850745　电子邮箱：103622166@qq.com

六、企业法律顾问业务

(一)企业常年法律顾问服务的流程

青年律师在获取法律顾问客户后,建议遵循一套标准化的法律服务流程为客户提供服务,从传统的“问而顾,不问不顾”的服务模式进行转变,让客户能够更加系统化地感受到律师服务内容。总体来说,企业法律顾问服务的程序遵循着 P(计划)—D(执行)—C(检查)—A(改进)的大原则,具体来讲包括以下几个方面:

1. 客户法律顾问服务的需求转化程序

现阶段,企业对于法律顾问的服务认知不足,在企业没有遇到诉讼或者法律难题之前很少有需求请律师担任法律顾问,即使企业遇到了法律纠纷,比如企业员工出现了工伤事故需要律师参与处理,企业应收账款无法收回需要律师提起诉讼,或者员工离职时泄露了企业商业秘密需要律师进行维权等,企业一般也只会想到找一个律师代理诉讼案件,解决当前实际面临的问题,同时由于当前企业法律顾问未形成完善的理论体系,也没有完善的实践经验总结可供参考,企业找到律师咨询时,接待律师也往往“头痛医头,脚痛医脚”,只解决当前问题,很少会提醒或建议企业聘请常年法律顾问以防患于未然。

鉴于此,在面对客户由于个案的需求找到律师提供法律服务时,律师需要进行需求分析,将客户的需求引导至律师的法律顾问服务产品,比如法律顾问服务中的合同专项管理、人力资源管理、商业秘密管理等,提出律师不仅仅是解决个案,同时也可以为企业解决个案背后的法律风险漏洞,避免此类风险事项再次发生,将个案的需求引导到聘用法律顾问需求。一旦双方建立了法律顾问合作关系后，律师为企业提供其他增值服务，协助企业建立体系化的管理模式，让企业感受到律师的服务价值，这样在接下来的年度合作中，这家企业也就会逐渐成为你稳定的常年法律顾问单位。

2. 企业法律顾问服务的报价程序

服务报价成为律师需求转化的重要环节，也是律师服务开始的必备环节，在当前的法律服务领域，有以下几种收费模式：

(1)涉及财产案件，按照双方争议标的额或涉及财产的总价值确定的收费比例，按标的额的收费模式在诉讼律师业务收费中比较普遍。

(2)不涉及财产的案件，按件计费，根据案件难易程度，约定每件案件收费金额，在不涉及财产案件的诉讼案件代理中这种收费模式也极为普遍。

(3)按工作实践计时收费，比如按照实际工作时间(小时)数约定收费标准，这种在非诉讼法律服务中相对较多，一般我们在涉外的项目中，会根据账单来进行结算。

(4)包干模式收费，按一个项目或一个案件，从接受委托开始到事务处理完毕，一次性约定包干总价，这种模式在企业常年法律顾问服务收费中也可以适用，比如企业的常年法律顾问服务包干价为20万元，包括企业所有的诉讼及非诉讼事项。

(5)固定总结与按时计费相结合模式，比如双方约定全年法律顾问费用为10万元，约定诉讼案件按照一件多少元进行收费。

律师的报价其实是一门涉及心理学的学问，客户不一定会喜欢便宜的，也并非总会选择最贵的，同时我们建议，在报价的时候，提供三种模式的报价供客户三选一，我们注意到，客户的选择在律师降低了收费提升了价值的情况下，也就是客户觉得赚便宜了没吃亏的情况下，最容易促成交易的达成。

3. 企业法律顾问的签约流程

在客户同意建立法律顾问合作关系后，法律顾问的服务流程从签约开始，在客户服务过程中，仪式感很重要，所以一定要重视顾问单位的签约仪式。

签约仪式建议放在双方团队的第一次碰面会上，第一次碰面会需要提前沟通好细节，做好准备，注意核对会议主持、会议流程、双方出席人员、所需签署的协议等内容。一般在签约会上，律师团队各个业务负责律师以及领队律师必须到场参加,企业要求各个部门负责人参加,这样方便日后的工作对接。签约流程上,一般先由企业领导介绍公司基本情况及部门负责人所负责对接领域。律师团队负责人介绍律师团队、各律师分工及年度初步工作计划,同时组建双方工作群并对工作计划做出调整。最后由双方代表正式签约,并发布相关新闻通稿。签约仪式举行完毕后,就按照会议中确定的具体工作内容,下达工作计划,逐步推进服务。

4. 下达工作计划,开展专项法律服务工作内容

根据企业需求,律师团队逐步推进年度工作计划内容,比如本年度企业需要开展商业秘密管理专项、人力资源管理专项、合同管理专项、财务内审专项、制度建设专项、商标管理专项、专利管理专项、广告宣传合规专项等。每一个项目由专业律师跟企业对接人员进行对接推进,每一项专项工作完成之后,必须出具专项工作总结报告提交企业管理者,让企业管理者知道律师服务的进程以及服务成果。那么具体每一个专项如何开展工作计划呢?我们以企业最关注的人力资源法律顾问服务专项内容为例进行介绍。

人力资源专项法律服务工作从开展企业人力资源现状法律合规性审查开始,律师在开展合规性审查前需要先跟企业确定好具体审查时间、企业需准备的资料以及企业需要参加人员等。

律师在开展人力资源合规性审查之前,建议提前制作审查表单,按照审查表单有计划的一项一项开展,审查内容包括但不限于:入职背景调查、规章制度签收、入职体检、录用条件告知、岗位说明告知、职工名册、劳动合同及配套协议、工资单、劳动保护、特殊用工形式、离职等,以审查企业在人力资源管理中存在的问题以及需要加强的内容。在现场审查前,我们要求律师必须提交给企业《保密承诺书》,主要是考虑到律师在服务过程中,不可避免地会接触到企业商业秘密,另外也体现出律师工作的规范性。合规性审查的方式包括审查企业人事管理的相关文件,文件包括但不限于:员工手册、工资单、调薪单、劳动合同、员工管理的相关规章制度、保密与竞业限制协议等,与企业人力资源管理者进行谈话,调查员工在入职、在职、离职整个过程中的管理状况等。在现场合规性审查时,一般建议两名律师一起办理,一名律师做调查,另一名律师做好相应记录,调查结束后,律师应在一周内向企业提供纸质及电子版本的企业人力资源合规性审查报告,供企业决策者参考。根据审查发现的问题,由人力资源专业律师在后续服务中逐项进行整改,包括但不限于修

订相应文件、梳理完善相关程序、开展仅针对企业人力资源管理者的培训等。在相应整改工作结束后，律师要提供人力资源专项服务总结报告，汇报专项工作中的服务内容、服务时间、服务人员、服务成果以供企业管理者审查。同时由团队领队律师向企业对接人员及管理者做出客户满意度考评，对服务内容不合格或者企业有正当理由不满意服务律师的，重新安排律师进行修正。

其他专项服务的基本模式均可以参考人力资源专项服务模式，例如应收账款审查、商业秘密管理等，均是先安排律师到企业去调查现状，出具相应的审查报告，再根据企业需求，出具专项服务方案，逐步推进服务内容，服务结束后进行统一的专项工作汇报，并进行外部考评。

5. 绩效考核、内部评审、客户评价

每一位律师在完成专项法律服务内容后，必须形成专项法律服务工作报告，报告中必须体现律师的工作内容、工作耗时、工作成果。服务报告是团队内部进行绩效考核、内部评审的重要依据。该份报告由团队负责律师提交给客户，并征询客户对服务律师的满意度以及专项工作内容是否需要调整等意见。

6. 法律顾问服务半年度、年度汇报工作

每半年或一年，团队律师需向客户提供半年度、年度服务工作报告。

7. 企业法律顾问新一年续约

年度工作总结汇报完毕之后，双方签订新一年度的顾问合同及工作计划，团队律师开展新一年服务内容。在年度服务工作计划中，我们建议一家企业一年的专项服务内容不要超过五个专项，以免影响服务效果。

（二）企业常年法律顾问的服务内容

很多青年律师有疑惑，法律顾问究竟应服务哪些内容？在现实服务中往往会出现这种情况，即虽然律师签约了法律顾问客户，但是顾问收费却上不去，每年的律师费维持在一万元至三万元的标准，同时企业的事情也不多，律师也难以发掘出企业的法律服务需求点，主动凑上去的服务，往往难以与企业管理者对接上，律师服务局限于单个事务的咨询、单份合同的审查这种被动的服务模式。

需要挖掘需求，其实很大程度上是因为客户不知道律师可以提供哪些服务，所以我们建议在律师充分挖掘企业需求前，换一种方式，将自身的法律顾问业务进行塑造和包装，研发体系化的法律顾问服务产品，让法律顾问服务产品变得可视化、具体化、系统化，让企业可以通过我们研发的系统化产品目录表单，“看菜单点菜”式地勾选适合企业自身的法律服务产品，也让企业明白这一项法律服务产品的工艺、步骤、所耗工时等。并且这些体系化的产品研发、产品目录开发、产品流程开发的工作需要提前做到位，并形成具体的可视化资料呈现在客户手中。

为进一步阐明法律服务产品的开发，在这里为青年律师提供笔者团队研发的法律顾问服务项下十大类模块产品，以供青年律师作为参考与借鉴。我们根据日常服务客户经验，总结了企业法律顾问服务项下的十大类模块产品，分别是：公司治理专项法律顾问服务、人力资源专项法律顾问服务、企业资产管理专项法律顾问服务、企业合同管理专项服务、企业制度管理专项服务、企业档案管理专项服务、企业法律信息资讯服务、企业合规法律服务、企业应急法律服务总计十大类。这十大类产品项下又细分为不同的小专项，在服务企业的过程中，企业可以根据提供的十大类产品目录表单，有针对性地勾选年度类需要律师服务的项目。这样律师就可以有计划地在不同时间段内，安排不同的专项服务，提升律师服务的价值。

为进一步阐述服务内容，笔者将十大类项下的服务内容进行部分举例，以供青年律师参考借鉴，例如知识产权专项法律服务包括：企业商标的管理、企业专利的管理、企业商业秘密管理、企业著作权的管理、企业广告宣传合规性审查与管理、协助企业建立知识产权管理规范体系；企业公司治理法律顾问服务内容包括：企业三会议事规则制定、企业三会召开的合规性审查以及会议召开律师见证服务、企业法定代表人风险防范、企业印章风险管理；企业人力资源法律顾问服务内容包括：企业员工入职管理、企业员工在职管理、工伤及职业病预防管理、企业员工离职管理、企业员工绩效考核；企业资产法律顾问服务内容包括：企业有形资产的管理，例如有形资产台账的建立与管理，台账的定期检查与更新，有形资产的抵押、质押、租赁、转让等涉及资产权益变更事项的程序把控及风险控制等，企业无形资产维护，例如商标、字号、专利、著作权等无形资产的台账建立、定期检查及无形资产权利期限的年费缴纳维护及续展管理等工作，无形资产权利状态的检测及侵权风险的检测与分析，企业流动资产的清理，例如应收账款的清理、财务制度的完善、企业税务的筹划培训等工作；企业合同管理法律顾问服务内容包括：企业合同法律风险合规性审查、企业合同管理制度及流程的建立、企业模板合同的建立、企业合同法律风险培训、日常常规性合同审查工作；企业制度管理法律顾问服务内容包括：企业现有制度法律合规性审查、企业制度标准化建立、企业制度培训工作；企业档案管理法律顾问服务内容包括：协助企业建立档案管理制度以及流程、制定相应的档案管理表单、落实企业按照档案管理的表单规范化管理企业档案、开展企业档案管理的培训；企业信息服务内容包括：汇编各行业最新法律风险资讯，定期向各行业推送最新的法律风险资讯信息，协助企业检索、收集、整理相关法律法规，诉讼前期事务、资讯的搜集与整理。

以上是法律顾问服务项下的部分产品，供青年律师在服务过程中参考，法律服务产品化的最大特点是让企业明白律师提供服务的内容以及流程，同时在这种项目化的服务过程中，可以让企业感受到律师是有体系地在为企业进行服务。

（三）企业法律顾问服务的报价

对于法律顾问服务的报价，传统的报价都是律师自己说了算，年度多少钱，在存在熟人关系的情况下，还会在律师的报价上再讨价还价，法律顾问服务的报价其实是没有一个标准的可视化的报价标准。

在这里为青年律师提供一套报价模式，供大家参考，一般律师报价，我们都建议提供三种报价模式给客户进行选择，基础档的、中间档的、高价位档的。不同层级的收费价格，应当体现出不同的服务内容，比如，基础档的律师收费是三万元，那么在这个层级上，享受的年度服务内容应当包含哪些，中间层级的收费比如八万元，这种应在三万元的基础上再增加一些服务项目，体现其优越性，同理对于高价位档的，服务内容也就应该体现出不同。青年律师不管选择具体的报价金额是多少，但是一定要让你的收费标准能够可视化以及具体化，不能给当事人留下顾问收费就是律师随便报的，收费多少都是律师自己说了算的印象。

最为关键的一点，一定要把你的收费模式可视化，让客户知道这就是你们事务所规定的收费标准，让客户能够明明白白的选择，而且一旦选择某一种收费模式之后，律师就应该严格按照该种收费模式项下的服务产品为客户提供服务。

(四)法律顾问档案提交及如何做好续约工作

我们建议青年律师养成每天记录工作日志的习惯,记录每天为顾问单位服务的工作内容、工作耗时、对接人员等事项,同时统筹顾问单位的年度工作计划,在顾问合同要到期前的三个月,梳理工作计划是否已经完成以及完成进度和满意度,对于尚未完成以及满意度不高的工作内容,予以重点完善。

在顾问合同到期前的一周,由主管律师与客户预约好年度工作总结汇报会议,团队律师应当做好年度工作总结的汇报工作准备,包括年度工作内容报告的撰写、工作底稿的整理等。关于工作总结汇报文档,建议青年律师可以按照以下内容进行整理:

1. 法律顾问年度工作总结;

2. 上一年度法律顾问服务合同;

3. 上一年度法律顾问工作计划;

4. 专项法律服务体检表单、体检报告、服务报告;

5. 日常的合同审查文件、律师函、法律意见书等文件;

6. 日常上门处理的应急事项服务回签单;

7. 开展业务培训的培训记录、签到表、照片、新闻稿等;

8. 其他事务的处理资料。

律师应将所有文件装订成册,并印制上"×××团队××年度法律服务总结报告"字样。这样律师的年度工作内容就可以直接呈现在客户面前。

客户汇报应由律师团队一起参与,汇报的流程一般按照以下方式展开:

1. 提交装订成册的工作总结汇报供客户查阅。

2. 由团队律师向客户汇报年度内工作内容,汇报完毕后征询客户对于年度工作内容是否满意,是否有新的建议需要提出等。

3. 由客户对律师年度工作内容进行点评,并提出相应建议。

4. 双方洽谈新一年度的合作内容,包括合作费用、服务内容、服务改进点等。

汇报会议结束后,团队律师安排制作新一年度的顾问合同以及顾问工作计划、开票等。按照流程开始新一年的工作内容。

（五）企业法律顾问服务的有效维护因素

一家法律顾问的维护是否有效，其实取决于很多项因素，有可能一年来你为企业开展了很多专项法律服务，但是客户可能由于一个诉讼案件对律师不满意，这家客户就有可能会逃掉。影响法律顾问服务的好坏以及维护的有效的因素有许多，笔者从以下几个方面进行具体阐述：

1. 团队服务是基础。在当下依靠律师个人去服务企业客户已经过时了，一个人的精力以及专业涉及的范围终归是有限的，不可能为企业提供面面俱到的法律顾问服务，所以依靠团队进行服务是基础，同时在团队内部也必须做好相应分工，基本的人力资源专业律师、知识产权专业律师以及公司治理的专业律师是青年律师在前期组团过程中可以选择的对象。

2. 及时的服务反馈是保障。经常会听到客户抱怨一份合同发过去给律师，但是律师不是在开庭就是好几天都没有反应，甚至有时候电话打过去催促的时候，律师居然忘记了。这些都是律师服务过程中的禁忌，客户在出现法律问题时，一般都会希望律师能在第一时间答复自己，所以律师在与企业刚开始接触的时候，就应当将相应的服务响应时间告知企业，让企业与律师之间达成共识。比如，咨询类的法律事务，要求律师做到一般的简单法律问题需立即答复；疑难法律问题咨询一般一个工作日内答复；特别复杂、疑难的法律问题需要在两个工作日内必须答复；对于客户合同审核的要求，也是需要双方就时效问题达成共识，一般简单合同审查，做到当日答复；金额较大的合同或者篇幅较长的合同，需要做到两个工作日内答复。重大疑难合同需要律师上门沟通的，需要做到三个工作日内答复。律师只有提前将上述规则与企业达成共识，才能比较顺利地推进工作，也可以让客户对律师的及时性方面提出要求。

3. 专业的服务能力是关键。在影响法律服务满意度的调查当中，我们发现90%的客户关注的是律师服务的专业性问题，5%的客户关注的是律师服务收费，3%关注的是律师的口碑，剩余的关注一些其他因素如私交关系等。所以当下的市场社会其实奉行的一个规则就是“专业的事，交给专业的人做”。因此青年律师应当加强自身专业能力建设。这种建设可能不是一两天，而是需要一个日积月累的过程。将理论知识与实战经验相结合，概括出简单易行的操作方法，并能够让企业落地实施到位，这样才是企业所需要的专业服务态度，而不仅仅是告诉企业风险在哪里。在这里简单举例说明一下，比如一家企业向律师提出咨询“某客户拖欠公司货款100万元，合同约定迟延支付的违约金为日千分之三，现在客户同意支付款项，但是认为违约金约定过高，咨询公司常年法律顾问，可否降低违约金”？在这种情况下，作为律师，你不能简单地告诉他，“日千分之三过高了，能收回款项就已经很好了，违约金直接免除掉吧”。这样的回答完全不能显示出你的律师价值与身份。那么对于这样一个日常且简单的咨询，如何体现出律师的专业性呢？一名专业的律师，应该告诉客户法律关于违约金的具体规定，以及司法实践中迟延支付违约金的标准，这些专业性的信息，必须由律师告诉客户，然后再结合实际情况，是否能做到免除或者部分免除，同时建议企业在今后的合同模板中，对相应的违约金约定进行统一的调整。

4. 可视化的作业成果提交是提升。在服务企业的过程中，我们发现一个矛盾，即律师在年度内为企业做了很多事情，但是企业老板不知道，或者企业老板只是在最后律师提交工作总结报告的时候，才知道律师做了哪些工作。所以我们一般会在企业签约仪式上组建律师与企业的对接联系群，这个群里面必须让企业的负责人进入，每一项专项工作的开展、完成，以及最终的工作汇报电子版本我们都会在群内进行汇报，让企业负责人知道每个阶段律师在为他们企业做哪些内容，让他们能够感受到律师在企业的价值与存在感。

5. 有效的服务效果评价机制应当建立，在先行情况下，并未有第三方评价机构对律师的工作进行客观公正的评价，也没有相应的评价指标与流程。单位为了更好地提升客户的服务体验感，团队内部应当建立一套完整的服务效果评价机制，这种机制需要考虑的指标在于：律师专业能力因素、律师服务效率因素、人文因素、律师服务范围因素等。这种机制其实是有双重作用的，一方面能够让律师清清楚楚地明白自己的服务必须满足那些标准，如果不达标是不能通过团队内部考核的，所以会倒逼律师按照服务评价机制的要求与标准去提供服务；另一方面也让客户有了很好的服务体验感，客户有权利对于律师的服务进行评价，对于服务不好的律师可以提出更换等。

About the Author 作者简介

车金梦

女，1989年7月出生，武汉大学法学硕士，北京盈科（宁波）律师事务所高级合伙人。曾获得“宁波市十佳青年律师”“宁波市优秀党员律师”荣誉称号，获得宁波市首届检察官律师控辩赛团体三等奖、个人优秀辩手、微型党课演讲比赛二等奖，入选宁波市“骨干型”名优律师培育对象，所撰写的多篇论文荣获浙江省律师论坛、宁波市律师实务理论研讨会一等奖。

联系电话：13586828628　电子邮箱：cjm1989wd@163.com

七、金融与资本市场业务

(一)金融与资本市场概述

金融市场的外延包括所有金融产品的交易场所,资本市场是金融市场中的长期资金市场部分,其重要作用是不可忽视的。资本市场是重要的直接融资渠道,是金融创新与产业创新有机结合的产物,具有要素集成、筛选发现、企业培育、资金放大与风险分散五大制度功能。

经过政府多年的精心耕耘和企业的全力配合,一个全新的多层次资本市场已在我国生根发芽,并且在不断的实践中发展得更加完整、全面。沪深两地的交易所搭建了一个巨大的交易平台,用主板、创业板和中小板组成覆盖数千家企业的场内市场为相对大规模的企业提供服务,而新三板和地方股权托管交易中心所构成的场外市场为各类充满潜力的小型企业提供了丰富的机遇。两种市场通力合作,实现了为不同层次的企业提供资本服务的需求。尤其是2018年设立的,独立于现有主板市场的科创板,在很大程度上实现了服务对象的细化,其重点支持新一代信息技术、高端装备、新材料、新能源、节能环保以及生物医药等高新技术产业和战略性新兴产业,鼓励新兴技术在现有制造产业的应用,最终实现产业结构优化、推动生产变革的目标,更体现我国资本市场的进取态势和广阔发展前景,这将引发证监会、交易所、中介机构等各方主体角色和职能的一系列嬗变。

而对于现代的中国企业,资本市场是通往发展和壮大的一条捷径。无论是在草创初期,还是已经在市场上占有一定份额的公司,无一例外将现金流视为企业的命脉。而在没有资本市场提供源源不断的资金流之前，企业仅仅能够通过产品的销售或者是提供服务来缓慢地提升资金储备，无法实现突破式的发展，更缺少资金用于变更生产模式应对市场变化，缺乏及时抓住商机的资本。随着越来越多的企业意识到通过资本市场进行融资的重要性之后，企业的负债结构大幅改善，企业存量资产获得了质的提升，也获得了充足的准备资金来为企业的业务拓展和市场挖掘提供坚实后盾，进而可以更好地实现生产技术的提升以及生产规模的扩大，在市场上获得充足的竞争力。除此之外，资本市场的高要求也是企业规范化经营的有力推手，在企业逐渐意识到资本市场的重要性之后，为了避免在现代市场中被边缘化，必然会进行内部的改革以适应资本市场的需求，这也会使企业的管理更为科学、规范、高效。

企业在进入资本市场的自我整治、规范、上市、挂牌、并购、重组、交易中都有律师的角色。律师作为专业的法律服务者，可以为发行人提供背书，为企业提供进入资本市场的资格基础。律师也是资本市场的规范者，通过为券商以及企业进行尽职调查、出具法律意见可以保证资本市场的各个主体在运行的时候都能够做到合法、合规，通过合法的程序以及完善的信息披露为投资者提供保护。而随着律师行业的不断规模化与专业化，专精于资本市场的律师数量也在不断增加，为律师事务所能够有足够的人力资源在资本市场开拓业务提供了保障。

尤其值得注意的是，随着中小企业的崛起，中小型的律师事务所也获得了在资本市场迈进的新机遇：在资本市场发展初期，其主要的服务对象仅有大型国企，这些企业拥有庞大的规模、较高的利润以及较为固定的行业类别，但也仅有最大型的律师事务所能够争取到为其服务的资格。而随着中小企业在新三板、新四板的不断活跃，小型律师事务所也能够寻找到合适的业务目标。但是尤其值得注意的是，在新三板、新四板挂牌的公司来自不同的行业，有不同的发展状态，有着不同的商业计划和融资需求，虽然其有着发展的潜力与良好的前景，但是往往并没有丰厚的利润，甚至普通的业务拓展和技术开发就可能导致它们处在亏损的边缘。这也使场外市场需要更为严格的监管，从而保证合理的竞争秩序，保障投资人的权益可以受到切实的保护，这种热切的需求也给中小型的律师事务所一块进入资本市场的敲门砖。

(二) 金融与资本市场主要法律业务介绍

1. IPO

IPO 的全称为首次公开募股(Initial Public Offerings),是指一家企业或公司(股份有限公司)第一次将它的股份向公众出售(首次公开发行,指股份公司首次向社会公众公开招股的发行方式)。IPO 过程中,公司将其股票出售给个人或是机构投资者,这一过程也是私人公司转变为上市公司的过程。通常意义上,IPO 的主要作用就是为公司募集大量的资金,进而使公司的早期投资能够尽快地变成实际资本。在公司的 IPO 之后规范运作中,公司股份将会在市场上在公众投资者之间进行自由交易。公司进行 IPO 之后可以增强公司的流通性,获得充足的资金支持,也可以大幅度提高企业的知名度。与此相对应的是 IPO 具有极高的发行要求和与之配套的严格审核制度。

IPO 是律师在资本市场上的重点业务之一,整个 IPO 过程中律师肩负着重要的使命,对企业经营是否合法合规进行彻底的尽职调查,并且作为法律专业人士与公司的核心管理层一道对企业的内部管理制度、业务制度、企业架构等进行完善,进而保证企业符合上市的法律和监管要求。在整个 IPO 的过程中,律师将亲历到各项协调会议中,在谈判中发表各项法律意见,撰写各类法律备忘录,出具尽职调查报告,就各类公司以及法律法规有关问题起草正式回复,并且通过法律意见书对挂牌企业的风险进行全面的专业分析与披露,可谓 IPO 过程中不可或缺的角色。

2. 新三板

新三板市场的全称是"代办股份转让系统"。全国中小企业股份转让系统(以下简称全国股转系统或新三板)是经国务院批准,依据《证券法》设立的全国性证券交易场所,是我国多层次资本市场的重要组成部分。新三板在设立初期就致力于为具有发展前景的中小型企业提供其迫切需要的投资、融资服务,而在实际运行中也确实在场外市场为主板积攒了一系列优质的后备军。新三板具有较高的包容度,这体现在相对于主板、成长板,新三板设立了更为宽松的准入门槛,更多的企业可以通过新三板获得一个崭新的发展机会。但这不代表新三板对企业的考核以及监管存在丝毫的松懈,新三板逐渐严格的监管态势使得律师在新三板挂牌中的重要性也日益提升,也成为律师在资本市场中最为热门的业务。

律师在新三板挂牌的工作主要有下列几个阶段：

第一个阶段为挂牌前必经的股份制改造以及公司法律层面的整改，律师基于专业知识和业务能力，将会与企业核心管理层一道参与到各项法律文件的编制、各类协议的修改及补充、公司章程的修改与完善、企业经营管理行为的规范等程序之中。

第二个阶段中，律师事务所要承担起一个背书人的角色，在就公司的情况进行一系列详尽、完整的尽职调查之后，律师需要根据调查结果和法律分析出具专业的法律意见书，公正、客观、全面地将企业的具体情况以及企业自身的法律风险做一个公开的说明，以此作为挂牌的前提。

第三个阶段为挂牌结束后，律师常常会基于企业的合作关系，成为企业的常年法律顾问，或者在企业的股东大会中提供见证等专项法律服务，律师将以为企业提供各类法律服务的方式与企业建立长期的合作关系。

第四个阶段律师可以为挂牌企业冲刺创新层、精选层，甚至转板业务提供更深入的法律服务。

3. 债券发行

债券发行是企业获得发展资金的另一项重要手段，债券发行具有多样化的特征，在目前的资本市场中，债券发行不仅包括不针对特定对象的公开发行，也有相当多的针对特定对象的公开发行和非公开发行业务。债券发行流程中，律师主要的工作就是进行尽职调查，包括对公司进行实地考察和通过文档、网络等其他途径进行核查，详细知悉公司的具体情况后，具体披露公司的信息。随后律师需要为公司的债券发行做背书，以提供法律意见书的形式揭示公司的法律风险，维持债券市场的秩序，保护投资人的权益。

4. 并购重组

并购重组通常是指两个以上公司合并、组建新公司或相互参股。它往往同广义的兼并和收购是同一意义，泛指在市场机制作用下，企业为了获得其他企业的控制权而进行的产权交易活动。随着场外市场规模的不断扩大，基于非上市公司的股权融资及并购的数量开始大幅增加，这些具体数额较小、流程相对较简单的并购重组业务也成为中小律师能够接触到的主流业务。

并购重组项目法律服务的类型极为多样化，主要依并购人和相关监管部门的需求确定，在具体业务内容划分上，主要可以分为以下两大类型：

(1)尽职调查，即由律师事务所对于作为并购目标公司的具体情况做一个详尽的调查，并且出具一份专业的尽职调查报告，以作为并购重组后续流程的决策参考，其中包括对于目标公司主体资格、具体经营情况、各类资产情况、各类重要合同，目标公司的诉讼、仲裁及行政处罚，目标公司债权债务、对外投资、分公司与子公司的经营情况等可能影响到后续并购重组进程的事项的核查。

(2)并购重组程序，在这一阶段中，律师将参与到并购重组程序的整个流程中，提供全方位的法律服务，包括整个方案的策划与设计，对于必要的董事会决议、股东会决议的筹划，指定风险防范及税务筹划安排，编写各类实体法律文件，出面参与并购、重组纠纷的诉讼、仲裁等，进而保证整个并购过程高效、合法、合规。

5. 私募基金管理人登记

私募基金主要是指通过非公开的方式，向特定的投资者募集资金，并且向特定的投资目标进行投资获取收益的证券投资资金。而私募基金管理人是私募基金资金的管理者和业务的操作者。私募基金管理人具有扎实的专业知识和丰富的实践经验，有能力根据法律、法规及基金章程或基金契约的规定，利用管理的资产进行决策，保证资产的收益率和投资者可以获得约定的投资回报。私募基金在金融资本市场上发展得十分快速，并已占据十分重要的位置。因为私募基金的特性，其是否能够获得收益并且保护投资者的利益完全由私募基金管理人的个人行为和能力所决定，这也在私募基金行业中造成了一系列的问题，如私募基金管理人良莠不齐，部分机构滥用登记备案信息进行非法自我增信，部分机构缺乏合理的运营制度和信息披露制度，甚至更有部分机构滥用身份进行内幕交易或者从事非法集资等违规活动。这就使有关基金管理人任职资格的一系列严格限制被出台，随着私募基金制度的成熟这些限制也在逐渐变得更为严格、全面、规范，这也提升了基金管理人登记制度中各项审查的重要性。

律师正式进入私募基金管理人登记程序是在2016年2月5日，中国基金业协会发布《关于进一步规范私募基金管理人登记若干事项的公告》后，该公告中明确列出新申请私募基金管理人的登记机构均需通过私募基金登记备案系统提交《私募基金管理人登记法律意见书》作为必备的申请材料。这也意味着私募基金管理人登记从形式审查转变为实质审查。本项规定在增强了私募基金管理人登记制度的公信力的同时，也为律师创造了一项新的业务来源。但是，该项业务起始时间较晚，可以借鉴的经验较为匮乏，并且因为这一项制度具有较高的特殊性和复杂性，对于希望在这个领域崭露头角的律师而言需要更多地进行业务研究。值得一提的是该项业务的监管极为严格，参与该项业务需要律师团队切实尽到审慎审查义务，进而避免执业风险。

6. 资产证券化

资产证券化是指以基础资产所产生的现金流为偿付，通过结构化等方式进行信用增级，在此基础上发行资产支持证券的业务活动。在资产证券化的过程中一系列可以期待其未来收入但是相对缺乏流动性的资产，通过发行证券的形式，在资本市场上出售给投资者，进而使这些缺乏流动性的资产也具备一定的融资能力。广义的资产证券化类型包括以实物资产和无形资产为基础发行证券的实体资产证券化，将具备未来现金流的银行贷款、应收账款等信贷资产进行重组为资产池并且以此为基础发行证券的信贷资产证券化，证券或证券组合作为基础资产，再以其产生的现金流或与现金流相关的变量为基础发行证券的证券资产证券化，以及现金的持有者通过投资将现金转化成证券的现金资产证券化。与西方市场相对成熟的资产证券化市场相反的是，我国的资产证券化业务缺乏较为完善的律师业务规范。律师事务所一般担任的是提供资产证券化方案设计的职责，或者是以专业机构的身份承担专业监督任务。主要的业务类型可以划分为以下几项：(1)根据资本证券化管理法律法规以及相关规定的要求，对资产证券化发起机构、受托机构、资产池等进行尽职调查，撰写尽职调查报告与解释法律风险的法律意见书；(2)设计资产证券化工作的具体实施方案和流程；(3)起草、拟定、审查修改信贷资产证券化信托合同及相关法律文件；(4)在证券化产品发行后，对于资产池的长期管理、维护、清算等。

7. 其他主要业务类型

律师在资本市场的典型业务类型还包括上市公司再融资、上市公司重大资产重组等，我国的资本市场仍然处于一个相对不完整、不成熟的阶段，新的资本市场业务类型也在不断增加。并且随着资本市场的规范化结构提升，法律、法规、政策等随时都可能发生变化，由此带来的对于合法性与合规性的追求也使作为专业法律人士的律师获得了更多的舞台来发挥自身的作用。资本市场对于律师而言，可谓机遇无限。

(三)资本市场律师业务技能

1. 法律知识与专业能力

资本市场提供了一个高价值的业务来源,但是这项业务也需要律师全身心的长期投入。律师的工作不仅繁杂,而且细致,律师需要掌握与资本市场有关的专业法律法规,比如在律师提供法律意见时,要根据法律与相关规章制度的规定,做到全面审查、实质审查、严格审查,客观、全面、及时地进行尽职调查,坚持尽职调查的独立性和完整性,做到调查内容真实、准确。我国的资本市场正处于一个蓬勃的发展时期,法律、法规、规章也经常会存在各类变化,因此,一方面律师需要具有信息检索的能力,能够充分运用互联网等技术搜寻到法律法规的更新情况;同时律师也要具备信息的整理、分析能力,能够短时间之内理解并掌握这些制度的变化并且将其利用到工作之中。

资本市场律师也需要大量的实践经验作为支持,进而实现专业能力的积累。比如,新三板挂牌中重要的"股权清晰"标准就意味着律师要对公司的股东资格、设立出资、股权转让、增资减资、股权质押等各方面进行"股权清晰"的核查。单纯的纸上谈兵并不能将这一相对原则化的标准变得条理清晰,这需要律师在与公司具体接触中,通过实际接触和考察实践把握这一标准的具体应用模式。资本市场对于律师的高要求使律师必须持续不断地进行法律研究,提升思维训练能力,夯实法学基础,并且逐渐通过各类小型尽职调查等项目获得必要的实践经验,这些都不是短期之内能够培养出来的。

2. 协调能力

协调能力不仅仅作用在律师开拓业务来源上,对于律师在资本市场能否切实完成职责也是至关重要的。

在资本市场中,律师是各个机构工作的汇合点,律师可以成为与企业核心深入接触的整改者,可以成为企业资格的审查者,甚至在区域性股权交易市场中,作为会员的律师事务所还可以担任推荐机构的角色。这也意味着律师需要与资本市场运行关联的所有知识都有所涉及。换言之,一个优秀的资本市场律师不仅需要优秀的法律专业技能，更需要成为资本市场中的业务指挥者和企业的引路人。在资本市场中，律师事务所必然需要与企业、评估机构、会计师事务所进行深度合作，而律师具有丰富的社会资源，也要勇于承担起搭建沟通桥梁的角色。特别是在资本市场项目拥有较长的周期面前，公司、其他中介机构的人员常常发生更替，这也对律师的联络和与协调能力进行了一番考验。

3. 流程管理

流程管理是希望踏入资本市场的律师在业务建设上的重点，这就促使律师建立一套较为完善、规范的业务操作流程规范。“繁重”可谓绝大多数资本市场业务的代名词，每个项目都需要公司、专业服务机构之间的通力合作，也会导致各项资本市场业务的耗时较长，短则几个月，长则数年，很可能长于公司、专业机构和律师团队的人员流动周期。如此长期而复杂的流程必然需要律师团队内部组建一套优秀的内部管理机制，进而从人员管理、资料存取、进度安排、保密处理、工作衔接和对外沟通等方面保持规范的制度，以适应长期流程管理的需要，保证工作的质量达到要求。

4. 现代化团队建设

资本市场业务中团队化可谓重中之重，资本市场的工作量巨大，这也迫使律师从传统的单打独斗转向强强结合，律师团队化也成了资本市场中律师工作的主要方式。尤其是随着目前市场竞争的逐渐激烈以及 IPO 加速化和监管严格化的趋势，资本市场业务工作强度正在逐渐增强，需要在较长时期内，在保证较高的工作质量的同时维持一个较快的处理速度，从而满足其他机构对于工作期限的需求，这就对律师团队的规模和专业性提出了挑战。尤其是律师为了尽快抢占市场、提高创收通常会选择接近或者超过团队最大负荷来同时运行多个项目，这也意味着律师必须充分把握极度有限的时间和人力资源，将其合理地分配到每个工作任务之上，这也对律师事务所及各个律师团队的管理能力提出了一系列的考验。律师需要对现代管理学有深刻的掌握，除此之外也可以借鉴国外律所的管理经验，引入专业管理学人才来进行管理体系的完善。律师团队也可以引入最新的信息技术，如通过办公电子化、视频会议、使用软件进行文档的整理和版本控制等方式尽可能减少不必要的时间花费，进而提升工作的效率。

尤其值得注意的是，由于资本市场业务的特点，律师团队会长期保持一个极高的工作强度,因此对于团队内成员健康和情绪管理也是至关重要的。而且资本市场律师的工作涉及大量的律所内外审批流程,也需要重视律师事务所的后勤建设,比如引入标准化管理后勤流程,对于律所的行政人员进行集中专业培训等。

5. 严格审慎

资本市场为了自身的规范运行产生了对于律师行业服务的需求,而再融资和新三板从紧从严的趋势带来了一系列的影响,导致资本市场业务监管越发严格,律师需要以高标准完成上述工作,著名的大型律师事务所因为工作中的失误受到处罚也是屡见不鲜的。这就意味着律师在出具法律意见时所有法律原件都应当以尽职调查的结果为基准,应当核查和验证所依据的文件资料内容的真实性、准确性、完整性,如果通过合理努力之后,仍然不能核实真实性的,应当进行披露以反馈真实情况,并且完善底稿的管理与编制工作,保证每一项法律意见都可以做到有据可循。这也要求律师必须精通国家现行有效的法律法规、证券监管机构公布实施的办法、规定、准则和规则使自身做出的法律意见更加全面、完善,律师必须在高强度的工作间隙中持续不断地更新自己的知识积累,了解资本市场动态。

值得注意的是,律师应当在确保履行审慎审查义务的前提下,保持相对的独立性,即使有证据证明的同一事项、同一资料,也应当独立完成,而非互相之间传递,换言之,律师应当严格按照自身做出的完整有效的尽职调查来做出法律意见。

律师也要重视自身品牌形象与自身信用的建设,合理进行业务的管理与合作对象的选择,保障高质量的工作标准,如此才能在资本市场中维持良好的声誉。

资本市场需要律师作为“看门人”,律师也需要资本市场提供一片崭新的业务领域。对于有志在资本市场迈进的律师而言,面对这一纷繁复杂的领域,要勇于接受挑战,善于学习,务实严谨,严格遵从法律法规与各项规则,并且不懈于进行业界观察,关注资本市场的发展趋势,抓住机遇寻找新的业务方向,最终成就一番业绩。

About the Author
作者简介

薛海静

男，1984年3月出生，北京炜衡（宁波）律师事务所高级合伙人，三级律师。获2017—2018年度“宁波市十佳青年律师”荣誉称号，入选宁波市“骨干型”名优律师培育对象（金融与资本市场领域），所撰写论文获2018年宁波市律师实务理论研讨会二等奖。主攻金融与资本市场业务，主办过球冠电缆改制并在新三板挂牌项目等十来家新三板挂牌业务；主办过多个债券发行项目。

联系电话：13336662097　电子邮箱：13336662097@163.com

八、建设工程诉讼

建设工程施工合同纠纷与一般的合同纠纷相比，以其专业性、复杂性、高标的性著称，首次接触此类案件的律师，会对其中的很多专业用语、特殊规则感到茫然无从。本部分将大致梳理律师代理建设工程类案件的基本注意要点供大家学习领会。

（一）建设工程施工合同纠纷的管辖如何确定

建设工程施工合同纠纷以前属于一般合同纠纷，管辖适用原告就被告原则，也可以协议管辖。但是，2015年2月4日起实施的最高人民法院《关于适用〈中华人民共和国民事诉讼法〉的解释》第二十八条将建设工程施工合同纠纷列为《民事诉讼法》第三十三条规定的不动产纠纷专属管辖。自此之后，建设工程施工合同中对于管辖法院的约定都无效。

建设工程合同纠纷在《民事案件案由规定》（法〔2020〕346号）第115项下被细分为九个细目：（1）建设工程勘察合同纠纷；（2）建设工程设计合同纠纷；（3）建设工程施工合同纠纷；（4）建设工程价款优先受偿权纠纷；（5）建设工程分包合同纠纷；（6）建设工程监理合同纠纷；（7）装饰装修合同纠纷；（8）铁路修建合同纠纷；（9）农村建房施工合同纠纷。上述九项一般认为都应适用专属管辖。但是，《关于民事诉讼法解释中有关管辖若干问题的理解与适用》中认为，适用专属管辖的应为上述中的第（3）项至第（9）项，即最高人民法院将建设工程勘察合同纠纷和建设工程设计合同纠纷这两类与工程所在地关联不密切的纠纷排除在了专属管辖范围之外。

建设工程类合同纠纷系专属管辖，不能通过协议方式约定管辖法院，但是仍有变通、规避的方式，那就是通过约定方式选择仲裁裁决。选择仲裁和诉讼各有利弊，需要根据不同的情况进行权衡。比如，一方面，仲裁实行一裁终局制，而法院实行的是二审终审制；仲裁程序中双方可以协商选定具备建设工程领域专业知识的仲裁员，而法院的承办法官在分配案件时有随机性。另一方面，仲裁机构不具备财产保全和执行的职能，如果涉及此方面，仍需要提请法院完成，这样在财产保全措施的时效性上会弱于法院直接的诉讼保全。

（二）如何选择诉讼主体

首次接触建设工程施工合同纠纷的律师会问：作为合同纠纷为什么会涉及选择诉讼主体的问题？不是应该将合同的相对方作为起诉主体吗？对于合法有效的建设工程施工合同而言，确实如此，应当和其他的合同纠纷一样，将合同相对方作为起诉主体。但是，最高人民法院《关于审理建设工程施工合同纠纷案件适用法律问题的解释》（法释〔2004〕14 号，以下简称《法释〔2004〕14 号》，已废止）规定，在特定情形下，建设工程施工合同纠纷的诉讼主体可以突破合同相对性。最新颁布的最高人民法院《关于审理建设工程施工合同纠纷案件适用法律问题的解释（一）》（法释〔2020〕25 号，以下简称《法释〔2020〕25 号》）承继了之前的规定，新规定已于 2021 年 1 月 1 日起施行。

我们先来了解下相关主体。建设工程施工合同纠纷中的主体主要有发包人、总承包人和分包人。

发包人又称为业主单位，是建设工程项目的发起方和招标方，作为建设工程施工合同的一方当事人，发包人是工程款的支付义务人。但发包人并不必然是诉讼的被告，在建设工程质量不符合合同约定或法律规定，或者项目施工严重超过约定工期等情况下，发包人也会作为原告起诉承包人，主张合同解除或者要求支付违约金或者赔偿整改返工损失等。

总承包人又称为施工单位、总包单位，是与发包人签订建设工程施工合同的第一手相对方，是名义上施工义务的履行方。所谓“名义上”，是建设工程相关竣工验收备案资料上的施工方必须是该总承包人，而实际履行施工义务的则未必是该签订合同的主体，具体在后面详述。

分包人是指与发包人或者总承包人签订工程分包项目施工合同的一方主体。《民法典》第七百九十一条规定，发包人不得将应当由一个承包人完成的建设工程支解成若干部分发包给数个承包人。总承包人或者勘察、设计、施工承包人经发包人同意，可以将自己承包的部分工作交由第三人完成。第三人就其完成的工作成果与总承包人或者勘察、设计、施工承包人向发包人承担连带责任。承包人不得将其承包的全部建设工程转包给第三人或者将其承包的全部建设工程支解以后以分包的名义分别转包给第三人。

简单地说，建设工程领域禁止整体转包和支解分包。分包人和承包人就分包工程共同向发包人承担连带责任。通常的专业分包项目有：桩基分包、幕墙分包、劳务分包等。

建设工程领域有一类特殊的主体，《民法典》第十八章"建设工程合同"中没有提到，但在《法释〔2020〕25号》中多处涉及，其是建设工程施工合同纠纷的主要诉讼主体，其存在引发了建设工程施工合同纠纷中很多热点、难点问题，该主体就是实际施工人。

《建筑法》第十三条规定，从事建筑活动的建筑施工企业、勘察单位、设计单位和工程监理单位，按照其拥有的注册资本、专业技术人员、技术装备和已完成的建筑工程业绩等资质条件，被划分为不同的资质等级，经资质审查合格，取得相应等级的资质证书后，方可在其资质等级许可的范围内从事建筑活动。《法释〔2020〕25号》第一条规定，承包人未取得建筑施工企业资质或者超越资质等级的；没有资质的实际施工人借用有资质的建筑施工企业名义的建设工程施工合同无效。

但是，建筑施工领域市场中存在大量的建筑施工企业出借资质的情况，即名义上由有资质的施工企业签订建设工程施工合同，施工资料上也加盖有资质的施工企业的印章，而实际上的施工任务由无资质或者资质不符合工程要求的自然人或单位承担完成，这些实际承担施工任务的自然人或单位即为"实际施工人"，他们会与出借资质的施工企业签订诸如《内部承包合同》《分包合同》等不同名目的工程施工合同，以有资质的施工企业的内部承包人或分包企业等形式出现。

诉讼主体的选择，主要是为这些隐藏在有资质总承包人或分包人后面的实际施工人设计的。根据《法释〔2020〕25 号》第四十三条实际施工人以转包人、违法分包人为被告起诉的,人民法院应当依法受理。实际施工人以发包人为被告主张权利的,人民法院应当追加转包人或者违法分包人为本案第三人,在查明发包人欠付转包人或者违法分包人建设工程价款的数额后,判决发包人在欠付建设工程价款范围内对实际施工人承担责任。即与发包人没有直接合同关系的实际施工人可以突破合同相对性,直接将发包人列为被告。

为了平衡各方主体的权利义务,《法释〔2020〕25 号》第七条规定,缺乏资质的单位或者个人借用有资质的建筑施工企业名义签订建设工程施工合同,发包人有权请求出借方与借用方对建设工程质量不合格等因出借资质造成的损失承担连带赔偿责任的。所以,在发包人起诉时,其也可以将与之没有直接合同关系的实际施工人列为共同被告。

(三)诉前证据材料准备

建设工程施工合同纠纷的证据需要根据案情情况具体分析,常规的几项证据在此举例说明如下:

1. 建设工程施工合同

建设工程施工合同纠纷的必要证据就是双方之间的建设工程施工合同,用以确定双方之间权利义务的具体内容。不同的合同对应不同的诉讼主体,按照上面对诉讼主体的区分,建设工程施工合同主要有总承包合同、分包合同和内部承包合同。

总承包合同,是指发包人与总承包人就整个建设工程施工工作所订立的承包合同。住房城乡建设部、原国家工商行政管理总局制定有《建设工程施工合同(示范文本)》,2017 年 10 月 1 日开始使用 GF - 2017 - 0201 版本,该版本是在 GF - 2013 - 0201 版本基础上修订的。《建设工程施工合同(示范文本)》由合同协议书、通用合同条款和专用合同条款三部分组成。合同协议书集中约定了工程概况、合同工期、质量标准、签约合同价和合同价格形式、项目经理、合同文件构成、承诺以及合同生效条件等基本的合同权利义务。通用合同条款就工程建设的实施及相关事项,对合同当事人的权利义务作出了原则性约定。而专用合同条款是对通用合同条款原则性约定的细化、完善、补充、修改或另行约定,是需要当事人填写、特别约定的内容。总承包合同是发包人与总承包人之间诉讼的必要证据。在分包人、实际施工人的相关诉讼中,有些分包合同或者内部承包合同约定部分权利义务按总承包合同相关约定执行,则该份总承包合同也是事实查明所需的重要证据。

分包合同,是指总承包人经发包人同意,将其承包的部分工作承包给分包方所订立的合同。也有发包人直接分包的项目,由发包人与分包人直接签订分包合同。还有分包人、总承包人与发包人三方签订的建设工程分包合同,有些是总承包人与分包人签订分包合同,同时由发包人作为见证方签章。

需要特别关注的是建设工程内部承包合同,这类合同的效力判断将会对诉讼主体和诉讼策略的选择起到决定性作用。合法有效的建设工程内部承包合同系承包人与其内部的生产职能部门、分支机构、职工等签订的,约定由内部承包人承担施工义务及有关税费等,对项目经营自负盈亏,并向其上缴管理费的合同。有效的内部承包合同根据合同相对性,可以阻断内部承包人以实际施工人名义直接向发包人主张工程款。但是,如果签订内部承包合同的内部承包人与承包人之间并不存在真实的内部关系,比如,所谓的内部承包人与承包人之间不存在劳动关系。同时,承包人对工程的质量、工程进度等没有实质性的管理,也不对所谓的内部承包人有资金、设备、技术等方面的支持的,则此类内部承包合同属于名义上内部承包,实系违法转包、挂靠的无效合同。无效内部承包合同的内部承包人即为上述的实际施工人,则可以适用司法解释合同相对性突破的条款,有权直接诉请发包人在欠付工程款范围内承担责任。

2. 竣工验收报告

《民法典》第七百九十三条规定:"建设工程施工合同无效,但是建设工程经验收合格的,可以参照合同关于工程价款的约定折价补偿承包人。建设工程施工合同无效,且建设工程经验收不合格的,按照以下情形处理:(一)修复后的建设工程经验收合格的,发包人可以请求承包人承担修复费用;(二)修复后的建设工程经验收不合格的,承包人无权请求参照合同关于工程价款的约定折价补偿。"《法释〔2020〕25 号》第十九条……建设工程施工合同有效,但建设工程经竣工验收不合格的,依照民法典第五百七十七条规定处理,即承担相应违约责任。因此,无论相关建设工程施工合同效力如何,工程款的支付均是以工程合格为前提。无论是合法的施工方还是实际施工人，在主张工程款项支付时，通常需要提交工程竣工验收合格的报告作为证据。如果涉案工程未能竣工验收，则将涉及已完工程的质量和实际施工量的鉴定。

另外，竣工验收报告上的竣工时间也是工期认定的主要依据。根据《法释〔2020〕25 号》第九条规定，建设工程经竣工验收合格的，以竣工验收合格之日为竣工日期，但承包人已经提交竣工验收报告，发包人拖延验收的，以承包人提交验收报告之日为竣工日期。

需要特别注意的是，建设工程未经竣工验收，但发包人擅自使用的，以转移占有建设工程之日为竣工日期。同时，发包人擅自使用未经竣工验收的建设工程的，又就使用部分的工程质量不符合合同约定主张权利的，将无法得到法院支持，合理使用寿命内地基基础和主体结构质量问题除外。因此，工程未经过竣工验收的，可以提交发包人已经实际使用建设工程的证据。

3. 开工报告

开工报告配合上面的竣工验收报告可以用来证明涉案工程的实际施工工期。建设工程的工期一般指从工程开工到达到竣工验收标准所需的时间。

根据《法释〔2020〕25 号》第八条规定，开工日期为发包人或者监理人发出的开工通知载明的开工日期，一般体现在开工报告上。开工通知发出后，尚不具备开工条件的，则以开工条件具备的时间为开工日期。另外，承包人经发包人同意已经实际进场施工的，也可提供实际进场施工时间的证据。

4. 造价决算（审计）报告

造价决算（审计）报告主要是用来证明涉案工程量及工程造价、分部工程量和造价金额的证据。

工程竣工验收合格后，承包人会向发包人提供工程决算书（竣工结算文件）供其进行工程总造价的审计结算。发包人通常会聘请第三方造价咨询机构进行工程造价的审计审核，并由该第三方造价咨询机构出具造价决算（审计）报告。如果双方均签章认可，则将会以此作为结算依据；如果有争议，在诉讼过程中会涉及有关建设工程造价司法鉴定，以司法鉴定结果来确定最终的诉请金额。

5. 相关清单（表格）

清单（表格）并不是证据的一种，只不过由于建设工程施工合同纠纷本身事实的复杂性、诉请的多样性等，为了法院审理的便利，建议将争议的部分内容制作成清单、表格形式提供。比如已付工程款的清单，列明支付时间、金额、付款方式和汇入账户等；再如违约金计算表，由于建设工程的进度款支付的笔数较多，在主张违约金时需要列明应付款金额和时间、实际付款金额及时间、利率标准、违约时间段和分段计算得出的违约金数额等；又如损失赔偿清单，建议列明损失项目、金额、计算方式、依据等。

（四）诉讼中主要争议焦点

1. 关于合同效力问题

建设工程类案件比较特殊的地方是，在建设工程验收合格的情况下，无效合同可以参照有效合同进行折价补偿。依据为《民法典》第七百九十三条规定："建设工程施工合同无效，但是建设工程经验收合格的，可以参照合同关于工程价款的约定折价补偿承包人。"前面讲到工程竣工验收报告时也说过，工程款支付的前提是工程质量合格，与建设工程施工合同是否有效没有必然关系。

但是这并不意味着建设工程施工合同的效力不重要；相反，判断合同效力是审理此类案件的首要步骤，对案件审理方向有着重要意义。特别是合同效力直接关系到承包主体是否为实际施工人的认定，并进一步认定该主体是否享有建设工程价款优先受偿权、案件涉及的是违约责任还是损害赔偿责任等。为此，代理律师需要在接案时就能够对建设工程施工合同的效力作出预判。

《法释〔2020〕25 号》第一条是判断建设工程施工合同效力的主要依据，建设工程施工合同无效的情形有：(1)承包人未取得建筑施工企业资质或者超越资质等级的；(2)没有资质的实际施工人借用有资质的建筑施工企业名义的；(3)建设工程必须进行招标而未招标或者中标无效的；(4)违反《民法典》第一百五十三条第一款及第七百九十一条第二款、第三款违法分包、违法转包的。

前两项都是对于资质的强制性要求，也是众多实际施工人存在的原因之一。实践中(1)的表现形式主要有个人（包工头）挂靠和低资质/无资质施工企业与高资质/有资质企业签订分包、承包协议等。挂靠作为民营企业发展的一种机制在实践中相当普遍，不是一概认定无效或违法，因此，以内部承包形式出现的个人挂靠更具有隐蔽性。对于内部承包合同的效力主要考察三个方面:(1)内部承包人与名义承包人之间是否存在真实的劳动管理关系;(2)名义承包人是否在工程上为内部承包人提供资金、技术、设备、人力等方面支持;(3)名义承包人对内部承包人是否存在工程上的监督、管理。

第三项是配套《招标投标法》中的强制性、禁止性规定作出的。《招标投标法》第三条规定了强制招标的建设项目,如涉及国家利益、社会公众利益的建设工程,建设方和承包方应采取而未采取招投标方式订立合同的,则该合同将因违反法律强制性规定而无效。

第四项是针对整体转包、支解分包等违法情形而规定的。建设工程主体结构的施工必须由承包人自行完成。

2. 工程结算争议

(1)工程结算造价争议

实践中,双方对于结算的计价方式、签证单或联系单认定的变更工程量、造价下浮率适用范围、人工或建材价格变动的调整等都会存在争议,导致承包人提交的决算价和发包人的审定价差距巨大,或者审计结果迟迟无法出具。

对于此类争议通常的做法就是申请工程造价的司法鉴定。由于鉴定费由申请鉴定一方预先垫付,且金额根据鉴定的争议造价确定,鉴定费作为诉讼预支成本需要慎重考虑。建议事前尽可能确定无争议的部分和有争议的部分,缩小和明确鉴定范围。另外需要注意的是,争议双方当事人需要对有关鉴定材料的范围和材料本身真实性、合法性、关联性进行质证,有争议的材料未经质证或者经过质证认定不能作为鉴定依据的,根据该材料作出的鉴定意见不得作为认定案件事实的依据。

(2)工程结算时间节点争议

工程结算时间节点争议主要有两方面:一方面是支付条件是否成就,即是否应当支付工程款;另一方面是有关迟延支付工程款的违约金(利息损失)起算点如何确定。

上述争议的审查需要以建设工程施工合同的相关约定为准,重点审查的是其中的专用条款,专用条款没有特别约定的,则只能审查通用条款。此外,合同协议书中约定有合同文件构成,列明属于合同组成的文件及适用顺序。经过招投标签订的合同,一般会将招标文件、投标文件等列为建设工程施工合同的组成文件。

《法释〔2020〕25 号》第二十二条规定，当事人签订的建设工程施工合同与招标文件、投标文件、中标通知书载明的工程范围、建设工期、工程质量、工程价款不一致，一方当事人请求将招标文件、投标文件、中标通知书作为结算工程价款的依据的，人民法院应予支持。因此，相关招投标文件及其他建设工程施工合同组成文件也是法院审理的重要依据。

在合同对应付时间未做约定或约定不明的情况下，《法释〔2020〕25 号》第二十七条规定：利息从应付工程价款之日计付，并将下列时间作为应付款时间节点：

(1)建设工程已实际交付的，为交付之日；

(2)建设工程没有交付的，为提交竣工结算文件之日；

(3)建设工程未交付，工程价款也未结算的，为当事人起诉之日。

3. 工期争议

实务中，由于工程设计变更、工程量增加、发包人进度款支付不及时、建筑材料供应不及时、天气原因、意外事故、第三方阻挠施工等原因，鲜有建设工程按合同约定时间竣工验收。工期延误涉及索赔问题，也是建设工程施工合同纠纷案件审理中常见的争议焦点。

工期索赔的主体既可以是发包人也可以是承包人。发包人因承包人原因工期延误造成的损失可能有：建造成本增加、逾期交房违约金、租赁违约金或租赁损失等。承包人因发包人原因工期延误造成的损失可能有：人工费增加、机械费增加、租赁材料费增加、水电费增加、财务成本增加等。

对于工期认定在前面有关开工报告和竣工验收报告的部分中已有涉及。工期索赔的难点在于工期延误原因和责任的认定，以及不同原因导致的具体工期延误时间。这部分除了需要审查合同约定以外，还需要结合有关气象资料、工程联系单、会议纪要等相关证据综合查明认定。在双方对工期延误天数和增加费用无法协商或者法院无法通过现有证据判定的情况下，也可以采用工期鉴定方式来认定。

4. 工程质量争议

建设工程质量是百年大计，工程质量必须要符合《建设工程施工质量验收统一标准》(GB 50300 - 2013)及建设工程施工合同约定。根据《建筑法》第五十八条规定，建筑施工企业对工程的施工质量负责。这里的质量合格指向的是建筑物不存在合理使用寿命内地基基础工程和主体结构的质量缺陷。

《民法典》第八百零一条规定:“因施工人的原因致使建设工程质量不符合约定的,发包人有权请求施工人在合理期限内无偿修理或者返工、改建。经过修理或者返工、改建后,造成逾期交付的,施工人应当承担违约责任。”《法释〔2020〕25 号》第十二条规定:“因承包人的原因造成建设工程质量不符合约定,承包人拒绝修理、返工或者改建,发包人请求减少支付工程价款的,人民法院应予支持。”第十六条规定:“发包人在承包人提起的建设工程施工合同纠纷案件中,以建设工程质量不符合合同约定或者法律规定为由,就承包人支付违约金或者赔偿修理、返工、改建的合理费用等损失提出反诉的,人民法院可以合并审理。”这类纠纷双方需要对质量问题形成原因、因质量问题造成的损失或返工改建造价等进行司法鉴定。

实践中涉及地基和主要结构的重大质量纠纷相对较少。比较常见的质量问题是属于保修责任范围内的质量瑕疵,如渗漏水、墙体脱落、开裂等。质量瑕疵往往会引发另一个争议,发包人会以工程质量瑕疵主张延迟返还质保金或者扣减质保金,那么,质保金是否应当返还、返还金额多少将成为争议焦点。

根据《建设工程质量保证金管理办法》,发包人与承包人应当在建设工程承包合同中约定,在应付工程款中预留一定比例的保证金以保证在缺陷责任期内承包人对工程缺陷进行维修。缺陷责任期最长不超过两年。这里的缺陷指的是建设工程质量不符合工程建设强制性标准、设计文件,以及承包合同约定的质量标准。因此,在不存在地基基础或主体结构质量缺陷情况下,发包人应当及时返还质量保证金或者扣除维修金额后返还。

《法释〔2020〕25 号》第十七条明确了当事人未约定工程质量保证金返还期限的,质量保证金的返还时间为竣工验收之日起满二年;因发包人原因未按约定期限竣工验收的,自承包人提交工程竣工验收报告起九十日起算质保金返还期。同时规定,发包人返还工程质量保证金后,不影响承包人根据合同约定或者法律规定履行工程保修义务。

另外,因发包人原因造成建设工程质量缺陷的,应当由发包人承担过错责任,主要情形有:(1)提供的设计有缺陷;(2)提供或者指定购买的建筑材料、建筑构配件、设备不符合强制性标准;(3)直接指定分包人分包专业工程导致缺陷的。

5. 关于建设工程价款优先受偿权的争议

《民法典》出台之前,《合同法》第二百八十六条规定,发包人超过合理期限未支付工程价款的，除按照建设工程的性质不宜折价、拍卖的以外，承包人可以与发包人协议将该工程折价，也可以申请人民法院将该工程依法拍卖。建设工程的价款就该工程折价或者拍卖的价款优先受偿。此即建设工程价款优先受偿权。

现已废止的最高人民法院《关于建设工程价款优先受偿权问题的批复》对银行抵押权、交付购买商品房的全部或者大部分款项的消费者权利和建设工程价款优先受偿权的优先受偿顺序进行了排位，建设工程价款优先受偿权优于银行抵押权，但后于全款或大部分付款的商品房消费者。

当前，《民法典》第八百零七条仍然保留了原《合同法》中的建设工程价款优先受偿权的规定。同时，《法释〔2020〕25 号》第三十六条规定，承包人根据民法典第八百零七条规定享有的建设工程价款优先受偿权优于抵押权和其他债权。

因此，建设工程施工合同纠纷案件中，建设工程价款优先受偿权的确权成为很多承包人的必争之地，该权利对承包人后期工程款的落实到位有着极其重要的影响。该权利的存在对第三方，如银行抵押权也造成了实质性的威胁。

在审理涉及建设工程价款优先受偿权争议时主要的争议点有：

（1）涉案建设工程是否可以适用建设工程价款优先受偿权

根据《民法典》第八百零七条规定“……除根据建设工程的性质不宜折价、拍卖外……”即可以适用建设工程价款优先受偿权的建设工程必须是可以折价拍卖、变卖的。诸如公共道路、国家机关办公楼、军事设施、机场、车站等公益性质的建设工程，以及特殊工程、保密性工程，均不适用建设工程价款优先受偿权。

另外，可以适用建设工程价款优先受偿权的建设工程必须是质量合格的工程。《法释〔2020〕25 号》第三十八条和第三十九条明确规定，建设工程质量合格或未竣工的建设工程质量合格，承包人请求其承建工程的价款就其承建工程部分折价或者拍卖的价款优先受偿的，人民法院应予支持。即无论工程是否竣工，已完工部分工程都必须质量合格，包括未经验收发包人擅自使用而被视为合格的。

（2）可以主张建设工程价款优先受偿权的主体

之前，对于实际施工人是否享有建设工程价款优先受偿权，各地认知不同，存在争议。2018 年 10 月 29 日通过的最高人民法院《关于审理建设工程施工合同纠纷案件适用法律问题的解释（二）》（法释〔2018〕20 号，以下简称《法释〔2018〕20号》）第十七条规定，明确了与发包人订立建设工程施工合同的承包人享有建设工程价款优先受偿权。排除了不与发包人有直接合同关系的实际施工人对建设工程价款优先受偿权的权利。但在第二十五条中规定了变通的方法，即实际施工人可以通过代位权诉讼的方式主张建设工程价款优先受偿权。因此，基于被代位的总承包人享有建设工程价款优先受偿权，与总承包人有直接合同关系的实际施工人可以一并代位主张该项权利。上述规定被《法释〔2020〕25 号》承继，具体为第三十五条和第四十四条。

另外，根据《法释〔2020〕25 号》第三十七条规定，具备折价或者拍卖条件的装饰装修工程，其承包人也享有建设工程价款优先受偿权。

(3)建设工程价款优先受偿权适用范围

所谓优先受偿权适用范围，即诉讼请求中哪些款项属于优先受偿范围。根据《法释〔2020〕25 号》第四十条规定，承包人建设工程价款优先受偿的范围依照国务院有关行政主管部门关于建设工程价款范围的规定确定。原建设部《建设工程施工发包与承包价格管理暂行规定》第五条规定，建设工程价款由成本(直接成本、间接成本)、利润(酬金)和税金构成。一般来说，工程价款可分为四个部分：一是直接成本，又称直接费，包括定额直接费、其他直接费、现场管理费和材料差价。其中，定额直接费又包括人工费、材料费和施工机械使用费三部分。二是间接成本或称企业管理费，包括管理人员工资、劳动保护费等十多项。三是利润，由发包人按工程造价的差别利率计付给承包人。四是税金，包括营业税、城市建设税、教育费附加税三种。之前对于工程价款中的税金、利润是否排除在建设工程价款优先受偿权之外存在很大争议，现在已经明确建设工程价款的四个组成部分都可以被纳入建设工程价款优先受偿权范围，无须剔除工程价款中的税金和利润。

但逾期支付建设工程价款的利息、违约金、损害赔偿金等被明确排除在建设工程价款优先受偿权范围之外。

(4)主张建设工程价款优先受偿权的期限

已经废止的最高人民法院《关于建设工程价款优先受偿权问题的批复》规定了六个月的建设工程价款优先受偿权行使期限，而且该期限为除斥期，超过该期限则丧失实体权利。之前，该六个月除斥期的起算点自建设工程竣工之日或者建设工程合同约定的竣工之日起计算。此时，建设工程的最终决算尚无法完成，该项权利很容易错过。《法释〔2018〕20 号》第二十二条维持了六个月的期限，但是起算点回归至原《合同法》第二百八十六条本义，即自发包人应当给付建设工程价款之日起算，该项规定更具有可操作性。但是，新出台的《法释〔2020〕25 号》再次刷新了主张建设工程价款优先受偿权的期限，其第四十一条规定了最长不得超过十八个月的合理期限，且该期限自发包人应当给付建设工程价款之日起算。

所有的诉讼经验来源于实践，不同类型的建设工程，同种类型不同省市的建设工程或者同一省市不同类型的建设工程都有其特殊性，我们需要沉下心仔细研究每个案件的材料，吃透《民法典》和《法释〔2020〕25 号》的规定，并回溯、比较《法释〔2004〕14 号》《法释〔2018〕20 号》等已废止的司法解释出台背景、条款演变过程，并探究其背后的价值取向和法律精神，灵活应用法律及相关法规、司法解释，才能真正掌握代理建设工程类案件的精髓。

About the Author 作者简介

朱佳莹

女，1983年5月28日出生，中国政法大学诉讼法学硕士，系浙江素豪律师事务所合伙人兼管委会成员。现任宁波市律师协会建筑与房地产专业委员会秘书长。曾荣获“宁波市优秀青年律师”“宁波市十佳女律师”“宁波市司法行政系统优秀共产党员”等荣誉称号，2020年入选宁波市第三批建筑房地产领域骨干型名优律师培育对象。

联系电话：13732172340　电子邮箱：zhujiaying1983@163.com

九、涉外诉讼与国际商事仲裁业务

近年来，随着外商投资的日益增多以及“一带一路”倡议的实施，国际间的交流和经济活动日渐频繁，涉外法律事务已经成为律师业务新的增长点，青年律师如何办理好涉外诉讼、仲裁等基本法律业务，是本部分所重点讲述的。

（一）涉外诉讼的基本原则

1. 国家主权至上原则

国家主权至上原则主要体现在：第一，司法管辖权是国家主权的重要部分，一国法院对涉外民事案件的司法管辖权不容侵犯和剥夺。例如，我国《民事诉讼法》里规定了本国法院专属管辖的事项，除第三十三条对因不动产、港口作业和继承遗产纠纷而提起的诉讼规定了专属管辖外，还在第二百六十六条中特别规定：“因在中华人民共和国履行中外合资经营企业合同、中外合作经营企业合同、中外合作勘探开发自然资源合同发生纠纷提起的诉讼，由中华人民共和国人民法院管辖”，这些规定都体现了一个国家司法管辖的主权至上原则。第二，一个国家的法院审理涉外民事案件基本上只适用法院地的程序法，也就是说，在一个国家开展的诉讼等司法活动，其程序上不能适用别国的程序法。第三，一个国家的法院审理涉外民事案件，均只使用其国内通用的语言、文字进行诉讼活动。我国《民事诉讼法》第二百六十二条规定：“人民法院审理涉外民事案件，应当使用中华人民共和国通用的语言、文字。当事人要求提供翻译的，可以提供，费用由当事人承担。”实务中律师去法院立案时,如果提交的证据材料记载的内容非中文,法院往往会要求我们必须提供相应的中文翻译件,这也是国家主权至上原则的体现。第四,非经一个国家的法院按其内国法规定的程序承认,外国法院的判决不能直接在国内生效,更不能在国内强制执行。我国《民事诉讼法》第二百八十二条规定:"人民法院对申请或者请求承认和执行的外国法院作出的发生法律效力的判决、裁定,依照中华人民共和国缔结或者参加的国际条约,或者按照互惠原则进行审查后,认为不违反中华人民共和国法律的基本原则或者国家主权、安全、社会公共利益的,裁定承认其效力,需要执行的,发出执行令,依照本法的有关规定执行。违反中华人民共和国法律的基本原则或者国家主权、安全、社会公共利益的,不予承认和执行。"

2. 平等与对等原则

在涉外诉讼中,原则上应给予外国人与内国当事人平等的诉讼权利,我国《民事诉讼法》第五条第一款规定:"外国人、无国籍人、外国企业和组织在人民法院起诉、应诉,同中华人民共和国公民、法人和其他组织有同等的诉讼权利义务",这就是平等原则。而对等原则体现在我国《民事诉讼法》第五条第二款的规定:"外国法院对中华人民共和国公民、法人和其他组织的民事诉讼权利加以限制的,中华人民共和国人民法院对该国公民、企业和组织的民事诉讼权利,实行对等原则。"

3. 国际条约优先原则

国际条约由各缔约国签署后,并不能直接在各缔约国内部直接适用,还需由各缔约国在履行完内国相应的立法程序后,方可在其国内发生法律效力,各国一般会在国内法中原则性规定承认国际条约的效力,并在国际条约和国内法发生冲突时,规定优先适用国际条约。

信守国际条约是我国在对外交往中一贯奉行的原则,并且,当我国缔结或参加的国际条约和国内法有不同规定时,则根据条约优先原则优先适用该国际条约,但我国在缔结或参加国家条约时声明保留的条款除外。

(二)外国人民事诉讼地位

1. 外国人的民事诉讼能力

目前我国法律对外国人的民事诉讼能力无明文规定,实践中一般认为,当事人的民事诉讼能力应依法院地法。根据平等原则,外国人在国内涉及的诉讼,其是否具有民事诉讼权利能力和民事诉讼行为能力应由我国的法律决定。

2. 诉讼代理制度

根据我国《民事诉讼法》及其司法解释,外国人在我国法院参加诉讼,可以亲自进行,也可以委托他人进行,根据最高人民法院《关于适用〈中华人民共和国民事诉讼法〉的解释》第五百二十八条的规定:"涉外民事诉讼中的外籍当事人可以委托其本国人为诉讼代理人,也可以委托本国律师以非律师身份担任诉讼代理人。"也就是说,基于司法主权至上的原则,我国目前不允许外国律师以律师身份在我国法院代理诉讼,其不享有律师在参与诉讼中享有的专有权利。

实践中外国人可以委托的代理人具体规定如下:

(1)境外当事人或其法定代表人、法定代理人有权委托一人至两人作为诉讼代理人。

(2)境外当事人可以委托其本国人或符合条件的中国公民为诉讼代理人,也可以委托其本国律师以非律师身份担任诉讼代理人;需要委托律师在中国法院代理诉讼的,必须委托中国律师。

(3)外国使领馆的官员,受其本国国民的委托,可以个人名义担任诉讼代理人。这里需要指出的是,使领馆官员在以个人名义担任诉讼代理人时,在诉讼过程中不再享有外交特权。

(4)境外当事人(包括自然人和法人或其他组织)委托诉讼代理人必须出具由其本人或法人、其他组织的有权签字人签署的授权委托书。前述有权签字人在境外签署的授权委托书,应当履行境外公证和中国使领馆的认证或法律规定的其他证明手续,只有这样的授权委托书方可被中国法院认可。非中国国籍的自然人如果身处中国境内,则比较简单,只需带上护照前往中国的公证处办理授权委托书公证文件即可直接在中国法院适用,无须办理境外公证、认证等证明手续。代表境外法人或其他组织的自然人身处中国境内,在签署授权委托书时,其除了向公证处工作人员出示自然人身份证明(一般为护照)和法人境外证明(一般需为办理过公证和认证的境外法人证书)外,还须提供由该法人或者其他组织出具的证明其有权签署授权委托书的证明文件,且该证明文件已办理境外公证以及中国使领馆认证或法律规定的其他证明手续。

(三)涉外诉讼期间

1. 当事人在涉外民事诉讼中相关诉讼行为的期间长于国内民事诉讼中相应诉讼行为的期间。具体包括:

(1)答辩期间。《民事诉讼法》第二百六十八条规定,“被告在中华人民共和国领域内没有住所的,人民法院应当将起诉状副本送达被告,并通知被告在收到起诉状副本30日之内提出答辩状。被告申请延期的,是否准许,由人民法院决定”。

(2)一审当事人的上诉期间和被上诉人的答辩期间。《民事诉讼法》第二百六十九条规定:“在中华人民共和国领域内没有住所的当事人,不服第一审人民法院判决、裁定的,有权在判决书裁定书送达之日起30日内提出上诉。被上诉人在收到上诉状副本后,应当在30日内提出答辩状。当事人不能在法定期间提起上诉或作出答辩状,申请延期的,是否准许,由人民法院决定。”

2. 涉外民事案件审结期间长于国内民事案件的审结期间。

《民事诉讼法》第一百四十九条和第一百七十六条规定,人民法院适用普通程序审理的第一审案件和第二审案件应当在立案之日起六个月和三个月内审结;有特殊情况需要延长的,由本院院长批准,可以延长六个月。而该法第二百七十条规定:“人民法院审理涉外民事案件的期间,不受本法第一百四十九条、第一百七十六条规定的限制。”也就是说,涉外案件的审理,不受审结期间的限制,但实践中往往由各省的高级人民法院对各省的涉外案件审结时限作出规定。

(四)涉外诉讼的域外送达

域外送达是涉外诉讼中最重要的一个环节,域外送达能否顺利完成将直接决定涉外诉讼的整个程序能否顺利进行和完成的时间。

1. 域外送达的概念

域外送达是指一国司法机关依据其国内立法或者国际条约,将诉讼文书或非诉讼文书送交国外的诉讼当事人或其他诉讼参与人。

2. 域外送达的方式

域外文书的送达大致可以分为两类:文书由内向外送达,即由我国向对我国领域内没有住所的当事人送达文书;文书由外向内送达,即外国向我国境内当事人送达文书。

(1)我国向不在我国领域内当事人送达

对于这种送达方式,《民事诉讼法》第二百六十七条作出了相关规定:“人民法院对在中华人民共和国领域内没有住所的当事人送达诉讼文书,可以采用下列方式:(一)依照受送达人所在国与中华人民共和国缔结或者共同参加的国际条约中规定的方式送达;(二)通过外交途径送达;(三)对具有中华人民共和国国籍的受送达人,可以委托中华人民共和国驻受送达人所在国的使领馆代为送达;(四)向受送达人委托的有权代其接受送达的诉讼代理人送达;(五)向受送达人在中华人民共和国领域内设立的代表机构或者有权接受送达的分支机构、业务代办人送达;(六)受送达人所在国的法律允许邮寄送达的,可以邮寄送达,自邮寄之日起满三个月,送达回证没有退回,但根据各种情况足以认定已经送达的,期间届满之日视为送达;(七)采用传真、电子邮件等能够确认受送达人收悉的方式送达;(八)不能用上述方式送达的,公告送达,自公告之日起满三个月,即视为送达。”

缔结或参加共同国际条约送达具体为:如果受送达人所属国与我国签订有双边司法协助协定的,则按照司法协助协定规定的途径送达。人民法院需向缔约的外国一方请求提供司法协助的,应按协定的规定提出请求书、所附文件及相应译文,经有关高级人民法院审核后报最高人民法院外事局办理。《海牙送达公约》缔约国中与我国签订含有民事司法协助内容的双边司法协助协定的,按协定规定的途径办理。与我国没有双边司法协助条约关系,而为《海牙送达公约》缔约国的国家,我国与它们之间的司法文书送达,则应按公约规定的途径办理。按照最高人民法院、外交部、司法部《关于执行〈海牙送达公约〉有关程序的通知》和司法部、最高人民法院、外交部《关于执行〈海牙送达公约〉的实施办法》,我国法院若请求公约成员国向该国公民或第三国公民或无国籍人送达民事或商事司法文书,有关人民法院将请求书和所送达司法文书送有关高级人民法院转送最高人民法院,由最高人民法院送司法部转送给该国指定的中央机关;必要时,也可由最高人民法院送我国驻该国使馆转送给该国指定的中央机关。北京市、上海市、广东省、浙江省、江苏省高级人民法院等最高人民法院指定的国际司法协助试点法院辖区的国际司法协助,由高级人民法院直接对公约成员国中央机关提出并转递司法协助请求书和相关材料。

外交途径送达具体为：向与我国建立了外交关系但没有签订双边司法协助协定而又非《海牙送达公约》缔约国送达司法文书，按互惠原则通过外交途径送达。具体送达程序是：①要求送达的法律文书须经省、自治区、直辖市高级人民法院审查，由外交部领事司负责转递；②须准确注明受送达人姓名、性别、年龄、国籍及其在国外的详细外文地址，并将该案的基本情况函告外交部领事司，以便转递；③须附有送达委托书。如对该法院名称不明，可委托当事人所在地区主管法院。委托书和所送达法律文书还须附有该国文字或该国同意使用的第三国文字译本。如该国对委托书及法律文书有公证、认证等特殊要求，将由外交部领事司逐案通知。

全国人大常委会于1991年3月2日作出批准加入《海牙送达公约》的决定时，也对一些条款作出了声明和保留：①依照《海牙送达公约》指定司法部作为中央机关，负责接收和转送司法文书和司法外文书。②对《海牙送达公约》第八条第二款作出保留，只有在文书送达给文书发出国国民时，才能采用领事送达方式在我国境内送达（也就是说，外国的法院将文书送给其本国国民时，才可以委托其驻我国使领馆送达，对中国公民或第三国国民不得采用这种方式送达）。③反对邮寄送达和个人直接送达。

我国目前对域外送达的具体规定有以下：最高人民法院《关于执行中外司法协助协定的通知》［1988年2月1日，法（办）发〔1988〕3号］、《最高人民法院办公厅转发外交部条约法律司〈关于我与有关国家司法协助条约生效情况的通知〉的通知》［1994年7月5日，法办〔1994〕50号］、最高人民法院、外交部、司法部《关于执行〈海牙送达公约〉有关程序的通知》［1992年3月4日，最高人民法院、外交部、司法部外发〔1992〕8号］、最高人民法院、外交部、司法部《关于执行〈海牙送达公约〉的实施办法》（1992年9月19日，司法部、最高人民法院、外交部颁布，颁布之日起实施）。为进一步提高国际司法协助工作效率，最高人民法院于2003年9月23日下发了《关于指定北京市、上海市、广东省、浙江省、江苏省高级人民法院依据海牙送达公约和海牙取证公约直接向外国中央机关提出和转递司法协助请求和相关材料的通知》（法办〔2003〕297号，自2003年11月1日起实施）。为了便于向既未与我国缔结双边司法协助协定，又非《海牙送达公约》缔约国的国家送达司法文书，1986年8月14日还颁布了最高人民法院、外交部、司法部《关于我国法院和外国法院通过外交途径相互委托送达法律文书若干问题的通知》［1986年8月14日，最高人民法院、外交部、司法部外发〔1986〕47号〕。此外，为了全面规范司法文书的涉外送达，最高人民法院还发布了《关于涉外民事或商事案件司法文书送达问题若干规定》（法释〔2006〕5号，自2006年8月22日起施行）。各位青年律师可以自行查阅了解。

（2）外国向我国当事人送达

《民事诉讼法》第二百七十六条的规定："根据中华人民共和国缔结或者参加的国际条约，或者按照互惠原则，人民法院和外国法院可以相互请求，代为送达文书、调查取证以及进行其他诉讼行为。外国法院请求协助的事项有损于中华人民共和国的主权、安全或者社会公共利益的，人民法院不予执行。"最高人民法院、外交部以及司法部联合下发的《关于执行〈关于向国外送达民事或商事司法文书和司法外文书公约〉有关程序的通知》的相关规定：外国法院可以通过外交途径委托我国法院向我国公民或法人以及在华的第三国或无国籍当事人送达法律文书，除按照有关协议办理外，一般由该外国驻华使馆将文书交外交部领事司转递给有关高级人民法院，再由高级人民法院指定有关中级人民法院送达当事人。当事人在送达回证上签字后，中级人民法院将送达回证退回高级人民法院，再通过外交部转退对方；没有送达回证的，依然由中级人民法院出具送达证明交给高级人民法院，再通过外交部转给对方。

（五）涉外诉讼证据

证据是民事诉讼能否胜诉的决定性因素，而涉外诉讼中的域外证据是否具有法律效力，则是决定能否胜诉的关键，所以，合法的域外证据是我们作为律师需要重视的。

1. 涉外证据的要求

一般情况下，域外形成的证据，如果需要直接在中国的法院使用，则必须完成证据形成国家的公证以及中国使领馆的认证后，并附上相应的中文翻译件，才能在我国法院作为证据提交，否则该份证据可能会因不符合形式上的要求而无法被法院采信。

2. 域外取证的方式

除了当事人自行取证以外，如果涉外证据当事人无法自行取得并办理公证和中国使领馆认证的手续,则需要委托取证。域外委托取证是指一国有关机构或人员针对在本国法院开展的民商事案件进行境外提取诉讼证据的行为。

我国《民事诉讼法》第二百七十六条规定:根据中华人民共和国缔结或者参加的国际条约,或者按照互惠原则,人民法院和外国法院可以相互请求,代为送达文书、调查取证以及进行其他诉讼行为。具体可以分为以下几种方式:

(1)基于条约关系的方式。在我国签订双边司法协助协定的国家调取证据,依据司法协助协定规定的途径办理。根据《最高人民法院办公厅转发外交部条约法律司〈关于我与有关国家司法协助条约生效情况的通知〉的通知》的规定,审理案件的人民法院需要缔约的外国一方法院协助调取证据的,应按照司法协助协定的规定提出请求书、所附文件及相应译文,经所属高级人民法院审核后报最高人民法院外事局办理。

(2)基于领事调查取证。《民事诉讼法》第二百七十七条第二款规定:"外国驻中华人民共和国的使领馆可以向该国公民送达文书和调查取证,但不得违反中华人民共和国的法律,并不得采取强制措施。"我国审理案件的法院需要向我国公民调取证据的,可委托我国驻该国使、领馆代为调取。委托书和所附文件经有关高级人民法院转最高人民法院,由最高人民法院径送或经司法部转我国驻该国使领馆。

同时《民事诉讼法》第二百七十七条第三款规定:"除前款规定的情况外,未经中华人民共和国主管机关准许,任何外国机关或者个人不得在中华人民共和国领域内送达文书、调查取证。"否则其证据效力法院不予采纳。

(六)外国法院判决的承认和执行

涉外案件胜诉以后,执行也是重要的一个环节,如果一份判决书不能得到法院的承认和执行,那么所有前期的工作将付之东流,所以,如何做好涉外案件判决的承认和执行,也是我们必须要关注的。涉外诉讼中的执行分为外国法院判决在中国的执行和承认以及中国法院判决在外国的执行和承认。

1. 外国法院判决承认和执行的条件

(1)判决作出国具有适格管辖权

作出判决的法院在管辖权问题上具有合理合法的基础,是各个国家普遍接受的判决承认和执行的首要条件。

(2)判决已生效或具有执行力

由于各个国家的诉讼机制或程序不同,一个判决的作出,并非立即具备生效条件或执行力,可能涉及一、二审甚至三审,以及上诉期等。

(3)判决作出程序公正

一般来说,各国对外国法院判决的实体性问题审查均比较宽松,但对程序性问题的审查具有严格的要求,例如,未给予一方当事人充分陈述其意见的机会、缺席判决时没有依法送达等,均非常有可能被认定为程序不公正而对判决不予承认和执行。

(4)不违背公共秩序

在国与国之间的民商事交往中,公共秩序被认为是第一要素,公共秩序关系到一国的基本治国方针、法律原则、道德规则等。所以一国的判决违背他国公共秩序常常成为当事人援引不予承认和执行的抗辩依据。

2. 外国法院判决承认和执行的程序

从目前国际上通行做法来看,不同国家的承认和执行程序具体分为以下几类:

(1)执行令程序

部分大陆法系国家对申请承认与执行的外国法院判决进行审查,认为符合本国法律或相关国际条约规定的条件的,即由该被请求国法院作出一个裁定,并发出执行令,从而赋予该外国法院判决与被请求国法院判决同等的效力,并按照被请求国法律规定的程序执行。

(2)重新判决程序

普通法系国家常采用重新审理程序来转化外国法院判决为内国判决,再依内国判决予以强制执行。该程序的要点是,被请求国法院并不直接承认与执行外国法院的判决,而是要求申请承认和执行的当事人以该外国法院判决为依据,在被请求国法院重新提起诉讼,由被请求国法院审查。被请求国法院如果认为该外国法院判决与本国法律并无抵触,则作出一个与外国法院判决内容相同的判决,并按照本国的执行程序予以执行。

(3)其他特殊程序

其他还有自动承认、登记承认等比较特殊的承认程序。

3. 中国承认和执行外国法院判决的制度

(1) 中国承认和执行外国法院判决的依据

我国承认和执行外国法院判决的依据主要是法律和最高人民法院的司法解释、部分案例。此外，我国和其他国家签订的双边司法协助协定或条约等，它们构成我国和外国相互间承认和执行法院判决的主要依据。

①我国缔结或参加双边司法协助协定或条约

外国法院的裁决或中国法院的裁决能否在对方国家法院得到承认和执行，其中最关键、最便捷的还是在于两个国家之间是否有签订民商事司法协助双边协定或条约。截至2019年7月，我国与39个国家签订民商事司法协助双边协定或条约，可以按照双边司法协助条约中规定的程序来办理申请承认和执行外国法院判决。具体国家为：比利时、意大利、保加利亚、法国、西班牙、匈牙利、摩洛哥、新加坡、韩国、突尼斯、阿根廷、秘鲁、阿联酋、巴西、阿尔及利亚、科威特、波黑、埃塞俄比亚、伊朗、波兰、蒙古、罗马尼亚、俄罗斯、乌克兰、白俄罗斯、哈萨克斯坦、希腊、吉尔吉斯斯坦、塔吉克斯坦、乌兹别克斯坦、越南、老挝、立陶宛、朝鲜、土耳其、古巴、埃及、塞浦路斯、泰国。需要指出的是，我国与伊朗签署的民商事司法协助条约尚未生效，其余38个已经生效，但除了比利时、新加坡、泰国和韩国的双边协定中没有涉及承认和执行法院裁决外，其余34个国家均将相互承认和执行法院裁决纳入双边司法协助范围。

②国内立法及相关司法解释

我国有关判决承认和执行的立法主要规定在《民事诉讼法》第二百八十条至第二百八十二条中，《民事诉讼法》第二百八十条规定："人民法院作出的发生法律效力的判决、裁定，如果被执行人或者其财产不在中华人民共和国领域内，当事人请求执行的，可以由当事人直接向有管辖权的外国法院申请承认和执行，也可以由人民法院依照中华人民共和国缔结或者参加的国际条约的规定，或者按照互惠原则，请求外国法院承认和执行。"据此，我国法院作出的判决当事人如果需要在外域请求承认和执行的，有两种路径可供选择：a. 自行申请，即由当事人直接向相关外国法院提出申请；b. 司法协助途径，即由人民法院依照国际条约或依据互惠原则请求外国法院承认和执行。

关于外国法院判决在我国的承认和执行问题，《民事诉讼法》第二百八十一条规定:“外国法院作出的发生法律效力的判决、裁定,需要中华人民共和国法院承认和执行的,可以由当事人直接向中华人民共和国有管辖权的中级人民法院申请承认和执行,也可以由外国法院依照该国与中华人民共和国缔结或参加的国际条约的规定,或者按照互惠原则,请求人民法院承认和执行。”《民事诉讼法》第二百八十二条规定:“人民法院对申请或者请求承认和执行的外国法院作出的发生法律效力的判决、裁定,依照中华人民共和国缔结或者参加的国际条约,或者按照互惠原则进行审查后,认为不违反中华人民共和国法律的基本原则或者国家主权、安全、社会公共利益的,裁定承认其效力,需要执行的,发出执行令。依照本法的有关规定执行。违反中华人民共和国法律的基本原则或者国家主权、安全、社会公共利益的,不予承认和执行。”

由此我们认为,我国有关承认和执行外国法院判决的关键点在于:a. 请求承认和执行的对象包括已经生效的法院判决和裁定;b. 请求承认和执行的依据包括国际条约和平等互惠原则;c. 有权受理承认和执行外国法院判决的机构是有管辖权的中级人民法院;d. 请求承认和执行的主体包括所涉判决当事人和外国法院;e. 请求承认和执行的外国法院判决不得违背我国的社会公共利益和公共秩序。

就最常见的离婚判决的承认和执行,最高人民法院《关于人民法院受理申请承认外国法院离婚判决案件有关问题的规定》作了相关规定,其要点为:a. 仅适用于外国法院作出的离婚判决的承认,但不涉及分割财产及执行。b. 中国公民申请承认的,人民法院在受理时不得以婚姻关系未在国内民政部门登记而拒绝。c. 外国公民申请承认的,如离婚原配偶是中国公民的,我国法院应受理;否则,不应受理。d. 申请承认外国法院作出的离婚调解书的,法院应当受理并审查,据情况作出承认与否的裁定。

(2)承认和执行外国法院判决的主体

①申请主体

在我国申请承认和执行外国判决、裁定的主体可以是当事人或外国法院。而中外双边司法协助协定则根据不同国家的特殊情况作了更加具体的规定,包括以下几种情形:

a. 作出生效判决、裁定的外国法院通过中央机关途径向我国法院提出或当事人直接向我国法院提出。中国与波兰、罗马尼亚、古巴等国缔结的司法协助协定采取这种模式。

b. 原则上由外国法院通过中央机关途径向我国法院提出；但如果申请人在我国有住所或居所，也可以由申请人直接向我国法院提出。中国与蒙古、俄罗斯等国缔结的司法协助协定采取这种模式。

c. 只能由申请人直接向我国法院提出。中国与法国、西班牙、意大利等国缔结的司法协助协定采取这种模式。

d. 只能由外国法院通过中央机关途径向我国法院提出。中国与土耳其等国缔结的司法协助协定采取这种模式。

②作出裁定

《民事诉讼法》第二百八十二条的规定："请求承认和执行外国法院判决的，经过上述审查之后，如果符合我国承认和执行的条件，则应以裁定方式承认其法律效力；需要指定的，则发出执行令，并依照民事诉讼法有关执行的规定予以执行。未能通过审查的，人民法院也应作出裁定，裁定驳回申请人的申请。"

裁定的特点为：第一，裁定是终局的，经送达，即发生法律效力；第二，裁定应当由合议庭成员签署，并加盖人民法院印章；第三，裁定驳回之后，当事人不得再提出申请，但实践中可以向人民法院就有关争议另行起诉。

③不违背我国社会公共秩序

不违背公共利益、公共政策或公共秩序，是所有国家在承认和执行外国法院判决过程中明示或默示规定的强制性条件。它也规定在我国签署的各类双边司法协助条约、国内立法和相关司法解释之中。

(3) 中国承认和执行外国法院判决的程序

在具体程序上，一般包括这样几个阶段：递交申请书与受理、法院审查、裁定是否颁发执行令。申请书应当附有关文书，具体包括：a. 经外国法院证明无误的判决书、裁定书副本，如果副本中没有明确指出判决已经生效和可以执行，还应附有关法院为此出具的证明书；b. 证明未出庭的当事人已经合法传唤，或在其没有诉讼行为能力时已得到适当代理的证明书；c. 请求书及所附文件经证明无误的中文译本。

（七）国际商事仲裁制度

相比于涉外民事诉讼，国际仲裁由于基于各方当事人意思自治、自愿的原则，所以在程序上的自由度更高，本节侧重介绍国际商事仲裁的基本要求和执行等常见问题。

1. 国际商事仲裁的基本要求

（1）仲裁协议

仲裁协议是双方当事人将他们之间可能发生或已经发生的争议提交仲裁机构解决的一种书面意思表示，属于各方当事人基于自愿原则做出的一种意思表示。仲裁协议又可以分为仲裁条款和仲裁协议书。仲裁协议一般由仲裁地、仲裁规则、仲裁机构、仲裁员、仲裁语言等内容构成，实践中可以前往各仲裁机构的官方网站去引用其示范仲裁条款。

仲裁协议的生效要件如下：

①形式要件。我国《仲裁法》第十六条第一款规定："仲裁协议包括合同中订立的仲裁条款和以其他书面方式在纠纷发生前或者纠纷发生后达成的请求仲裁的协议。"从这条法条我们可以知道，仲裁协议应当采用书面形式，非书面的仲裁协议无效。这就是仲裁协议的形式要件。我国《仲裁法》同时规定可以"以其他书面方式"达成仲裁协议，具体体现在最高人民法院《关于适用〈中华人民共和国仲裁法〉若干问题的解释》（以下简称《仲裁法司法解释》）第一条规定，即以合同书、信件和数据电文（包括电报、电传、传真、电子数据交换和电子邮件）等形式达成的请求仲裁的协议，都是书面形式的仲裁协议。

②实质要件。《仲裁法》第十六条规定："仲裁协议应当具有下列内容：（一）请求仲裁的意思表示；（二）仲裁事项；（三）选定的仲裁委员会。"仲裁协议里只有具备了这三个要素，仲裁协议才符合实质要件。首先，请求仲裁的意思表示，该意思表示要明确、确定，当事人约定可以提起仲裁或者诉讼的，仲裁协议原则上无效，但如果被申请人在仲裁庭首次开庭前没有对仲裁协议的效力提出异议的，可以认定仲裁协议有效。其次，仲裁事项必须具有可仲裁性，仲裁事项只有是法律规定可以提交仲裁的纠纷，仲裁庭才有权作出裁决，即可仲裁性问题，如果仲裁事项不具有可仲裁性，则仲裁协议无效，仲裁裁决因而也无效，可以依法应予撤销或者裁定不

予执行。《仲裁法》第二条规定:“平等主体的公民、法人和其他组织之间发生的合同纠纷和其他财产纠纷,可以仲裁。”第三条规定,婚姻、收养、监护、扶养、继承纠纷以及依法应当由行政机关处理的行政争议不能仲裁。此外,劳动争议、农村土地承包等争议虽然看似涉及合同争议,但均不具有可仲裁性。我国《民事诉讼法》第二百三十七条第二款第(二)项和第二百七十四条第一款第(四)项以及《仲裁法》第五十八条第一款第(二)项均规定,仲裁事项依法不具有可仲裁性的,该仲裁裁决可以撤销或不予执行。而关于选定的仲裁机构,我们在下一小节做详细介绍。

(2)仲裁机构

仲裁机构是指对仲裁程序进行管理的机构,可分为地方性仲裁机构、全国性仲裁机构、区域性仲裁机构和国际知名仲裁机构。按设置情况,又可分为常设仲裁机构、临时仲裁机构、专业性仲裁机构。

仲裁机构作为仲裁协议的必备内容,《仲裁法》第十六条第二款已经明确要求,即仲裁协议应当具有“选定的仲裁委员会”。第十八条规定:仲裁协议未约定仲裁机构或者约定不明的,当事人可以就此达成补充协议;未达成补充协议的,仲裁协议无效。

实践中往往会出现当事人在仲裁协议里约定了仲裁机构,但对该仲裁机构的名称表述错误或不精确,例如,将宁波仲裁委员会表述为宁波市经济贸易仲裁委员会;或出现仅约定仲裁适用规则而没有约定具体的仲裁机构;或约定了两个以上的仲裁机构,例如,甲方有权向某某仲裁机构提出仲裁申请,乙方有权向某某仲裁机构提出仲裁申请。对此,《仲裁法》等相关法律法规作出了相关规定:

①仲裁机构名称不准确。实践中由于对仲裁机构不尽熟悉,当事人有时在仲裁协议中约定的仲裁机构名称不准确,或者约定不能明确指向相关的仲裁机构。《仲裁法司法解释》规定:“仲裁协议约定的仲裁机构名称不准确,但能够确定具体的仲裁机构的,应当认定选定了仲裁机构。”例如,双方在协议中约定仲裁机构为国际经济贸易仲裁委员会,仲裁地为北京,由此法院一般不会轻易认定该仲裁协议无效,因为仲裁机构虽然少了“中国”两个字,但结合仲裁地在北京等因素,还是可以推断出具体的仲裁机构为:中国国际经济贸易仲裁委员会。但实践中,律师作为专业人士,一定要准确书写仲裁机构的名称,万不可因为这条条文的“兜底”规定而万事无忧,不能出现因为仲裁机构名称不准确而导致无法确定具体的仲裁机构,仲裁

协议被认定为无效的情形。

②仅约定仲裁规则没有约定具体仲裁机构的。对于仅约定纠纷适用的仲裁规则但未同时约定仲裁机构的,《仲裁法司法解释》第四条规定:“仲裁协议仅约定纠纷适用的仲裁规则的,视为未约定仲裁机构,但当事人达成补充协议或者按照约定的仲裁规则能够确定仲裁机构的除外。”而国内各仲裁机构例如中国国际经济贸易仲裁委员会的仲裁规则大多规定:“当事人约定按照本规则进行仲裁但未约定仲裁机构的,视为同意将争议提交仲裁委员会仲裁。”但该规则只是各仲裁机构自行制定的规则,其效力不如法律,且由于实践中约定适用A仲裁规则但在B仲裁机构仲裁,并不是所有情况下根据仲裁规则一定能确定仲裁机构,作为律师还是要避免此类矛盾情况的出现,以此回避仲裁协议被无效的风险。

③约定两个或两个以上的仲裁机构。《仲裁法司法解释》第五条规定:“仲裁协议约定两个以上仲裁机构的,当事人可以协议选择其中的一个仲裁机构申请仲裁;当事人不能就仲裁机构选择达成一致的,仲裁协议无效。”第六条规定:“仲裁协议约定由某地的仲裁机构仲裁且该地仅有一个仲裁机构的,该仲裁机构视为约定的仲裁机构。该地有两个以上仲裁机构的,当事人可以协议选择其中的一个仲裁机构申请仲裁;当事人不能就仲裁机构选择达成一致的,仲裁协议无效。”由此可以看出,对于约定两个或两个以上仲裁机构的,仲裁协议并非当然无效,而应首先要求有关当事人协议选择;在当事人不能就仲裁机构达成协议时,才能认定该仲裁协议无效。

④不具有涉外因素的商事案件约定到国外仲裁或提交外国仲裁机构仲裁的仲裁协议的效力。

《民事诉讼法》第二百七十一条第一款规定:“涉外经济贸易、运输和海事中发生的纠纷,当事人在合同中订有仲裁条款或者事后达成书面仲裁协议,提交中华人民共和国涉外仲裁机构或者其他仲裁机构仲裁的,当事人不得向人民法院起诉。”在这里,“其他仲裁机构”就包括外国仲裁机构。据此,只有涉外纠纷才可以提交外国仲裁机构或到国外仲裁。因此,对没有涉外因素的争议,当事人约定外国仲裁机构仲裁或到外国仲裁的,人民法院应认定仲裁协议无效。

而如何判断争议是否具有涉外因素,根据最高人民法院《关于适用〈中华人民共和国涉外民事关系法律适用法〉若干问题的解释(一)》第一条规定:“民事关系具有下列情形之一的,人民法院可以认定为涉外民事法律关系:(一)当事人一方或双方是外国公民、外国法人或者其他组织、无国籍人；(二)当事人一方或双方的经常居所地在中华人民共和国领域外；(三)标的物在中华人民共和国领域外；(四)产生、变更或者消灭民事关系的法律事实发生在中华人民共和国领域外；(五)可以认定为涉外民事关系的其他情形。"

目前世界上主要的商事仲裁机构有：伦敦国际仲裁院、国际商会仲裁院(ICC)、斯德哥尔摩商会仲裁院、中国香港国际仲裁中心(HKIAC)、新加坡国际仲裁中心(SIAC)、中国国际经济贸易仲裁委员会(CIETAC)等。各位律师可以登录其官网学习、了解其仲裁规则等内容。

(3)与国际商事仲裁有关的国际公约和法规

国际商事仲裁的过程中往往涉及国际公约和法规的相关规定，熟读并了解部分国际公约和法规对于青年律师从事国际仲裁有一定的帮助。目前重要的国际公约和法规主要有：《承认及执行外国仲裁裁决公约》(以下简称《纽约公约》，1987年4月22日对我国生效)、《解决国家与他国国民间投资争端公约》(以下简称"ICSID公约"，我国于1990年2月9日签署，但对部分条款保留)、《联合国国际贸易法委员会仲裁规则》、《国际商会仲裁规则》。

2. 国际商事仲裁的承认和执行

仲裁庭作出裁决是仲裁程序的最后一步，裁决作出后，仲裁裁决能否得到履行和法院的承认、执行，是实现仲裁价值的重要环节。

目前国际上对于国际商事仲裁裁决承认和执行的主要依据是《纽约公约》，《纽约公约》于1959年6月7日生效，目前有超过一百五十个缔约国，是国际商事仲裁争议解决领域适用最广泛、最核心、最重要的法律文件。该公约的主要宗旨是平等对待外国或非国内仲裁裁决，缔约国的法院应当认可仲裁协议的效力并承认和执行其在其他缔约国作出的仲裁裁决，确保这类仲裁裁决在其法域内能够同国内裁决一样得到承认和执行。

我国已经加入《纽约公约》，所以外国仲裁裁决可以依据该公约的规定在我国申请承认和执行，但需要指出的是，我国在加入《纽约公约》时作出了互惠保留和商事保留，也就是说，我国只承认和执行在另一缔约国领土内作出的仲裁裁决，非《纽约公约》缔约国作出的裁决不享有互惠原则，同时，我国只承认属于契约性或非契约性的商事法律关系争议仲裁裁决，包括合同、侵权等经济上的权利义务关系。

(1)涉外仲裁裁决的执行

我国《仲裁法》第六十二条规定:"当事人应当履行裁决。一方当事人不履行的,另一方当事人可以依照民事诉讼法的有关规定向人民法院申请执行。受申请的人民法院应当执行。"从文字上看,上述规定意味着仲裁具有法律效力,但实际上仲裁裁决并非当然具有强制执行的效力。一方当事人向人民法院提出申请,人民法院要根据被申请人的抗辩及依职权对仲裁裁决先进行审查,经审查后确定不存在不予执行情形的,才能予以执行。但需要指出的是,我国对不予执行仲裁裁决的事由是法定的,也就是除法定不予执行事由之外,法院不得基于其他各种理由不予执行。

不予执行涉外仲裁裁决的法定事由具体有:

①《民事诉讼法》第二百七十四条第一款规定:"对中华人民共和国涉外仲裁机构作出的裁决,被申请人提出证据证明仲裁裁决有下列情形之一的,经人民法院组成合议庭审查核实,裁定不予执行:(一)当事人在合同中没有订有仲裁条款或者事后没有达成书面仲裁协议的;(二)被申请人没有得到指定仲裁员或者进行仲裁程序的通知,或者由于其他不属于被申请人负责的原因未能陈述意见的;(三)仲裁庭的组成或者仲裁的程序与仲裁规则不符的;(四)裁决的事项不属于仲裁协议的范围或者仲裁机构无权仲裁的。"《民事诉讼法》第二百七十四条第二款规定:"人民法院认定执行该裁决违背社会公共利益的,裁定不予执行。"

由于社会公共利益的概念比较宽泛,实践中难以精确界定,但最高人民法院《关于韦斯顿瓦克公司申请承认与执行英国仲裁裁决案的请示的复函》[(2012)民四他字第12号]中记载,只有在承认和执行外国商事仲裁裁决将导致违反我国基本原则、侵犯我国国家主权、危害国家及社会公共安全、违反善良风俗等危及我国根本社会公共利益情形的,才能援引公共政策事由予以拒绝。由此我们可以大致了解社会公共利益的范围和内容。

②仲裁裁决被撤销的。仲裁裁决如果被依法撤销,则失去法律效力,此时申请执行裁决的基础已经不存在,故法院会作出不予执行的裁定。

③鉴于世界上绝大多数国家已成为《纽约公约》的缔约国,根据国际条约优先的原则,我国法院在申请承认和执行外国仲裁裁决时也要适用《纽约公约》的规定。拒绝承认和执行外国仲裁裁决的法定事由在该公约中的规定如下:

"裁决唯有受裁决援用之一造向声请承认及执行地之主管机关提具证据证明

有下列情形之一时，始得依该造之请求，拒予承认及执行：（甲）第二条所称协定之当事人依对其适用之法律有某种无行为能力情形者，或该项协定依当事人作为协定准据之法律系属无效，或未指明以何法律为准时，依裁决地所在国法律系属无效者；（乙）受裁决援用之一造未接获关于指派仲裁员或仲裁程序之适当通知，或因他故，致未能申辩者；（丙）裁决所处理之争议非为交付仲裁之标的或不在其条款之列，或裁决载有关于交付仲裁范围以外事项之决定者，但交付仲裁事项之决定可与未交付仲裁之事项划分时，裁决中关于交付仲裁事项之决定部分得予承认及执行；（丁）仲裁机关之组成或仲裁程序与各造间之协议不符，或无协议而与仲裁地所在国法律不符者；（戊）裁决对各造尚无拘束力，或业经裁决地所在国或裁决所依据法律之国家之主管机关撤销或停止执行者。二、倘申请承认及执行地所在国之主管机关认定有下列情形之一，亦得拒不承认及执行仲裁裁决：（甲）依该国法律，争议事项系不能以仲裁解决者；（乙）承认或执行裁决有违该国公共政策者。”

（2）法院裁决的效力

人民法院审理仲裁司法审查案件实行一审终审，也就是意味着有关确认仲裁协议效力、撤销仲裁裁决和不予执行仲裁裁决的裁定一经作出即发生法律效力。当事人不得申请再审，人民检察院不得提出抗诉，人民法院也不得自行依职权提起审判监督程序。

（3）涉外仲裁司法审查实行报告制度

鉴于人民法院对于确认仲裁协议效力、是否执行仲裁裁决等裁定系一审终审，一旦作出裁定，将直接影响当事人的利益，为了严格人民法院对涉外仲裁司法审查的慎重性，我国对涉外仲裁司法审查实行报告制度。

根据最高人民法院2017年发布的《关于仲裁司法审查案件报核问题的有关规定》，当外国仲裁裁决作出后，当事人一方向人民法院申请承认和执行外国仲裁裁决，有管辖权的中级人民法院或专门人民法院经审查后拟不予承认和执行外国仲裁裁决的，应当向本辖区所属高级人民法院报核；高级人民法院经审查拟同意的，应当向最高人民法院报核。待最高人民法院审核后，方可依最高人民法院的审核意见作出裁定。而早在1998年4月23日最高人民法院就发布了《关于人民法院撤销涉外仲裁裁决有关事项的通知》（法〔1998〕40号），对人民法院撤销我国涉外仲裁裁决建立报告制度。该通知指出：a. 凡一方当事人按照《仲裁法》的规定向人民法院申请撤销我国涉外仲裁裁决，如果人民法院经审查认为涉外仲裁裁决具有《民事诉讼法》第二百七十四条第一款规定的情形之一的，在裁定撤销裁决或通知仲裁重新仲裁之前，须报请本辖区所属高级人民法院进行审查。如果高级人民法院同意撤销裁决或通知仲裁庭重新仲裁，应将其审查意见报最高人民法院。待最高人民法院答复后，方可裁定撤销裁决或通知仲裁庭重新仲裁。b.受理申请撤销裁决的人民法院如认为应予撤销裁决或通知仲裁庭重新仲裁的，应在受理申请后三十日内报其所属的高级人民法院，该高级人民法院如同意撤销裁决或通知仲裁庭重新仲裁的，应在十五日内报最高人民法院，以严格执行《仲裁法》第六十条的规定。

（4）涉外仲裁裁决执行申请其他注意事项

申请承认和执行外国仲裁裁决应当向被执行人住所地或财产所在地中级人民法院提出，如果被执行人是自然人，为其户籍所在地或居住地中级人民法院；被执行人为法人，为主要办事机构住所地中级人民法院；被执行人在我国无住所、主要办事机构，但财产在中国境内的，为财产所在地中级人民法院。

当事人向中国人民法院申请承认和执行外国仲裁裁决，需提交申请书、原裁决的正本或正式副本、仲裁协议的正本或正式副本，如果裁决或仲裁协议采用外文书写，还需提供经官方翻译的中文译本。申请承认和执行外国仲裁裁决的期间为两年，从裁决书规定的履行期间的最后一日起算，未规定履行期间的，从生效日起算。

About the Author 作者简介

商聪聪

男，1981年5月出生，法学硕士，国浩律师（宁波）事务所合伙人、宁波市律师协会一带一路与涉外专业委员会副主任，亚洲及太平洋地区法律协会会员兼一带一路常设委员会委员，宁波大学科技学院客座法学教师，入选司法部“千名涉外律师人才库”、宁波市“领军型”名优律师培育对象（涉外方向）。

联系电话：13867877365　电子邮箱：lawyerscc@163.com

十、企业破产与重组业务

我国的经济体制改革已经进入深水区，产业调整升级、资源优化配置已经提上国家战略地位。加之经济下行压力加大，去杠杆、供给侧改革的推进，众多企业不堪成本上升和国家政策的限制而面临变成僵尸企业的危机。虽然破产重整成为企业救赎的有效途径，但破产重整风险巨大，一旦重整失败，则直接面临清算风险，不规范的企业甚至面临法定代表人承担民事、刑事责任的风险，而不规范恰恰是我国民营企业的通病。国有企业或上市公司前置参与民营企业破产重整项目则完美地规避了以上风险，大大提升重整成功的概率。

(一)企业破产重整的必要性——建立预破产制度

前置参与破产企业的“预破产”，可以将破产重整企业的法律、经济风险提前预判、提前化解。同时提前打消拟破产重整企业法定代表人及实际控制人的顾虑，有利于推动僵尸企业进入司法重整程序。企业提前进入“预破产”企业重整，大大节约了破产重整期间的时间成本、财务成本、人力资源成本。尤其是国有企业或者上市企业提前进入“预破产”企业重整，一般按照不停产模式进行，可以做到员工平稳过渡，不会引起员工处置不当引发群体事件。

(二)破产重整案件办案思路导图

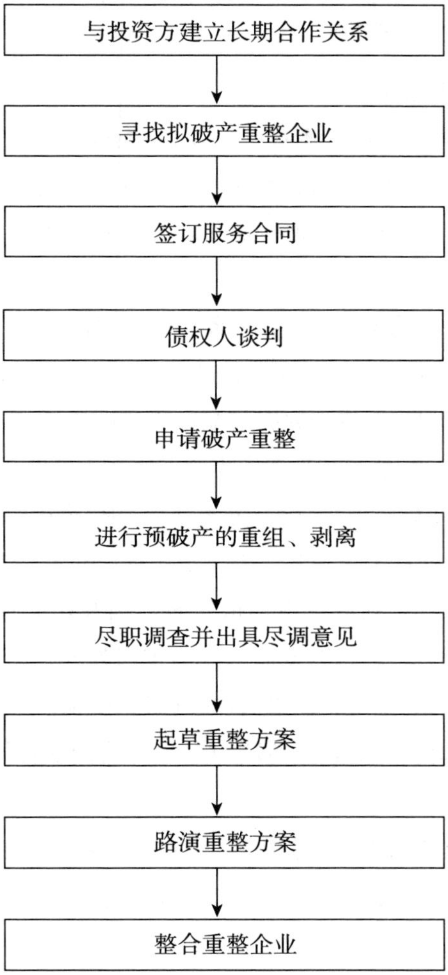

图5　破产重整案件办案思路导图

(三)破产重整案件办案思路导图解析

1. 与投资合作方建立长期合作关系

律师要有意向寻找合适的战略合作企业,大型国企或者上市公司都可以作为战略合作对象,签订框架式合作合同。合同主要条款约定重整投资人拟投资的企业扩展方向、资金承受能力及后续融资路径，这类操作主要是为了让破产企业或者各债权人看到初步的希望，认为企业会有好转的趋势，加大重整方案通过力度。

2. 寻找拟破产重整企业

律师要有意向寻找陷入经营困难的企业，寻找这种标的物的路径可以关注银行的贷款不良信息。一般进入不良后，预示着企业进入危机边缘；另外，企业资不抵债，法院的强制执行程序也预示着企业陷入另一种危机。

3. 签订法律服务合同

此步骤尤为重要，并购重组的法律服务合同，严格体现律师对法律服务的严谨性、逻辑性和条理性。所以，并购重组的法律服务合同应当具备以下条款：

收费方式、工作时间表达清晰并同时配备详细的工作记录表，如(1)合同签订后三个工作日内支付给乙方××万元作为前期律师办案费用，预计工作时间六十个工作日；(2)在乙方将破产申请、破产方案递交至有管辖权的人民法院后三个工作日内支付××万元，预计工作时间六十个工作日；(3)在法院裁定破产立案后，如果乙方作为破产管理人的，则后续费用依照破产法及相关规定收取，甲方无须支付；(4)如果乙方不作为管理人的，则乙方作为重组方律师团队，出具重组方案，法院裁定甲方破产重整并通过破产方案的，通过后三个工作日内立即支付尾款××万元。上述条款虽不能一概而论，但都是法律服务合同必备的条款。

4. 债权人谈判

(1)律师代表重整投资方参与债权人谈判，前置保证持有2/3债权的债权人通过，并保证人数超过1/2。在人数不及法定人数时，善于运用授权委托的方式解决投票人数不足的问题。

(2)接受破产企业委托进行债权人谈判，律师团队制作重整方案。重整方案注重方案的可行性，重点关注重整资金的来源路径以及后续的融资途径。重整方案作为律师团队劳动成果的集中体现，必须做到立足长远、根植眼前，协调安排企业后续存活直至盈利的每一个环节。重整方案完成后，必须进行一次完善的破产重整方案路演，推动破产重整方案通过债权人大会。

(3)债权人前置谈判的必要性在于能保证在律师将正式破产重整申请书提交给法院后，重整成功的概率会大大增加。

5. 申请破产重整

起草破产重整申请书，正式提交法院。附件为详细的申请人基本情况，主要内容包括申请破产企业的财产状况说明（不动产信息、动产信息）、债务清册、债权清册、关联企业基本情况、申请人涉及的担保情况、申请人所有银行账户及资料、申请人缴纳税款情况、申请人财务审计报告、职工安置预案、申请人涉诉、仲裁、强制执行情况等。上述资料必须详细地附在破产重整申请书后作为附件。

6. 进行预破产的重组、剥离

每种破产重组操作的剥离方式都不尽相同，重点是将不利于重组的资产进行妥善处置，制订详细剥离计划，切记不能涉嫌“逃黑债”。

7. 尽职调查并出具尽职调查意见

（1）律师与陷入经营困难的企业签订服务合同，进行第一轮基础尽职调查，预判破产重整的可能性，并同时对接重整投资方，拟定投资重整合作框架协议。在初步判断具有破产重整的可能性后，律师必须进行第二轮尽职调查，并出具详细尽职调查报告，依据尽职调查结果，调整财务报表，同时重点关注股东其他应收款是否涉及挪用、侵占的情况；注册资金是否实缴到位的情况；是否存在大量账面存货与实际不符的情况；是否存在关联公司混同等情况。

（2）根据详细尽职调查结果，剥离非重整资产；收购拟重整资产；调整员工劳动关系；根据实际情况使用增资、减资程序；为避免联合重整带来的审批障碍，根据实际情况适用公司合并与分立等手段。总而言之，就是针对重整目标进行的资产重组，重组过程要充分注重破产法规定的撤销权，注重破产法对资产变动的特殊规定，避免“逃黑债”，注重运用公开拍卖、公允价值评估等手段，最终使拟破产企业具备低风险破产重整条件。

（3）根据破产前的重组进展，律师起草破产重整申请及陈述资料，报请法院立案。与拟破产企业签订的前置服务合同终止，与重整投资企业签订法律服务合同。律师代表重整投资企业与破产管理人签订重整意向投资协议，缴纳保证金。

8. 起草重整方案

一份完成的重整方案是律师对于本次法律服务的劳动成果体现。重整方案要从以下几个重要的方面入手，首先要设定较为详细的重整目标，伴随目标要制订具体的实施方案：比如债务的承接方式是股权还是现金投入、按照初步设定的清偿比例进行、重整方投入的资金在多少时间内按比例清偿给债权人。

9. 路演重整方案、整合重整企业

破产重整另一个重要环节是拓宽眼界，立足长远，律师团队要尽可能继续参与后期重整企业的整合及后期进入资本市场的操作。后期的操作，是律师团队实现自身收益的重要途径之一。比如，律师团队可以要求律师费折算成为重整企业的股权，通过股权形式支付律师费。这样律师就享有了企业后期重整红利，也保证律师团队每年稳定的收益。另外，作为股东的律师团队就与重整企业共命运，就会尽职尽力做好后续的整合和资本市场引入。这样操作的优势在于，可以打消委托人对律师的不信任，打消其担心律师一拿到律师费就不管后续操作，不继续跟进整个破产重整程序的顾虑。

进行可行性分析后，律师在重整协议中要制订详细的实施方案和经营方案，比较推荐用设立项目公司（SPV 公司）方式进行重组，设立 SPV 公司的一个优点在于可以有效地隔离重组方的风险。重整协议中要明确债务的承接方式、资金投入方式、SPV 公司人事任命权，要重点关注财务运营、利润分配和亏损的承担方式、双方重整过程中的权利义务分配等。

思路导图依据破产重整路径设置，律师在办理破产重整案件过程中，必须严格把控每一个环节的可行性，注重控制破产企业的风险，切忌出现被法院或者债权人认为“逃黑债”等恶性情况发生。律师团队需要全程跟进，做好重整失败或者投资方没有资金等预案。

（四）企业破产重整债务减免产生的所得税问题分析

企业破产重整程序，是通过法律制度设定和有效实施，化解当前我国僵尸企业多的难题。企业破产重整制度是破解僵尸企业的有效途径之一，通过对僵尸企业优质资产剥离、引入高质投资主体等方式，盘活了僵尸企业，有效解决了社会问题。在债权人大会通过方案后，破产重整企业大幅减免债务，也是给破产企业带来重生的机会，但目前破产重整中债务减免所涉及的税收问题却成为破解僵尸企业局面的“拦路虎”，让破产企业无法顺利获得重整。

债务重组业务中债权人对债务人的让步，包括以低于债务计税成本的现金、非现金资产偿还债务等，债务人应当将重组债务的计税成本与支付的现金金额或非现金资产的公允价值(包括与转让非现金资产相关的税费)的差额，确认为债务重组所得，计入企业当期的应纳税所得额中。在实务中，大多采用这种操作方式在债务重组过程中，即便是债权人大会通过的重组方案进行的减债也是要交税的。那么如何利用多效手段来合法地免交或者少交税负，则应该是律师团队要全方面思考的问题。与破产税收减免有关的政策性规定有：《房产税暂行条例》(国务院令第588号)，财政部、国家税务总局《关于大连证券破产及财产处置过程中有关税收政策问题的通知》(财税〔2003〕88号)、财政部、国家税务总局《关于被撤销金融机构有关税收政策问题的通知》(财税〔2003〕141号)等。

社会整体利益之平衡与保护已经成为现代破产重整制度的核心价值理念，即破产重整程序注重对重整企业、各个债权人、当地政府和社区乃至社会利益的综合考量，对资产重组后的预期利益进行统筹安排和再分配。整个破产重整的过程，实际上是法院主持的各债权人进行债权重新规划的过程。不管是债权人会议的召开还是重整计划的通过，都是在公权力的监督和管理下实施的，其透明性和真实性得到保障。

对于在企业破产重整之前产生的税收债权，根据《破产法》第八十二条之规定，税收债权人在重整计划是否通过时拥有表决权，税收债权人可以投反对票拒绝重整方案的通过。但根据《破产法》第八十七条第二款规定，税收债权在破产重整案件中是可以获得全额清偿的，法院可以通过重整计划草案。在2017年最高人民法院公布的“十大破产审判典型案例”中，两个案例的税务部门的税收债权均得到足额清偿。在2018年最高人民法院公布的“十大破产审判典型案例”中，也有三个案例的税收部门的税收债权均得到足额清偿。以上案例的公布，都说明税收债权在破产重整案件中似乎并不需要对债务人进行让步，即使其他普通债权人或者有担保的债权人对重整企业的债务进行减免。

而根据国家税务总局《关于企业重组业务企业所得税处理若干问题的通知》第一条第二款对债务重组的定义，债务重组中债权人须对债务人做出让步。从现有的审判实践来看，一般银行等金融部门对重整企业的债权往往是做出最大让步的，而且银行的债权往往伴随抵押，即使是他们，也会在重整过程中暂时放弃抵押权或者对抵押权打折行使，以利企业重整；企业的职工也就企业应付的经济补偿金做出让步;普通债权人更是做出更大让步,在企业的破产重整过程中,以普通债权清偿率低于20%的方式通过重整方案。正是由于各债权人及担保权人的让步,企业重整才有可能实现。但是作为国家利益的承受者,对国家利益却丝毫不让,这看起来是对国家利益的保护,但是从实质上讲,等于国家要求个人、企业支持企业发展,而国家却可以不支持,这是不合理的。因此,基于利益平衡考虑,国家税务机关可以考虑在后续的破产重整债务减免企业应付的所得税征收上,做特殊处理。

破产重整计划在实施前,得到法院的批准,债权人减免的债权数额,都应当以书面的形式明确。破产重整计划的实施,也被法院以及破产管理人严格监督。因此对破产重整的税收予以减免,税收风险可控。

(五)经典案例分析

案例一:宁波甬立不锈钢破产重整案

本案例为宁波甬立不锈钢材料有限公司(以下简称甬立或甬立公司)、宁波甬杰金属材料加工有限公司(以下简称甬杰或甬杰公司)、宁波甬源不锈钢材料有限公司(以下简称甬源或甬源公司)三公司的联合破产重整。甬杰、甬源公司为甬立公司的关联公司。

甬立公司成立于2001年,公司注册资本金为3000万元,法定代表人王某,因贷款银行收贷、对外担保承担担保责任而导致资金链断裂以致不能清偿到期债务。甬杰公司成立于2006年9月14日,公司注册资本金为1000万元,因受甬立公司牵连,有可能无法清偿到期债务。甬源公司成立于2003年5月13日,公司注册资本金为1800万元,因受甬立公司牵连,有可能无法清偿到期债务。甬立、甬杰、甬源三公司于2013年10月23日向宁波市鄞州区人民法院提起企业重整申请,鄞州法院于2013年11月7日裁定三公司破产重整。

甬立公司申报债权的债权人共39家,管理人审核核定债权金额为322,121,061.9元,职工债权550,804元,其他费用3,044,211.12元。甬杰公司申报债权的债权人共37家,管理人审核核定债权金额为147,412,868.14元,职工债权341,432元。甬源公司申报债权的债权人共48家,管理人审核核定金额为182,551,686.1元,职工债权1,398,092元。

我们团队为实现破产企业的重整目标,引进某投资公司作为重整方。我们团队作为重整方设立的项目公司的律师团队,根据公司的资产负债情况、债权人状况,起草并不断修改重整计划(草案),最终于2014年11月19日由宁波市鄞州区人民法院裁定批准甬立、甬杰、甬源公司重整计划,终止重整程序。项目公司5000万元注册资金用于甬立、甬杰、甬源公司部分债务的清偿。在没有引入重整方的破产清算情况下,甬立、甬杰、甬源公司的债权有抵押或担保的部分,按照拍卖程序或者向第三人追偿的方式清偿;无抵押也无担保的债权清偿比例为:甬立0%,甬杰0.67%,甬源0%。而现在享有抵押担保债权的部分,通过二次抵押的方式,本金100%得到清偿;对于普通债权,就本金部分由项目公司代为清偿12%。

案例二:奉化市星际机械铸造有限公司破产重整案

本案例为奉化市星际机械铸造有限公司(以下简称星际或星际公司)、奉化市永升铸造有限公司(以下简称永升或永升公司)、宁波奉化旺奇贸易有限公司(以下简称旺奇或旺奇公司)、宁波奉化宝杰废品回收有限公司(以下简称宝杰或宝杰公司)、宁波奉化永润机械制造有限公司(以下简称永润或永润公司)五公司的联合破产重整。

星际公司成立于2008年,公司注册资本金4000万元,法定代表人汪某,因受关联公司债务危机影响,致使其无法支付融资本息,资金链断裂,无法清偿到期债务且明显缺乏清偿能力。宁波市奉化区人民法院根据星际公司的申请,于2017年3月27日裁定受理星际公司破产清算一案。永升公司成立于1999年,公司注册资本金600万元,法定代表人汪某;旺奇公司成立于2014年,公司注册资本金600万元,法定代表人王某;永升、旺奇、宝杰、永润公司以其无法清偿到期债务,且明显缺乏清偿能力为由申请破产清算,奉化区人民法院于2017年10月24日分别裁定受理四公司的破产清算案。

为让五家公司能够重整成功,后续能够恢复生机继续经营,我们团队另行为其寻找了意向重整方。2018年3月,重整方在我们团队的协调下与各方管理人顺利签订了重整意向协议。

案例三:临海市绿叶金属制品有限公司破产重整案

临海市绿叶金属制品有限公司(以下简称绿叶金属或绿叶金属公司)成立于2001年,注册资本金为1080万元,法定代表人吴某,股东为吴某和包某,系夫妻关系。绿叶金属公司被依法申请破产清算,经临海市人民法院依法查明其已进入执行程序的债务总额2300万元,可供执行的财产不能清偿到期债务,案件执行程序终结。临海市人民法院认为绿叶金属公司已严重资不抵债,不能清偿到期债务,根据有关规定,于2017年3月7日裁定受理绿叶金属公司的破产清算申请。截至2018年1月,绿叶金属负债共计3484.5万元,其中优先债权954.36万元。绿叶金属资产评估价值为1158万元,快速变现价值810.6万元,不足以覆盖具有优先权的债权人,所以此时普通债权人的清偿比例为0。

我们团队受聘为重整方的律师团队,进行多方沟通、谈判,起草并修改重整计划(草案)。若通过重整计划,则优先债权人本金作为优先债权先行清偿,剩余的153.36万元作为普通债权,与其他普通债权一起得到9%的清偿。直至目前,重整计划(草案)已提交管理人。

(六)企业破产重组的社会价值简析

1.通过全程参与破产重整案件,律师团队的收益一般高于普通诉讼案件。作为团队协作案件,有利于事务所的团队化、专业化建设,同时有利于事务所的公共案源积累,人员稳定。

2.破产重整的成功,挽救了僵尸企业,节约了社会资源,增强了经济活力,增加了就业机会和国家税收,为国家经济稳定增长贡献了力量。

About the
作者简介 Author

沈惜宇

女，1983年10月出生，浙江合创律师事务所律师、青工委副主任。所撰写的论文获得2015年宁波市律师论文实务研讨二等奖，案例获得2018年宁波市律师协会第一届企业破产重整及资产重组路演大赛二等奖；所在团队被评为“2017—2018年度宁波市优秀专业律师团队”；并入选宁波市“成长型”名优律师培育对象。她擅长企业并购重组、股权激励、企业法律顾问等非诉业务。曾主办参与沧海集团与福建建筑龙头企业兴锋盈（福建）集团公司标的七千多万元的并购业务，促进并购交易完成。

联系电话：13566022608　电子邮箱：xiyulawyer@126.com

十一、行政诉讼业务

2014年修正的《行政诉讼法》,主要针对实践中长期被诟病的立案难、审理难、执行难等问题,从保障行政相对人及利害关系人的诉讼权利,扩大受案范围,完善管辖制度、诉讼参加人制度及证据制度等方面进行完善。自修正后的《行政诉讼法》实施以来,彰显出的巨大的变化趋势之一就在于法院受理行政案件数量激增,这对于律师行业的影响,如同硬币的正反面一样,机遇与挑战并存。对此,笔者结合多年来办理行政诉讼案件的实务经验,分享行政诉讼案件代理过程中的一些心得体会,供大家参考。

(一)提起行政诉讼收案

在律师接受委托前,必须和委托的当事人亲自进行较为具体详细的谈话,要求当事人实事求是地介绍纠纷全过程,与此同时,应当对案件作慎重的法律分析,认真倾听当事人的陈述,启发他尽可能详尽、准确地叙述案情,使自己初步掌握该案情况。律师在承接行政诉讼案件时,必须解决好以下问题:

1. 当事人沟通

承接行政诉讼案件时,应当仔细、全面听取当事人对案件事实的陈述;对于部分无法完整、有效陈述案件事实的当事人,可以通过问答方式引导当事人归纳、陈述案件事实,但不得对案件处理结果作出承诺或保证。

2. 制作询问笔录

与当事人沟通时，应根据问答内容制作询问笔录，笔录内容一般应包含：询问时间，一般精确到分；询问地点，一般在律师事务所进行；询问人员，一般为承接行政诉讼案件的承办律师；被询问人员，一般为行政诉讼案件的委托人，应记录被询问人员的身份证号码、联系电话、有效送达地址；记录人员，可由承办律师记录，也可由辅助人员记录；询问事项或行政纠纷的具体案由；具体的问答内容，一般应包含行政纠纷类型、被诉行政主体、被诉行政行为具体内容、被诉行政行为发生时间、被诉行政行为所涉及的事实、行政行为侵害的合法权益、行政诉讼目的及预期；被询问人署名，在签名前应将询问内容复述一遍，待被询问人确认后再签名。

3. 收集案件材料

律师在办理行政诉讼案件时，应要求委托人提供行政诉讼案件所必需的证据材料，一般应包含：原告资格的证明材料、被告信息、行政行为载体（诉不作为的应提交履职申请及送达凭证）、行政行为送达凭证、行政程序的有关材料、其他与案件有关的材料。

（二）诉讼可行性评估

根据《行政诉讼法》第四十九条规定："提起诉讼应当符合下列条件：（一）原告是符合本法第二十五条规定的公民、法人或者其他组织；（二）有明确的被告；（三）有具体的诉讼请求和事实根据；（四）属于人民法院受案范围和受诉人民法院管辖。"一旦符合前述条件，诉讼便告成立，但若公民、法人或者其他组织未在法定起诉期限内提起行政诉讼，法院将无法对被诉行政行为进行合法性及合理性审查。因此，诉讼可行性评估应着重解决以下几个问题：

1. 受案范围

《行政诉讼法》第十二条从正面列举了行政诉讼的受案范围，《行政诉讼法》第十三条、最高人民法院《关于适用〈中华人民共和国行政诉讼法〉的解释》（以下简称《适用解释》）第一条、第二条规定，从反面列举了不属于行政诉讼受案范围的情形。行政诉讼的受案范围问题，又被定义为行政行为的可诉性问题。实务中，判断行政行为的可诉性时应优先判断行政行为是否属于《行政诉讼法》第十三条、《适用解释》第一条、第二条规定的不可诉的行政行为类型,只有不属于上述条款中规定的行政行为类型,才有论证该行政行为是否可诉的现实意义。另外,我们在判断行政行为可诉性时,有个基本的判断准则,即行政行为是否可能会对行政相对人及利害关系人的合法权益造成实际的不利影响。

2. 管辖法院

根据《行政诉讼法》第三章的规定,行政诉讼案件的管辖主要为级别管辖与地域管辖。

行政诉讼中级别管辖是指上下级法院之间受理第一审行政案件的分工和权限。《行政诉讼法》第十四条规定:“基层人民法院管辖第一审行政案件。”据此,除法律规定由上级法院管辖的特殊情形外,行政案件都应由基层法院负责管辖。中级人民法院管辖的第一审行政案件有以下三类:一是被告级别高的案件,包括县级以上人民政府和国务院各部门为被告的行政诉讼案件;二是专业性强的案件,比如海关处理的案件;三是本辖区内的重大、复杂案件,这类案件在实务中较少碰到。

行政诉讼中地域管辖是指在同一级别法院之间横向划分其各自辖区内受理第一审行政案件的权限。地域管辖分为一般地域管辖和特殊地域管辖,一般地域管辖是指按照最初作出行政行为的行政机关所在地确定的管辖,采取“原告就被告”原则。特殊地域管辖是按照法律特别规定所确定的管辖,比如因不动产而提起的诉讼,由不动产所在地的法院管辖;又如对限制人身自由的行政强制措施不服提起的诉讼,由被告所在地或原告所在地法院管辖;再如经过复议的案件,既可以由最初作出行政行为的行政机关所在地法院管辖,也可以由复议机关所在地法院管辖。

目前实务中,在宁波地区范围试行行政诉讼案件异地交叉管辖的方案,行政相对人及利害关系人可以选择到交叉管辖的法院提起行政诉讼。例如,宁波市住房和城乡建设局作出行政处罚行为,该局所在地基层法院为鄞州区人民法院,根据《行政诉讼法》的规定,应当由鄞州区人民法院受理,但根据《关于宁波市两级法院行政诉讼案件管辖的规定(试行)》,可以选择到鄞州法院、余姚法院或慈溪法院提起诉讼。

3. 原告的诉讼主体资格

《行政诉讼法》第二十五条规定两类人可以作为行政诉讼的原告提起诉讼,一类为行政相对人,另一类为利害关系人。行政相对人比较易于理解,难点在于利害关系人的资格判断。实务中，利害关系人的判断，一般通过观察其自身合法权益是否会受到行政行为侵害为标准。《适用解释》第十二条、第十三条规定了六种利害关系人：(1)相邻权、公平竞争权受到侵害的；(2)行政复议等行政程序中被追加为第三人的；(3)受害人；(4)撤销或变更行政行为合法权利受到影响的；(5)涉及自身合法权益的投诉人；(6)行政机关作出行政行为时依法应予保护或应予考虑的债权人。

其中，第六种比较特殊，在2018年2月8日《适用解释》施行前，诉讼实践中对于债权人的原告诉权问题是比较保守的，基本上不赋予其提起行政诉讼的权利。

4. 起诉期限

行政诉讼案件中的起诉期限因行政相对人及利害关系人起诉的对象与程序不同而有所不同，具体分为以下三种：

(1)作为类行政行为的起诉期限可以分为以下三种情形：一是行政机关已将具体行政行为向行政相对人送达，并告知其诉讼权利或起诉期限的，其起诉期限为自知道或者应当知道行政行为之日起六个月；二是行政机关向行政相对人送达行政决定书，只告知了行政相对人行政行为的内容，但并未告知其诉讼权利或起诉期限的，起诉期限为自知道或者应当知道诉讼权利或起诉期限之日起六个月，但从知道或者应当知道行政行为内容之日起最长不得超过一年；三是行为虽然客观上作出了，但是行政机关根本没有告知行政相对人行政行为的内容，行政相对人事后才知道行政行为内容的，起诉期限为自知道或者应当知道该行为的内容与诉讼权利之日起六个月，但法律规定了最长保护期限，因不动产提起诉讼的案件自行政行为作出之日起超过二十年，其他案件自行政行为作出之日起超过五年，法院将不再受理。

(2)不作为类行政行为的起诉期限可以分为以下三种情形：一是积极不作为，行政行为当场成立，行政机关明确拒绝之日，就是起诉期限六个月的起点。二是消极不作为，具体包含以下三类：如果法律法规规定了行政机关履行职责的期限，则该期限届满之日就是起诉期限的起点；如果法律、法规没有规定行政机关履行职责的期限，则行政机关在接到申请之日起两个月内仍不履行职责的，两个月期满之日就是起诉期限的起点；在紧急情况下，行政相对人请求行政机关履行保护其人身权、财产权等合法权益的法定职责，行政机关不履行的，可以当即起诉。

(3)对于经复议才提起诉讼的案件可以分为以下两种情形:一是复议机关作出复议决定的,行政相对人可以在收到复议决定书之日起十五日内起诉;二是复议机关逾期不作出复议决定的,行政相对人可以在复议期满之日起十五日内起诉。

关于起诉期限,还有一点比较容易忽视,《行政诉讼法》就起诉期限有"法律另有规定的除外"之例外规定,也就是其他法律对起诉期限另有规定的,应当依据其他法律的规定处理。例如《食品卫生法》规定的起诉期限为十五日;《土地管理法》规定的起诉期限为三十日等。

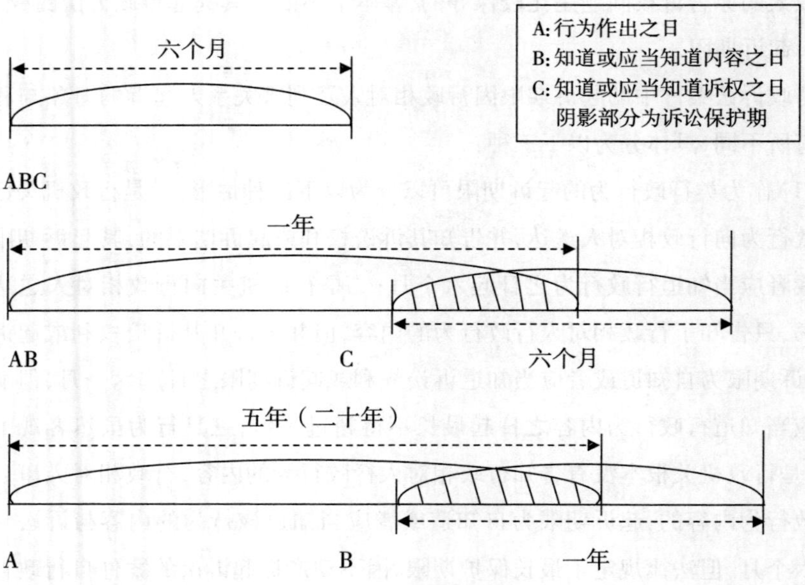

图6 起诉期限示意图

另外,行政诉讼案件的起诉期限制度与民事诉讼案件的诉讼时效制度存在明显的差异:

第一,民事诉讼案件中的诉讼时效,人民法院不能主动审查,只有在被告以诉讼时效抗辩后,才可以审查,超过了诉讼时效,并不意味着丧失了起诉权,只是丧失了胜诉权,也就是说,案件可以受理,但无法胜诉。而在行政诉讼案件中,法院应依据职权主动审查起诉期限,一旦超过起诉期限,法院应当裁定不予立案,已经受理的也应当裁定驳回起诉,也就是说,连立案的机会都没有。

第二,民事案件中的诉讼时效,存在中止、中断的情形。而行政诉讼案件中的起诉期限是一个不变期间，不存在中止、中断的情形，只有期限的扣除和延长问题，在行政诉讼中，因不可抗力或其他不属于自身原因耽误起诉期限的，被耽误的时间不计算在起诉期限内。鉴于起诉期限系行政诉讼领域的专有名词，故在庭审时切勿用错概念，否则会让法官对律师的专业素养产生怀疑。

5. 可行性评估报告

可行性评估主要应集中于行政行为合法性的初步判断上，审查行政行为是否存在超越职权、滥用职权、没有职权、主要证据不足、违反法定程序、适用法律错误、行政行为内容明显不合理等情形。

可行性的判断不仅要考虑行政行为本身的可诉性、合法性、合理性等问题，还要考虑司法审判实践中的具体裁判标准。制作诉讼可行性评估报告，一般应包含本节中涉及的内容及相似案例检索，并据此提出诉讼建议（建议起诉或不建议起诉）。

6. 诉讼方案

根据当事人陈述及其提供的相关证据材料，经与当事人沟通后，确定具体的诉讼方案。设计诉讼方案时应当考虑如下要点：

（1）关联性，若想通过诉讼尽可能直接实现诉讼目的，例如在国有土地房屋征收补偿纠纷中，一般应优先选择与安置补偿直接相关的征收补偿决定或补偿安置协议作为诉讼标的，但征收决定存在明显错误的，还是要坚决提起前置诉讼；

（2）独立性，异地交叉管辖、提高级别管辖能从一定程度上减少行政干预；

（3）目的性，行政诉讼的目的是通过诉讼化解行政争议，若想通过判决方式直接实现诉讼目的往往非常困难，那么行政调解或行政和解就成为第二选择，诉讼到一定阶段后，选择调解或和解更为经济。

（4）效率性，在设计诉讼方案时，还要考虑其他与行政行为合法性高度关联的事项，例如是否存在规范性文件的合法性审查问题、是否存在国家赔偿事项。如存在上述事项的，那么在设计诉讼方案时应当一并考虑规范性文件司法审查、国家赔偿等诉讼策略，提高诉讼效率。

（三）委托代理

律师在决定接受诉讼代理后，应做好签订委托代理合同的工作，在委托书中明确说明律师代理的权限范围，委托代理合同经双方签字（盖章）即为成立。

1. 委托代理材料

自然人当事人应提交以下委托代理材料：身份证复印件、当事人送达地址确认书、授权委托书、委托须知、服务质量监督卡、诚信诉讼承诺书、证据材料、其他应当提交的材料。

法人当事人应提交如下委托代理材料：企业营业执照、法定代表人身份证明书、法定代表人的身份证复印件、当事人送达地址确认书、授权委托书、委托须知、服务质量监督卡、诚信诉讼承诺书、证据材料、其他应当提交的材料。

2. 签订委托代理合同

委托代理合同内容一般包括：委托人、律师事务所指定的承办律师、诉讼标的、勤勉尽职、律师费金额、付款方式、代理阶段、违约责任、合同解除等条款。

3. 收费、开函

签订委托代理合同后，承办律师应当及时要求委托人按照委托代理合同约定将律师费足额支付至律师事务所账户，律师事务所收到律师费后开具等额税务发票，承办律师应将税务发票交给委托人，并制作签收记录。

律师事务所收到律师费后，承办律师方可向律师事务所申请开具公函，律师事务所公函格式应使用司法行政部门要求的统一版本。公函内容包括原告、被告、案由、管辖法院等信息。

（四）起诉

1. 起草起诉状

行政起诉状【示范文本】

原告（自然人）：姓名（身份证号码为×××），性别，出生年月日，住所地，联系电话。

原告（法人）：企业名称（社会统一信用代码证为×××），住所地，法定代表人

（职务），联系电话。

被告：名称，住所地，法定代表人（职务）。

诉讼请求：

一般有以下几种请求方式：请求判决撤销或变更行政行为；请求判决行政机关履行特定法定职责或给付义务；请求判决确认行政行为违法；请求判决确认行政行为无效；请求判决行政机关予以赔偿或补偿；请求解决（继续履行、解除、撤销等）行政协议争议；请求一并审查规章以下规范性文件；请求一并解决相关民事争议。

事实与理由：

一般包括以下内容：原告依法享受的权利和利益；影响原告权利义务的行政行为；认为行政行为违法的具体理由有以下几点：

一是认为行政主体不具备相应的法定职责或超越法定职权；

二是认为行政行为认定事实不清。主要阐述行政行为认定的事实是否客观真实，证据是否充分，是否存在与行政实体法中的行为模式条款相悖的违法行为；

三是认为行政行为适用的法律依据不正确。主要阐述行政行为作出时适用的依据，是否存在适用依据层级不符，或适用依据存在与上位法相抵触的情形；

四是认为行政行为违反法定程序或正当程序，主要阐述行政行为作出前是否履行相应的法定程序，例如告知陈述申辩权、举行听证、批前公式、批后公告等。

此致

管辖法院

具状人：

起诉时间

行政起诉状的事实与理由部分书写时，陈述事实应当简洁明了，突出重点，切忌拖沓冗长。在事实陈述中，要着重陈述与诉讼请求有关的事实，省略与此无关的事实。在理由陈述中，实际上是应用法律逻辑思维结合法律规定提出法律结论的过程，律师应当在此部分鲜明地亮出强有力的观点，建立先入为主的优势。

2. 整理证据材料

证据目录【示范文本】

序号	证据名称	证明目的	证据来源	页码
1				
2				

证据材料一般包括原告诉讼主体资格的证明材料、行政行为载体、要求行政主体履行法定职责的证明材料、行政行为送达凭证、行政程序事项有关材料等。没有关联性且不属于证据链中必要环节的证据，可不予举证。

证明目的一般应从行政行为的合法性、合理性阐述，比如证明行政主体超越法定职权、行政行为认定的事实与证据证明的事实不符、行政行为程序不当、行政行为内容明显不合理等。

保存于行政机关的证据材料，承办律师可以根据《政府信息公开条例》的规定，向行政机关申请公开相关证据材料；如相关证据材料保存于档案管理部门的，应当根据《档案法》的规定向档案管理部门查询获取；另外，还可以向人民法院提出调查取证的申请。

开庭前原告律师应提醒原告，携带相关证据材料的原件到庭，准备庭审当天查验。从审慎角度出发，最好在开庭前由律师与原告核对证据原件，确保与复印件一一对应。

（五）庭前准备工作

1. 及时关注被告举证情况

原告律师在立案后，应通过各种方式了解案件进度。人民法院会在立案之日起五日内将起诉状副本送达给被告，被告收到起诉状副本后应于十五日内向法院提交行政答辩状、相应的证据材料和法律依据，人民法院会在收到被告的答辩材料之日起五日内送达给原告或其指定的代理律师。考虑到送达在途时间，原告律师应当在立案之日起三十日左右确认是否收到被告提交的相关材料，如未收到相关材料，则应及时向法院了解原告材料的送达情况及被告的举证情况。因为《行政诉讼法》规定，被告超过期限未举证的视为没有证据，这是非常严格的举证责任制度。

2. 分析研究被告证据材料后形成质证意见

对于被告提交的证据，原告律师应当仔细研究并形成质证意见。青年律师在刚接触诉讼实务时，相对而言缺乏庭审的应变能力，所以在开庭前对被告证据进行充分的分析、研究，是十分有必要的。书面质证意见的准备，有利于庭审时流畅地发表意见，另外如果提交书面的质证意见，也更有利于法官理解原告律师的意见。

3. 进一步调查取证

一般在起诉前，我们会完成调查取证工作，但在收到被告的举证材料进行分析、研究后，可能会产生新的疑点，需要进一步调查取证，以反驳被告的辩解，完善原告的证据链。

对于立案后调查取证获取的证据，应当第一时间提交给法院，举证通知书中有明确举证期限的，应在举证期限内提交给法院。确实因客观原因在举证期限届满后获取的证据，也应在开庭前提交给法院，避免当庭提交证据。

4. 做好开庭攻防准备工作

一个认真负责的原告律师，不仅仅要有庭审的临场应变能力，更多的要做到庭前充分的准备工作。要事先考虑被告的防守策略，做好二次进攻准备，原告律师可以从以下几个方面寻找思路：

(1)被告答辩状中阐述的答辩观点。被告提交的答辩状会体现其整体的防守思路，原告律师可以从中寻找破绽，比如答辩观点自相矛盾、答辩观点回避争议焦点、答辩观点曲解法律本意等。另外，被告答辩时，往往会绕开实体纠纷而从程序角度防守，以原告起诉不符合行政诉讼的受理条件为由请求法院驳回原告起诉。此时，原告律师应当将内容再次梳理，看是否存在答辩状所称的不符合受理条件的情形。

(2)被告提交的证据。证据一般分为职权证据、事实证据与程序证据，不同证据寻找破绽的侧重有所不同。职权证据侧重法律条文的分析，即法无明文规定不可为的行政法原理；事实证据侧重证据事实与客观事实的一致性分析，主要包括行政行为认定的事实所发生的时间、地点、人物、起因、经过、结果等要素；程序证据侧重程序行为是否充分、程序期限是否遵守等方面。通过上述分析，针对被告提交的证据准备反驳证据，否定被告证据的证明效力。

(3)被告提交的法律依据。主要从以下方面寻找思路：第一，是否存在与上位法相抵触的情形，如果有抵触，则应提前准备好相抵触的上位法具体条文；第二，是否存在被废止的情形，如有，则应提前准备好废止决定或新规定；第三，是否存在适用条文不准确的情形，如有，则应提前准备好准确的条文。第四，是否存在适用条文不完备的情形，如处罚行为与补偿等给付行为，未提供能够得出最终计算结果的具体依据。

(六)法庭审理阶段的代理工作

法庭审理阶段是行政诉讼程序的主要阶段。原告律师应在不超越代理权限和保护原告合法权益的前提下，根据事实和法律充分履行代理职能。

1. 法庭审理开始时，原告律师首先应注意被告出庭人员的身份。根据《适用解释》第一百二十八条的规定，被告负责人应当出庭应诉，如果负责人无法出庭应诉的，应当委托工作人员出庭，不能仅委托律师出庭。笔者曾在宁波市中级人民法院开庭时，碰到行政机关仅委托律师出庭应诉，且未说明负责人无法出庭理由的情形，法院向该部门作出了司法建议书。另外，根据《适用解释》第一百二十九条的规定，对于涉及重大公共利益、社会高度关注或者可能引发群体性事件等案件以及人民法院书面建议行政机关负责人出庭的案件，被告负责人必须出庭。该条规定用了"应当"，说明是强制性规定。

2. 法庭调查阶段，原告律师的主要任务是代表原告对被告证据进行质证、回答主审法官的询问以及经审判长许可向被告发问。原告律师对被告及其诉讼代理人的回答和陈述要注意听，发现有新的事实、证据应及时记录下来，以便再次陈述或补充自己的意见和论点。在对证据进行质证时，原告律师的主要任务是从合法性、真实性、关联性以及证据的证明目的等方面对被告提供的证据发表质证意见。询问证人时，要紧紧围绕证明目的询问，切不可引导式提问。

3. 法庭辩论阶段，除法庭归纳的争议焦点外，原告律师应当主动围绕被诉行政行为是否合法、适用法律法规、规范性文件是否正确、是否具备法定的行政主体资格、是否履行了相关的职责等问题展开辩论。同时，应当对被告提出的不正当理由、不客观事实等谬误进行反驳或说明。具体来说，原告律师在法庭辩论中需特别注意以下两点：

（1）证据是否真实可靠。原告律师应注意证据是在什么情形下提取的。一般来说行政机关应在作出某一行政行为时就掌握着作出该行为的事实证据。但有的证据并不真实，有的证据是行政机关不得不在事后补充的证据，原告律师应注意行政机关作出决定时证据的真实可靠性，更应注意考察事后补充证据的真实可靠性。

（2）适用法律是否正确。首先应看行政机关的行为有无法律依据。有时行政机关作出决定的依据是行政机关内部的规范性文件，所以原告律师应认真考察该规范性文件是否与法律、法规相抵触，如果抵触，原告律师应在法庭辩论中指明应以法律为准；其次要注意审判实践中出现的一些审理重点，如审查行政机关作出行为时适用的具体法律条款是否合适、有效，被诉行政行为是否符合法律所要求的程序等。

4. 庭审结束后，原告律师应及时整理庭审记录，向原告汇报庭审情况，并根据需要提交书面的代理意见，就案件相关情况进一步与承办法官在法院的办公场所进行沟通。

（七）其他问题

1. 非诉执行

行政纠纷经过法院裁判后，诉讼双方在行政法上的权利义务得到确定，并受其拘束。负有义务的一方拒绝履行的，案件将进入执行程序。但在另外一些情形下，行政机关所做的行政行为没有经过法院裁判，负有义务的行政相对人拒绝履行的，也可能需要法院强制执行。非诉执行是指负有义务的行政相对人在法定期限内不申请行政复议或提起行政诉讼，又不履行行政决定的，行政机关申请法院用国家强制力实现行政行为内容的执行方式。

（1）非诉执行的条件

行政机关申请法院强制执行有关具体行政行为，必须同时满足以下条件：

①主体条件。无直接强制执行权的机关，以及《税收征收管理法》和《海关法》特别规定的税务局和海关既可以自己强制执行，也可以申请法院强制执行。

②时间条件。行政相对人在法定期限内不申请行政复议或提起行政诉讼，且在义务履行期内不履行行政决定的，行政机关可以自期限届满之日起三个月内，申请法院强制执行。法定期限届满是指起诉期、复议期和履行期三个期限都届满。

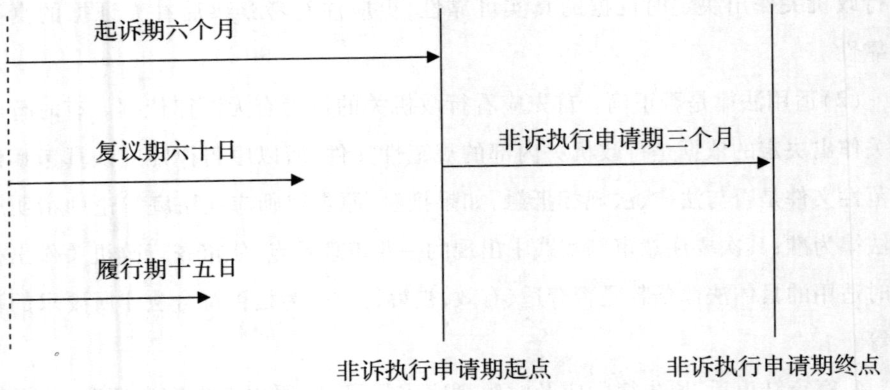

图7　非诉执行的申请时间图

需要注意的是，履行期和救济期均取决于特别法律规定及具体案情。比如，《专利法》规定起诉期为三个月，那么，法院的非诉执行申请期也会随之而有所调整，但基本规律就是起诉期、复议期和履行期中时间最长的期限届满之时就是可以申请法院非诉执行的时间起点，然后在三个月内可以申请法院非诉执行。

另外，行政裁决所确定的权利人或其继承人、权利承受人申请法院强制执行的，应在行政机关的申请期限届满后六个月内提出，即“非诉执行申请期终点”就是裁决权利人申请法院强制执行的起点，期限为行政机关申请期限届满之日起六个月。

(2)非诉执行的管辖

行政机关申请法院强制执行的，一般由申请人所在地的基层法院管辖。但执行对象为不动产的，由不动产所在地的基层法院管辖。

2. 申请停止行政行为的执行

诉讼期间不停止行政行为的执行，这是《行政诉讼法》确立的一项重要制度，这项制度是以行政行为具有确定力、执行力所确定的，是一种行政效率优先思维影响下的制度设计。但如果执行将造成难以弥补的损失,原告律师可以尝试向人民法院提出行政行为停止执行的申请,并阐述具体的理由。实务中,符合以下情形之一的,被诉行政行为会被裁定停止执行:(1)被告认为需要停止执行的;(2)原告或利害关系人申请停止执行,人民法院认为该行政行为的执行会造成难以弥补的损失,并且停止执行不损害国家利益、社会公共利益的;(3)人民法院认为该行政行为的执行会给国家利益、社会公共利益造成重大损害的;(4)法律、法规规定停止执行的。当事人对停止执行或不停止执行的裁定不服的,可以申请复议一次。

3. 申请证据保全

《行政诉讼法》第四十二条规定:"在证据可能灭失或者以后难以取得的情况下,诉讼参加人可以向人民法院申请保全证据,人民法院也可以主动采取保全措施。"证据保全的目的在于通过法定程序将证据的证明作用保存下来,防止证据灭失或者以后难以取得给当事人的举证及法院调取证据造成困难,进而影响案件事实的认定。对于比较紧急的事态,如果不通过司法程序保全证据,可能造成与行政行为有密切关联关系的证据灭失的,原告律师可以向人民法院提出申请证据保全。例如房屋拆迁纠纷中,列入拆迁范围的房屋可能存在被违法拆除的风险,而该房屋本身又是拆迁纠纷的焦点,如果灭失将严重影响与拆迁补偿安置相关事实的查清,此时可以依法向人民法院提出保全房屋的申请。

4. 申请撤诉

行政诉讼中可以申请撤诉。从法院的审判实践来看有以下几种情形:一是具体行政行为合法,原告起诉后认识到自己行为违法,行政决定正确,原告律师可说服原告申请撤诉;二是被告改变违法行政行为,纠正了错误,原告也可以申请撤诉。这两种情形都是法律允许的,主动权也都在原告方。但是否准许原告撤诉,应当由人民法院作出裁定。行政诉讼中申请撤诉要非常谨慎,法院裁定准许原告撤诉后,原告以同一事实和理由重新起诉的,法院不予立案。但因诉讼费缴纳问题按撤诉处理,原告在法定期限内再次起诉,并依法解决诉讼费预缴问题的,法院应予以立案。这一点与民事诉讼不同。在民事诉讼中,原告的撤诉经法院准许后,视为自始未起诉,原告仍有权提起诉讼。好多刚接触行政诉讼的青年律师会一不小心失误,不但影响了行政诉讼的成败,也可能引发当事人的投诉。

5. 群体性案件的代理

群体性案件多发生在土地征收、房屋拆迁、劳动争议等领域。群体性案件往往具有涉及人员多、诉争利益大、协调难度高等特点，青年律师承接该类案件时，建议选择与专业从事行政诉讼业务、经验丰富的律师合办，提高办案质量、避免办案风险。

代理群体性案件，根据《行政诉讼法》的规定，可以由当事人推选代表人进行诉讼，一般情形下由诉讼代表人与律师进行沟通、交流。当然，律师在接受群体性案件委托时，应当召集所有当事人，给大家讲清楚诉讼的思路、方案以及诉讼风险。

另外，代理群体性案件时，原告律师应当避免煽动、策划当事人上访、堵路、游行、示威等方式给政府、法院施加压力。律师能做的，只能是认真研究案件，为当事人指出解决问题的法律途径，并通过法律途径帮助当事人获取诉讼利益。一个成熟的原告律师，不但要维护当事人的合法权益，还要顾及行政机关的难处，从行政机关的视角分析、解读案件，反而更有利于行政纠纷的化解。《行政诉讼法》规定了行政调解制度，这也给群体性案件的处理提供了新的解决方案，对立往往走向绝路，理解更能创造机会。

代理一起行政诉讼案件，最难的环节在于诉讼思路的设计和整体诉讼架构的搭建。行政诉讼案件与民事诉讼案件不同，在起诉期限、重复起诉的限制、证据规则等方面都更为严格。因此，原告律师代理行政诉讼案件必须一步到位完成诉讼的设计和架构，这就需要律师专业上过硬，对案件的前瞻性要足够高。虽然民告官胜诉难，但诉讼代理的最终目的在于实质性地化解行政争议，切实地为民众、也为政府解决问题，这也是每一个律师应当一以贯之的办案信念。只有及时有效地调处纠纷，才能体现行政诉讼法本身所蕴含的立法精神，实现行政诉讼实践中追求的最佳状态和效果，同时也为拓展律师业务打开新的思路。

About the Author
作者简介

龚海峰

男，1987年8月出生，浙江共业律师事务所副主任。2015年到宁波市人民政府法制办公室挂职半年。2019年入选宁波市“成长型”名优律师培育对象。2020年受聘为宁波市高层次人才法务专员。所撰写的论文《行政协议撤销之诉复合型审查思路的路径探析》获2020年宁波市律师实务理论研讨会二等奖。所在的“共业行政+”团队获“2017—2018年度宁波市优秀专业律师团队”荣誉称号。擅长政府法律顾问、行政诉讼、政府基金投融资等业务。

联系电话：15957480918　电子邮箱：344543646@qq.com

十二、劳动人事业务

劳动人事关系，包含劳动关系和人事关系。劳动人事关系是我们社会最普遍、最常见的法律关系，特别是人事关系还是我们中国特有的法律关系。劳动关系具有人事关系全部特征，人事关系的法律服务和处理规则，很多是参照劳动关系处理的。律师在劳动关系的服务中，要么代表用人单位(称为雇主更简洁、更符合法律用语)，要么代表劳动者(称为雇员或劳工更简洁、更符合法律用语)。无论律师代表哪一方，只要依法提供服务，都是在为社会和谐出力，为劳工保护出力，特别是为雇主一方提供非诉法律服务，让雇主合法用工、规范用工，让劳动纠纷更少或处理得更快捷，其实是更高层次的保护劳工权益。另外，劳动人事服务还有一个特殊的仲裁程序。

劳动人事案件的办理程序，一些律师事务所或一些律师协会的办案流程，已经梳理得非常清晰，本部分就律师诉讼代理、非诉讼服务和仲裁程序中容易忽视的问题，提示应注意的事项，旨在给青年律师办理此类案件做简要引导。

(一)诉讼业务

1. 梳理案情

劳动关系持续、易逝、细琐、少痕迹，事实繁杂、是非模糊，本身存在“清官难断家务事”的困境。案件审理中，容易出现仲裁员或法官提问，代理人无法回答，审理效率不高的尴尬；常出现事前案情梳理不清，仲裁或诉讼中触礁翻船的乌龙事件；

案情梳理不清，无法给当事人确定合理诉求，容易出现当事人的不满，影响律师业务开拓；用人单位会有各种规定或约定，但是规定或约定永远无法百分之百落实，书面规定或约定、领导指示与实际状况，通常存在差距，劳资双方都存在把规定或约定等同于实际的错觉，必须通过案情梳理分清；案情梳理，是办理劳动人事案件的基础，基本梳理如下：

（1）用人单位：成立时间、人员来源，有无人员继受、组织架构、主要办公地点、内部服从体系。

（2）劳动者：出生年月、是否军转、户口性质、是否为特殊保护人员。

（3）劳动关系建立：进入单位方式、进入单位时间、通过何人接洽进入公司、有无 offer、有无聘书、有无劳动合同、有无入职登记、有无入职体检。并且律师须收集以上信息的痕迹及凭证。

（4）工作：约定工作，如职位名称、所属组织或部门、上下级关系、岗位职责、工作内容、工作汇报对象；实际工作，如职位名称、所属组织或部门、上下级关系、岗位职责、工作内容、工作汇报对象、工作岗位有无职业危害。实际工作信息痕迹或凭据在降薪、调岗、解雇案件中，无论是代理雇主还是雇员，对判定责任和对错都非常重要。

（5）工资：规定工资，如劳动合同约定工资、成文薪资制度、面谈确定工资。实际工资，如工资组成明细、工资支付周期（每月支付的工资具体是对应哪一段工作时间的工作）、工资支付方式、工作组成中各项工资的核算标准，绩效或奖金的核算方式、兑付标准、兑付时间、兑付条件，并收集实际工资信息痕迹或凭据。

（6）工时：规定工时，如标准工时、不定时工时、综合计时、上班时间、下班时间、每周工作时间、每月休息天数。实际工时、标准工时、不定时工时、综合计时、上班时间、下班时间、每周工作时间、每月休息天数，并收集实际工时的痕迹或凭据。

（7）考勤：考勤方式（点到、签到、打卡、指纹、钉钉等），考勤次数，满勤时间。

（8）工作年限：在当时纠纷单位的工作年限、连续计算工作年限、累计工作年限。并收集这些信息的痕迹及凭证。任何劳动争议都可能导致劳动关系的解除或在调解中协商解除，都可能会用到这些信息，而且这些信息还涉及年休假、病假、补偿金这些待遇的计算或成本预估。

（9）休息休假：工间休息、周末休息、各类带薪假应休假天数，实际休假天数。

(10)纠纷发生时间和原因：冲突发生时间，发生原因，直接冲突人，向单位内部已经提出申诉的对象的姓名、职位、向其申诉的方式，单位内部对当事者已经实施处理的，落实相关人员姓名、职位，落实处理或处罚的方式。

案情梳理最好根据自己办案特点做成清单。对清单优化处理后，提交一份给仲裁庭或法庭，可以大幅度提高庭审效率。同时为自己案情呈现植入先入为主的认知，提高胜诉率。

2. 梳理政策

劳动人事案件审理虽然也是"以事实为依据，以法律为准绳"，但是这里的法律概念的内涵与外延，不同于普通的民商事法律事务。劳动法律中有其他部门法律所不具有的劳动基准法，劳动基准法包含各部门、各地方落实国家劳动法律有关的政策规定和各种保护劳动者权益的规定。这些具体的政策规定，各地不同、各部门不同，实际效力甚至高于国家的法律。因此梳理案情，确定争议后，就是要检索各部门和争议所在地区的相关政策规定。

检索可以按照以下路径进行：

(1)司法解释，特别是最高人民法院行政庭的有关司法解释或解答。

(2)劳动部的政策规定，特别注意发文的先后、效力先后。

(3)争议所在省份省人大制定的相关地方法规、省政府发布的相关政策、高级法院的审判指导意见。

(4)争议案件所在省份省人社厅的相关规定、省劳动人事仲裁委员的审判指导意见。

(5)争议所在地的地级市人大制定的相关规定、市政府发布的相关规定、争议所在地中级人民法院的审判指导意见。

(6)争议所在地的地级市人力资源和社会保障局的相关政策规定、市劳动人事仲裁委员会发布的相关意见或政策。

(7)另外一些社会保险项目县级或统筹县市也会有自己独特的政策规定。

3. 检索排除案例误导

劳动法本身就支持、鼓励各地通过劳动基准，逐步提高劳动保护标准，加上各地劳动政策法规也存在不同，同案不同判在劳动人事案件中是非常普通的现象，以各种公众微信号或媒体的案例为参考，很容易掉进沟里，如果客户以网上案例为依据提出要求，约定要分清案例所在地，判断其是否有参考价值，有必要的话，要检索案件管辖地法院的案例，排除其他地方法院案例的误导。

4. 确定诉求

根据案情梳理，给客户分清三个事实：案件的客观事实、现有证据呈现的事实、将来可能认定的事实。三个事实的区别必须清晰、明确，并告知客户，仲裁员或法官是根据认定的事实作出裁决或判决。

分清三个事实，了解客户要求（起诉诉求或应诉诉求）后，根据案情梳理的结果和政策规定，给客户提供诉求的建议，分析原因，确定诉求。劳动案件中，客户的要求与律师设置的诉求二者通常存在差异。社会劳资双方本身是互利共生关系，并非工业早期的对立冲突关系，律师代理中不能仅仅考虑一方利益、一方要求；劳动纠纷，除了雇主恶意滥权和雇员品行不端或碰瓷外，其他纠纷通常各方均有原因，原因可能是立场、可能是误会、可能是意外，可能双方均无过错或双方对错和责任并非泾渭分明，甚至即使在法律上泾渭分明，在社会道德上也并非泾渭分明，代理过程本身难以单纯根据法律规定确定诉求。劳动纠纷，有很强的群体示范性和社会影响力，对方会攻击本方在事实、法律、道义上的弱点。劳动纠纷本身强调调解，有调解程序，仲裁庭或法院都会进行调解，而且调解时会抓住各方的弱点，进行劝导；即使裁决或判决，法院也会考虑到法律之外的社会道德和秩序。因此，确定一个合法、合理、符合劳动司法实践实际状态的诉求非常重要。

确定合法、合理的诉求，符合劳动司法实践实际状态，本身有利于达成和解或调解，有利于妥善、合理地化解社会矛盾，也有利于提高审理结果的可预见性，提高客户对律师的信任感。

5. 呈现案情

审理者从提高审判效率角度考虑，希望在诉讼或应诉过程中，申请书（或起诉状）及答辩状简单、明确、直接，案情简化，但是劳动纠纷本身存在“清官难断家务事”的复杂性，简单、明确、直接通常会导致案件事实失真，裁决或判决结果让各方难以接受，这是劳动纠纷二审屡高的原因之一。

无论代理雇主还是雇员，案情呈现，除了简单、明确、直接之外，还必须将对方的具体不当，对方行为对本方利益、管理、就业、道义上的侵害穿插描述进去。

仲裁员或法官，大都是没有企业或事业单位工作、生活经验的普通人。无论是代理雇主还是雇员，在案情呈现时都要考虑、预估仲裁员或法官在企业和事业单位工作、生活经验缺失的盲点，在案情呈现时描述出来。

无论代理雇主还是雇员，案情呈现中，还应尽可能地将本方的道德困境、对方道德不当呈现出来，当然不要出现侮辱性、攻击性用语，更不能偏离案件长篇大论。把道德难题提出来，不仅有利于仲裁员、法官的调解，而且有利于裁决或判决时考虑更加全面，更高层次地解决后续可能出现的类似劳动纠纷。

6. 证据组织

劳动人事案件证据组织，与普通民事案件的唯一区别是与案件诉讼请求无直接关系，但是对于体现企业或单位独有的管理、秩序、责任有关证据也要提交，或者作为参考资料，提交给仲裁员或法官。这种资料有助于仲裁员或法官理解企业状态或就业环境。

7. 结案报告或建议

劳动纠纷发生的原因或主要原因，是企业或单位管理中存在疏忽、摩擦、误解，甚至是中层的滥权。制度规则或办事环节存在的漏洞被员工合理利用而诱发劳动纠纷。代理雇主成功办理完成一个劳动案件，让雇主满意，如果发现管理中存在的疏忽、摩擦、误解，或者发现制度规则或办事环节的漏洞，给雇主一份改进报告，不仅有利于提高雇主与律师粘性，赢得客户，也有利于劳动纠纷的减少，更深层次地维护劳资双方的利益。改进报告是建议企业规范，而不是规避。劳动法司法实践的方向是不断完善保护，穿透企业各类规避措施的合法性，律师的规避建议早晚被司法实践否定，对律师自身不利。

（二）非诉讼业务（以审查或制定规章制度为例）

1. 把握现状

劳动法意义上的规章制度，是企业自治的宪法，约束和保障雇员，也约束保障雇主，具有共性。但是企业通用的规章制度，是生活常理或基本职业道德，实质上不是劳动法意义上的规章制度。劳动人事关系，是持续关系，是日常琐碎的，就如夫妻家事关系，每个企业的实际情况、具体内部关系是不一样的。审查或制定企业规章制度，一定要了解把握企业现状。

不了解现状不仅会导致纸上谈兵,无法落地,而且还可能误导企业,损害律师声誉。若制度根本无法落实,或落实后反而引发冲突,抑或落实后让企业陷于不利,对律师声誉影响更大。

了解企业现状分五个层次(以审查或制定人事制度为例子):

(1)企业现有的成文规章制度。

(2)企业不成文的规章制度。

(3)企业现有成文规章制度落实状况、程度。

(4)企业现有不成文规定落实状况、程度。

(5)现有制度制定推行部门。

了解企业现状三个维度和对象:

(1)向规则制定者企业高层了解,了解其对现行规则的评价和具体、明确的不满。

(2)向规则执行者企业中层了解,了解其对现行规则的评价和具体、明确的不满。

(3)向规则适用对象被管理者了解,了解其对现行规则的评价和具体、明确的不满。

2. 诊断问题

在把握现状的基础上,要对其中的问题进行诊断。

(1)审查现有成文及不成文规则的合法性、合规性

审查现有成文及不成文规则是否符合国家劳动法律;审查是否符合当地的劳动基准;审查是否符合行业协会或行政监管法规及措施;审查是否与当地劳动法司法实践尺度冲突;审查是否符合公司章程或合伙协议等企业设立存在的基础章程。

(2)审查现有成文及不成文规则落实不到位的原因

审查现有成文及不成文规则落实不到位的原因,如规定不够明确、规定本身存在冲突、规定本身不符合企业现状、规定过于烦琐、成本过大、权责不明确、没有人力资源配置、没有奖惩激励约束等。诊断后,明确原因。

(3)审查现有规则内容不足或累赘

审查现有规则内容不足或累赘的原因,如规则内容是否本身缺失;规则内容是否本身不明确;规则内容本身是否重复或矛盾,具体重复点或矛盾点。

(4)形成问题诊断书面材料(可以是书面报告)

3. 界定范围

并非企业所有运行的规则,都应成为规章制度,更不是所有的规章制度,律师都有能力参与审定或修改,对于技术性规范,律师最好不要介入,明确自己不参与内容的清单。

4. 评估执行能力(以人事制度为例)

规章制度运行是有成本的,每个企业无论是否意识到,实际操作中,都牵涉到规章制度落实的成本、落实的人力资源配置、落实的时间成本、机会成本、交易成本。制度修订或制定的完备性、细致性,要考虑到企业本身配合落实所配置的资源,一套制度如果换一个人就无法快速熟悉落实,规章制度本身就是有问题的。评估的角度如:

(1)人力资源部门的人力配置;

(2)人力资源部门的管理权力;

(3)使用过的管理系统资源等;

(4)企业本身人员是流动性的,特别是人力资源部门人员的流动性。

5. 确定目标

企业管理者希望审定或制定的规章制度是完备性、有效性的,但是对于规章制度的合法性、合规性及落实、运行资源配置的考虑,不一定是充足的,制定的目标可能不符合实际,规章制度审定或制定后无法落实,或者落实反而出现问题,企业中产生不满,也可能会把问题和责任归到律师身上。

因此,目标确定很重要,听取客户目标要求后,明确告知客户,理想目标与现实目标的差距,落实目标的条件,与客户沟通确定合理目标。

在合法、合规、能落实前提下,确定每个企业修订或制定规章制度的合理目标。

6. 形成文案

规章制度的文案,跟一般的非诉讼业务文案的区别在于用词用语。规章制度不仅管理者要进行解读、使用,被管理者也要解读、使用,发生纠纷仲裁员或法官也要进行解读、适用。语言文字永远是局限性的,难以避免存在各种理解或曲解。形成文案的用语,审查或修订时,尽量避免如下用词用语。

(1)避免套用法律用语,比如赌博、寻衅滋事、行贿、受贿。法言法语有特有的含义，而且行为是否构成用语指向的行为，存在由专门行政或司法机关认定情形，法律背景的仲裁员或法官，看到法言法语，容易陷入职业习惯性认知，按照法定标准进行判断或者认为应该由专门行政机关先行认定。

（2）避免用语精细化，如详细列明具体可行或不行行为。首先，语言永远有局限性，企图用文字囊括所有行为，本身不现实；其次，语言越明确，其本身含义就越小，适用性就越小，越会出现挂一漏万；最后，企业是不断发展的，精细化的用语会出现僵化，当然可操作性规范除外。

（3）管理性规则中，程度副词尽量少用，比如屡教不改、性质恶劣。

（4）对于规章制度外的事项的"用词"，注明或使用援引条款。比如保险、银行、基金、港航、化工等国家严格监管、对从业者有职业要求的行业，属于国家权力和行业协会监管的事项的"用词"，可以列举"用词"所指称行为，但不要对"用词"进行解释定义，尽量注明或使用援引外部条款。

（5）企业内部专用名称，要备注解释条款。

7. 沟通修改

律师的用语是严谨的，但不一定是员工可以直白、明确理解接受的。完稿后，建议律师找公司两位一线人员和一位直接执行人员看一遍，征询其意见，看看是否通俗、明白，根据其反应进行修改。

8. 定稿提交报告

（1）审定或修改完成，除了电子版之外，一定要把规章制度纸质打印装订成册，提交客户，给客户交付感。

（2）在成册规章制度之外，附上交付报告，注明自己花费的时间和制度落实需要配置的资源、需要履行的程序和建议下次修订的时间。

（3）需要履行的程序（如果有需要），列出程序清单。

9. 履行程序（如果有需要）

（1）审查或辅导企业召开职工大会或职工代表大会，与会名额、组织程序是否合法。

（2）审查或辅导企业召开职工大会或职工代表大会，讨论记录是否完备、合法，确定其提出方案和意见真实性。

（3）审查或辅导企业与职工代表或工会协商记录的真实性。

(4)企业告知员工记录的真实性和精确性,确保告知每个员工有痕迹、有证据。最好的方式,员工纸质考试试卷和手写的学习体会。

(三)仲裁程序

1. 了解办案规则。办理仲裁案件,除了民事诉讼法、调解仲裁法,还要参看人力资源和社会保障部《劳动人事争议仲裁办案规则》,以及地方的劳动人事办案规则,特别是关于管辖及异议的规定。比如在宁波办案,还要参看《浙江省劳动人事争议调解仲裁条例》《宁波市劳动争议处理办法》。

2. 立案。一个完整的劳动争议案件,仲裁与法院审理权限范围是存在区别的,完全按照仲裁要求立案,会出现一案变数案,增加时间和精力成本,也会浪费司法资源。另外,仲裁立案有自己独特的要求,有的是立案登记系统的原因。比如,有的不允许列第三人,有的不允许有两个被申请人,有的认为其不属于受理范围的请求事项,不是立案审查中驳回,而是直接整个案件不给受理,有的要求请求必须按照其列明的方式明确等,原因比较复杂。这种时候,不要与窗口人员争执,先按照其要求列明请求,立案之后再在规定期限内追加或变更仲裁请求。

3. 审理。仲裁员会有一个从劳动关系建立到纠纷发生的全案案情询问环节,有些可能与案件争议无关的情况,仲裁庭也会询问到,律师必须先了解好。

4. 救济。仲裁裁决,错过起诉期限或申请撤销期限,发生法律效力。理论上,应该仍有纠错环节,比如《浙江省劳动人事调解仲裁条例》第四十二条也有规定,但是实务很难,仲裁自己不启动纠错程序,法院无法介入。所以,对仲裁不服,一定要先起诉到法院。

很多企业甚至国家机关、事业单位都会遇到劳动人事纠纷。处理纠纷的规则、程序复杂化,不经常从事劳动人事案件的律师,仅仅学习了解规则,花费的时间、精力与获得的收益并不匹配。通过本部分简单的梳理引导,尽可能为青年律师起到指引作用,以达到稳固劳资关系,减少劳资纠纷目的。

此部分编撰浅显易懂,希望能对广大读者有所帮助。

About the
作者简介 Author

陈金林

男，1978年10月出生，浙江和义观达律师事务所执业律师，高级合伙人。牵头组建了墨社劳动法团队，现任宁波仲裁委员会仲裁员、宁波市劳动人事争议调解仲裁委员会兼职仲裁员、宁波市律师协会劳动与社会保障专业委员会主任、浙江省律师协会劳动与社会保障专业委员会副主任。所撰写的《工资分配及劳动关系稳定相关问题研究》获得浙江省律师实务理论研究研讨会论文二等奖、第七届华东律师论坛优秀论文三等奖，承办的劳动者职业诚信案件入选浙江省高级人民法院指导案例。

联系电话：13567495747　电子邮箱：chenjinlin@hygdlf.com

人物篇

一、优秀指导老师

（一）布道法治　传道育人

罗杰，男，一级律师，浙江素豪律师事务所首席合伙人。本科毕业于东南大学，北京大学国际经济法研究生结业。1985 年起在宁波市律师事务所（后改为国资的导司律师事务所）执业，1991 年任主任。2000 年，国家对国资所改制而在原所基础上创建素豪律师事务所。2018 年 10 月，他主动卸任素豪律师事务所主任一职。曾任全国律师协会第六届常务理事及全国律师协会维权委员会副主任；浙江省律师协会党委委员，第四届、第五届、第六届、第七届副会长；宁波市律师协会党委副书记，第二届、第三届、第四届、第五届副会长。荣获全国“十佳”律师、全国优秀律师、“浙江省十佳律师”、浙江省优秀律师、省五一劳动奖章、宁波解放六十年60位为宁波建设作出特殊贡献人物提名等荣誉。

在宁波律师界，提起罗杰的名字，可谓尽人皆知。但他始终秉持务实低调的风格，恪守做人要“素”、做事要“豪”的理念，耕耘律坛三十五载，坚持做公平正义的守护者、行业发展的贡献者、百年素豪的让贤者和薪火相传的育人者。

由于儿时母亲的遭遇，罗杰把追求公平正义的法律情结深植于心。在刑事案件中敢辩、真辩，是众多当事人对罗杰的评价。

1998年，曾任宁波市常务副市长的谢某因涉嫌受贿被省人民检察院刑事拘留。罗杰受托担任了这一轰动省内外的刑事大案的辩护人。他从刑事诉讼程序、证据合法性与关联性两大方面对检察机关的指控提出了针锋相对的辩驳。一审判处谢某死缓后，他继续担当二审辩护人，指出认定谢某受贿的取证程序违法、定罪证据不足。2000年年底，省高级人民法院采纳了罗杰的辩护意见，作了相应的改判。2006年暮春，慈溪市发生一起震惊全省乃至全国的“十年白骨案”。该市某单位女职员徐某的父母在自家阁楼的编织袋中发现有白骨，主动向公安机关报案。经检验，该白骨被确认为10年前失踪的徐某的中学同学胡某。同年6月，宁波检察院以故意杀人罪对徐某提起公诉。罗杰从物证及勘验报告的客观性和与案件联系程度着手，指出徐某的有罪供述并没有其他的物证相印证。证据是诉讼的根本材料，只有确凿可信、符合法律规定的证据才能印证徐某的口供，徐某才罪当其罚。

承办这样的案子，罗杰律师当时承受了巨大的社会舆论压力，但他认为，作为一名律师，要坚持做公平正义的守护者，必须忠实于法律，勇于直面案件的客观事实。

行业发展的贡献者

“穷则独善其身，达则兼济天下。”在实现个人价值的同时，罗杰把更多的时间和精力投入在律师行业发展和青年律师的培养上。“作为律师，不能仅仅期盼社会的公平正义，更要担起行业责任、社会责任，为国家的法治建设、行业的健康发展身体力行，并把它作为自己一生的追求。”罗杰不仅如此想、如此说，更是如此做的。他在任职省律师协会副会长期间，受省政府的委派，多次陪同章孟进、陈敏尔等省领导到武义、舟山等地进行信访接待与执法调研；他是省司法厅党委指定的“社会主义法治理念五人宣讲团”的成员之一，到全省各地市进行法治演讲；他应宁夏回族自治区律师协会邀请，飞赴银川为宁夏全区的律师授课；他连续数年在全省律师上岗培训班上开讲社会主义法治理念等。

对于这样的行业活动，无论多忙，罗杰都不会拒绝。在他看来，尽自己所能为行业做力所能及的工作，不仅仅是一种职业责任，更是一种社会责任。由此，罗杰荣获了全国律师协会、省律师协会授予的中国律师事业发展突出贡献奖、浙江省律师行业建议特殊贡献奖、浙江省“功勋律师”等诸多荣誉称号。

百年素豪的让贤者

作为一名律师，罗杰无疑是出色的，作为一名事务所管理者，罗杰同样优秀。1991 年，他出任宁波市律师事务所（后改为国资的导司所）主任，抱着“不言春作苦，常恐负所怀”的心态，一步一个脚印地锐意改革，将事务所带入市级、省级文明单位行列，并于 2000 年年初获得了全省仅两家、宁波唯一的“全国文明律师事务所”的荣誉称号。创建素豪律师事务所后，他不忘初心，砥砺奋进二十载，终使素豪律师事务所获得了中国律师业的最高荣誉——“全国优秀律师事务所”。

罗杰坚信，一个组织能否长久健康发展，关键在年轻人。他犹如一头勤奋的“领头羊”，每年在素豪讲堂、新人内训等场合中，不遗余力培养事务所年轻人，给予他们历练和成长的机会。素豪律师事务所在历经二十年风雨变化的过程中，披荆斩棘获得如今的荣光离不开罗杰对新生代青年律师、中生代合伙人的扶持与培养。

“新竹高于旧竹枝，全凭老干为扶持。”2018 年 10 月，罗杰主动退出一线，由年富力强的 70 后胡力明律师、80 后葛攀攀律师担任事务所主任与管委会主任，顺利完成了管理层的新老交接，诠释了薪火相传、传承不息的君子之道。同时，他接受合伙人的一致推荐出任事务所合伙人会议主席，继续为素豪所的发展贡献自身的力量。

薪火相传的育人者

罗杰律师认为，"传道、授业、解惑"是华夏文化对师道的要求，其中"传道"为首要。"一个人无论在哪里，欲要成功，必先处世。所谓做事先做人。在眼下，你当务之事，是要在单位里立身，要与同事搞好关系。"这是2017年罗杰在《收立华为弟子之师言》中讲到的。虽是朴素之言，却是年轻律师进入行业、立身处世的当务之本。

在带徒授业上，罗杰有自己独特的招数：每接手一宗业务，从与当事人握手的那一刻起，他必定叫上所带的弟子，然后要求弟子随着业务的进程及时写出案情梗概、工作方略、起诉（答辩）状、证据及清单、质证提纲、发问提纲、辩护（代理）词等。对这些法律文书如何书写，他并不进行任何提示或指点，只要求弟子们按自身的理解起草。当弟子把绞尽脑汁写出来的材料交给他时，他根本不看，而是把自己所写的同名材料给弟子，叫弟子对比研习。这个阶段一般为两年。到第三年，他就对弟子们的材料手把手地做逐字逐句的修改并全面评析。一旦所带的徒弟独立执业后，罗杰又会把自己的客户交由他们去维护，并不考虑这样可能会使自己的业务收入减少。

罗杰还亲自走进大学课堂，全学期为两个班级的学生讲授《刑事诉讼法》。这种以实务操作分享经验的讲授，让高校法学生将书本知识与操作实务相结合，从而获得积极有效的学习效果，得到了老师和同学非常高的评价与欢迎。

三十余年来，罗杰带出了三十来名弟子，其中有多人成了高级合伙人、省优秀律师、省优秀青年律师、律所主任，名副其实的硕果累累、桃李满园。

弟子们常说："我们师傅就是最明亮的人生灯塔。"

（二）匠心雕璞玉　青蓝携手征律途

徐建民，男，一级律师，浙江海泰律师事务所创始人、高级合伙人。1989年毕业于华东政法学院法学专业，获学士学位。曾任海泰律师事务所主任、宁波市律师协会会长，现任宁波市律师协会监事会监事长、市政协常委、宁波市新的社会阶层人士联谊会会长等职。曾获全国优秀律师、浙江省优秀律师、浙江省司法行政系统“第四届百名优秀人物”、浙江省“知联之星”、宁波市优秀律师、宁波市优秀指导老师、宁波市“优秀中国特色社会主义事业建设者”等荣誉称号，入选宁波市“领军型”名优律师培育对象（综合民商事领域）。

慧眼识才，匠心育才

徐建民律师一直认为，律师行业的未来、“百年海泰”愿景的实现都根植于人才。他不仅慧眼识才，善于发现人才，而且在人才培育方面更是匠心独具、硕果累累。在其众多的得意门生中，80后的邬辉林律师是最优秀的一位，他继徐建民之后担任海泰律师事务所主任，在专业能力和管理水平上出类拔萃，尤其是律所管理方面也颇有心得。他的另一位高徒熊保华律师，现任海泰杭州湾分所主任，他是“开疆拓土”的勇士，他与两位律师通过六年奋斗从零开始把杭州湾分所打造成为慈溪市律所中的佼佼者。

徐建民认为，绝大部分律师通过勤奋努力是可以成为一名优秀律师的，关键在于要有适合自己的职业规划。每当新人入行，他总是耐心地与新人聊他当律师的初衷、对职业的认识和对未来的理想追求。凭借多年来对律师行业的观察研究和大量律师成长成才的实例，他会根据新人的个体条件，结合律所内部小环境和外部大环境，帮助新人量身定制职业规划大方向。

二十多年前，已经在内陆监狱部门工作多年的张友明刚入职海泰律师事务所，徐建民觉得他的思辨能力极强，当时恰逢《刑事诉讼法》修订，在宁波还没有刑事专业律师，徐建民就建议他以后专攻刑事辩护。张友明律师听取了他的建议后，专攻刑事案件，现已成为闻名省内外的刑事大咖。

邬辉林是武汉大学国际法专业研究生，以海运提单作为他的硕士毕业论文。鉴于宁波是外向型城市与外贸海运大市，徐建民建议他以海事海商、涉外业务作为主攻方向，派他去宁波海事法院实习，把所里涉外业务尽可能地交给他办理。邬辉林果然不负众望，在海事海商、涉外领域出类拔萃，他撰写的《关于加强海外应收账款催讨的建议》得到了时任国务院副总理的批示，他代理的首个中国民企控股收购德国主板上市项目还入选“2011年中国十大跨国并购案”和浙江省律师四十周年“二十大影响力案(事)件”。

还有一位引进海泰的具有在法院、银行工作经历的转岗人员，这位新人对刑事、金融业务都很有兴趣。徐建民帮他分析，海泰律师事务所里已有著名的演武堂刑事团队，其他所的优秀专业刑事律师也有不少，再去搞刑事业务很难出人头地，优势有限。但区域内既有在法院、银行工作经验又精通金融业务的律师团队几乎没有,再加上在海泰律师事务所周围就有十几家银行,服务市场巨大,建议他组建金融专业团队,目前该团队运行发展势头良好。

倾囊相授,授人以渔

俗话说“教会徒弟,饿死师傅”,师徒之间存在微妙关系的症结在于“师傅有没有真本事”和“师傅肯不肯和盘托出”。但在徐建民看来,这些不是问题,他认为师徒一场便是人生缘分,是彼此成就,师徒都应十分珍惜这段缘分。

2005 年,邬辉林刚到所里时,他对邬辉林说过一句话:“我们既是师徒关系更是合作伙伴。”多年来,他通过言传身教,把办案的各个环节和细节毫无保留地告诉助手和合作律师,不仅让他们知道结果,更让他们学会分析为什么。当个别新人的法律文书基本功不扎实时,他会逐字逐句指导并反复修改,直至满意为止。除了倾囊相授办案经验,他还会分析讲解如何与客户沟通、如何接案件、如何谈收费等问题。“授人以鱼”不如“授人以渔”,这样新人的学习进步才会快。

对律师而言,客户是最大的资源,建立和维系客户关系并非易事。大多数律师会把客户资源紧紧攥在手里,但徐建民不一样,他对自己的徒弟说“客户给你了,客户不来找我就算你行”,他大胆放手让青年律师去锻炼。小客户如此,大客户亦如此。他认为把自己客户转化为徒弟客户,是对徒弟最好的嘉奖;徒弟能把客户服务好、维护好,这是对师傅最好的回报。“知行合一,止于至善”,徐建民把所有客户和案件都和所里的律师合作。他的徒弟熊保华,至今都对而立之年可以同时办理三个标的上亿元案件的经历感慨万千。

徐建民坚信,培育人才不能一蹴而就,需要给年轻人不断提供机会,释放新能量。他愿意做年轻人坚实的后盾,放手让青年律师在实务中搏击淬炼。熊保华律师一直跟随徐建民办理了很多余慈地区的案件,对当地社会经济特点比较了解,同时具有十分突出的开拓客户的能力。2014 年,海泰律师事务所落户杭州湾新区,拟设立分所,徐建民力荐熊保华负责筹建。面对机遇与挑战,熊保华抗住压力、快速成长,把杭州湾分所的业务发展得风生水起,现在无论是业务总量还是人均业务量都在当地律所中领先。

主动让贤，薪火相传

2013 年，徐建民当选为宁波市律师协会会长。当选后的第四天，他主动请辞海泰律师事务所主任职务，实现了从律所管理人到行业管理人的转身。同时，他逐步将接力棒传给邬辉林。他不仅主动让贤，将邬辉林扶上马还送一程，推动海泰律师事务所执委会委员年轻化。海泰律师事务所大胆启用新生力量，率先完成律所管理层新老交替，成为当地律师行业的美谈。

功以才成，业由才广。一个人带徒弟的精力是有限的，百年海泰的关键是人才辈出。退居二线后，徐建民的各种社会职务占去了自身大部分工作时间，已没有时间亲自带徒办案。但他明白人才的培育中师傅的作用很重要，成长生态环境也很重要。只有生态环境的改善，人才培育才会成为常态，优秀青年律师才会冒出来。因此，他推动海泰律师事务所启动了多项改革，加速青年律师人才引进和培养，夯实海泰百年基业。

"多花时间招人，少花时间管人"，徐建民支持所执委会严格把控招聘关，采用科学测试方式面试、笔试，宁缺毋滥。他作为海泰律师事务所创始人，《海泰的历史和执业规划》成了他与新人对话的第一课。他会定期组织新人和资深律师进行午餐会，搭建起新老律师之间交流的桥梁，让新人有归属感，有更多学习机会。在他的倡导下，现在跨团队的合伙人与新人的"对对碰"活动已成为海泰传统，深受广大青年律师的欢迎。

匠心守初心。2016 年，徐建民带头捐赠发起设立海泰 FAST 公益基金，同时组织成立了六十多位以年轻律师为主的 FAST 公益律师团。公益基金不仅支持公益律师团的正常运作，还支持青年律师开展进修培训及其他成长成才活动，包括到国内一线律所的脱岗学习、中短期脱岗培训等。五年来，海泰青年律师们在 FAST 公益平台得到锻炼提升，不仅展现了自身专业价值，而且传递了法律的温暖和力量。

徐建民开怀纳新、匠心育人的精神品质影响着一代又一代海泰人。薪火相传，美玉频出，在他的引领下，志同道合的海泰人正朝着百年精品所的目标稳步前行，谱写着青蓝携手阔步征律途的业界佳话。

（三）春风化雨　携手同行

杨根飞，男，象山南田岛人，中国民主同盟盟员，一级律师，浙江甬泰律师事务所创始合伙人。1986年7月毕业于杭州大学法律系（现浙江大学光华法学院）。他与同事创办宁波第一批合作制律师事务所，曾担任宁波市律师协会第一任监事长。兼任宁波大学法学院兼职硕士生导师，武警海警学院、浙大宁波理工学院兼职教授，宁波仲裁委员会仲裁员，鄞州区政协委员、宁波市律师协会顾问等职。曾获浙江省优秀律师、宁波市人民满意律师、宁波市优秀青年律师、宁波市优秀指导老师等荣誉称号，入选宁波市“领军型”名优律师培育对象，所撰写的论文多次在宁波市律师实务理论研讨会、浙江省律师论坛和华东律师论坛上获奖。

1986年,杨根飞从杭州大学法律系毕业,分配到了象山县唯一的律师事务所工作,此后至今一直从事律师职业,已逾三十五年。当时,律师制度恢复重建未久,律师事务所还是初创期,人员只有六七个。因为第一次律师资格考试是从1986年开始的,当年,没有律师证也没有律师资格一说,大家都是持省司法厅发的律师工作证上的岗。

“那时,律所很小,没有助理概念,也就没有像模像样的‘老师’,一切全靠自己。”谈到师徒话题,杨根飞如此说:“我是‘文革’后象山第一个法科生。但大学生除了学校里学的这点法律知识外,在社会知识经验方面简直就是个‘小白’。所以,所里的四个老律师就都是我的老师。我认真研读他们写的律师文书,跟随他们去看守所会见、法院出庭、去企业走访,观察他们的一言一行,注意他们的谈吐举止,贪婪地从他们身上汲取一切养分。”

师徒情分

1992年年底,杨根飞勇敢地辞去公职,与同事一起创办浙江信大律师事务所,这是宁波市第一批合作制律师事务所。

一开始,律师不是招聘来的,都是朋友介绍的。因在小县城,“生源”就不可能有什么要求,多数的徒弟来自电大和自考,算是“自学成才”型的。杨根飞说:“这个时期的徒弟,在带的过程中,首先要做的是,补充他们在法学理论方面的营养。”

现任象山县人大常委、人值所主任叶能章律师对此很有感触:“我们当初那一批徒弟,大多没有受过正统法学训练,底子都不是太好,杨老师就有意在这方面对我们加强指导;指导不是通过上课,而是通过本所正在办理的具体案件,剖析其中的法律问题,这种基于真实案件、边做边学的方法,使我们提高很快。”

甬泰律师事务所的吴克律师,却是另外一种情况。他出自“五院四系”,毕业于武汉大学法学院,来甬前已在湖北最大的律所有执业经历,但他到了宁波之后,随即陷入了迷惘,人生地不熟,不知从哪里着手。投入杨根飞律师门下后,杨律师根据其出身名校、业务底子较好的特点,遂重点培养其把业务做精做专。2016年,PPP业务在全国轰轰烈烈开展,杨律师自费带了吴克到国家会计学院参加了一期由财政部与清华大学主办的培训班,吴克取得真经后,立即投入如火如荼的实践中。现在吴克律师不仅担任甬泰律师事务所的副主任，而且已是甬上律界大型商业综合体和PPP及各类特色小镇业务的佼佼者。

朋友情谊

在三十多年的执业生涯中，杨根飞带过的徒弟人数恐怕连他自己也很难说得清，指导的时间短则三五个月，长则一两年，有些是有正式师徒名分的，更多的则是因为特殊的缘分或者工作上的关系而结识的。但有一点可以肯定，接受过他指导的人，都愿意称他为“老师”，都把他当作朋友。现在在宁波大学法学院攻读硕士研究生的何凯，就是一例：小何在认识杨律师之前，已是余姚的一名律师。杨根飞是在市律师协会组织的青年律师论坛活动中担任评委时认识小何的，对他颇为赏识。但当杨根飞得知小何的学习经历是来自自考且所学的并非法律专业，就当起了“职业规划师”，多次跟小何交流，指出他现在的基础还比较薄弱，亟须提升，否则职业前途堪忧，鼓励他暂时放下工作，去报考研究生。小何在杨根飞的不断鼓励下，毅然辞了律师工作，潜心在家复习一年，终于考上宁波大学法学专业硕士研究生。小何入学后，杨根飞甚至利用自己身兼宁波大学法学院校外硕导的“职务之便”，为他营造就学的小环境。尽管小何没有在杨根飞手下干过一天，但师徒关系却是确实的，现在，他们就像朋友一样。

现为象山县政协常委、之鹰所主任的张西平律师则另有一番感慨：“我在进入杨老师他们创办的信大律师事务所之前，已是一名法律工作者，但律师资格还没考取；但当我向杨老师提出想来信大律师事务所的想法后，杨老师爱才惜才，一点也没有犹豫，马上答应，让我先来做办公室主任，边工作边准备律考，我就是这样被杨老师带上律师之路的。”

现已成为金道律师事务所合伙人的冯皓律师、素豪所合伙人的周彬律师，在他们的成长过程中也都受过杨根飞的指点和帮助。现在，他们也都成了杨根飞的朋友。类似这样的事例，在他的执业经历中，不胜枚举。

兄弟情义

现供职于慈溪市城管局的何一晟，可算是杨根飞正儿八经的徒弟了。他从浙江师范大学法学院研究生毕业后，没有遵从父母让他考公务员的意愿，来到宁波，投到杨根飞门下。杨根飞对这位徒弟颇为器重，经常带在身边、悉心指导。但就在小何顺利拿到律师证后不到一年，他终于没能抵抗得住年迈父母哀求的目光，答应他们回慈溪去报考公务员。尽管是十二分的不舍，但当小何全家作出决定之后，杨根飞立马又成了支持者。小何入职后，杨根飞又凭借自己丰富的职场经验，为他当起了“仕途设计师”：“你是法学硕士，这在慈溪肯定很少，又曾经是律师，更是难能可贵，这是你的最大优势；入职后，无论在哪个岗位，都要细心观察城市管理和行政综合执法两块的做法和现状，从依法行政的角度和高度着手，找出问题，寻求对策，提出改进措施；平时多写稿子，每年至少要在业内刊物上发表一篇文章，积极为自己创造上升的条件和空间。”

“跟着杨老师做律师的时候，他对我言传身教，我本来很有希望成为他的高足；离开律师行业，杨老师不仅没有嫌弃我，反而把我当作了小兄弟，俯下身来对我悉心指点，使我清楚地认识到自己的优势和短板，很快找到了自己在行政机关的定位。在杨老师的指点和自己的努力下，我很快就在同批进机关的数十人中脱颖而出，较短时间内就被提拔为法制科长。杨老师的恩情我将铭记终生！”何一晟很动情地说起这段情分。

父子情怀

杨根飞收的最后一个正式徒弟是刘虹律师。刘虹大学毕业后的第一站是律所，但实习期还没结束，就被父亲拎了出去，进到了交警队。尽管小刘心有不甘，但他是个孝子，不敢违抗。虽身在交警队，但小刘的律师梦并没有终止，兜兜转转终于来到了甬泰律师事务所，投到了杨律师门下。由于小刘的孝顺、善良、正直、勤奋很对杨律师的胃口，兼之功底也不错，很快就被杨律师封为“关门弟子”。为了争取其父母对他又一次投身律师行业的支持，杨律师很快与老刘——一名一身正气的转业军人成了好兄弟。既然与老刘是兄弟,则与小刘就只能是父子了。在杨律师的倾情鼓励和严格训练下,刘虹律师领照后,很快就在业务上独当一面,最近又进入了事务所的管理层。

回首自己多年来的带徒经历,杨律师对年轻律师,提出以下几点综合建议:第一,必须要有坚定的法律信仰,深信法治之路不可逆,也不会逆。律师是国家法治路上的一支重要力量,不可或缺。除了赚钱养家糊口奔小康外,律师还有更重要的历史使命和社会责任。第二,做律师要有耐心,要能耐得住寂寞,不可有赚快钱的念头。趁年轻,多读书,跟师父多学点,多写文章,首要的任务是打基础,积攒“底气”,做好准备,而不是忙着去拉业务、办案子。第三,律师要时刻清楚委托人与自己之间的“鸿沟”,清醒地认识到委托人的利益与律师费之间的本质区别,不能陷入与委托人争利的盲区。第四,要从一开始就有风险意识。除了传统的刑辩风险依然较高,民商事的风险近年来也陡然增高。律师本身就号称是风险管理专家,那么,这个“专家”就得从自身开始,时刻保持对法律和职业道德、执业纪律的敬畏,保持对执业风险的警惕、识别和防范。第五,从实习律师开始,就要有自己的职业规划,前三年最好什么都做,可以做“杂”点,争取多学点。三年后再确定自己的专业方向并坚持努力,务必使自己更精更专,更好地适应市场需求。

（四）树标杆　育新人

赵永清，男，中共党员，一级律师，浙江盛宁律师事务所主任。1986年7月毕业于华东政法学院国际经济法专业，开始从事律师工作。1993年受司法部派遣赴香港律师会交流。1998年获英国政府“志奋领”奖学金受国家公派赴英国伯明翰大学攻读并获得英国商法硕士。曾任浙江省律师协会副会长、宁波市律师协会副会长，现任宁波市人大常委会委员，宁波市第十二、十三、十四、十五届人大代表，全国律师协会涉外法律服务委员会副主任，中国国际经济贸易仲裁委员会和上海国际经济贸易仲裁委员会等国际仲裁机构以及宁波、绍兴等地仲裁委员会仲裁员，中国国际商会调解中心调解员，宁波大学、浙江万里学院兼职教授。曾获全国司法行政系统劳动模范、司法部全国律师行业争先创优“党员律师标兵”、浙江省司法行政系统“百名优秀人物（十优律师）”、“浙江省十佳律师”、浙江省律师事业突出贡献奖、浙江省优秀专业律师（涉外类）、宁波市优秀指导老师等荣誉，入选全国千名涉外律师人才和全国律师协会“一带一路人才库”人才、宁波市首批“领军型”名优律师培育对象。

1986 年,从华东政法学院国际法系国际经济法专业毕业后,赵永清没有与很多同学一样去北京或留在上海工作,而是到了宁波市对外律师事务所工作。“涉外行业门槛高但非常热门,宁波作为沿海 14 个对外开放城市之一,其中也一定有我可以大展宏图的机会”,赵永清说起当时的“梦想”,依然如此不忘“初心”。

三十五年的律师执业生涯,不仅记载了他的心血和汗水,也印证了他带教青年律师取得的成就。

立德树人为先

赵永清带教了不少青年学子,有刚走出校门加入律师队伍的,也有改行从事律师工作的。他对带教的学子讲的第一句话便是“要做事首先要学会做人”。他还说:“身正行端,才能半夜不怕鬼敲门,律师行业既是谋生的职业,更是公平正义的守护职业。如果走偏了道,把这一行业作为赚钱发财的路,失去了道德约束,用律师的名义玩法律,那么早晚会被法律玩死。”他举了行业中的不少负面案例告诫青年律师和实习律师,做了违背职业道德甚至违反法律的事,可能会被吊销律师执照、身陷囹圄,被发现和承担法律责任是早晚的事。他认为安全执业比什么都重要,以商人的意识做律师不符合律师职业的本意。做律师,不仅要做精通法律之师,更要做执行法律的典范。德法兼修才能真正守护法律,维护公平正义。赵永清这样教育弟子,也以自身的言行为他们树立榜样。他拒绝了多起以高额律师费为诱饵的不法诉讼代理要求,包括涉嫌虚假诉讼以及其他索取不义之财的案子。他通过以身说法,增强了弟子们的风险认知,划清了合法正当执业与不法违纪违法的界限。至今尚未发现他带教过的弟子在执业中有违纪违规行为。

“相信正义早晚会到来,不要被当前不公平的假象迷惑”,这是赵永清经常对弟子们说的一句话。“但我们应该争取正义实现就在当下。”他认为,作为律师,就是要尽最大努力,基于事实和证据用最精准的法律条款、最直白易懂的法律语言,让法官、让对方理解你的当事人在法律上的正当性,争取法官支持你的当事人的诉求。“我们会碰到我们当事人的正当诉求得不到支持,这对当事人不公平,但我们应该有执着的精神,鼓励当事人继续用合法的途径和手段,为实现公平正义而努力。”他认为正义的事情虽然有代价,但不能轻易地放弃。我们作为律师应该努力帮助当事人找到最可行的合法手段，尽快实现公平正义。他以自己代理过的案子一审、二审败诉了，最后通过努力在再审环节把案子翻过来的案例作为事例，告诫弟子看准正义的事情，要坚忍不拔地努力推进。“我们在做的有些事，虽然从律师收费这个角度来看不值得，但是当我们看到公平正义实现时当事人眼里含着泪水感谢我们的场景，我觉得这是我们做的最有意义的事，毕竟当人家孤立无援的时候，你伸出正义之手，帮他解决了也许这一生唯一的一个心愿，他也就死而无憾了。他对我们这个社会就会有信心。”赵永清非常感慨地说：“我们在做的往往是金钱无法衡量的事情。”弟子们也为他的正义感、侠骨情所动，坚定执着为正义的做事底线。赵永清带教的青年律师大都带着这份正义感与执着的精神。

做精每一个法律事务

赵永清承办的每一个诉讼案件或非诉案件，都是精心梳理研究的成果，他对弟子们的要求是，要把每一个案子办成经得起历史检验的作品。他教育弟子们不仅要有宏观上把握案子方向的能力，更应该有微观上精雕细琢的水平，应该认真地处理好每一个案子，对每一个案子中的细节都应该用挑剔的眼光进行审查，多问几个为什么、怎么会，记住英文中的五个 W（谁，什么事，哪里，什么时候，哪个）作为了解案情的基本切入点，然后自行排列相关证据，找出关联性，最后达到证明的目的，或者善于从对方的证据以及材料中找到突破口，并按照这样的逻辑思维思考问题。他分别对作为原告（申请人）代理人、被告（被申请人）代理人以及作为非诉代理人提出了相应的工作要求。“律师的角色不同，工作的要求也不一样，比如诉讼案件中作为原告代理人，在说理、论证、提出请求，都应该有相应过硬的证据、法律依据做支撑，否则某一个环节被攻破，就有可能败诉；而作为一个被告的代理律师，则应该用挑剔的眼光审查原告方的证据，看看是否存在证据链断裂或者关键证据是否存在致命性瑕疵等情况。”赵永清说：“作为一个成熟的律师，不仅要有丰富的阅历、生活经验，更要有过硬的法律功底，最重要的是，要细心要认真。”对带教的年轻律师，赵永清总是毫无保留地把自己几十年做律师的经验和盘托出，唯一的心愿是使他们早日成为合格的成熟的律师，早日能够独当一面。令他欣慰的是他带教的不少当初的青年律师，而今已经成为律界新秀或骨干律师。

授人以鱼和授人以渔并重

“当今的‘师傅’不同于早年的师傅。传统上带徒弟,很少有师傅关心徒弟的生活、生存,除非遇上一个好师傅。当今的‘师傅’对年轻律师更应该有一种人文关怀和责任心,保证他们能够在没有生活生存压力下健康成长。”赵永清认为:“作为带教师傅除了要解决年轻律师的生活开支后顾之忧,更重要的是要解决他们的生存和发展之道。我们通过给予年轻律师不低于五万元的生活费用加上对他们的表现给予的奖励以及平时各项福利,能够保证他们比较体面的生存和生活,当然必须有一种机制保持他们的上进心。”

在平时,赵永清引导弟子们做好每一个法律事务的路径、总体思路以及具体细节,也指导他们如何开拓业务、维持好客户以及扩大客户群,让他们学会通过客户的口碑扩大自己的影响力,吸引更多的客户。通过这样的指导,经他带教的青年律师迅速成长,缩短了成长的周期,不久成为各个业务领域的主力军,许多弟子也已经带教了诸多弟子,把他传授的培养年轻律师方法发扬光大。

赵永清以强烈的责任心培育每一个加入律师行业的新人。他认为,一个合格的执业律师,不仅必须具有扎实的法律功底、宽广的知识视野,更需具有解决实际问题的能力。他灌输给新人的“让处理的每一个案子都成为精品以及传统业务精细化、新型业务高端化”的见解,都成为他指导的学生的座右铭。他用具体的案例,打开实习律师的思路。在指导中,他往往采取“三部曲”的措施,具体到每一个案子来讲,他首先会仔细研究全部材料,用一张纸列出代理、辩护的思路,然后对对方的文件和材料列出一系列的疑点作为攻击点,然后将案卷交实习律师学习,叫他们列出学习后的代理、辩护意见和思路,再对照自己和实习律师的不同点,讲解自己的思路、理由和策略,这样就起到比较好的指导效果,打开并拓宽他们的思路,使他们牢记办案的套路和制胜策略。

赵永清经常教导青年律师为人之道:做正直的人,有公平的心,规范执业,坚守底线。如今,经他指导的十多位青年律师,大多已成为业务骨干,其中,王均伟律师入选“全国千名涉外律师人才”与宁波市“领军型”名优律师培育对象(涉外领域)。

（五）青蓝相继话传承　继而反哺育新秀

范红枫，男，1966年出生，中共党员，现任北京盈科（慈溪）律师事务所高级合伙人、管委会主任。兼任浙江省律师协会常务理事，宁波市律师协会副会长兼慈溪分会会长，宁波市人民政府、慈溪市人民政府特邀行政执法监督员，宁波大学法学院兼职硕士生指导老师，宁波大学科技学院兼职教师，宁波仲裁委员会仲裁员，慈溪市法学会副会长，慈溪市中小企业协会副会长等职。曾获得全国优秀法律顾问，浙江省优秀党员律师，“宁波市十佳律师”、优秀律师、优秀辩护律师、优秀指导老师，宁波市人民满意律师等荣誉，荣记个人三等功一次，入选宁波市“领军型”名优律师培育对象。

范红枫于1989年取得律师执业资格，执业至今已三十余年，从初始入行的学生，到事业有成的合伙人，他经历了由他人培养和培养他人的三十载律途。他在一个县级城市见证了区域律师行业在第一代老律师的带领下从恢复成长期走向成熟发展期的历史进程。他经常说："青年律师的培养与迭代发展，是律师行业生机勃发的力量源泉。"

青蓝相继话传承

说起对青年律师的培养，范红枫总会感念自己的恩师范无求老师对包括自己在内的一批在20世纪80年代成长的青年律师的无私栽培。范无求，男，1936年生，慈溪市人。他于1956年在浙江嘉兴从事律师工作，也是新中国第一代律师。在"反右运动"中，范无求被打成"右派"，被迫放弃律师工作。党的十一届三中全会后，一大批错划"右派"得到"改正"，范无求也被"摘帽"。他继续从事律师工作，曾无偿为冤、假、错案（"三案"）当事人撰写申诉书、提出申请，使一大批冤假错案获得平反。他曾先后担任慈溪县法律顾问处主任、慈溪市律师事务所主任、慈溪市政协兼职副主席、宁波市律师协会第一、二届副会长、全国律协理事和刑事辩护业务委员会委员，获评国家一级律师，并享受国务院特殊津贴，荣获浙江省授予的二等功，获"浙江省功勋律师"荣誉称号。他生前曾执业于浙江上林律师事务所，于2019年8月19日逝世。

范红枫说："当年，范老师对我们倾情相授，不但从法律专业技能，还从做人的道理、法律人应有的刚正不阿品格上予以我们极大的滋养。当年老师利用经典案例给我们专业素养的熏陶；老师用'世事洞明皆学问，人情练达即文章'的对联，教我们懂得律师综合能力的重要性；老师讲'一沐三握发、一饭三吐哺'故事，使我们参悟到律师应该具有的负责精神及态度；老师以'程门立雪'的典故，使我们记住了作为律师入门者应该保持的坚守坚韧及对专业、对老师应有的尊重与尊敬；老师以'锥处囊中、脱颖而出'的故事，激励我们成为解人所难的好律师，让我们懂得律师应该具备的责任和担当。"

慈溪市的第一批律所主任，如沈相莲、张金煜、卢国荣等律师，都曾是范无求老师的学生。

继而反哺育新秀

“我们年轻的时候，得到了老师的恩泽和行业的培育，我们自己成长后，也应该义无反顾地反哺行业，承担起培养需要我们这一代人培养的年轻律师的责任。”“青年律师的培养，不是我们个人的喜好，是行业传承的需要，是一种美德，更是一种奉献和责任，也是对老师的回报对行业的反哺。”“江山代有才人出，各领风骚数十年，律师事业滚滚向前，传承就是其中的精神纽带。”范红枫深情地说。

范红枫是这样说的，也是这样做的。在20世纪90年代中期，他创办了慈溪市上林律师事务所(后改为浙江上林律师事务所)。二十多年的深耕，他带领上林所成为慈溪区域内的大所，后来成为首批“宁波著名律师事务所”，同时也是慈溪当地培养青年律师的一个摇篮。

以周柯杰律师为例，他是范红枫律师亲手栽培的一位新秀。这位从西南政法大学获得金融学、法学双学位的青年，毕业后回到家乡慈溪工作，师从范红枫律师。范红枫对他非常重视，从政治上引导他、业务上指导他、生活上关心他。为了鼓励他读研究生的决心，范红枫出资提供三年的全部学杂费，让他攻读华东政法大学的在职硕士研究生。如今，周柯杰已成长为慈溪优秀青年律师的代表，所撰写的论文两次在宁波律师实务理论研讨会分获一等奖及二等奖，并在浙江律师论坛上获得二等奖，他还是慈溪控辩大赛的“十佳辩手”。目前他还担任着慈溪律师行业党委委员、北京盈科(慈溪)律师事务所党支部副书记、律所青工委主任等职。周柯杰律师说：“范红枫老师非常敬业，他会在深夜修改法律文书，和我们一起加班讨论案件争议焦点，也会提示我们哪个案例可以作为写实务论文的题材，我的第一篇获得一等奖的论文就是受到范老师带我办理的案件的提示和启发写成的。”他还说：“范律师身上还有一种行业情怀，以无形的力量，感召鼓励鞭策着我们年轻人不断奋进。”周柯杰所说的这种情怀，也许就是范红枫所说的“当年受之于师傅，今日反哺于他人和行业”的青蓝相继的传承情怀。

相互成就出高徒

在范红枫看来，老律师带新律师，不是“一高一低、一主一从”的关系，而是“相互鉴赏、相互成就”的关系。他一直认为，培养年轻律师的过程，其实是一个老律师与年轻律师之间相互学习、教学相长的过程。老师可以是学生心中的明灯，但徒弟也是一盏灯，师徒是事业、人生中相互独立的主体，是两盏相互关照而又各自闪光的明灯。师傅可以从年轻律师的身上学到很多新锐知识和前沿观点，年轻律师可以从师傅身上学到师傅经历、资历、经验所赋予的智慧。老律师带新律师的最佳境界是二者之间相互欣赏、吸纳。借用北宋词人的词句，就是达到“我见青山多妩媚，料青山见我应如是”的境界。年轻律师的培养不是老律师的单一付出，而是二者之间的相互成就，老律师培养了年轻律师，成就了年轻律师事业的基底和升华的空间，年轻律师成就了老律师的行业情怀，成就了老律师自己未尽的梦想。

范红枫是慈溪律师界行政诉讼和政府机关法律顾问的先行者，曾获得“全国优秀法律顾问”的荣誉称号。20 世纪 90 年代后期，在其他律师还不太看好行政诉讼业务时，范红枫开始研究行政诉讼业务，主要是为政府行政机关提供日常法律咨询和应诉服务，这为范红枫以后担任市政府及其下属主要行政机关的常年法律顾问打下了良好的基础。后来，他亲自传带年轻律师郎慈甬，将郎律师培养为一位在行政领域非常有特色的专业律师。范红枫还将自己打造近二十年的行政机关法律服务的业务市场让渡给了郎律师，使郎律师有发挥能力的阵地、有成就专业律师的空间。郎律师目前担任着慈溪市十多个主要政府部门的法律顾问，近三年代表政府机构出庭的行政诉讼案件每年在 100 件以上，行政案件年办案数量居宁波律师界前列。他曾获评宁波市优秀律师、宁波市优秀指导老师等荣誉，入选宁波市第三届行政立法专家库。

范红枫就这样用传帮带加业务转移，成就了年轻律师的专业梦想，使郎律师成为在行政领域有一定知名度的专业律师。

给予年轻人更多发挥的空间，是范红枫律师培养青年律师的心得。他培养的多名青年律师，如今成为慈溪多家律所的合伙人或骨干律师，有的还成为律所的主任。从上林律师事务所走出来的律师，已经担任了慈溪五家律所的主任。明俊律师事务所主任徐振关律师就是其中的一位,他跟随范红枫律师近十年,后自己创办律所,在企业法律服务业务领域做得很有特色,现在他培养的五名青年律师也在茁壮成长。

搭建平台为发展

从业已经三十余年,掌管上林律师事务所也有二十多年,范红枫发现年轻律师成长成才与其眼界开阔、平台大小有很大关系。自己年轻时跟着老师见过不少省内知名大律师的经历,给自己的职业生涯很多的正向投射。为了律所的年轻律师能够有更大的平台,看到更远的未来,从 2017 年起,范红枫开始在省内外寻找能够加入的品牌大所。经过努力,2018 年终于引入盈科品牌,成为全国盈科品牌引入县级城市的第一人,在慈溪设立了北京盈科(慈溪)律师事务所。

有人曾问范红枫:“你在上林所已经很稳定和安逸了,为什么还要折腾?从已经很顺手的老所转身到一家新的律所。”范红枫的回答是:“中小律所的年轻律师要站高望远,加入大品牌是其中一个选择路径,我在加入前倾听了年轻律师的意见,他们对加入品牌大所都充满激情,我们老律师转个身,可以为年轻人搭好更好的发展平台,让年轻律师看到更好的风景与前景,也是对年轻律师成长的支持。”

目前,范红枫正带领着北京盈科(慈溪)律师事务所走向更广阔的未来。

（六）与青年律师共同成长

徐自立，男，1964年出生，中共党员，一级律师，浙江合创律师事务所创始人、执委会主任。本科毕业于浙江大学法律系，后获浙江大学工商管理学硕士学位。现任宁波市律师协会副会长兼江北分会会长、宁波仲裁委员会仲裁员，入选为宁波市“领军型”名优律师培育对象（刑事领域），还受聘担任宁波大学法学院兼职硕士生导师。荣获“全国公共法律服务工作先进个人”、浙江省“百名司法为民标兵”、宁波市优秀指导老师、“优秀共产党员”等荣誉称号，所撰写的专业论文多次获得宁波市律师实务理论研讨会一等奖。

从1996年起，徐自立开始律师执业，至今共办理了刑事辩护、民商事案件一千五百余起。接受指派办理的原中共中央宣传部副部长鲁炜受贿案，原江苏省委常委、省委秘书长赵少麟单位行贿、骗购外汇案等具有重大影响的案件，取得了较好效果。

2001年，近不惑之年的徐自立，与其他几位志同道合的律师共同创办了浙江合创律师事务所（以下简称合创所），目前该所成为区域内规模最大的律师事务所，成为宁波市"3660工程"示范律所。

一路的摸索与磨炼，让他与青年人相处时，更能以包容之心谅人之过，以规范为方补人之短，以尊重为本互相促进，以鼓励为道扬人之长。在他先后指导过的三十多位青年律师中，大部分已成为优秀的专业律师、骨干律师或律所合伙人，在行业内深耕细作。其中，有很多人与他并肩同行，用专业的知识服务客户，回馈社会。

包容：做好青年律师的引路人

早年，徐自立让其指导的青年律师负责一起诉讼金额达二百多万元的案件，但这名青年律师不小心丢失了证据原件，这一失误可能会给律所和他个人带来不小的损失。当时，徐自立与他一起面对、全力协调，最后妥善处理了此案。此后，这位青年律师深刻吸取教训，做事更加严谨，不敢疏忽懈怠。徐自立经常对青年律师说："容许你们犯错、失误，但不要重复犯错，要提高职业道德水平，以防犯重大错误的发生。"

这份包容，是长者对后辈的谆谆教诲，也是一种豁达处事的人生态度，潜移默化地影响着青年律师。张亚萍从硕士毕业后，就跟着徐自立踏入了律师行业，现已经成长为宁波市"成长型"名优律师培育对象，回想"学艺"阶段时说道："师傅教育我面对各种各样的当事人，宽容隐忍的心态能避免冲突、化解矛盾，利于解决问题，平衡各方利益。"这一指导让她在案件办理上受益颇多，也使她在人际交往中，尝试认可并接纳他人在价值、思想、偏好等方面的不同。

规范：做好青年律师的把关人

"记得他说过，律师的文案如同律师的谈吐、仪表，要用心。从排版字号、脚注，到逻辑结构，他都给指导”。师从徐自立两年多来，丁嘉俐律师收获很多。不久前，她撰写的一件法律意见书获得了当事人满意，并得到检察官赞赏。从文书写作、收集资料，到沟通反馈、案件分析、庭审辩护等方面，都要严谨、规范、条理清晰，对青年律师的指导，徐自立注重帮助他们夯实基本功，从细节做起。

作为律师，徐自立深知娴熟的业务技能、丰富的经验阅历的重要性。因此，他在把好质量关的前提下，鼓励青年人多做多实践，“放手”让他们独立地完成工作。这样一方面促使他们独立思考，避免其过度依赖指导，要让他们跳出照说照做的“舒适圈”，提升自我解决问题的能力水平；另一方面通过实践让其深入认识到法律操作的现实情况，边做边学、弥补不足，并养成良好的职业习惯和严谨的工作态度，以保证把业务做精做细。

在徐自立看来，培养青年律师好比制造钟表，他希望自己能成为钟表匠，打磨出自动报时的钟表，而不是像敲钟人那样让钟表被动发声。所以，他一直鼓励青年律师敢试敢做，打牢专业基础，尽力帮青年律师系好职业发展的“第一粒扣子”。

尊重：做好青年律师的同行人

古人讲，“一日为师，终身为父”。但徐自立认为自己既是“师者”，也是“学者”，要学会充分尊重青年律师，平等地与他们相处共事。在他所带的徒弟中，有些已成为他的合作伙伴，事务所主任邓旭东就是其中一位。“以前都是叫我‘小邓’，现在改叫‘邓主任’了。”邓旭东说到师傅时既感激又敬重。徐自立不仅在“称呼”的这种细小方面尊重他，在专业选择上也给予支持与帮助。虽然师从徐自立，但是邓旭东更擅长公司破产及并购重整、PPP 项目、风险投资、企业风险控制和资本运作等，在金融资本市场及投融资领域有着丰富经验。徐自立指导的郑勇、邓旭东律师都入选了宁波市“骨干型”名优律师培育对象（金融资本市场及投融资领域）。

说起师傅徐自立，周黛尔律师也感触很深。2019 年，在承办宁波市中院审理的宁波日报报业集团党委原书记、宁波日报社原社长蒋某受贿案时，徐自立与周黛尔作为辩护律师，两人多次研究讨论案件，反复斟酌辩护思路，并尊重当事人意愿，就“认罪认罚”事项与检、法机关各有侧重地展开积极沟通，最终辩护意见被检察机关和法院采纳，为当事人争取到了从轻处理。现在，周黛尔律师已入选宁波市“成长型”名优律师培育对象(刑事领域)。在互相“切磋碰撞”中,徐自立从年轻人身上,获得了新的思路与想法,感受到了朝气与活力。

鼓励:做好青年律师的助推人

余益静想起她刚到事务所工作时的情景,依然能感受到徐自立说的那句话包含的鼓励与信任:“徐律师就说了一句话,余益静你来做财务的工作,给自己一个机会。”后来,余益静从一名普通行政人员转变为财务专员,并逐渐成长为事务所管理者之一,现成为财务总监。这一步步的成长,既是她自身努力的结果,也得益于事务所“人尽其才”的选拔机制。在徐自立的倡导下,事务所探索创新选举制度,打通晋升通道,为优秀的青年律师和行政人员提供晋升合伙人、管理层的机会,把合适的人推到合适的位置,激发他们的奋斗的动力,如余益静晋升为事务所的特别合伙人。事务所的主要管理者大多是徐自立的徒弟,如今,他们与徐自立一起,共同商讨发展目标、运行机制、团队建设、业务拓展等,为推动事务所长远健康发展而努力。

“徐律师能跳出为‘己’育人的私利,上升至为‘所’育人的公义,这种育人模式为事务所稳定发展奠定了基础。”事务所创始人之一刘济平这样评价自己的挚友。而他所讲的“育人模式”,就是合创所特有的公共助理政策,即所有律师助理均由事务所统一招聘、分配,统一负担助理工资和社保费用。从事务所近几年取得成绩来看,这种模式克服了传统青年律师培养模式弊端,增强了青年律师的安全感、归属感与忠诚感,为事务所进一步发展提供了有力的人才支撑。

青年是事务所发展的中坚力量,而容纳个体的差异,给予青年足够的成长空间,鼓励并挖掘他们的才能,是践行“合则成体、秉心而创”的理念,推动事务所向前发展的基础。

对于如何更好地培养青年律师,并没有标准模式和唯一路径,但为人师者,便是一种责任,徐自立秉持这样的初心,在摸索与思考中,与他们分享自己的经历和感悟,同心同行。

（七）坚守者与领路人

徐衍修，男，1966年出生，中共党员，一级律师，国浩律师（宁波）事务所管理合伙人、主任。本科就读于华东政法学院法律系，研究生毕业于中国社会科学院研究生院。是中共宁波市委、宁波市人民政府、宁波市鄞州区人民政府首批法律顾问团成员。现为宁波市律师协会副监事长、宁波市人大常委会立法咨询专家、宁波市人大常委会监察和司法工作委员会委员、宁波仲裁委员会仲裁员。曾获"宁波市十佳律师"、宁波市优秀指导老师、浙江省服务企业优秀律师等荣誉称号，入选宁波市首批"领军型"名优律师培育对象（金融资本市场及投融资领域）。

不忘初心的坚守者

大学毕业后，徐衍修被分配到大型国有企业从事专职法务工作。他逐步了解了企业生产经营的各个环节以及各种具体的法务需求，帮助企业起草制定内容全面的《经济合同管理办法》，防范控制生产经营法律风险。后因工作和家庭原因，在20世纪90年代，他被作为人才引进到国办的宁波对外律师事务所（浙江和义律师事务所），从此开始了他的律师生涯。如今，他已在律师行业深耕近三十年。时代在变，行业服务形式与服务内容在变，但不变的是他的初心。

据他回忆，初来宁波时，他面临着无案源的艰难境地。面对人地生疏的环境，他只有踏踏实实地从最基本的业务做起。有一次为了一个小额执行案件，他连夜蹲候被执行人，最终配合执行法官执行到位后才发现自己都快饿得走不动路了。

"作为一个律师，永远在学习的路上。"徐衍修如此说。后来，他参加了中国社会科学院经济法研究生班，参加了全国律师协会举办的证券法律业务讲座、新《企业破产法》/新《合伙企业法》和公司章程制定操作实务培训以及上海证券交易所举办的上市公司独立董事资格培训班等。他购买了大量的公司法方面书籍，搜集报纸上刊载的前沿学术观点，结合自身的企业法务实务经验，研究民商事、证券与资本市场的法律实务问题，并积极参加浙江省、宁波市律师协会组织的律师实务理论研讨会。他撰写的《建立强制破产制度的设想》《企业并购的结构设计——律师的一项崭新实务》《上市公司关联交易管窥、影响与控制》《债转股实务操作及相关法律问题研判》《新破产法与律师服务新空间》等文章曾多次在省、市级获奖；他撰写的《担保法实施过程中的若干法律问题探讨》一文发表在《法制日报》上，其中有些观点还被日后最高人民法院出台的担保法司法解释所采纳。

天道酬勤，徐衍修努力的结果便是其业务量的不断提升，到宁波不到两年，他便成为所在事务所的业务骨干。在国办所改制后，他与几位志同道合的律师合伙创办了浙江盛宁律师事务所。

"专业、专心、敬业是做好律师工作的信条。只有带着对法律的敬畏，维护当事人合法权益的初心，不断自我学习与开拓提升，才能让执业生涯走得更加广阔，才能彰显这个职业的社会价值"他是这样说的，也是这样做的。

诲人不倦的指导者

师傅带徒弟是律师出道成长的主要模式。徐衍修深知律师执业初期成长的不易,他常常告诫青年人:“一定要踏实肯干,不要太计较一时的得失;应秉持着为当事人负责的态度,要有拼的精神;要想成为专业律师、大律师,首先法学基本功要扎实,法学基本功的扎实首先要多参加专业委员会活动,多思考撰写实务理论文章。”

“办案过程深入思考,提炼出专业观点,通过典型的案子写论文”,这是徐衍修经常教导青年律师的心得体会,毕业于南开大学,获得财政学、法学双学士的郑扬就是受益者。在跟随师傅徐衍修办理一起巴拿马公司不当得利纠纷案件后,他撰写了一篇名为《因指示瑕疵发生的三人关系不当得利之举证责任探析——以外贸中 MITM 诈骗案件为视角》的论文,获宁波市律师实务理论研讨会三等奖。另外,徐衍修指导的汪蓉律师在跟办一起第三人撤销之诉案件后撰写了《第三人撤销之诉制度实证研究》,荣获浙江省律师论坛二等奖;方坤富律师在跟办破产案件后撰写了《我国企业破产重整制度的完善与思考》,荣获浙江省律师论坛三等奖;王威撰写的《游戏直播中的著作权问题研究》获宁波市律师实务理论研讨会二等奖。

徐衍修指导过的青年律师有二十多人。他(她)们中有的已在政法岗位上担任领导职务,有的在大型国企、上市公司担任法务总监,更多的成为骨干律师或合伙人。浙江盛宁律师事务所高级合伙人张珂律师说:“徐老师对于青年律师,除了传授执业技能及技巧,更重要的是教授为人处世的方式方法,着重培养青年律师的正气、文气及侠气。正气即浩然正气,走正道,行公义;文气即功底扎实,腹有诗书气自华;侠气,即侠者之气,遇不平事,仗义执言。”

国浩宁波所合伙人方坤富律师曾师从徐衍修律师多年。他表示:“徐老师十分重视青年律师培养,经常组织青年律师职业道德及执业风险专题讲座,使他们树立正确的执业观。通过法律知识学习及案例分析,不但使青年律师形成了案件处理的专业模式和规范,而且提高了他们对于案件的判断能力及分析能力。”对于青年律师处理实际案件中碰到的问题,徐衍修总会不厌其烦地讲解案件要点,而对学生从事实务过程中发生的错误或存在的不足之处,又能及时指出并纠正过来,使青年律师能够理论联系实际,通过不断论证、不断实践,迅速提高业务能力。

青年平台的筑造者

青年律师的成长与价值实现,除了有专业技能支撑,还需要好的律所平台。从2011年开始,徐衍修担任北京炜衡(宁波)律师事务所主任,他致力于打造律所的专业特长,提升律所知名度,让律所与律师成长之间形成良性互动,短短几年时间将炜衡宁波所发展为有一定影响力的综合性事务所。从2019年开始,徐衍修担任了国浩律师(宁波)事务所主任。他敢想敢做,大胆筑巢引凤,改善事务所办公环境,力促国浩宁波所迁址宁波报业传媒大厦;开办"慎道学堂",邀请国浩兄弟所的大咖律师来宁波传经送宝;组织承办宁波市科创板高峰论坛,邀请宁波股权交易中心服务部老师做专题业务讲座……才短短一年多时间,国浩律师(宁波)事务所便发生了很大的变化,青年才俊聚集,业务更加体现特色,事务所朝着更加专业化、品牌化的方向发展。

徐衍修还倡导事务所成立了青年律师工作委员会,让年轻合伙人担纲,组织青年律师开展丰富多彩的活动,并带领青年律师参加实务理论研讨会,让实习律师去海曙法院担任实习法官助理,鼓励青年律师多参加市司法局与市律师协会组织的各种活动,让更多的青年律师走到了事务所之外的舞台,以更蓬勃的朝气向着未来进发。

（八）平凡的耕耘　无悔的奉献

蔡祖红，男，1968 年 11 月出生，中共党员，浙江红邦律师事务所主任、高级合伙人。曾任宁波市律师协会副会长，现为市律师协会鄞州一分会会长，兼任宁波市第十五届人大代表、人大法制委员会委员、宁波仲裁委员会仲裁员、宁波大学法学院兼职硕士生导师。曾获全国律师行业优秀党员律师、浙江省司法行政系统“第五届百名优秀人物”、浙江省优秀律师、浙江省优秀专业律师（行政专业类）、宁波市司法行政系统“十佳”律师、宁波市优秀律师、宁波市优秀指导老师等荣誉称号，入选宁波市首批“领军型”名优律师培育对象（行政领域）。

脚踏实地，从平凡中脱颖而出

蔡祖红于1990年起开始他的律师执业生涯。律师行业不仅对专业要求比较高，而且在实务经验方面的要求也尤为重要，自执业以来，蔡祖红十分注重业务能力的提升和强化，注重理论和实践相结合，积极开拓业务领域，努力为当事人提供优质高效的法律服务。在职业生涯中，他办理过大量的案件，尤其是对一些专业性强、层次高且复杂的法律事务，积累了丰富的实务经验，其业务领域涉及刑事辩护、公司企业并购、建筑房地产、行政诉讼、婚姻家庭等，并担任多家政府及相关部门、企事业单位法律顾问，综合能力较为突出。在提升业务能力的同时，蔡祖红加强理论知识的巩固和强化，对于法律前沿问题和疑难复杂问题他始终抱有钻研精神，繁忙工作之余积极撰写理论研究文章，他撰写的《大宗商品交易的政府监管模式研究》《论保理业务中应收账款的转让效力》曾获宁波市律师实务理论研讨会三等奖，《浅析政府信息公开范围》《电商法下信用欺诈行为规制路径》先后在《法治研究》上发表。

任劳任怨，把律师事业作为自己的追求

2000年4月，蔡祖红律师作为发起人与同事一起创办了合伙制律师事务所——浙江红邦律师事务所。红邦律师事务所从创办之初的不足十人发展到如今有近八十名律师的规模律所，一路走来，其间的辛苦、心酸、委屈，蔡祖红作为创办人至今仍深有感慨，但他不曾后悔、不曾抱怨，一直任劳任怨，为律师队伍发展和壮大默默奉献着。他坚持规范化建设，他常说“要当好合格的班长，把红邦这支队伍带好”。在他的带领下，事务所牢固树立了“服务质量立本、专业能力立足、律师道德立业、团队精神立所”的管理理念以及“委托人合法权益至上，诚信、高效务实、优质”的服务宗旨，红邦律师事务所赢得了当事人的信任和口碑，树立了良好的品牌形象，曾获“浙江著名律师事务所”“浙江省优秀律师事务所”“宁波市优秀律师事务所”“宁波市鄞州区优秀律师事务所”等荣誉称号。

凝聚共识，重视青年律师培养

早在红邦律师事务所成立之初，蔡祖红就将青年律师培养视为律师人才战略的核心工作，但当时因事务所刚刚起步，青年律师培养机制尚未成熟，也无其他经验可供借鉴，为此，他个人出资招聘法律专业大学毕业生，给予良好的工资待遇，确保青年律师的生活条件，手把手传授律师执业经验，提供外出学习培训机会，并不断优化青年律师的办公环境，帮助青年律师树立职业自信心，促进青年律师迅速发展成长。

对于红邦律师事务所的青年律师而言，蔡祖红既是他们的单位领导，也是他们的良师益友，更是他们律师职业道路上的指路人。在他的引领、号召下，红邦律师事务所合伙人已达成共识，形成了以老带新，以传、帮、带形式发展和培养青年律师，以业务合作和业务支持的方式带动，在所内形成具有红邦特色的培养模式，建立青年律师培养长效发展机制，使青年律师逐渐成长为事务所的中坚力量。至今，受蔡祖红直接指导和业务帮助的青年律师达二十余位，他不仅自己带徒弟，还鼓励其他合伙人一起带。他所带的青年律师目前已是红邦律师事务所合伙人的马斌涵律师说："蔡老师以所为家，始终把事务所放在第一位"，这是马斌涵对蔡祖红律师的最深感受。在培养青年律师过程中，蔡祖红发现青年律师除了缺乏执业经验外，待人处事、沟通交流能力也相对较弱，为此，他时常抽出时间与青年律师进行谈心，了解他们内心的真实想法，消除疑虑、顾虑和隔阂，同青年律师共同交流成长经历和人生感悟。

关于事务所的发展，蔡祖红提出了"包容式发展"的创新理念。他认为青年律师不管是业务创收多还是少，要一视同仁，给予帮助和指导，对于案源少的青年律师，事务所要给予业务支撑，保障青年律师的生存，这是事务所做强、做大的基础，也是事务所持续、稳定发展的保障。

"蔡老师晚上加班、双休日加班已经成为常态，其中大部分时间在指导帮助青年律师的业务，不管是自己带的，还是其他合伙人带的，都给予指导，有求必应，我们所的年轻律师都尊称他为'蔡老师'"，这是红邦律师事务所赵海斌、钱驾浩等青年律师对蔡祖红律师的评价。

为了扶持和培养青年律师，蔡祖红与事务所合伙人协商后，于 2015 年将事务所搬迁至南苑环球酒店办公，并尽量缩小办公差异化，为青年律师提供更好的办公条件和工作环境，虽然事务所的成本开支因此大幅度增加，但为了保障青年律师的生存和发展，蔡祖红积极做好合伙人工作，提高青年律师的工资待遇和业务提成比例，帮助他们树立职业归属感和荣誉感。为鼓励和帮助青年律师成长，蔡祖红提议事务所建立人才激励机制，对于在论文比赛、演讲比赛、辩论赛等各类赛事中获奖或积极参与的，事务所都给予一定的物质奖励，并将参赛和获奖情况作为个人评优评先的优先考虑条件。

甘于奉献，体现律师价值

一直以来，蔡祖红始终以身作则，不忘作为一名党员律师肩负的社会责任，不但发挥自己的才智积极参政议政，为法治政府建设贡献绵薄之力，而且十分关注社会弱势群体，为困难群众免费提供法律帮助，支持社会公益事业，多次以个人名义为灾区、贫困地区捐款，还积极组织事务所青年律师参与社会公益。他时常告诫青年律师，要成为一名好律师，要甘于奉献，多回报社会。接受过他指导的俞乾文、仇港玲等律师说："蔡老师经常告诉我们青年律师要成为有责任心的律师。"在蔡祖红的榜样作用下，红邦律师事务所的青年律师经常为企事业单位、基层组织开展法律知识宣传和培训，为企业外来务工人员、困难群体提供免费法律咨询和法律帮助。做事先做人，这也是蔡祖红在培养青年律师过程中经常讲的一句话。他认为，青年律师的培养应当是全方位的，业务能力提升固然重要，但也要重视加强青年律师的社会责任感，帮助他们树立正确的人生观、事业观，正确对待个人利益的得与失，自觉抵制社会负面影响，走好走稳每一步。

"博观而约取，厚积而薄发。"在蔡祖红的引领下，红邦律师事务所已经形成了团结、奋进、包容、积极向上的良好氛围，红邦律师事务所的青年律师以良好的职业素养和严谨的法律思维认真诠释着红邦团队自信、谦和，讲政治、讲正气的执业心境和发展历程。

（九）青蓝相继　弦歌不辍

陈勇，男，一级律师，中国民主同盟盟员，浙江和义观达律师事务所高级合伙人。先后毕业于华东政法学院经济法系、中国社科院研究生院经济法系、上海交通大学安泰经济管理学院（EMBA）。现任浙江省律师协会民商事专委会主任、宁波市律师协会常务理事、宁波市政协委员、宁波市人大常委会立法咨询专家、民盟宁波市委委员、民盟宁波市委会法律委员会主任、宁波市金融顾问、宁波市资本市场法律服务团副团长及宁波大学法学院兼职硕士生导师、上海交通大学安泰经管学院业界导师等社会职务。曾获“宁波市十佳律师”、宁波市优秀指导老师等荣誉称号，入选宁波市首批“领军型”名优律师培育对象（金融与资本市场法律服务领域）。

“律师是一个需要终身保持学习能力和学习习惯的职业,青年律师想要快速成长,需要的是比其他律师更主动、更努力地学习和钻研”,这是陈勇律师的经验之谈,也是他对青年律师的谆谆教导。

执业二十多年来,陈勇始终坚持当初的信念,以专业的能力和诚信、负责的态度服务客户。他先后承办了多家公司 IPO 上市发行股票、新三板挂牌、上市公司并购、增发、配股、公司转制、债券发行、股权设置、混合所有制改革、股权激励等项目。其间,他先后指导了二十多位青年律师,这些青年律师都先后成长起来,已经有多名律师成为律所的业务骨干和合伙人。

做好“示范引领”,以自己的成长经历引导青年律师

陈勇给青年律师分享的第一课就是:自己的成长过程和感悟。1993 年,陈勇从华东政法大学毕业后,进入宁波第二律师事务所执业。执业一开始,他就非常注重对法律理论和实务的学习研究,在跟着老律师们办案的过程中,一方面积极主动学习老律师们的办案经验和技巧,另一方面在办案前、中、后,在当时没有电脑等工具的情况下,主动想方设法查找法律法规、相关案例、理论文章等资料并分析研究,从而使自己的研究水平和业务能力快速提升。1994 年,他执业后第一次撰写的实务论文,就在当年的宁波市与浙江省律师实务理论研讨会上获得了二等奖。在受到表彰和激励后,他更加注重业务学习、培训和交流,先后撰写了十多篇专业论文在省、市律师论文研讨会上获奖并在学术刊物上公开发表。注重学习和钻研,一方面使他的业务能力不断提升,另一方面给他带来了荣誉和收获。1999 年,他通过证监会和司法部考试获得证券律师资格,成为国内第一批从事企业上市法律服务的律师;2005 年,他通过考核获得二级律师资格,成为当时宁波市最年轻的高级律师之一;2015 年,他获得了一级律师资格。其间,他还先后获得宁波市优秀青年律师、宁波市“十佳”律师等荣誉称号。

在陈勇的指点和严格要求下,青年律师们也逐渐形成了不断主动学习新法规、新知识,在办案后主动复盘、反思的习惯,从初出茅庐的律界新人成长为可以独当一面的专业律师。

以“降维打击”思维，督促青年律师实现突围

正如陈勇指导的徐洁律师所说：“师傅跟我们说得最多的就是，青年律师如果没有拿得出手的本事，凭什么去和已经占领了市场又比你们有经验的老律师竞争?”现在徐洁已成长为律所的金融、证券业务骨干律师。在陈勇看来，青年律师只有努力开拓新业务领域，或者在传统业务领域有新的研究、新的认识，这样才能处在比老律师们高一个维度的前提下，才有机会“降维打击”，实现在法律服务市场快速占据一席之地的目标。

金融和资本市场领域的法律法规、政策和规则更新很快，但是新的法规和规则也带来新的法律服务需求，陈勇除了带领青年律师进行日常学习，还鼓励和资助团队年轻律师参与各种行业培训、论坛和交流会，同时建立“分板块分工学习”和讲课制度，对新规定和新知识要求青年律师分工学习和研究，并给其他团队成员讲解等。这对于青年律师快速熟悉、掌握新知识、新技能起到了很好的作用。

比如，他指导的王晓慈律师针对新出现的证券虚假陈述索赔的法律服务需求，自主钻研开发了“证券虚假陈述索赔网”及相关软件，实现了该类律师业务的自动化和互联网化，在该新兴法律服务领域占据了一席之地。

强化“责任意识”，帮助青年律师创优争先

陈勇要求青年律师从入行刚开始接触业务时，哪怕只是接触和参与很小的一部分流程，也要把整个案件或项目想象成自己独立承办或负责的案件或项目。因此，不仅要注重自己参与环节的质量，也要追求在完成自己的工作之余，主动去了解和关注其他律师参与环节的进展和内容，关心和关注整个项目的进度和服务质量。这也培养了青年律师“多问”“多交流”的工作习惯，遇到困难能及时反馈并寻求帮助，发现好的想法也能及时交流，不仅提升了业务能力，也让自己更好更快地融入团队。此外，陈勇还非常注重教育和培养青年律师防范执业风险的意识，养成勤勉尽责的好习惯，不仅为律所负责，也为青年律师自己的未来负起责任。

作为指导老师，陈勇不遗余力地向青年律师传授经验，手把手带领和指导团队

中的青年律师从熟读法规、规则和案例开始，让年轻律师逐步参与项目的接洽、谈判、调查、法律文书制作、底稿制作归档等工作流程，通过反复的复盘、纠错、指导，让青年律师逐步熟悉业务操作流程、核心步骤、文书制作要领和风险控制要点。在陈律师的指导下，多名青年律师如徐洁、王晓慈、周苗成等快速成长，成为在专业领域内颇具水准的律师。如徐洁律师在2018年入选宁波市首批“成长型”名优律师培育对象，2019年被评为宁波市优秀青年律师；王晓慈等青年律师研发的“证券虚假陈述索赔网”法律服务产品获首届宁波市律师法律服务产品研发设计大赛一等奖，组建的证券虚假陈述诉讼团队获“2017—2018年度宁波市优秀专业律师团队”。

在社会公益服务方面，陈勇律师也起到了传帮带的作用。他作为在全市统一战线“同心百立方”先锋行动中被授予“同心先锋”的带头人，与陈敏律师等积极参加由统战部门发起的全市党外人士“同心百立方”先锋行动中的“同心创造”项目争创工作，他们共同参与的为国有企业改造升级提供服务的项目成功入选该项目并获好评。

作为一名已执业近三十年的资深律师，陈勇在感慨我国法治建设和律师法律服务发展迅速之余，也深切感受到培养青年律师的重要性。“未来属于年青人”，他希望尽自己所能，通过指导和培养青年律师成长，继续发挥一名老律师对律师行业发展的作用。

（十）心向阳光　春暖花开

周丽霞，女，中共党员，一级律师，法律硕士。现为浙江导司律师事务所高级合伙人、副主任。现任浙江省律师协会建设工程业务委员会副主任、全国律师协会建筑房地产专业委员会委员、浙江省建筑业行业法务专业委员会副理事长。中共宁波市第十一次、第十二次党代会代表，中共浙江省第十三次党代会代表，宁波大学法学院兼职硕士生导师。曾任宁波市人民政府法律顾问。曾获 2015 年、2017 年《建筑时报》“最值得推荐的 60 位工程律师”、浙江省优秀专业律师（建设工程专业）等荣誉称号，入选宁波市首批“领军型”名优律师（建筑与房地产领域）。

光阴荏苒,周丽霞律师已经执业三十年。她曾戏称:“自己已从刚毕业懵懵懂懂的学生娃变成了头发花白的老律师。”现在的她,不仅是客户口中专业的“周律师”,更是律所同事口中尊敬的“周老师”。作为“周律师”的她尽职尽责、勤勉敬业,作为“周老师”的她传道授业、循循善诱、毫无保留。

师父领进门,修行靠个人

从中学时代起,周丽霞就对“帮扶弱者、维护正义、敢说敢为”的律师职业非常向往。选择大学专业时,她在高考志愿书上填报了“法学”专业;大学毕业分配时,她选择了“律师”这一职业。

刚进入律师事务所时,周丽霞追着老师们讨案件办,无论刑事、民事、经济纠纷,都会不嫌麻烦、不怕困难、不计较收入,不在乎路途遥远,积极去参与办理。最初三年时间凭着“初生牛犊不怕虎”的精神,她学会了独立思考、独立判断,也养成了不畏艰辛、雷厉风行的工作作风。

20 世纪 90 年代初,房地产市场刚刚兴起,房地产市场化开发还只是零星出现。因事务所新建房地产部门,指派她去当部门负责人,尽管有点忐忑不安、有些茫然,但在不断学习、分析和总结后,她认为房地产业市场化是必然趋势,并决定把为房地产市场发展提供法律服务作为今后工作的重点。她创新房地产法律服务模式,借鉴香港房地产运行模式,独自拟定了适应房地产业市场发展需要的律师服务内容和文本(包括按揭文本、外销房产文本、律师见证书等),更是顺着宁波市电话号码本,挨个打电话咨询房地产公司的法律服务需求。所有的努力与付出,都会有一定的回报。经过两年的努力,她受聘担任了宁波中建房地产开发公司、宁波雅戈尔房地产开发公司、宁波市中房集团公司等单位的法律顾问;为宁波市首个涉外小区莱茵堡别墅区项目提供全程法律服务,创造性地为该涉外小区的境外业主购房出具法律意见书、拟定购房合同等;她担任达吉房地产开发公司的法律顾问,与上海建纬律师事务所朱树英律师共同为宁波首个高端楼盘“中央花园”项目提供全过程法律服务,并积累了大量的工作经验。

“这一段经历,更坚定了我走专业化法律服务的决心,也拓宽了我的思路和服务格局。”周丽霞在讲述故事的同时,总是谆谆教诲,“只要肯付出,总会有收获”。

她用自己的实际行动告诉青年律师，只要扎实、肯干、肯付出，没有过不了的难关，没有拓展不了的业务。

以勤奋为径，以专注为舟

“要成为一个专业化的律师，不仅要学习，还要深入了解行业特点，更要思考专业领域问题，只有这样，律师提供的法律服务才能与法律市场需求相吻合。”周丽霞如此说。

从1994年起的十年时间，她每年都撰写专业论文，并先后多次获得省市级一、二等奖，其中有一篇论文还作为优秀论文在全国律师协会论坛上作专题发言。她撰写的研究生学位论文《在建商品房上民事权利的冲突与解决》，被各种学术网站多次引用，且其中的许多观点日后被最高人民法院的司法解释所吸收。

她不仅自己常年保持高度的学习热情和热忱的钻研态度，还督促团队律师不断研究、撰写文章，和他们共同探讨，以期撰写出结构更完善、观点更准确的文章。每位青年律师撰写的论文，从初稿到终稿，青年律师写几遍，她就看几遍。在周丽霞的指导和提点下，杨洪军硬是从写文章“弱者”变成了写作能手，数篇文章获奖，其中《承包人放弃建设工程价款优先受产权的效力判定及应对新思路——以农民工工资专户制度为背景》更是被评为《中国建设工程法律评论》2019—2020年度征文十篇获奖论文之一。

现在她每年还花费大量时间与精力投入在专业法律领域的课题研究上，提出法律法规修改建议、行业规范修订意见，如她曾作为全国律师协会建房委课题组长拟定建设工程价款优先受偿权司法解释的建议稿给最高人民法院，该建议中很大一部分内容被最高人民法院《关于审理建设工程施工合同纠纷案件适用法律问题的解释（二）》（已失效）吸收。周丽霞不仅自身注重，还将难得的参与课题研究机会分享给学生。她和团队杨洪军律师共同完成了《律师为开发商提供商品房买卖合同法律服务操作指引》《律师办理建设工程法律业务操作指引》等多个中华全国律师协会发布的律师操作指引的撰写；她和杨洪军、任骁等共同完成了《工程总承包管理办法的建议稿》及“采购编的示范文本”起草等工作、撰写了《集体经济组织与企业合作开发集体建设用地模式研究》等著作，就《建筑法》《招标投标法》等法律法规文件的修订提供专业建议。

此外，为整体提升浙江、宁波律师在建设工程、房地产领域的法律服务能力，周丽霞曾先后多次担任浙江省律师协会建房委副主任、宁波市律师协会建房委主任，其间带动了一批浙江省、宁波市对建设工程、房地产法律服务感兴趣的年轻律师投身该领域的积极性。

脚踏实地服务，俯首躬行办案

作为建设工程、房地产领域的专业律师，不管是非诉讼领域还是诉讼领域，对律师的专业能力要求都较高。工程项目的投资合同、合作开发合同、政府重大项目投资协议等标的非常大，诉讼案件人数众多、金额巨大、社会关注度高、案件材料多、审理期限长、处理难度大，对律师的意志力、抗压能力等也有较高的要求。但周丽霞无论遇到什么样的困难，从来不退缩，她带领着团队律师一起攻克一个又一个难关。她经常说："专注执着深耕专业领域，踏踏实实做好自己的工作，定会有所收获。"

曾经为办理一起建设工程价款纠纷案件，周丽霞和团队律师花了两周时间整理满满一屋子的工程图纸、施工日志、工程例会、施工联系单等，把一个投资额十多亿元且已施工三年多、停工半年多的工程，按时间顺序做了系统的梳理，从中找到相应的证据，对照合同约定厘清双方的合同履行情况和违约责任，从而确定诉讼思路和诉讼请求。该案一审法院就审理(包括鉴定)了近两年，开庭五六次，律师每次去开庭都需要拖两个行李箱。案件涉及工程质量鉴定、造价鉴定、停窝工损失鉴定等，过程极为复杂。最终，功夫不负有心人，她和团队通过这场艰苦卓绝的战役，最终保障了施工单位对建设单位的全部工程款享有建设工程优先受偿权，得到了法官和当事人的肯定。

在每次案件办理中，她要求团队的青年律师多思考、多提观点、多撰写，告诫他们："一定要坚持客观导向，坚守法律底线，在纷繁复杂的案件中静心研究，查找依据。"而对于法律关系较为简单的案件，她鼓励青年律师自己大胆去办案，必须做到开庭准备完备，青年律师遇到难题时，也会积极与她探讨。

除此之外，周丽霞支持青年律师积极开拓业务、参加律师协会专委会的各项活动、参加全国性的理论研讨会议。在办案的过程中，她用自己的脚踏实地、悉心指导，为青年律师的办案指点迷津，做出榜样。从业多年，她已经培养了二十余位“学生”，其中有的已经成了律师事务所的高级合伙人，有的成了优秀的专业律师，也有的成了优秀的公司法务或法官……其中胡文波成长为宁波市有一定知名度的房地产领域专业骨干律师、杨洪军已成长为在建设工程法律服务领域能够独当一面的处理重大案件的成长型专业律师，并被2019年《建筑时报》评为“最值得推荐的六十位工程律师”之一。

为帮助学生更好成长，周丽霞现在更多的是在幕后默默地给学生予以指点、把关，让学生放心大胆地去接触业务、与客户沟通，她则重点做好每个重要案件的节点把关、文书把关、庭审思路讨论等工作，这样既能保证案件质量又能快速提升学生的业务能力。

三十年奋斗不息的律师路，虽然布满荆棘，但是充满阳光，那是周丽霞对法律的热忱与热爱的光，那是她对客户的责任和坚守，也是对青年律师的关心与支持。未来律师路，她也将继续心怀阳光，静待春暖花开。

（十一）随风潜入夜　润物细无声

程宇，女，西南政法大学法学学士、民商法硕士，北京大成（宁波）律师事务所高级合伙人，大成宁波企信法律服务团队负责人。她是国内最早一批私人银行家资格认证获得者，带领团队深耕企业常年法律顾问及争议解决业务领域，积累了丰富的实践经验。在首届全国律师电视辩论大赛总决赛中作为浙江省律师代表荣获三等奖，曾获浙江省最佳辩手、宁波市优秀青年律师、宁波市“十佳女律师”、宁波市优秀指导老师等荣誉称号。

认清自我，坚持不懈

少年时，程宇就对自己的职业有所憧憬和规划：报考一流的法学院校，做一名执业律师。1994 年大学刚毕业，她来到宁波，先在某学校任教。为实现律师梦，她决定放弃学校的“铁饭碗”。1997 年，她加入当时的浙江众信律师事务所，成为一名专职律师。

执业之初，作为一名从外地来宁波的新人，对于如何拓展自己的业务，她也曾感到非常迷茫。当时的司法环境比较复杂，而且年轻律师很少有师傅指导。幸好，众信所的创始人党亦恒、姜洪明等律师的专业水准非常过硬，在专业问题上总能给她悉心的指点。但在拓展业务方面，还是要依靠自己。她觉得先从行业内部寻找展示自己的机会可能会比较好，于是便积极参加市律师协会组织的各项活动，争取一些发言机会。

执业大半年后一个偶然的机会，她结识了宁波人民广播电台的节目主持人建军，当时现场直播栏目“法在你身边”刚试播两三期，从内容到嘉宾都不是特别理想。在闲聊过程中，建军觉得程宇的普通话、音色和职业都不错，于是邀请她来试做一两期栏目嘉宾，她欣然应允。因自己执业时间不长、实践经验不足，她和主持人商定限定范围，通过案例分析、有奖问答的形式围绕主题进行在线咨询直播。为了确保精彩亮相，她花费了大量时间和精力准备节目内容。节目一经播出，反馈非常热烈，热线电话不断，建军当场就决定请程宇作为嘉宾主持人与他长期搭档主持该栏目。“法在你身边”很快成为广受听众喜爱的栏目，每周六上午九点开播，她风雨无阻地坚持了三年。

2001 年，中央电视台、司法部、中华全国律师协会联合举办了首届全国律师电视辩论大赛，这是我国律师制度恢复以来第一次全国性的律师行业内比赛，意义重大。凭借自身优势以及此前三年在电台做嘉宾主持人的经验，她在浙江赛区的选拔中脱颖而出，与两名队友合作晋级总决赛，最终荣获佳绩。各大报纸杂志的专栏采访蜂拥而至，使她在宁波律师界声名鹊起，为她在宁波地区开展业务打下了良好的基础。

公众演讲作为一种最直接、有效的宣传方式，确实在拓展业务、扩大知名度方面对她起到了很大帮助，然而，扎实的法律功底和自身的专业度，才真正让她在业界站稳脚跟，业务量逐年增长，入行五年便成为律所合伙人。此后，她在诉讼及常法顾问事务处理领域深耕不辍，业绩稳步提升。

传道授业，严格要求

2012年秋，众信所与富林所、之海所三所合并更名为北京大成（宁波）律师事务所。作为大成宁波所的创始合伙人之一，她敏锐地察觉到社会经济环境、司法环境的巨大变化，一方面客户的法律服务需求越来越多样化，另一方面青年律师单打独斗越来越难。于是，在大成宁波所设立后不久，她就顺应律师行业专业化、团队化、精细化的发展趋势，组建了由合伙人、资深律师和助理共同构成的团队——企信法律服务团队，力图为青年律师创造一个生存发展的平台。

作为团队负责人，她带领青年律师积极探索开拓新的业务。在提供常法服务的过程中，她发现企业家在家族财富传承方面的法律需求十分强烈，而一般律师无法提供这方面的法律服务。恰逢2013年"私人财富法律风险管理"业务兴起，她迅速抓住这次新机会，通过学习、考试，取得"认证私人银行家"专业资格认证。此后，她相继受聘农业银行、招商银行、交通银行、中国人寿、太平人寿及交银康联等金融机构为其客户及员工进行相关主题演讲及专业培训，听众逾万人。通过她的努力，"私人财富法律风险管理"成为大成宁波所的特色服务项目之一，多年来业务量一直居于本区域的领先地位。

开拓新业务的同时，她也非常重视青年律师的培养。她从不藏私，将自己的学习心得、研究成果一一教授给企信团队的每一个人，让青年律师能跟上她学习、前进的步伐。在她的指点下，团队内有三名青年律师陆续取得"高级私人财富管理师"资格。在发现团队成员并不擅长社交展业后，她着重从演讲、写作、专业化及其他方面培养青年律师，并有意将更多的发展机会给到青年律师。

2014年，宁波市律师协会组织首届律师辩论赛，她鼓励没有任何辩论经验的团队青年律师施晓、梁姝霞参加，帮助她们剖析辩题，并从表达方式、辩论技巧、着装、语言神态、动作手势等方面给出专业指导，最终摘取桂冠。她还鼓励并提供各种机会让她们去社区、街道以及学校进行公益讲座，去各个顾问单位进行讲课，然后逐步将两位律师推到“私人财富法律风险管理”业务的前沿，帮助两位青年律师登上了保险公司、第三方财富公司的演讲舞台。

程宇认为律师不仅要会说，还要会写，知识整合输出的过程也是快速自我提升的途径。她一直鼓励青年律师要多写文章，并在文章架构、观点、用词等各方面给予指点。2013—2014 年，梁姝霞、施晓等青年律师在《宁波商帮》杂志上发表《家族财富传承初探》《家族企业传承初探》《婚姻，是一次重要的财务决定》等十余篇文章。2015 年 3 月，浙江省高级人民法院发布《关于加强和规范对被执行人所有的人身保险产品财产利益执行的通知》，她立即带领团队青年律师进行深入学习探讨，后带领梁姝霞撰写了《人身保险利益司法强制刍议》一文，获得当年宁波市律师协会论文研讨一等奖、浙江省律师协会论文研讨三等奖的优异成绩。2019 年年初，施晓、梁姝霞偕同所内其他青年律师组建“大成宁波同欣家事律师团队”，注册公众号，现运营稳定，每周发表一篇关于家事业务的文章，分享婚姻家事、继承等相关法律知识及办案经验，单篇最高阅读量达两千三百多人次。

在专业化方面，她督促青年律师不断提升业务能力。对于青年律师日常的法律文书起草、合同修改工作，她着重强调所写内容必须讲究层次性和逻辑性，力求用法言法语。为了锻炼青年律师的这一能力，她会对青年律师所写的法律文书进行反复修改和指正。她引导、鼓励青年律师发挥能动性，在擅长的领域进一步钻研并找到适合自身的发展路径，逐渐探索出适合自己的专业方向：施晓律师擅长处理家事纠纷及企业劳动纠纷，并已晋升为大成宁波所的合伙人；梁姝霞律师擅长复杂民商事纠纷争议解决，在继承诉讼领域已经向专家级律师迈进；童志豪律师在企业刑事合规与管理、企业家刑事犯罪预防及经济犯罪辩护等领域取得不错的成绩。

锐意进取，深耕不辍

在程宇律师的指导下，企信团队的几位青年骨干律师已逐步成长，能独当一面为合理配置人员架构及发展后备力量，团队近两年又吸收了两位毕业于名校的青年律师助理，从而注入新鲜血液。如今，企信团队六名成员合理分工、高效配合，以细致严谨、认真负责的工作作风赢得了法官、当事人乃至同行的赞许。

在青年律师逐渐接手“私人财富法律风险管理”服务项目后，程宇又开始为团队寻找更好的发展机会。考虑到团队的传统特长和根基仍然是企业常年法律顾问服务,如何将两个项目融合促进发展,需要更深层次的规划。经过反复思考和论证,她决定在团队发展过程中将"私人财富保护"和民营企业家的"家族企业传承"有机地结合起来,以民营企业常年法律顾问服务为基本立足点,在日常法律顾问服务过程中,嵌入企业目前急需而市场上又稀缺的税务咨询与筹划、私人财富保护、家族企业传承、企业刑事合规等深度、系统的长期规划专项服务,协助企业家实现家企双向联动的传承规划目标。

工作之余,程宇也非常关心团队成员和律所其他青年律师的学习与生活,在经济方面多有帮扶,让青年律师没有后顾之忧。团队青年律师去外地学习、参加讲座的费用,她一方面帮助申请律所补贴,另一方面自掏腰包予以报销。青年律师在学习过程中取得一定成绩的,她往往会以奖金的名义发红包。她自己还掏钱为团队的几名青年律师配置了医疗险。在她的提议下,律所为外地赴甬的实习律师提供宿舍;对于所内单独执业、案源尚不稳定的青年律师,她时常将一些案子交给他们做,减轻他们的业绩压力。

谈及未来,程宇律师表示最大的目标是做好团队负责人、领头人,发挥资深律师的经验优势,利用自身资源,帮助青年律师站稳脚跟、更上一层楼,使他们成长为更加优秀的律师,从而实现自我价值,过上更好的生活。

（十二）赠人玫瑰　手有余香

朱平飞，女，1997 年 6 月毕业于杭州大学，现任浙江波宁律师事务所副主任、党支部副书记，兼任宁波市律师协会婚姻家事专业委员会主任、宁波仲裁委员会仲裁员、宁波市红十字会监事等社会职务。曾获浙江省优秀女律师、宁波市优秀律师、宁波市首届“十佳女律师”、宁波市优秀指导老师、宁波国家高新区“五一巾帼标兵”等荣誉称号，入选宁波市“骨干型”名优律师培育对象。参与编写《婚姻家庭法律问题》（宁波出版社出版）一书。

在朱平飞律师看来，能将法学理论、专业技能和公益事业有机地结合起来，以自己专长服务当事人，共建和谐法治社会，是作为一名律师需要坚持的执业信仰。这也是她在指导青年律师执业时，希望传承给青年律师的经验和财富。她始终认为，经济效益并非律师追求的唯一目标，青年律师的成长没有捷径可走，树立正确的执业价值观，努力塑造法律人的人格魅力和高尚品格，建立良好的人脉和社交关系，对以后的执业生涯将起到决定性的作用。青年律师在坚定执业信仰的同时，要坚持原则、尽心尽力、脚踏实地，始终以不卑不亢的姿态待人接物并办好每一个案件。

于细节处见精神

朱平飞律师团队里有两名青年律师：陆巧娜和孙佳芬，这两名律师可以说是朱律师手把手指导培养出来的。她认为，培养青年律师养成良好的办案习惯，在办案中注重细节，将每个案件当作自己的事情去做，并不断地总结经验，对于刚开始执业的青年律师来说尤其重要。只有这样，青年律师才能获得当事人的信任，获得法官的认可，才能给自己的执业生涯打下扎实的基础。

良好的办案习惯，包括形成整洁有序的案卷材料，以及从咨询接待开始建立工作记录和电子文档，电子文档中包括最基本的民事起诉状、民事答辩状、证据清单等材料。针对律师因忙碌等原因容易忽视提交书面代理词这个问题，朱平飞要求青年律师必须养成庭前起草代理词，庭后修改并提交代理词的习惯。除了代理词外，在面对疑难复杂案件时，她还要求助理把类似的案例与相关的法律条款都找出来，对于争议较大的法律问题，组织专家通过咨询、讨论等方式确立自己的代理思路和方案。这些都必须建立完整的电子文档保存起来，这样不但方便在诉讼过程中随时查看，而且有利于以后办理类似案件时参考使用。对在司法实践中争议比较大的法律问题或疑难复杂的案例，朱平飞不仅自己带头写作，而且要求青年律师一定要花时间积极撰写论文和典型案例，提升写作水平。

办案中细节考虑不周，是青年律师经常出现的问题，比如在诉讼请求和证据方面犯错误。如果因律师不用心导致在庭审时要临时变更诉讼请求或补充证据，必然会影响办案质量。朱平飞律师对诉讼文书内容的专业性、条理性和概括性要求非常严格，她把自己年轻时的执业经历告诉青年律师：在多年前她办理的一次离婚诉讼案件中，她作为被告的代理人，在庭审时陈述答辩意见后，主审法官当庭指出被告的答辩状有理有据，还声情并茂并当众表扬了朱平飞律师。这件事对她产生了很大的影响，在以后的执业中，她经常想起这件事，并力求将案件办得精益求精。

亦师亦友，相伴笃行

朱平飞律师不仅是青年律师的良师，也是她们的益友。陆巧娜和孙佳芬律师这几年都经历了结婚、生子这两件人生中最重要的事，朱平飞不但在工作中给予谆谆教导与无私付出，在生活方面特别是经济上也很照顾她们。她想让青年女律师能兼顾工作和家庭生活，没有后顾之忧，这也是老一辈律师在年轻时最期冀和向往的，所以当自己有这个能力时，朱平飞就希望做那种予人玫瑰、手有余香的人。

功夫不负有心人，陆巧娜律师经过这几年的历练，已经入选宁波市“成长型”名优律师培育对象。孙佳芬律师产假结束后，很快就投入繁忙的工作中，在金融借贷系列纠纷以及法律顾问事务中积累了很多的经验并发挥了很大的作用。两位青年律师现在已经能独当一面，成为朱平飞的左膀右臂。此外，近年来，朱平飞还指导了贺嘉伦、陈春生、刘方明、林珊娜等多位青年律师。

在指导青年律师时，朱平飞律师特别强调“积累”两个字。她认为，执业过程其实就是不断积累的过程，这是她多年执业的体会和心得，也是她在培养青年律师时强调的重点内容。青年律师面临的普遍问题是：人脉资源少、经验不足、容易犯错，正是因为青年律师在执业初期存在诸多不利的因素，在竞争如此激烈的行业市场里，青年律师更需要学习、沉淀、总结、积累，从而能厚积薄发、不断成长。

投身公益，助力成长

带领青年律师积极参加行业工作与社会公益活动，是朱平飞指导青年律师的一个特色和亮点。朱平飞现任宁波市律师协会婚姻家事专业委员会主任，她在青年律师在婚姻家事领域的业务开拓创新以及技能的提高方面，做了大量的工作，包括组织委员撰写论文和经典案例，讨论涉婚姻家事司法审判中复杂、疑难法律问题，研讨家族财产管理等新兴业务。

朱平飞是宁波市律师协会涉诉矛盾化解志愿团成员，也是宁波市中级人民法院、海曙区人民法院、江北区人民法院涉诉案件调解员，她带领青年律师积极参与法院涉诉调解工作。朱平飞和孙佳芬律师组成的调解团队参加市律师协会与海曙区法院合作开展的律师参与涉诉纠纷调解工作已两年，共参与调解约二十个案件，其中将近一半调解成功。陆巧娜律师积极参加金石榴女律师维权宣讲团活动，定期到社区、街道开展法律讲座。

德国哲学家康德曾说：有两种东西，思考越深就越令人敬畏，一个是头顶的星空，另一个是心中的道德律令。

在现代社会，法律只是一种工具，法治则是一种信仰。这种信仰，是朱平飞律师非常崇尚并为之所奋斗的人生理想。她始终秉持在信仰中坚持一份善意，赠人玫瑰，手有余香。

二、优秀青年律师

（一）收获最美丽的花朵

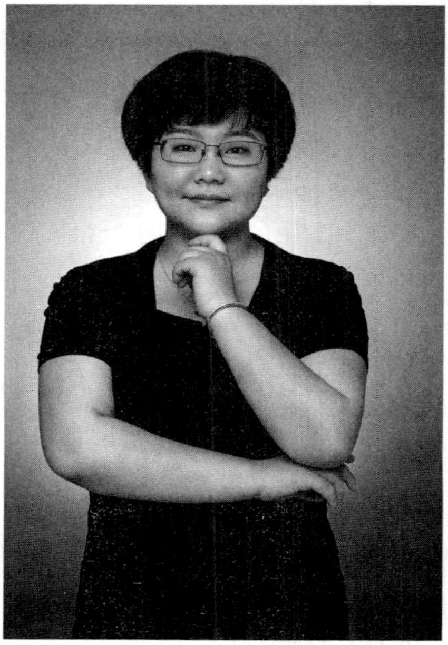

郑吉薇，女，1984 年 8 月出生，中共党员，浙江和义观达律师事务所合伙人。曾荣获浙江省司法厅授予的“党员律师标兵”“宁波市青年岗位能手”称号、2013—2014 年度宁波市优秀青年律师、第三届浙江省优秀青年律师、浙江省第二届控辩对抗赛“十佳辩手”、首届全国公诉人与律师电视论辩大赛个人“优秀风采奖”荣誉称号。2020 年入选宁波市“骨干型”名优律师培育对象（刑事领域），并担任宁波“律师妈妈法律服务团”团长。

朝气蓬勃的狮子座

初见郑吉薇律师,很难想象她严肃起来的样子,弯弯的笑眼自带亲和的魅力,与她交谈时如沐春风,十分自在。狮子座热情阳光的性格特征在郑吉薇身上得到了最充分的展现,“朝气”二字用来形容这位青年律师真是再合适不过。

其实律师这个职业难免会遇到各种各样的压力与困难,对刚入行的青年律师来说更是如此。2012 年 5 月至 2014 年 1 月,郑吉薇着手处理了一起为当事人追讨借款的案子,案件中,由于借款数额巨大又无款项交付凭证,面临败诉风险。郑吉薇接受代理后,经过数天的思考,也与委托人进行了多次沟通,设计出“引蛇出洞”的诉讼策略,终于在庭审中通过一笔笔账目的梳理,让对方承认收到的承兑汇票没有还款记录。

但一波未平,一波又起,这边刚解决对方是否收到借款的问题,对方又狡猾地提出,其并非借款人,而是作为中间人转交给另一位案外人吕某,而吕某则因涉嫌非法吸收公众存款罪一案正在被调查中,为此本案又因涉及刑事案件而中止。在中止期间,郑吉薇又通过向北仑区人民法院申请调查取证,认真查阅了吕某的刑事案卷并参加了该案的旁听,最终确定其三者的关系为吕某向陈某借款,而陈某无款项,陈某又向胡某某(委托人)借款,最后,陈某将借到的款项支付给吕某的事实。

这个案件在一审期间已经跨了两个年度,其间数次开庭,郑吉薇为梳理清账目最后不得不与法官进行电子邮件交流。好在这些付出和努力,上百个日夜的埋头苦干最终有了回报,案件的结果让郑吉薇的委托人非常满意。

面对这些压力,郑吉薇没有什么抱怨,她说:“有困难当然首先应该是寻找解决的方法,自己解决不了就求助身边的人,一旦找到了解决的办法就不去想其他的了。”紧接着她又说道:“但不管什么方法,有一个方法是一定不能落下的,那就是美食,所以我的体重一直在向上攀登,有时候我给自己打气会说‘加油!你一定是最胖的!’”看到这样爱笑、爱吃、爱生活的女律师,我想当事人哪怕有再大的困难也会觉得能轻松解决吧。

同时,作为一个典型的狮子座女生,她也承认自己有充沛的精力和无止境的好奇心。

与别人常说的“好奇心害死猫”不同，她发自内心觉得好奇心是她在律师行业中前行的原动力：“是好奇心驱使着我们去挑战一个又一个疑难案件，是好奇心促使我们去参加一些活动、做一些事情。”她也会常怀对这个世界的好奇，不断探索、不断学习，充实自己、提高自己，在专业道路上勇往直前。

多亏了我嘴皮子快

墨子有云：“夫辩者，将以明是非之分，审治乱之纪，明同异之处，察名实之理。”辩论的魅力只有参与过的人才知道。辩论不仅是口才的对抗，更是知识储备的竞赛。郑吉薇热爱辩论，辩论也给她带来了很多意想不到的惊喜。

她在大学就加入了辩论队，当时郑吉薇刚进校门，浙江工商大学法学院每年都要举行新生辩论赛，每个班级要进行一次选拔，“我这个人吧，比较喜欢热闹，频频站起来发言，然后就代表班级参赛了。我们班级队伍大概很早就被淘汰了，但我一路的‘优秀辩手’走来，走进了法学院的辩论队”。郑吉薇回忆道：“我们学校有一个‘陶朱杯’辩论赛，之前法学院已经很久没有拿冠军了，我参加的那年我们拿了冠军，于是我就此和辩论结下了不解之缘。”这就是她辩论生涯的开端，简简单单却影响深远。

而说到辩论对于她的律师职业的帮助，实际要归功于一次比赛。2011 年 9 月首届全国公诉人与律师电视辩论大赛开赛，浙江需要选出律师代表队伍，从而进行了人才选拔，郑吉薇有幸入选，这次比赛让她获得了浙江省第二届控辩对抗赛“十佳辩手”称号。在省内比赛脱颖而出后，她成功晋级全国赛决赛，最终收获了首届全国公诉人与律师电视论辩大赛个人“优秀风采奖”。一时间，郑吉薇这个名字在行业间也传播开来。也正是通过这次比赛，她接受了系统的培训，也让她对刑事辩护产生了浓厚的兴趣。现在，刑事辩护也已经是她的主攻的业务之一了。

2015 年 11 月，汝某因盗窃被检察院批准逮捕，郑吉薇受托成为其辩护人后发现本案涉案金额仅为五千多元且汝某具有取保候审的条件，为此，向检察院提交了羁押必要性审查的申请，并积极联系汝某家属赔偿被害人损失，最终在审查起诉阶段获得取保候审。

2016 年 1 月至 11 月，某公司涉嫌合同诈骗，案件在移送至市检察院审查起诉后郑律师接受委托，通过查阅案件，她抽丝剥茧地分析案情，先后两次提交该公司不构成犯罪的律师意见，最后在与承办检察官的充分沟通下，案件被发回并撤销。

此外，郑吉薇律师作为辩护人的刑事案件还有很多在批捕阶段获得取保候审的案例，很多刑事案件在判决后也获得委托人及其家属的好评。这些案件的成功背后，很少有人知道郑吉薇付出了多少努力，她也仅仅把这些成果看作自己兴趣的回报。

郑吉薇始终秉持"只有小标的，没有小案件"的办案宗旨，尽心尽职尽力地为当事人服务，维护着律师公平正义的良好形象。

郑吉薇打趣道："多亏了我嘴皮子快，这大概是从小就有的天赋。"她记得自己小的时候在许多大人面前滔滔不绝地讲故事，受到了大家的表扬，她说："我想我爸爸当时一定觉得特有面子。"

脚踏实地仰望星空

在做好本职工作外，郑吉薇作为一名青年党员律师，她还非常热心公益事业。郑吉薇目前是宁波市律师妈妈保护未成年人维权法律服务团团长、宁波市妇女维权志愿者律师，除了经常参加免费法律咨询活动外，她本人也办理过不少法律援助案件。

"她告诉我们，做律师，一定要有一颗平常心。'平常心'就是很多事情大家不要带着功利的目的去做，过程往往比结果更重要，我们要学会享受这个过程。青年律师在跟团队也好或者跟师父也好，不要太计较得失报酬，其实团队领导或是师父们眼睛都很亮，尽管他们不在办公室，你干了多少活，他们都很清楚。所以抱着平常的心态去多做一点事情，多付出一点时间可能收获就会更大"，郑吉薇指导过的青年律师这样说道。

郑吉薇说："有一件事情，你可做可不做，你心里面其实不太愿意做，但是刚好这个时候你没有其他事情可以做，那你就去做。"因此，虽然参加公益法律服务要占用许多时间，但郑吉薇仍乐意多做奉献，她总是说："一个人自我价值的体现不是用钱可以衡量的，优秀律师应该是用专业服务更多需要服务的人们。"

郑吉薇觉得，律师积极履行社会职责、热心公益就是在践行入职誓言。律师这份工作,能用自己的专业知识帮助需要帮助的人,真的是令人感到非常快乐。正所谓“送人玫瑰,手有余香”,这或许正是从事律师职业最幸运的地方。对于律师行业的“新人”,她想用省律师协会郑金都会长的寄语“脚踏实地,仰望星空”鼓励他们,今日播撒的汗水,定能收获最美丽的花朵。

（二）业精于勤　行成于思

习平，男，1982 年 11 月出生，三级律师，2006 年 7 月毕业于中国政法大学法律硕士专业（国际经济法方向），通过英语专业八级，曾在法院从事三年的审判工作，现任浙江海泰律师事务所合伙人，兼任宁波市律师协会建筑与房地产专业委员会副主任。2010 年进入海泰所以来，他主要从事重组并购、企业投融资等非诉项目以及建筑房地产案件的办理。曾获 2013—2014 年度宁波市优秀青年律师、第三届浙江省优秀青年律师等荣誉称号。

律师执业规划的出路

2010 年 6 月至 2011 年年初，刁平还是一名律师助理，常在工作之余思考自己将来的职业规划与成长道路，他将来要做什么类型的律师？应该选择什么样的成长模式？

他为此焦虑过，研究生毕业后曾在法院工作了三年多，进入律所时已“奔三”。他当时想：能否去做其他律师比较少从事的业务领域？反复考虑后，他选择了信用证、票据等金融结算方向。决定了之后，他每天研究相关案例，岂料闭门造车带来的效果并不好，只有客户单位与同行寥寥无几的咨询，宁波企业对金融结算的实际法律需求较少。

在经历过这次弯路后，他深入分析自己的特点，也多次向指导老师邬辉林律师请教，邬律师说参加理论研讨会被认为是律师圈内传播口碑的传统方式，如果他能沉下心研究一些法学问题，可以去做点总结与研究，写一些论文。于是，他以研究非诉项目承办过程中发现的实务问题为切入点，坚持撰写股权、公司法范畴内的论文。

在参与办理宁波镇海九家关联企业重组项目时，他遇到一个实务法律问题，即主债权转让，房产抵押权转让的时间为何时？是否一并转让？是否还需要办理相关变更登记？《担保法》与《物权法》虽然明确规定抵押权随债权同时转让，但是实务中并没有如何实际操作的规定，抵押权转让后是否还需要办理抵押权登记，受让方是哪个时间取得抵押权？他通过查阅最前沿的实务观点，了解不同地方存在的实务做法，撰写论文，系统论证自己的观点。在随后几年，他在股权质押、增资扩股、股权激励等项目办理过程中，也按这样的方法进行法律实务问题的系统研究。

律师撰写实务论文其实很不易，写起来是很辛苦的。因为律师一般工作量较大，节奏也比较快，只能每天晚上以及周末加班写论文。他坚持写了五年论文，每年的 2 月，他开始选题，然后系统研究这一领域内的常见问题，参考相关判例与前沿理论，反复修改并最终定稿。功夫不负有心人，从 2011 年至 2015 年他连续五年获得宁波市律师实务理论研讨会的二等奖，并三次在华东律师论坛、浙江省律师论坛获得三等奖，在律师圈内赢得一定的知名度。

办理复杂案件的心得

律师的常规业务是诉讼，能否办好诉讼案件是一个律师专业与否的主要判断标准之一。2007 年 1 月至 2010 年 3 月，他在法院系统工作，主要办理建设工程与房地产案件。由于有法院办案的工作经验，他更能换位思考，能把握法官角度的思维，考虑问题相对更加全面谨慎，能够准确抓住焦点。

他认为，一位善于办案的律师，既应该知道案件的有利一面，也能预见到不利的地方，扬长避短，说服当事人认可律师设计的诉讼策略，还应利用各种合理方式向对方施加压力，最终达到案件的有效解决。从事律师工作以来，他继续办理各类建设工程、房地产诉讼案件，其中不乏疑难复杂的案件，大部分案件达到了预期目标。其中有一个案件令他印象深刻，2014 年至 2015 年，在江苏省某地级市办理的一个建设工程案件，该案件经历了一审、二审与发回重审。在一审庭审中，承办法官对明显的证据漏洞熟视无睹，在违反证据规则的情况下认定原告的证据，最终作出对被告方不利的一审判决。但是，他坚持程序公正，敢于向法院据理力争，在一审期间就该程序上的重大瑕疵向审监庭提出了书面异议，有理有据，该异议在案件二审以及发回重审中发挥了重大作用，最终在重审阶段法院作出了公正的判决。

习平从事律师执业以来，已代理了八十多件疑难复杂的建筑房地产诉讼案件，参与近十个房地产开发非诉项目，参与过并购重组、破产重整、股权投融资、新三板、私募基金、股份制改制等非诉讼项目二十余个。他始终秉持“办好每一个案件（项目），服务好每一位客户”的宗旨，尽最大努力维护每位当事人的合法权益，力求办案精益求精，赢得当事人的认可。

业务开拓盯住科创企业及投资机构

从 2015 年下半年起，习平作为海泰律师事务所合伙人，开始组织起自己的业务团队，需要开拓自己的优势业务领域。经深度考虑后，他认为，好的法律服务应该是服务经济发展，为此他研究宁波的经济发展趋势，他发现双创企业的浪潮下，市政府对科研人员创业创新非常重视，出台了大量优惠政策。这类初创型科技企业的发展是采取融资、融智的模式，对外普遍需要与投资机构打交道，需要有全方位股权法律服务。

经过研究后，他认为意向客户主要有两端：一端是作为资金需求方的科创企业，另一端是作为资金供给方的投资机构。他开拓业务的方式主要是设计法律服务产品、提供法律讲座、提供法律咨询、园区走访等。从2015年下半年至2019年年底的四年多时间，他服务了二十余家科创企业以及投资公司（主要为风险投资与私募股权投资公司），解答过二百多个股权类的法律问题，做过近二十个股权激励、股权架构、公司顶层制度设计非诉项目。他根据制作的PPT进行讲课，次数已超过60次，他越来越有经验有自信，每次讲座以办理过的案例为主要内容。此外，他在服务企业与企业家客户、团队标准化与规范化管理、法律产品的优化方面不断形成自己的特色，提炼自己的优势。

“雄关漫道真如铁，而今迈步从头越”，此前获得的荣誉与成绩都是过去式。习平律师常对自己说：要对得起当事人的信任与托付，一定要继续努力，做一名更加专业的优秀律师。

（三）但使心正法度在　无处不为自由乡

刘慧杰，男，1978年3月出生，浙江导司律师事务所高级合伙人、副主任。现任宁波市律师协会副会长、浙江省律师协会理事、浙江省青联常委、宁波市政协委员、海曙区政协常委。并任宁波市台企台商法律服务团团长、宁波市中级人民法院特邀监督员等，曾任浙江省律师协会劳动与社会保障专业委员会第二届主任、市律师协会劳动与社会保障专业委员会第一届、第二届主任。曾获浙江省优秀专业律师（劳动专业）、省优秀青年律师、省服务中小企业优秀律师、宁波市优秀青年律师、宁波市优秀志愿者等荣誉称号。

做律师专业化的践行者

2001 年,刘慧杰成为一名执业律师。他视律师为崇高的职业,以赤诚之心和责任感全身心投入律师工作中。他注重对自己业务能力的培养,他在企业法律风险管控和合同、公司法务上屡有建树,在企业法律风险防范和人力资源管理上尤为突出。他是全国律师协会劳动与社会保障专业委员会委员、合规专业工作组成员,并入选全国律师协会人才库;在担任省律师协会劳动和社会保障专业会委员主任期间,他带领的劳保委被省律协评为首届浙江律师论坛的优秀组织奖。2009 年,受宁波市人大常委会委托,他为《宁波市劳动合同条例》进行立法后质量评估并担任专家组组长,其出具的立法质量评估报告获得了市人大领导的肯定,获得了一万元奖励,后他将该款捐给了宁波市律师协会作为青年律师专项培养经费。

管子曾说:"律者,所以定分止争也",他始终认为律师就要充分运用法律专业优势和律师实务经验,化解矛盾与纠纷,维护法律的公平与正义。执业至今,他已代理了几百件诉讼案件,曾为多家金融机构和政府机关,以及集团公司提供法律服务。作为项目常年法律顾问,他为宁波机场三期工程提供全程法律服务;他被省工商联聘请为律师团成员,被宁波侨商会聘请为法律顾问团副团长,他还担任了宁波市台湾同胞投资企业协会法律服务团团长,为维护台商台企的合法权益、促进两岸关系而努力。

成为劳动者权益的捍卫人

他始终牢记为弱势群体说话办事、帮当事人维权解难的崇高使命和宗旨理念,从不懈怠。他为劳动者的权益维护和有利于维护劳动者权益的制度出台奔走呼号。在各类会议上,他经常站在劳动者的立场发表专业意见,作为劳动者的维权律师,当然是劳动者利益的代表。

执业初始,他就成为一名宁波市总工会的维权律师,他提倡企业经营合规化,通过提供法律咨询、参与非诉讼法律服务等途径,帮助企业规范企业规章制度,疏导并化解企业矛盾纠纷,提高企业经营者的管理水平,提高企业抗风险能力,力求构建和谐的劳动关系,助力企业合规经营。他认为,维护劳动者的合法权益的终极渠道是通过个案促进企业合规经营,只有企业依法运作了,劳动者的权益才能从根源上得到保护。

他经常在劳动合同纠纷中,代理劳动者,维护劳动者的合法权益。例如,陈先生是一家运输公司的驾驶员,而公司未为陈先生缴纳社会保险。后运输公司便未给陈先生发放工资。陈先生依法申请了劳动仲裁,但由于自身法律知识的欠缺和收集证据能力的薄弱,仲裁败诉了。刘慧杰通过和陈先生的细致交谈,认为仲裁败诉的原因在于陈先生于仲裁过程中并未提供有效的证明劳动关系成立的证据材料,基于此,他现场告知陈先生,仲裁败诉的关键在于我方证据不足,建议其寻找并提供多年前订立的劳动合同,或者工友的证人证言作为劳动关系存在的证据。最终,陈先生的合法权益得到了及时的保障。

在他的职业生涯中,类似的维护劳动者合法权益的成功案例有很多。如依法调解解决某公司与职工之间因未办理离职手续而产生的经济索赔事项,为某企业一位女职工依法解决其一次性伤残补助金和停工留薪期工资问题,为工伤职工提供免费法律援助,帮助该职工应对人生困境并走出人生低谷,等等。为提高劳动者的自身权利意识,他还编写《劳动关系常见法律问题 81 问》免费向劳动者发放一千余册,提高他们的自我法律保护水平。

宁波青年律师工作的组织者

他深知青年律师成长之路的艰辛与不易。他认为,青年律师是律师事业的未来,是律师事业的新鲜血液和不竭动力。2017 年,刘慧杰当选为宁波市律师协会副会长职务,并任青年律师与对外交流委员会主任。他非常关注宁波市青年律师的成长状况,积极举办青年律师沙龙、论坛,组织青年律师参加演讲比赛、论文比赛等活动,为青年律师搭建多样化的专业竞技与交流心得的平台。不仅如此,他还认真关注青年律师的需求,通过问卷、开座谈会等途径,实现对话青年律师,了解他们切实之所需。在局领导的支持下,宁波市律师协会出台了《关于支持青年律师成长成才的若干意见》,受到全国律师界的关注,中国律师微信公众号予以专门报道。全国律师协会青工委刘正东主任曾带队来宁波调研青年律师培养工作,这是全国律师协会对宁波在青年律师培养上所做的探索创新的肯定和支持。

投身公益普法活动的宣传者

从2006年开始，他就担任宁波电台“美好家园”栏目常年特邀嘉宾主持。2010年，他担任由市总工会、市司法局、市律师协会共同组建的“律师志愿服务纵队”副纵队长，具体负责志愿团的工作。在他的组织推动下，律师志愿服务纵队与全市各乡镇（街道）总工会开展“一对一”结对，为这些单位和下属工会会员提供法律援助、法律咨询、法治宣传教育等服务。他还具体执行“百名律师进千家企业法律服务活动”，该活动获得了宁波市委、市政府的好评。“中国新闻网”曾以《不为名利只求义，宁波有这样一群“不务正业”的律师》为题报道了该活动的事迹。

2018年9月17日，为了建立、健全青少年法制工作机制，进一步推动宁波市青少年合法权益维护工作的展开，“亲青帮”宁波市青年律师志愿服务团成立，由团市委、市司法局发起成立，市志愿者协会、市律师协会负责具体运作。志愿服务团首批由65名青年专业律师组成，刘慧杰担任志愿服务团团长。2019年9月12日，2019年全省“亲青帮”工作总结交流会在杭州举行。会上，“亲青帮”宁波市青年律师志愿服务团荣获浙江省“亲青帮”平台优秀单位，受到表彰。

刘慧杰觉得，律师投身于志愿者活动中，提升了责任感和使命感，社会服务意识得到了升华。赠人玫瑰，手有余香，他愿意为公益事业奉献自己的青春！

刘慧杰连任两届宁波市政协委员，积极参政议政。他撰写的社情民意信息曾获时任中央政治局常委、全国政协主席俞正声的重要批示。他撰写的提案多次被评为优秀提案，撰写的《关于加强外商投资企业注册资金结汇监管》的信息曾被中央统战部《零讯》录用，并获得民革中央全国通报嘉奖。他曾多次获得优秀政协委员、优秀信息员、提案积极分子奖、反映社情民意积极分子等荣誉。

唐代刘禹锡说过，“石以砥焉，化钝为利；法以砥焉，化愚为智”，刘慧杰律师将这句话付诸实践，扩大了律师的社会影响力，提升了律师的社会形象，展示了正能量。

（四）见素抱朴　心不染尘

卢晓春，女，中共党员，南开大学法学硕士，现为浙江素豪律师事务所党支部书记及合伙人。曾获浙江省优秀青年律师、宁波市“十佳女律师”、宁波市优秀青年律师、宁波市“优秀青年风采奖”等荣誉称号，入选宁波市“骨干型”名优律师培育对象。她擅长法律顾问、人力资源、知识产权等民商事领域业务。其合著论文《企业知识产权战略指引》获全国律师协会知识产权专业委员2009年会“十佳知识产权论文”奖，同名专著（合著）于2010年由知识产权出版社出版发行；合作案件获浙江省“优秀知识产权案例奖”。

细致打磨，充实自我

娇小的身材，温婉的面容，卢晓春律师给人的第一印象就是和善亲切。就是这样一个温柔的女子，不知不觉已经在法律的道路上走了十余年。最开始，作为一名律师助理，卢晓春帮着老律师处理一些简单的事务，在别人眼里本该是枯燥的，但她认为只有打好根基才能建成大厦。好学是她的一个特点，在助理阶段，她不仅认真跟着帮带律师学习，还会去“偷”学其他律师，所里哪个律师擅长什么，她都了解得一清二楚。她在不断“偷”学的情况下，获得了扎实的理论基础以及良好的沟通能力。经过律师助理期间的锻炼，卢晓春在取得律师执业证后，很快就适应了律师这个新身份。在一次提供法律服务的过程中，法律顾问单位负责人提出了一个问题，卢晓春一时回答不上来，虽然对方并没有刁难，但这个经历让她下定决心要加强自身的学识，不断提高自己，防止该类情况再次出现。于是知识的积累工作就开始了，那时候她将有关企业的资料通通作了整理，并进行了分类，然后不断充实自己、不断学习，到如今她已经能够游刃有余地面对各种工作上的问题与困难。

不畏艰难，迎难而上

卢晓春在日常生活中是一个和善温婉的女子，但办起案子来她的风格却是雷厉风行，与平时大不相同。

马士基和迅洲公司仓储合资项目是卢晓春自2004年进入浙江素豪律师事务所以来至今仍在继续服务的项目。在此期间，她参与了中方与马士基代表谈判以及合资项目立项至合资公司运作的全过程。该项目完成后组建的中外合资企业宁波龙星物流有限公司成为宁波市最大的仓储堆场集装箱运输企业之一。

在浙江造船有限公司破产重整案件中，浙江素豪律师事务所被管理人聘任为该案件的法律顾问，卢晓春作为律师团队的主要负责人，负责团队的总体协调及进程管理。该项目涉及债权金额巨大，涉案六十余亿元，债权人众多，社会影响极大。律师团队协助管理人接管，进行尽职调查，在对浙船现状、经营能力、市场行情等因素充分掌握的基础上，积极与法院、债权人、债务人等进行了艰苦的多轮次沟通，形成了较为可行的重整方案。同时,还协助管理人妥善安置浙船员工一千余人、劳务外包工二千余人,成功化解了社会矛盾,得到了有关政府部门的充分肯定。经过她和团队成员四年多的艰苦努力,目前浙船重整项目顺利推进中。

她还参与承办了宁波众策强制清算案——宁波市江东区人民法院首例强制清算案件、沈某诉励某损害公司利益及损害股东利益责任纠纷系列案件,并担任上海银行宁波分行、宁波博汇(上市公司)等多家单位常年法律顾问。

在破产项目错综复杂的法律事务中,她不可避免地遇到了各种困难与压力,但她总以不屈不挠的心态去面对、去克服。她遇到困难常说的话是:"如果一遇到困难与压力,我们就不前行,不去克服,那对于我们律师来说,可能就是少了一个案件,但对于委托人来说,可能就是失去了一份希望。我们作为律师,最重要的就是维护委托人的合法权益,因此我们必须迎难而上。"

重视党建,热心公益

作为素豪所的党支部书记,卢晓春组织并参加各类党建活动。卢晓春认为思想理论建设是党建的基础,它贯穿党的各项建设之中,也贯穿在素豪所的建设之中。为提高党员律师的思想觉悟,素豪所定期开展党课培训,并组织多项"红色之旅"活动,包括组织党员律师们至四明山"四〇一洞天"参观建于20世纪60年代初的战备设施——国防坑道;组织党员律师们至樟村烈士陵园,共同回顾革命烈士浴火奋战的峥嵘岁月。对于这些党建活动,卢晓春都积极参加并在其中起着重要的作用。对于党建工作,她深刻体会到:党建,做实了就是生产力,做强了就是竞争力,做细了就是凝聚力。

在公益活动方面,卢晓春积极参加素豪所党支部与"正少年"YORK公益团队定期联合开展联合公益的活动,增强社会责任感。如"爱的分贝——我与春天有个约会"公益志愿活动,以"一带一"的方式与幼儿园聋哑孩子们一起走进四明山;带领自闭症儿童走进樟村烈士陵园及五龙潭景区;组织特殊教育中心的同学们参观垃圾处理流程。

她还积极参加各类社会活动。从2010年开始至2017年,她连续七年参与组织浙江省知识产权宣传巡回演讲,该活动于2012年受到浙江省委表彰,并授予讲师团“形势政策教育先进集体”光荣称号，讲师团也于2013年被国家知识产权局和国家知识产权战略实施工作部际联席会议办公室表彰为“国家知识产权战略实施工作先进集体”光荣称号。2011—2013年，她连续三年组织律师协会物流专业委与市交通委联合开展物流企业法律体检，并参与成立宁波市海洋经济讲师团，担任该讲师团秘书长，连续三年的法律体检活动受到市交通委、市司法局领导的表扬。2016年，她参与组织策划省服务小微企业成长暨2016年民企“双对接”活动，接受浙江省民革协会邀请，组织律师开展跨七个地区，共27场次的主题演讲，受到广泛好评。

坚持初心，从始而终

随着社会的不断发展，社会上对律师的需求越来越大，对于律师的要求也越来越高。对于这一现状，卢晓春认为这既是挑战也是机遇。挑战在于随着要求的提高，那些只会处理简单案件的律师可能会逐渐失去案源，慢慢被淘汰。而机遇则是那些专攻一个方向、将某一方面做好做精的律师，在律师行业中起着中坚力量的作用。基于这点，对于今后自身努力的方向，她有着明确的认知，她从一开始就将自己定位在非诉讼律师，现在也依旧在坚持，今后也会一直做下去，处理非诉讼事务有助于发挥她细心的优势，也能够让她在这个方面越做越专业。

随着经济社会的发展，律师在社会生活中扮演着越来越重要的角色，律师从业者的数量也日益增加。但很多人都只看到了它美好的一面，却没有考虑到它辛苦的一面。卢晓春觉得，律师是一个极具挑战的职业。进入律师行业就意味着需要不断学习，不断积累，缓慢上升，这要求年轻律师能够耐得住寂寞，不害怕孤独，厚积薄发。因此，年轻人在选择这条道路的时候，必须要做好吃苦的准备，要具有坚定的信念，对自己的职业生涯有完整的规划，按着自己的规划，一步一步笃定地走下去。但无论如何，只要我们投身律师行业，那么无论风光无限或是一时落寞，都要坚持走下去，因为上天不会亏待每一个努力的人。

（五）做永远的后浪

司徒建成，男，浙江天册（宁波）律师事务所合伙人、金融业务部负责人。现任宁波市律师协会常务理事、市律师协会金融与资本市场专业委员会副主任、宁波仲裁委员会仲裁员、宁波市鄞州区政协委员、民革宁波市鄞州区第四支部主委。曾获浙江省优秀青年律师、宁波市优秀青年律师等荣誉称号。

每年的毕业季都有很多法学院的学子选择律师职业，进入实习律师的序列。他们在胸怀理想，奔赴前程的同时，也怀着“社会与学校不一样”的忐忑。司徒建成虽然已经执业多年，在面试新人时，他还是经常回想起自己的入职之初，品味过去人生，希望能给青年律师带来一些帮助，使他(她)们在律师的征途中不要迷茫与徘徊不前。

第一次选择，选择了律师职业

司徒建成大学毕业后选择的第一份工作就是当律师，在应聘律师助理时，面试老师问：“有这么多的选择，可以考公务员，可以考法官或检察官，也可以去公司，你为什么要选择律师这个行业？”这个问题几乎是每个参加律师助理的面试者都可能会遇到的问题。

他当时的回答已经记不清楚，但从内心而言，他主要是听从了亲友和前辈的建议，同时怀着莫名的激情，懵懵懂懂地选择律师这个行业。说起来，当时他并没有远大的目标，也没有理性的规划，他选择律师这条路，主要是感性地听从他人的建议。现在回想起来，他觉得有点侥幸，认为当时作出这样的选择并不理性也不可取，他更建议法学专业的毕业生在选择当律师前，应该先进行理性的分析与比较。

选择一种职业，就是选择了人生的道路和未来的生活方式。每一个职业都会影响你的生活方式，而生活方式是否和个人特质相适应，需要自己体会。在法律职业中，法官、检察官、法务、律师等每一种职业带来的理念和工作方式是有很大区别。公务员有稳定的保障，也有严格的纪律；律师有自由的时间，也有工作的“瓶颈”和业务的压力，哪个更适合你呢？有人能将律师工作和性格、生活匹配得非常好，他将其称为“适性”，好像这种人天生就适合做律师；有人匹配得不是很好，但也能勉强而努力的维持状态，他将其称为“勉力”；有人在工作要求和个人特质之间无法协调，就只能放弃律师工作。因此，在大学期间，可以利用实习机会，去公司、法院、检察院、律所深度体验，这是一种很好的个人测试，这种实习不能走马观花、流于形式，更不要闭门造车、不去接触了解。在这些实习单位，有代入感地体验并进而思考你是否想成为适应相关工作的人，是否适应这种工作方式，是否能承担这个工作带来的压力。还可以与其他实习过的单位进行比较，哪种职业和带来的生活方式是你选择职业所需要考虑的最大因素。经过这些比较分析与理性的思考后，再来决定你的职业选择。

第二次选择，选择成为民商事专业律师

在执业初期，司徒建成也曾办理了一些刑事案件，其中有一个刑事案件一直让他萦绕在心、无法忘却，并对他后来的专业方向选择产生了重大影响。

此案可以简单概括为“犯罪嫌疑人抢劫杀人，后投案自首且检举揭发他人”。根据此案情节，犯罪嫌疑人是有很大可能不被判处死刑的。但从公安侦查到法院提审阶段，该犯罪嫌疑人始终要求法院对自己判处死刑，且向律师明确陈述：选择投案自首是因为没有勇气自杀，其相信还有来生。开庭之后的某天，主办律师接到主审法官的电话，主审法官明确希望律师再进行一次看守所会见，就犯罪嫌疑人对判决和死亡的态度进行反馈。会见中，犯罪嫌疑人对死亡的态度没有发生改变。在如何向主审法官反馈的问题上，司徒建成与主办律师感受到了很大的心理压力，因为这涉及一条生命。如果反馈说犯罪嫌疑人现在珍惜生命，法院是有可能判处死缓，主办律师说律师不是审判者，律师应将真实情况告知法官，由法官去进行裁判。后来，主办律师与主审法官通了电话，如实告知犯罪嫌疑人对待死亡的态度。不久，该犯罪嫌疑人被判处死刑并立即执行。

这是一个充满伦理矛盾的案件。通过此案，司徒建成深感自身在刑事理论知识方面的欠缺以及在处理刑事案件伦理冲突时的无力感，因此对办理刑事案件也有一些心理抵触。但在民商事业务领域，他有了越来越浓厚的兴趣，感受到了工作的激情，并且感到自己在民商事方面的悟性更好一点，于是他就逐渐朝民商事专业律师方向努力。任何的偶然，其实背后都有必然的因素，虽然他受到这个刑事案件的影响而变换专业方向，但究其实质，是专业知识、个人价值观、案件悟性的综合导向结果，因此他选择民商事专业律师具有一定的必然性。当然，他也非常钦佩刑事专业律师，在人生面临选择时候往往会出现多条道理，关键看自己如何选择，选择走人迹稀少、荆棘丛生的那条道路需要更多的勇气。

做后浪也可以实现“弯道超车”

明确选择民商事专业方向后，司徒建成感受到“适性”的快乐和成功感，越来越有兴趣研究新的商业现象和交易架构，去学习不同领域的交易习惯和商业模式。

过去的二十年是中国经济快速增长、交易活跃、新的商业模式层出不穷的时代，他在法律和商业的海洋中遨游，感到他自己的工作和时代同频共振，感受着时代的脉搏，也感受国家综合国力的上升。

执业期间，他主办了若干代表性案件。其中之一是某标的额超过十亿元的商业收购项目，宁波某本地企业拟将优质不动产转让给香港上市公司并获得现金流，而香港公司则通过本次交易快速入驻宁波黄金地段，实现资产扩张及商业综合体的运作。他作为这个收购项目中被收购方的主办律师，带领工作团队进行商业策划、谈判设计、法律架构起草，以及资产交割等一系列工作。尤为难忘的是，他和企业老总一同前往北京与交易对手进行多轮谈判，与中国最优秀的商业综合体开发团队在谈判桌上斗智斗勇，接受中国最优秀企业家的质疑问询。

一瞬的疏忽和软弱可能会导致上千万元的交易差额，而一时的坚持和逞强亦可能导致脆弱的谈判崩盘。如何应对弱肉强食的谈判局势，如何维护价格底线，如何应对香港联交所的法定程序，这些都是他方所面临的重重挑战。

最终，作为弱势的被收购方，实现了自身的战略目的，和交易对手达成了共赢。在这个过程中，他深刻体会到，扎实的法律功底是一名优秀律师最坚实的基础，而能否真正领悟客户的核心商业诉求，将对法律的理解贯穿于整个商业交易过程中，才是优秀商事律师的核心竞争力，是“稀缺性”和“不可替代性”的具体指向。

可是，“后浪”能比“前浪”更懂商业和管理吗？“后浪”如何才能快速成长，超过“前浪”呢？

青年律师实现“弯道超车”是可能的。新的科学技术不断出现，商业模式更新加速，新的法律和司法解释加快推出，使资深律师在很多维度都需要和青年律师站在同一起跑线上学习新的法律，了解新的商业模式。

近年来，在互联网技术、区块链技术、币圈、电竞、网络交易、网络犯罪等领域的法律研究和实践，青年律师完全可以通过研习某一专业领域而超过资深律师，甚至会因为年轻、因为开放的心态比资深律师更具有优势。

经济与社会的快速发展给了青年律师赶超资深律师的机会，但前提是青年律师愿意拼搏和学习。司徒建成记得在刚入职时，拿着微薄的薪水，却也满怀激情开着电动车走遍宁波大街小巷，为了论证交通事故和人行道口开口不合理的关联性，有勇气到高校找素不相识的教授请教一条路可以开几个道口的问题。而现在有的青年律师，有可能把上述的话称为“画大饼”，过着“领多少工资干多少活”的安逸状态，不进行主动性的研究，不进行知识的积累与整理，就很难获得进步。律师业是一个充分市场竞争的行业，这种学习态度无异于事业自杀，对个人和团队、律所都是很不负责的。

回顾近二十年的律师执业生涯，司徒建成觉得做律师就是不停歇的修行之旅，小到独善其身，大到兼济天下，总能找到自己在社会生活中的位置，这也是做律师的意义和乐趣。他同样也希望自己能做“永远的后浪”，有理想、有激情、有精力，并且拥有无限可能的梦想。

（六）心怀敬畏　脚踏实地

王均伟，男，1984年3月出生，中共党员，三级律师，浙江盛宁律师事务所合伙人、副主任。本科毕业于华东政法大学国际法学院，在美国伊利诺伊大学香槟分校（UIUC）法学院获得硕士学位，并获得美国纽约州律师资格。他现任宁波市律师协会常务理事、涉外和“一带一路”专业委员会主任、宁波仲裁委员会仲裁员。2014年，被全国律师协会授予“中国涉外律师领军人才”称号并被中国司法部派往西班牙马德里学习欧盟法律。2018年，入选司法部“千名涉外律师人才库”。他曾获得浙江省优秀青年律师、宁波市优秀青年律师、“宁波市优秀留学人才”等荣誉称号，入选宁波市“领军型”名优律师培育对象（涉外领域）。

王均伟是宁波第一个同时具有中国和美国律师资格的律师。他擅长涉外法律事务,主攻跨境投资、跨境争议解决、知识产权保护、复杂的商业诉讼和仲裁等业务领域。谈及自己十多年来的执业感悟,他的最大的体会是:对律师这个职业必须要心怀敬畏、脚踏实地。

能啃得下“硬骨头”

在刚开始律师执业的时候,王均伟就碰到了一个非常棘手的案子。案件涉及一家美国公司在中国采购货物,运到美国以后发现存在放射性污染,货物无法进入美国。被污染的货物涉及七十多个集装箱,部分集装箱已经到达美国港口,部分还在运输途中,还有部分还在宁波码头。客户面临巨大的损失。其间需要将货物进行退运,然后将放射性污染的货物分离,未被污染的货物需要重新出运,已被污染的货物需要妥善处理,同时需要为客户挽回损失。事情刚发生的时候,客户十分着急,急切地找到盛宁律师事务所来咨询。

接手案件以后,王均伟一方面代表客户处理货物,实现了货物的退运和污染物的分离,另一方面协助调查事故的责任主体。经过调查,最终发现,放射性污染是货物中的一个不锈钢部件导致的。通过排查该不锈钢部件的供应链,最终发现是炼钢厂在炼钢的时候就将炼钢炉污染了。事故原因查清楚,货物处理完毕以后,案件进入了索赔环节。客户及客户的美国律师都对案件索赔的前景感到不乐观。一方面他们对中国的司法缺乏信心,另一方面是因为美国公司的直接供应商根本无力赔偿巨大的损失。在仔细研究案情并组织证据以后,王均伟将索赔的目标锁定了上游的炼钢厂。

由于大量损失产生于美国,而美国的商业行为及产生的文件跟中国有较大差异。王均伟充分发挥了美国律师的优势,实现了美国采集的证据与中国民事诉讼证据规则的对接。

在案件提起诉讼以后,客户和炼钢厂最终在中国的法院进行了和解,美国公司获得了损失的大部分赔偿。这个案子前后花了三年多时间,客户对结果十分满意并对王均伟的工作尤为赞赏,作为答谢客户送来一个金鼎,上面镌刻有“权利的捍卫者,正义的自由人”字样。

作为律师，最幸福的时刻莫过于客户对于你的工作的认可。

王均伟在代理案件中，始终敬畏法律，敬畏当事人的信赖和托付，不放过案件的每一个细节，每个步骤都走得十分扎实，将案件的每个环节都做到极致才罢休。

彰显涉外律师的能力

作为同时具有中国和美国律师资格的执业律师，王均伟的专业水准在办理涉外案件中充分得到了体现。他在代表中国企业应诉美国法律程序的案件中，多次帮助中国企业解决看起来十分麻烦的法律纠纷。其中一个案件是我国一家 LED 领域的知名企业在美国联邦法院遇到的专利侵权诉讼。

作为原告的美国公司一开始就向美国法院申请了禁令，禁止侵权产品在美国销售。这导致中国企业在美国一千七百多家门店销售的产品下架，损失巨大。美国公司法庭上得势以后，向中国企业开出高价和解案件，要了六百万美元。中国企业在“压力山大”的时候找到了王均伟。他研究了专利、侵权产品及诉讼双方的情况以后，给出了“锦囊妙计”。结果可谓“药到病除”，经过三个月以后，案件实现了和解，美国企业只得撤回起诉，中国公司没有赔偿一分钱。

但是，能够给出“锦囊妙计”，需要熟悉美国法律程序并提前做足功课。王均伟在接手案件以后仔细跟中国企业的工程师请教技术的各方面问题，多次在半夜里跟美国律师讨论方案的策划和可行性问题。无论呈现给客户的是任何结果，背后都是他付出的巨大努力。

王均伟长期为大中型企业提供法律服务，主要客户包括阳光照明、三安光电、凯耀照明、赛尔富、宁波电子信息集团、永新光学、先锋电器、惠康集团等。主办过的案件还包括：代表某中国企业处理美国能源部的能效合规调查，并以较小的代价跟美国能源部和解；代表中国企业对意大利、巴西等国企业发起国际仲裁；代表中国企业收购某加拿大公司等项目，等等。由于他熟悉中美两国的法律和诉讼制度，能够对中美之间的跨境争议解决、跨境知识产权保护和跨境投资提供全面的解决方案。王均伟处理过的案件涉及的国家和地区包括美国、加拿大、巴西、意大利、德国、越南、印度、日本、波兰、我国香港特别行政区、我国台湾地区等。他还有非常扎实的专业功底，多篇论文在宁波市律师实务理论研讨会、浙江律师论坛、华东律师论坛上获奖。王均伟于2014年入选“中国涉外律师领军人才”库，并被全国律师协会公费派往欧洲学习。2018年，他入选司法部“千名涉外律师人才库”。他参与编写了《“一带一路”沿线国家法律环境国别报告》一书。他还是中华全国律师协会国际业务委员会委员、美国纽约州律师协会委员、宁波国际商会涉外法律服务专家团专家、鄞州区政协委员。

发出法律人的光和热

作为一名法律人，王均伟身上始终体现着法律人为国家和社会服务的情怀。有句话说得好，海外的同胞更懂得什么是祖国。在美国留学的时候，来自世界各地的同学经常会交流自己祖国的情况。当时很多国家的同学因为觉得回到自己祖国没有特别好的机会，便想方设法留在美国。但是，当时王均伟就把自己的职业规划设定在了中国。他经常介绍自己的祖国和家乡，很多国家的同学都投之以羡慕的目光。这使王均伟深刻认识到自己的发展其实离不开国家和社会的发展。自己的成功更多的是得益于这个时代。因此，他也更乐于去为社会的建设添砖加瓦，贡献自己的光和热。有一次，一个企业家来向他咨询海外巨额货款无法收回的事情。企业有几百个工人，后面是几百个家庭，企业面临资金链断裂的风险。王均伟多次为其免费辅导，最终企业顺利解决海外货款催收事宜，企业家为此十分感激。虽然律师执业的目的在于谋生，但是他觉得能够帮助别人，也是在实践法律人的理想，这也是这个职业能够给他带来幸福感的原因。

回首十多年的执业经历，王均伟说，促使他不断前进的动力是他对这份职业怀有一种敬畏之心，敬畏法律、敬畏每一个案件的细节、敬畏每一桩托付。这种敬畏促使他服务好每一个客户，脚踏实地做好每一个案件，并在每个案件中得到锻炼与成长。

（七）有思所以明　必行所以远

徐凯，男，1984 年出生，中共党员，三级律师，法学硕士，毕业于宁波大学。任浙江同舟律师事务所高级合伙人、党支部书记；浙江省律师协会金融与保险专业委员会委员、仲裁与调解专业委员会委员，宁波仲裁委员会仲裁员。曾获得浙江省优秀青年律师、宁波市优秀青年律师、“宁波市律师行业优秀党员”“宁波市优秀仲裁员”等多项荣誉称号，入选宁波市首批“骨干型”名优律师培育对象。

行走在法律路上的追梦者

就像每个孩子心目中的英雄最初都来自电视剧，徐凯的“法律梦”缘起于他的高中时代，偶尔假期里的偷闲，他看到了一部叫作《壹号皇庭》的TVB剧，讲述的是一班香港律师忠于法律、彰显正义的故事。看着香港大状们头戴假发、身披长袍，在法庭内唇枪舌剑，他顿时被剧情深深吸引，感觉又帅又拉风，幻想着自己将来也要有那么一天，在法庭上指点江山，一锤定音，受万千追捧，于是便有了一个以后要攻读法律、成为律师的想法。在高考后填报专业志愿的时候，他在老师、父母一再的提醒劝解下仍坚持填上了“法学”两个字。

经过大学四年的学习，徐凯进入市检察院公诉处，这是他奠定法律职业理想的关键一步。与课堂里的“纸上谈兵”不同，在检察院的工作，让他真正有了接触一线的案件办理机会，在一起故意伤害致人死亡案件中，在有同案犯、口供、动机等关键要素的情况下，却因为被丢弃的凶器无法找到，部分监控设备的损坏导致相关视频证据缺失，相关人员口供存在矛盾，证据链无法有效形成，办案检察官本着认真负责、疑罪从无的精神和原则，经过充分讨论，采纳了辩护律师的意见，作出了相对不诉的决定，这第一次让他真正意义上感受到了法律严谨的精神，也真正体会到了律师存在的实践价值。从此，他的梦想变得那么纯粹：“让真相站在阳光之下！”

投身于法治建设的耕耘者

真正进入律师行业，徐凯才知道一切是多么地不易，梦想照进现实，曾经的自信满满，被现实打击到支离破碎、体无完肤。当事人的质疑、不信任，师父的严厉、眼里的失望，让他多次面临崩溃的边缘。但他在骨子里却有着一股倔强，既然犯错了，就自己想办法改正！在一个买卖合同纠纷案件中，因为原告的全称少写一个“市”字，让一个已经开庭审理完、已经准备判决胜诉的案件面临被驳回起诉的结果，他丝毫没有掩饰自己的错误，他坐着大巴到温州当事人处主动承认错误，重新修改起诉材料签章，然后赶到宁海，撤诉、重新立案。他还向父母撒了一个谎，以培训为由，拿了一笔钱，为的是垫上因他的错误损失的诉讼费。等后来拿到胜诉判决的那一刻,他丝毫没有感到一点点的如释重负,而是反复地问自己:“记住教训了没有?”至今,他仍然把这件事当作他职业生涯中的一个污点,没有任何隐瞒地讲给他的助理听……

2015 年,他被聘为“宁波仲裁委员会仲裁员”,开始了法律职业生涯里的“双重身份”,第一次坐上首席仲裁员的位子,他竟然紧张地念错了好几个程序用语。后来,他逐渐习惯了这种身份的切换和思维的转变,他在办理案件的过程中也显得更加游刃有余,用裁判者的思维审视自己作为代理人承办的案件,用律师的思维去理解和判断审理的仲裁案件中代理人的切入点和角度,使他自己的业务能力和办案水平有了显著的提高,他连续几年被评为宁波仲裁委员会“优秀仲裁员”,他撰写的裁判文书被评为“优秀裁判文书”,好几个仲裁案例被评为“优秀仲裁案例”,甚至入选国家级的仲裁案例库。在一个被申请人是宁波某个大型国资企业的案件中,根据查明的事实,针对被申请人刻意对合同文本作出对申请人不利的解释时,他在判词里这样写道:“诚实信用原则及契约精神是民事行为当事人应当普遍遵循的法律原则和行为准则,社会诚信体系的建设首先有赖于政府部门或国有企业的表率作用,作为一个诚信政府,必须要有担当,践行诺言,否则,将会产生不良的社会效果。”

律所“根系文化”的践行者

浙江同舟律师事务所的企业文化的核心叫作“根系文化”,意为扎根基层,从点滴做起。徐凯从执业之初,就开始了他的基层法律服务和公益服务之路。从 2008 年起,东柳街道下属的所有社区就出现了以他为首的律所公益服务团的身影,名字、照片、电话统统上墙,24 小时不关机,为的就是为基层的居民们随时提供法律服务和帮助,吃饭被打断已经是家常便饭了,半夜被电话吵醒,揉揉惺忪的睡眼快速进入服务模式也成为他的日常。

自 2013 年以来,原江东区率先在全市成立了党员律师公益服务团,促成律师事务所党组织和党代表工作室“结对共建”,指定每月八日为“阳光 8 号”接待服务日。“阳光 8 号”后来成为区域律师党建的一张名片,受到了上级部门的表彰。徐凯积极参与,开展结对帮扶、普法宣传、法律服务活动。他所在的党代表工作室也多次因表现突出被《宁波日报》等媒体争相报道。

由于多种原因，律师对基层矛盾的调处大多是不愿意接手的，不仅花的时间长，而且往往得不到应有的经济利益。但徐凯始终坚持，律师应当充分发挥自己的专业优势，积极参与社会矛盾的调处，这样既能体现律师的社会价值，也会取得经济价值。因此，他在上级党委的领导下，不计时间报酬，积极配合开展各项社会矛盾调解工作。在福明街道信访接待的过程中，他不辞辛劳，多次认真耐心地配合街道接待信访人员，实地考察，陪同信访人员各处奔走，在不少信访积案的化解过程中贡献了自己的力量。在担任白鹤街道警民联调中心副主任之后，他常常义务在一线坚持值班调解，参与了“宝雯宾馆 KTV 服务员猝死事件”“黄鹂社区野蛮装修致人死亡事件”等多个大型群体性事件的调解，均取得了良好的效果。2015 年农历春节前，派出所接到了数十名民工报警，称工资被拖欠，民工们开始在马路上拉起了横幅，他立刻与民警、调解员一起赶到现场，做起了调解和帮助民工维权的工作，这一干，就是两天，直至大年三十，他的耐心和努力最后让民工们拿到了拖欠的工资，安心回家过年，就连付钱的工地老板也说：“这年头，这么认真的年轻人少见了。”调解员和民警都开玩笑地说：“徐律师，每天搞这个，费那么多时间，少赚很多钱了。”但他却说，律师的工作不能仅仅考虑经济效益，协助政府部门化解矛盾纠纷，是律师义不容辞的社会责任。他一直是这么说的，也是这么做的。

十余年的法律生涯，见证了徐凯从助理、实习律师到执业律师、高级合伙人的成长，在许多经验分享的场合，很多刚步入律师行业的年轻人总是询问各种建议、意见，徐凯对他们说得最多的是：“你有多爱这个职业，决定了你在这份职业里取得成就的高度。”“念念不忘，必有回响，不忘初心，方得始终！”任何新鲜，都会过去，任何激情，都会淡忘，变的，是时间、是人、是事、是物，不变的，永远是当初的那份执着、那种坚定……

（八）行而不辍　未来可期

竺飞雄，男，中共党员，三级律师，毕业于浙江财经大学，后获得宁波大学法律硕士，现任浙江和义观达律师事务所高级合伙人、浙江和义观达（慈溪）律师事务所管委会副主任，兼任宁波仲裁委员会仲裁员。曾获第三届浙江省优秀青年律师、2015年度“宁波市十佳律师”等荣誉称号，并入选宁波市“领军型”名优律师培育对象（金融资本市场及投融资领域）。

竺飞雄与很多年轻人一样，是怀揣着梦想踏入律师这个行业的，以为这个职业是非常神圣而又光鲜的。但事实上，年轻律师的成长是一个漫长、辛酸的过程，从2007年通过司法考试到现在，他的成长来源于一路的付出和脚踏实地的努力耕耘。

细节决定成败

老子说过："天下难事，必作于易；天下大事，必作于细。"想做大事的人很多，但愿意认真做事、把事做细致的人却不多。尤其是在一个单位或团队，一般不缺少领导，缺少的往往是精益求精的执行者；不缺少各类规章制度，缺少的是认真落实制度的执行者。竺飞雄说他在执业初期因为不重视细节而犯过错误、吃过苦头。当时，他独立执业后接的第一个案子是一起离婚纠纷案件，提出四项诉讼请求，却把其中的子女抚养问题给遗漏了，承办法官给他指出这个明显的"遗漏"，让他羞愧得无地自容。这看似不经意的疏漏，却可能导致前期所有的准备工作泡汤，会严重影响当事人对律师的评价。这与能力、智商无关，是一个工作态度问题！此后，他特别注重细节，尽量把小事做细、尽量把诉讼材料准备得完善。

此后十多年，他办理过上千件案子，包括招商银行慈溪支行票据权利侵害的申报、公牛集团商标（知识产权）案件的维权等，他学会了全身心投入，竭尽所能把力所能及的事情做好，把每个人交给他的任务当作自己的事情全力以赴。虽然不一定比别人优秀，但他一定要做到更努力、更仔细。同时，青年律师还要甘于平淡。他在做律师助理阶段，做的工作大多是很琐碎的：整理案卷、审阅合同、写备忘录、打咨询电话等，但这些都是年轻律师的基本工作，也是"律师"这个职业的基本功，可以使年轻律师掌握文书的写作技巧、熟悉诉讼的整个流程。律师的经验积累就是靠反复的积累和不断的实践，而后才能厚积薄发，而不能一心只想着做大案子、大项目，却对最基础工作挑三拣四、眼高手低。认真做好每一件小事，成功就会不期而至，这就是做好细节的魅力。

受人之托，忠人之事

律师行业，也需要进行业务的经营和开拓，尤其是在法律服务市场面临激烈竞争的情况下，律师们不得不遵循一般的商业原则，即“客户就是上帝”，为了赢得客户，必须兢兢业业地提供优质服务。在十多年的执业过程中，竺飞雄的案源中有一半以上是他的当事人即老客户介绍的，因此，他逐渐意识到，其实客户本身就是最大的资源，在他们的背后有着源源不绝的市场，他们之间的口口相传比自己的宣传更有效。为此，他必须建立、维持与当事人的信任关系，而信任感的建立是琐碎且微妙的，只有始终以当事人的利益为出发点，苛求每一环工作细节，踏踏实实地为当事人解决问题，才能用专业与真心搭起信任的桥梁。

另外，作为律师，在向当事人分析委托事项的风险以及预测案件的前景时，应当本着实事求是的原则。律师开展工作的一切前提是法律，他们维护的也是当事人的合法权益，而不是一切利益；他们在接待、解答客户的问题时，不能忽悠别人，也不能对案件结果作出百分之百的保证。只有心中牢记这个大原则，在一切工作中体现这几个字，才能不断拓展业务，赢得更多的客户。

专业是最好的营销

执业之初，竺飞雄也承办了大量的诉讼案件，从经济纠纷到刑事辩护，从婚姻家庭到债务债权……基本上是来者不拒。但到后来，他不得不面对一个现实的问题：当前涉及的法律业务纷繁复杂，法律法规数目之多，一位律师光靠单打独斗很难了解所有的法律法规及案件办理程序，这就需要选择专业化的业务领域。于是，他开始寻找自己的专业立足点，将业务特点与个人优势相结合选择专业方向，重点拓展公司法律顾问服务、金融投资服务领域。从业十余年期间，他服务了上百家企业，经历诉讼案件上千件，参与资产收购项目总计金额数十亿元，现主要从事银行不良资产项目收购的调查、交易及处置事务，在不良资产价值评估、法律风险识别与防范、交易架构与融资方案设计、资产变现与债权清收等方面有了比较丰富的实践经验。

专业化、团队化是整个律师行业的发展趋势。能否解决当事人的实际问题，这是客户最为关注的，也是检验律师工作成果的主要指标。近年来，他开始打造专业的甬为商事团队，团队担任着慈溪市多家银行、企业、政府部门的法律顾问，工作取得了一些成绩，得到了当事人的认可。他积极研发设计的属于自己的法律服务产品“企业云上法律服务”在宁波市首届律师法律服务产品研发设计大赛中获得二等奖。法律服务产品的推广和营销、客户对服务工作的认可和赞誉，都得益于他们的专业化和精细化。

道阻且长，行则将至

在接触金融投资与并购项目前，竺飞雄也是一名传统的诉讼律师。在亲历了大量企业债务逾期引发的诉讼爆炸后，他极有前瞻性地认识到不良资产处置与并购这一市场的空白，并开启向一名“非诉律师”的转型。任何“转型”都不是一蹴而就的，脑洞大开的金融创新不断突破传统法律关系和现有法律框架，随时可能产生的新问题新现象，需要以钻研精神探究法律本质，以科学方法准确解构案情。在这过程中，他为系统学习金融知识投入不少精力，也为积累第一手金融投资经验而交了不少“学费”。付出总有回报，他在资产收购项目中不断实践交易架构与融资方案设计、资产变现与债权清收，并逐渐掌握金融投资与并购项目的正确打开方式，即从资本的角度洞察市场、以法律的规则引导资本。

在宁波某科技公司债权处置项目中，他先后受银行、资产管理公司的委托处理逾期负债（涉及款项超过2亿元），并作为债权人代表与债务人和意向投资人协商谈判，讨论可行的重整方案，促成债务人与投资人达成收购合意，将清算程序转为重整程序，顺利帮助原有债权人在相对公平的状态下获得清偿，并且提高清偿率，最小化债权损失，最大限度地保护债权人的利益。

从实习律师不断历练成长为一名知名律师，竺飞雄可能没有那么多缘心而动的仰望星空，有的更多是甘于平凡的脚踏实地。“努力”两字，看似平凡但有着伟大的力量。

（九）做一名有情怀的女律师

杜晶，女，1982年12月出生，中共党员，三级律师，本科毕业于浙江工业大学法学专业，研究生毕业于宁波大学工商管理专业，曾留学于日本十文字学园女子大学。现为浙江和义观达律师事务所高级合伙人及管理委员会委员，兼任宁波市律师协会知识产权专业委员会副主任、宁波市青年联合委员会常委及副秘书长、法律界别组组长。曾获宁波市优秀青年律师、宁波市“十佳女律师”、宁波市“青年律师公益之星”等荣誉称号，入选宁波市“骨干型”名优律师培育对象。

立志做一名“被需要”的律师

杜晶一直坚信,要成为一名被当事人需要的优秀律师至少需要具备两个特质:专业和负责,而这本身也符合逻辑循环,因为专业、负责,所以“被需要”,因为“被需要”,所以更加专业和负责。

在十余年的执业生涯中,她不断践行这个理念,共为六十余家机关、事业、集团公司提供过法律服务或担任过常年法律顾问,代理过几百件的民商事及行政案件等,并被聘为宁波市妇联维权志愿者、宁波市为侨服务法律顾问团成员、宁波市侨商会为侨服务维权委员会委员等,参与地方性条例的立法后评估和地方性法院有关未成年人权益保护的研讨,在维护心中的公平公正的同时,获得当事人深度信任,真正成为一位被当事人需要的律师,为当事人提供专业信任又或是内心信赖。

曾有位90后年轻妈妈,在遭遇家庭不幸后,最大的心愿就是想给女儿一个健康有爱的成长环境,杜晶为此通过各种渠道搜集证据材料,花大量时间把年轻妈妈对女儿的感情具象化呈献给法庭,让法官真切感受到,“孩子利益最大化”不仅仅是衡量冷冰冰的客观条件,更重要的是父亲或母亲对孩子的感情以及家庭成长环境,最终法庭将孩子抚养权判给了年轻妈妈,年轻妈妈最后感激地对她说:“您拯救了一个小女孩的一生!”

杜晶作为负责人的无虑财富保障与传承中心(以下简称无虑传承)承办的宁波首例意定监护案,委托的当事人是一个正值中年且经营多家企业的突发病患者,手术存在的昏迷或死亡风险让当事人不知所措。杜晶团队接受委托后帮助其构建了包含意定监护(公证)在内的系列法律服务方案,最终使其安心手术,也降低了手术风险对其家庭对企业的影响。首例意定监护案同样承载着当事人对律师的信任,律师被当事人所需要。只有杜晶自己明白,需要的背后除了专业,还需要多少的努力。

杜晶曾作为一家余姚制造应急灯企业的同一专利的“重复”专利诉讼代理人,不仅积极运用专利法的相关规定去分析被诉侵权产品是否落入涉案专利权的保护范围,而且在整个维权过程中,杜晶全方位、多层次地评估分析与损害赔偿数额相关的权利信息与侵权信息。对于就同一专利的“重复”诉讼,将其与法律上的“重复起诉”进行区别，运用多种手段、多种方式保存收集侵权人新的侵权事实以及侵权行为持续时间长且主观恶意明显的证据，运用了申请法院调取、网站公证、即时聊天公证、展会投诉、当庭演示等多种方法进行了证据的固定进而有效地推翻了侵权人所谓的“重复起诉”的抗辩，并最终获赔比第一次诉讼更高的赔偿金额。此案例结果，既有力打击了侵权行为，又及时有效地维护了当事人的销售市场，深得当事人信赖。

坚持做一名公益律师

莎士比亚说过：慈悲不是出于勉强，它是像甘露一样从天上降下尘世；它不但给幸福于受施的人，也同样给幸福于施与的人。

杜晶认为，所谓的“公益”，就是当我们要去帮助某个人时，并不会因为结果，也不会因为目的而改变，它不是同情，不是居高临下地施舍，而是你发自内心地帮助有需要的人。杜晶对两件事情印象比较深刻：一是她担任市妇联维权志愿者时接待过一位漂亮的女士，那位女士告诉杜晶她被“家庭暴力”，她还撸起了袖子和裤脚给杜晶看，身上有十几处结疤和淤青。陪她一起来咨询的是她的父亲，父亲说“我自从知道我女儿被家暴以后，晚上就从来没有关过手机，因为我担心女儿半夜向我求救”。那位女士的要求很简单，说自己想离婚，但是没有保存足够的家庭暴力的证据。于是，杜晶耐心地向她讲解了如何获取证据并有效保存，后还与她保持沟通并进行心理疏导。最终，那位女士收集了足够的证据，与丈夫协议离婚，结束了噩梦般的生活。二是她参与宁波市中院未成年庭等组成的帮教团，到省未成年犯管教所回访帮教少年犯。看到一张张涉世未深的稚嫩的脸，她的心是很沉痛的，因为他们本来可以生活得更加灿烂，但现在却身陷囹圄。这两件事，让杜晶意识到法治宣传需要大家的共同努力，她呼吁律师们都行动起来。她还想说的是：公益不需要口号，却需要永恒。公益源自心中，无须光芒万丈，只要能够散发自己的光和热，能给需要的人力所能及的帮助，便是件好事。

带着这些执着，杜晶不断地坚持并实践公益服务：发起并成立宁波律师团队首例慈善信托、高度关注特殊儿童群体并多渠道进行妇女儿童老人的普法教育；领导无虑传承实践公益，并使其荣获 2017—2018 年的“宁波市优秀公益专业团队”称号;担任和义观达公益(法律服务)中心秘书长,不断践行各类公益项目。

做一名深耕专业的律师

杜晶目前主攻知识产权、财富传承两大专业领域,两大领域服务的优势结合让她可以用专业且综合的法律服务为“企业有形财富”与“企业家无形财富”的传承保驾护航,而这对于家族来说也是一件非常有意义的事,杜晶愿意为之一直付诸行动。秉承“理论和实践,一个都不能少”的原则,日常办理案件之余,杜晶及时总结专业领域或热点问题,其撰写的相关论文多次在市律师实务理论研讨会上获奖,如论文《家族财富传承之企业无形资产的流传》在《智富时代》上发表,她还参与著作《知识产权保护理论与判例研究》的编写,不断深耕在专业领域,力求专注与突破。

作为一名身兼多“职”的女律师,杜晶不断深耕专业领域,为维护当事人权益而坚守,并怀有一颗热诚的公益之心,不断实践且影响带动身边的人一起做公益。山河远阔,人间烟火,做一个如此有情怀的律师,甚好!

（十）让所有辩护都通往正义

张斌，男，1988年7月出生，中共党员，北京大成（宁波）律师事务所律师、合伙人、争议解决与刑事部副主任，并任党总支委员、第三党支部书记。曾获2017—2018年度“宁波市十佳青年律师”、2018年度“宁波市司法行政系统优秀共产党员”、宁波市司法行政系统“战疫先锋个人”等荣誉称号，入选宁波市“成长型”名优律师培育对象（刑事领域）。

认真学习专业知识，做到知行合一

张斌最开始对法律行业产生兴趣，是在大学之初。在对法学专业领域有所了解之后，他便确定了自己的未来方向。大学期间，他认真刻苦地学习法学专业知识，并先后取得国家奖学金、浙江省优秀毕业生等荣誉。本科毕业后，他参与了一次公务员考试，虽然失败了，但是他并没有灰心，反而正视了自己的不足。“失败固然十分打击人，但它也给了我一次认真审视自我的机会，让我遇到了更好的自己。”回首过去，张斌如是感慨道。很快，他重拾信心，通过努力考取了宁波大学研究生，选择继续攻读法律。

张斌说：读研的过程虽然忙碌，但是觉得很充实，这是一种被法律修养所浸润的满足感。正是怀着对专业的满腔热情，他克服了一路的艰难险阻，取得了现在的成绩，也正是这一份对法律赤诚的热爱，他才能苦中作乐、甘之如饴。

在学习中，他对刑法较为感兴趣，在刑事领域，无论是诉讼业务还是非诉讼业务，都围绕刑事法律责任归结展开，许多问题都与民商法、行政法等相关联。比如，P2P 领域的集资诈骗案件，辩护律师必须对互联网、金融方面的知识和规范有一定的了解，才可能找到最有利的角度入手展开辩护，从而维护当事人的合法利益。因此，刑辩律师在掌握刑法和刑事诉讼法以外，还必须学习其他部门法。此外，当今社会还不断出现新型犯罪类型，如互联网犯罪、金融犯罪、环保犯罪等，同时刑法领域的法律法规也在不断进行补充、完善。例如，2015 年，张斌承办黄某某涉嫌合同诈骗案件，这是他首次碰到合同诈骗的罪名，因此他谨慎地一遍遍查阅法条、司法解释，并在中国裁判文书网上检索各地已判决的类似案例，在此基础上撰写了多篇黄某某不构成刑事犯罪的律师法律意见书。功夫不负有心人，黄某某的案件最终由办案机关撤案。所以，他深刻认识到，持之以恒地学习钻研是作为一名律师的基本素质，也是成为一名优秀律师的必经之路。

在认真储备专业知识以外，张斌也有意识地培养自己的律师思维。律师是以法律解决问题的行业，在应用法律条文时，需要从立法者的角度去理解和解释，不可偏离法律规定本身；但又不可死抠字眼、照本宣科，而是要设身处地地考量当事人的诉求和实际情况，学会灵活运用，并且综合考虑可能产生的法律后果。汉德大法官说过:“只研究法律的人会成为法律的敌人。”法律事务的实际处理能够极好地锻炼律师的业务能力,也有助于律师培养独立的思维模式。

因此,步入律师行业,律师既需要不断接触各种类型的实务案例,又应当时刻对办案经验进行系统性的总结。只有做到知行合一,才能形成成熟完善的律师思维,为当事人提供更好的法律服务。

对于刚刚步入行业的青年律师,张斌结合自己的专业化道路,提出了恳切的建议:在执业过程中首先需要逐步确立自己的专业研究方向,对该领域的事实问题和法律问题进行系统性、深层次的学习,并尽可能多地开展法律实践。只有具备更高的专业化程度,才能提供更高水平的法律服务,才能更大程度地满足客户的要求。

凝聚力量建设团队,业务携手共进

在正式取得律师执业证后,张斌开始思考未来的发展道路。结合承办案件的实习经历和个人发展的考虑,他最终选择了自己最感兴趣、承办起来也最得心应手的刑事领域作为自己的专业化发展方向。此后,他不断积累刑辩业务知识,提升自己刑事法律服务的技能。随着以审判为中心的刑事诉讼制度改革的深化推进,刑事诉讼程序更加精密化、规范化、实质化,也要求刑事律师具备更高的专业素质和技能。努力实现专业化的同时,他还有针对性地选择感兴趣的类罪进行深入研究,进一步探索追寻执业的标准化、精细化,努力在细分领域成为专家。

除了实现个人的专业化发展,张斌还专注于律师团队化的建设。2019 年,北京大成(宁波)律师事务所的同福律师团队正式起航,张斌是团队核心成员之一。作为一名青年律师,他在团队中得到了资深律师的帮助和指引,同时也向更年轻的青年律师传授经验、为他们提供指导。他认为,律师团队化合作能够带动整个律师行业共同进步发展。构建合理运作的律师团队,不仅能提高律师服务的质量和效率,对律师个人发展也助益无穷。这是张斌律师结合自己的执业经历作出的经验总结,也是对青年律师传授的谆谆心得。

不忘初心从事公益，实现人生价值

张斌还热衷于投身社会公益事业。他十分关注社会热点问题，尤其关心老年人及儿童的法律保护，多次到图书馆、学校、社区等开展普法类公益讲座，提供社会公益法律服务。例如，一位半身瘫痪的阿姨找到张斌，希望能帮她工伤维权。因为当事人家庭经济特别困难，又有两个孩子正在上学，于是张斌决定无偿为其提供法律服务。另外，考虑到当事人残疾出行不便，张斌都会自己开车来回接送这位阿姨参与案件协商，最终维护了她的合法权益，帮她获得了相应经济赔偿。张斌认为，律师站在维护社会公平正义的第一线，承担着积极推进社会法治建设的义务，应当作出表率。并且，通过公益普法的形式传播宣扬法治观念，能让普通群众学法、懂法、守法、用法，有利于营造良好的法治环境，而律师也能在此过程中实现自身社会价值，为法治化建设贡献自己的力量。

法律援助是律师参与社会公益、实现自我价值的重要部分。作为宁波市律师协会法律援助和公益服务委员会委员及宁波市法律援助刑事辩护律师团的成员，张斌积极履行法律援助义务，曾为多起重大刑事案件提供法律服务。在法律援助案件中，他常会接触到社会弱势群体。对于对方的法律诉求，他都会耐心倾听，随后为其提供专业的法律建议。他认为，不可忽视弱势群体的需求和呼声，为弱势群体提供法律服务、解决法律纠纷、维护合法权益，对整个社会秩序的稳定与和谐发展有重大意义。

因此，张斌建议：青年律师在做好本职工作之外，还应当积极投入社会公益事业之中，深入群众，倾听群众呼声，用自己专业的法学知识和法律素养，替群众排忧解难，为他们干实事、做好事。青年律师能从一次次提供公益性法律援助的实践经验中汲取更多的养分，有助于自我成长；同时造福群众，回报社会，也是作为一名优秀律师应有的责任与担当。

张斌知道，作为法律人是一份荣耀，更是一份责任。他始终坚持“让所有辩护都通往正义”的理念，以身践行，为当事人提供高质量的法律服务。律师之路漫漫，任重而道远，他常以此激励自己，怀着对法律的热爱和信仰，他将继续坚持本心、砥砺前行。

（十一）专业化道路上的“英雄梦”

吕甲木，男，1978年11月出生，二级律师，法律硕士，浙江海泰律师事务所高级合伙人。兼任浙江省律师协会知识产权委主任、宁波市律师协会知识产权委主任、宁波市法学会知识产权法学研究会副会长、秘书长，并被聘为“最高人民法院知识产权案例指导研究（北京）基地专家”。曾获得“浙江省优秀专业律师（知识产权类）”“宁波市十佳律师”、宁波市优秀青年律师等荣誉称号，入选宁波市“领军型”名优律师培育对象（知识产权与反不正当竞争领域）。

吕甲木从小就有一个“英雄梦”:成为统帅带兵打仗,运筹帷幄、挥斥方遒,抑或行走江湖的侠客义士凭借一身武艺,行侠仗义、扶危济困。后来上大学时,他读的是法律专业。如今,法律便是他“英雄梦”的延续。法庭如战场,唇枪舌剑;律师如军师,谋划布局。官司赢,凯旋而归;官司输,败军之将。

潜心磨炼待时机

吕甲木在成名之前,也有一段蛰伏期。2001 年,他刚从学校进入社会,有半年时间处于待业状态,还曾去当时的奉化市烟草专卖局做过几个月无编制稽查员。他曾一度怀疑自己的选择是否正确,但也正是利用这段时间,他通过努力,顺利考出律师资格证。

2001 年年底,吕甲木从奉化来到宁波,在一家律师事务所找到了当律师助理的工作,但没有基本工资,更别提“五险一金”。他当时没钱租房子,只能在大学室友十多平方米的单位宿舍里一起住了三个月,虽然住得很挤,但他认为已非常“幸运”了。

2002 年 4 月,在机缘巧合下,吕甲木遇到了金汉所主任曹小明律师,于是拜他为指导老师,那时候师父有许多案件需要助理帮忙,这也给了他能快速成长的机会。那段时间里,他几乎没有周末,每天查档案、写文书、调查取证、开会讨论、开庭……工作占据了他的全部时间。他经常是背着厚重的材料,清晨赶着宁波南站第一班大巴到杭州找当事人盖章,中午在杭州东站吃几个包子填饱肚子后赶回宁波,趁着下午两点半宁波中院刚上班,拎着一袋袋的诉讼材料去立案。不管刮风下雨还是烈日当头,他经常骑着自行车,四处去交接所需材料,查阅工商、房地产档案。

至于为何要当一名知识产权律师,吕甲木认为当时的宁波律师界从事知识产权业务的律师极少,而他平时对知识产权理论也有过研究,写过不少论文,其中毕业论文就是《论加入 WTO 后如何完善我国的驰名商标制度》,而第一次获奖的论文就是知识产权类的《论商标与域名的冲突》——获得了 2003 年宁波市律师实务理论研讨会三等奖。此后的 2005 年,宁波市中级人民法院成立了专门审理知识产权与涉外商事案件的民四庭,这对于他来说正是一个机会。于是,他决定以从事知识产权业务为主。

精心策划办案件

2017 年,国内某上市公司 A 公司突然对宁波市一小企业 B 企业以三年未使用商标提出撤销商标申请。B 企业这才意识到自己的商标被侵犯,于是在被商标行政部门驳回撤销申请后找到了吕甲木。他接手案件后发现,B 企业曾有一商标在 20 世纪 80 年代时便已注册,当时 B 企业在浙江省发展良好,只是后期逐渐萎缩。而对方恰巧使用了与该商标近似的标识,于是想要撤销 B 企业的注册商标。

吕甲木在决定代理一个案件之前,一定会对这个案件作出精准的分析和研究。之后才会着手进行证据的选择、法律检索等相关工作。只有这样,才能站在不同的位置和角度,尽全力维护当事人的合法权益。吕甲木在审查了 B 企业的证据后,认为商标撤销的可能性比较小,因为 B 企业有在连续使用商标,有合同、有发票。他的团队成员曾伪装成客户前去对方仓库调查取证,确认事实,发现 A 企业上一年的净利润接近三个亿!最后决定提出五千万元的赔偿。对方在法院采取证据保全后,主动联系要求和解。经过在杭州、宁波多轮的谈判,双方没有选择正面交锋,而是握手言和,最终,B 企业拿到了一笔不小的商标转让费和补偿款。

勿以成败论英雄

2010 年,敖某发现飞利浦有三款安全插座使用了他的专利,而他并没有授权,于是将飞利浦公司告上法庭。飞利浦使用了敖某的专利,这是毋庸置疑的。然而,敖某曾授权过深圳和宏公司使用这项专利,后来深圳和宏公司成为飞利浦的加工商,而此产品便是深圳和宏公司代为加工销售的。三者关系错综复杂,再加上双方实力悬殊,意味着这场仗从一开始就不会好打。

根据我国专利法,没有专利权人的许可,专利的被许可人不得将该专利交由其他单位或个人实施。抓住这一点,吕甲木经过几十次的调查取证、不断完善诉讼策略,经历多轮较量,一审最终判定飞利浦侵权。然而,飞利浦公司不服,随即向二审法院提起上诉。2011 年 11 月 17 日,二审法院认为飞利浦不存在侵权行为。理由是：飞利浦委托惠州和宏公司加工该专利产品，随后又卖给深圳和宏公司进行销售，该过程中飞利浦不存在过错。于是，敖某不服，向最高人民法院申请再审。2012年12月18日，最高人民法院作出裁定：驳回敖某的再审申请。理由又是：飞利浦公司没有向惠州和宏公司就被诉侵权产品的生产提供技术方案或者提出技术要求，飞利浦公司不是专利法意义上的制造者，其行为并不构成侵害涉案专利权。这场经历了24个月的侵权案件终于落下帷幕，一波三折。虽然终审结果已无法改变，但不能否认吕甲木为此付出的心血。

这个案件开始诉讼以后充满着争议，因为该问题，法律上对其也没有明确规定，虽然结果很遗憾，但对于吕甲木的执业生涯有着举足轻重的影响。

此案件还被中央人民广播电台、《浙江日报》、浙江电视台、《宁波日报》等多家媒体进行了专题报道，入选2011年度浙江省法院十大知识产权典型案例，知识产权界一提到ODM侵权时，就会提到该案件。清华大学崔国斌教授将该案例作为思考案例编入他的著作《专利法原理与案例》（第二版）中。

2013年10月，吕甲木律师和飞利浦公司的代理律师一起，受邀参加了最高人民法院专利侵权判断标准座谈会，而他是全国七名专利律师代表之一，也是浙江省唯一一名参加该次座谈会的律师。

学术研究创佳绩

在宁波律师行业乃至全国的知识产权领域律师圈中，吕甲木是被公认的“学者型”律师。多年来，他撰写的多篇论文在学术刊物上发表，有些论文在全国、华东、省、市级的学术论坛或论文研讨会上获奖。如《论商标权保护的界限——以涉外定牌加工商标侵权问题为视角》一文在由中华全国律师协会、中国审判理论研究会、中国知识产权研究会主办的“中国知识产权实务论坛（2011）”上被评为十佳论文；他所撰写其他的论文在2013年、2015年、2016年、2017年、2018年中国知识产权法律实施论坛暨中华全国律师协会知识产权专业委员会年会上被评为十佳论文。此外，他主编的《知识产权保护理论与判例研究》在知识产权出版社出版发行，专著《侵权法原理与判例研究》在法律出版社出版，其对不同侵权纠纷进行的法理上的解读，受到各方的好评。

从实践中淬炼获得理论成果继而再指导实践。这不仅体现了律师的专业能力，还能反映出他在办案过程中的思考与付出，所涉及的专业经验可供同行参考学习还可以给社会普法带来促进作用，这是吕甲木一直进行学术研究的意义所在。

吕甲木还经常参加知识产权法院系统、律师界、学术界的研讨会和知识产权公益活动，参与组建了宁波市知识产权综合运用和保护第三方平台和宁波市知识产权纠纷人民调解委员会。他经常参加全国性知识产权会议和行业活动，在全国的知识产权律师圈具有一定的知名度，获得了“浙江省优秀专业律师（知识产权类）”“浙江省知识产权宣讲活动先进个人”“宁波市十佳律师”“宁波市优秀青年律师”等荣誉称号，入选宁波市“领军型”名优律师培育对象，还被聘为最高人民法院知识产权案例指导研究（北京）基地专家咨询委员会专家。

（转载自“宁波人物”微信公众号，文字有修改，作者：邵瑶瑶）

（十二）以梦想之光照亮前程

胡文波，男，1984年7月出生，中国民主同盟盟员，三级律师，毕业于浙江大学光华法学院，获法律硕士。现为浙江导司律师事务所高级合伙人、市律师协会建筑房地产专业委员会副主任。擅长建筑、房地产和不动产金融等民商事法律业务。曾获宁波市优秀青年律师、民盟宁波市委员会"优秀盟员"等荣誉称号，入选宁波市首批"骨干型"名优律师培养对象（建筑与房地产领域）。

梦想是什么?《中国合伙人》里说,“梦想就是一种让你感到坚持,就是幸福的东西”。对于胡文波而言,梦想就是成为一名优秀的律师。这个梦想,简单纯粹而又布满荆棘,朴实无华而又充满挑战。在这条逐梦的路上,很多人离开,很多人倒下,而他已经坚持了十年。十年的执业之路,是他十年的奋斗历程,十年的逐梦之路。

以梦想作桨,律师之舟扬帆起航

胡文波的梦想之芽萌发于高中毕业之时。因为对律师行业的憧憬和向往,在选择大学专业之时,他坚定地选择了“法学”。四年的法学熏陶,让他对这个专业更加热爱,也让他对律师这个职业目标更加坚定。2007 年大学毕业,不同于其他同学的“公务员”之路,他怀揣着这一份律师梦,开始了自己的律师助理工作。

理想与现实总是有很大的差距。法学专业与律师实务相差甚远、司法考试与助理工作难以协调。不仅如此,工作压力大、收入不均衡、职业认同感低……对于刚步入律师行业的他来说,这些因素就像一座座不可逾越大山,横亘在他梦想的道路上。心里难免会有一份失落,脚步难免会有一点退缩。

“与善人居,如入芝兰之室,久而不闻其香,即与之化矣。”他说:“我觉得自己很幸运,刚入行我遇到了很多真心帮助我的前辈。”这些前辈律师的努力和坚持、传授和帮助,让他感受到,律师这份职业,不仅仅是一种谋生的手段,而更应该是一份热爱的事业。在周边前辈律师的感染下,怀揣着对法律的信仰,不管别人如何不看好自己,不管外界如何干扰,他都尽可能地做到心无杂念,沉下心来接受一次次的磨炼。一份份法律文书从陌生到熟悉,一系列诉讼程序从抽象到具体,简单的案件从一开始的无所适从到之后的轻车熟路,平日的工作饱满而又紧张,但他从中获取了不可比拟的满足感。他说,“那时的思想确实很简单,并没有思考过多的未来,只想专心做好眼前事,并尽可能做到最好。或许这就是律师梦的力量”。终于,他在兼顾工作的同时,顺利通过了司法考试。

以技能作轴，律师之路厚积薄发

胡文波没有过分沉浸在通过司法考试的愉悦之中，而是开始思考，“没有娴熟的执业技能，没有强大的社会关系，也没有稳定的案源保障，如何安身立命”？他意识到，扎实的法律功底是律师工作的基础，只有通过不断的积累，才能实现最终的厚积薄发。

在工作之余，他开始潜心阅读各类实务性较强的法律期刊，认真学习各类理论研究文章，并从形形色色的案例分析中吸取经验，不断总结，从中积蓄了一定的业务知识和技能。积跬步，积小流，渐渐地，他自己能够独立地承办一些法律关系较为清晰的简单案件。除了不断丰富自己的专业知识，良好的语言表达能力、紧密的逻辑分析能力以及稳定的心理素养等必不可少。通过一次次庭审，他让自己增加不少胆识和自信。他说：“紧张的诉讼，总能给我一种莫名的兴奋感，这让我切切实实地感受到自己正在运用法律，为当事人维护权益，我也找到了自身的价值。”

“初出茅庐”的他参与办理了民事、行政、刑事各类不同领域的案件。每办完一起有研究价值的典型案件，他都会以“基本案情、原告诉称、被告抗辩、争议焦点、法院观点及案件小结”这样的体例进行书面总结，以便日后再次回顾。这不仅是记录，更是对执业经验最好的积累。

这些经验，现在的他都会传授给自己团队的青年律师。他常和团队青年律师说：“我们处在一个信息化、数据化高速发展的时期，‘互联网 +’、大数据等对律师行业产生了巨大影响。我们更应该抓住这个提升自我不可多得的机遇。”因此，他总会推荐给他们优秀的法律书籍，推送优质的线上课程，共同讨论经典案例，撰写文章，以期获得共同的进步和提升。他撰写了《投资人股权收购视角下的房地产企业破产重整》《全装修模式下商品住宅交付质量问题研究》等论文，并在浙江省相关的专题实务研讨会上进行交流发言。

以专注作轮，律师之行不断前进

2010 年，他作出了自己律师生涯的重大选择——转换平台，进入建筑房地产团队，一切从零开始。但是他坚信，机会总是留给“准备充分”的人。他相信，不断地自我突破和革新，不断地钻研和学习，他终会迎来一个崭新的自己。

他说，“专注细节，习惯是最好的利器”。他有一套自己别具特色的办案习惯，如代理诉讼案件前，总喜欢先整理案卷，各个材料分门别类；起草法律文书有自己习惯的格式，并在成稿后阅读三遍以上……他认为，案卷的整理实际上是案件的梳理，文书的检查实际上是发现问题的过程。被同事称为“强迫症患者”的他因为这些细节习惯切实解决了不少问题，在形成自己“标准化操作流程”的同时，提升了自己服务的质量。

在不断提升自我的同时，他作为团队成员的一员，把自己充分融入团队中，通力合作，不仅取得了众多满意的案件结果，更是实现了自我的“专业化升级”。在团队中，他参与了多起最高人民法院及省高级人民法院再审成功的案件。书写再审申请书、制作再审证据、起草各类提纲、在短时间内向再审法官充分阐明观点……这些均是对诉讼律师的终极考验。他对于这些难关从不退缩，一一击破。无论是再审材料的制作，还是庭审发问的设计以及应对等准备，他都和团队律师一起反复推敲、下足了工夫。

通过不断的诉讼案件办理积累，他也逐步意识到律师的技能不应仅仅是业务的技能，如何在诉前、诉中、诉后彻底地化解矛盾，真正做到案结事了、定分止争，才是律师应当追求的社会效果。因此，在具体的案件承办和平时的服务过程中，他跳出一方阵营，居中看待问题，作出中肯、客观的法律判断，提供专业的第三方法律意见，以期解决问题、化解争端、息诉罢访。

他正是用自己的亲身行动，影响着团队内的青年律师。对于青年律师写的每一份文书，他都会仔细查阅，并细心地批注、修订，耐心地答疑、解惑。对青年律师做得好的地方，他从不吝啬自己的夸奖；对需要改正的地方，他又会苦口婆心地教导，“唐僧老师”的绰号也在私下里流传开来。他说，“我们应当成为当事人矛盾化解的引路人、社会矛盾的调节器”。“反复推敲、研究、请教，相信自己，相信公正”！这是他想传授给青年律师的真谛。

梦想两个字，简单而又艰难。十年的律师路，或许有不公平，或许有不理解，或许布满荆棘，或许坎坷不平，但他都凭着自己一颗坚韧的心，砥砺前行。“永远热泪盈眶，永远执着不悔”，这是他的誓言，是他的行动。

（十三）机会只留给有准备的人

葛攀攀，男，二级律师，华东政法大学民商法硕士，现为浙江素豪律师事务所执行主任、高级合伙人，兼任宁波仲裁委员会仲裁员、宁波市律师协会公司法律专业委员会副主任。主要从事公司法项下的诉讼与非诉讼法律事务。曾获得宁波市优秀青年律师、宁波市优秀党员律师等荣誉称号，当选为第十二届宁波市青联委员，入选宁波市“领军型”名优律师培育对象、“宁波政府法律顾问人才库”。

葛攀攀心中一直怀揣着对律师职业的向往,因此当时还在读研的他提前一年就冲进了本属于师兄师姐们的求职潮。他试着发出三封求职邮件,出乎意料的是,邮件很快就有了回复,浙江素豪律师事务所向他发出面试的邀请。与时任素豪律师事务所主任罗杰律师的这次面谈,让葛攀攀决定在硕士毕业后到素豪律师事务所执业。回首往事,他始终坚信这样一个理念:机会始终是留给有准备的人的。

日积月累的基本功

律师的成长主要靠积累,业务知识、社会资源等都要一点一滴地积累。他认为,对于律师而言,唯一可以真正掌握在自己手中的就是业务知识,所以苦修内功是根本。一棵树的长成需要十年,一名律师的培养又需要多久呢?对此,葛攀攀的回答是:“律师应当是一辈子的事业,无论是年轻还是年长的律师,学习都不能停。”

葛攀攀说起带教他的师父罗杰律师,他是一个要求很高、标准很严的人,会通宵达旦地研究案子,会为论证一个法律问题数日查找资料,即使结果还是不确定。其实,罗杰律师早就名成功就,曾获得全国“十佳”律师、全国优秀律师、中国律师事业突出贡献奖、浙江省首届“十佳”律师等几乎所有的重要荣誉,但他还是一直保持认真、细致的工作作风。师父的工作风格也深深地影响了葛攀攀。

回想起从业的头几年,他戏称,前二十年没熬的夜在这几年都熬了。加班是日常,哪怕不加班,晚上的很多时间也都是用来研究法条、案例,研究业内最新动向。带教老师的言传身教,加之自己的努力训练,让葛攀攀在执业初期就养成了刻苦钻研的习惯,使他的知识愈加丰富,技能愈加娴熟。

在2012年的一个股东优先购买权的纠纷中,当事人提出只行使一部分股权的优先购买权的方案。葛攀攀当即提出,虽然没有直接的规定说是否允许,但在法理上是存在问题的,因为转让股东向其他股东发出要求其行使优先购买权的通知,实质上属于一种要约,其中数量和价格是最重要的要约内容,不能变更,部分行使则事实上变更了要约的主要内容,因此这一做法很难得到法院的支持。后来当事人坚持按照这一方案起诉,最后果然如葛攀攀一开始的判断,当事人诉请未被法院支持。从案件结果来说,是败诉了,但也赢得了当事人对葛攀攀业务水平的信服。

就像习武之人要练好基本功一样,律师也需要时时给自己充电,学好业务知识。随着业务知识的不断积累、法律思维的不断训练,心中会对法律问题有个基本的判断,接待当事人时也有了更多的底气和信心。

据理力争的坚持

每一个案件背后都有着纷繁复杂的利益牵扯,对于律师而言,只能从法律专业的角度提供服务,但能坚持到何种程度则因人而异。

回顾这十多年的执业经历,葛攀攀表示,做律师偶尔也会碰到在法律上很有信心的案件,最后可能因为其他因素而被判败诉,但千万不能灰心,再坚持一会儿说不定就会有胜利。

以他在刚独立时做过一个买卖合同的案子为例,原告几乎没什么书面证据,没有合同、送货单,也没有书面的聊天记录,仅有一份视频,视频中被告承认收到过对账单、货款没付过。案件一审时,他提出当庭播放视频被合议庭拒绝,被告对视频证据的"三性"提出异议,要求不予采纳,最后法院判决原告败诉。二审上诉后,他再次提出要求当庭播放视频,并阐述了该份证据对于证明案件事实的关键性,这次合议庭采纳了上诉人意见。面对视频中被告清楚的回答,法庭要求被告解释视频中的内容,被告的解释漏洞百出,最后只好承认没付过货款,案件经过二审调解胜利结案。

如今再提起这个案子,葛攀攀依然认为,哪怕案子不大,哪怕当时只有百分之一的概率会被采信,也要尽全力去试一试。为维护当事人的合法利益据理力争,也是律师的天职。他经常把办案子比作一次长跑,赛程中或许会摔倒、或许会走弯路,但终点就在那里。或许正是他这份略带执拗的坚持,为他赢得了当事人的信任。

把握展示的机会

网络上常说律师界有着一条"三五八定律",青年律师没有案子做。葛攀攀认为,其实案子随时可能在身边,关键是让别人知道你会"做案子",敢把案子交给你。他坦言,刚开始执业时,现在青年律师的困惑他也有,但他同时也看到了身边的机遇。哪怕是在今天，在青年律师苦于没案子的时候，也经常听到有合伙人抱怨找不到合适的律师办案。

2016 年年初，有合伙人说起，他的一个当事人想做私募基金管理人备案，需要进行专项尽职调查并出具法律意见书，但他没接触过这个业务。葛攀攀知道情况后，凭借多年在非诉法律业务方向积累的经验，主动向那位合伙人说明了这类业务的办案思路以及有关要点，进而从那位合伙人手里接下这个业务，最后按照计划顺利地完成了备案。这也是宁波最早完成备案登记的几个项目之一。正是因为有了这个良好开端，随后在他的带领下，所内成立了该业务方向的专项工作小组，而后又陆续成功经办了宁波市引导基金投资、宁波克利特私募基金等多个私募基金管理人备案业务。

葛攀攀以自己的经历证明，青年律师最好的推广场所就是自己的事务所，自己的同行前辈们，其实机会非常多，关键是要自己去争取。说起这段经历，他也提醒青年律师们，争取也是要有真材实料地去争取，让人看到你的能力了，自然信任也就来了。律师终归还是要用自己的专业素养服务当事人，不懂的领域，可以多学习多积累，关键还是自己要先做足内功，很多时候水到了，渠自然也就成了，努力争取的底气正是来自过往的积累。

初生牛犊的勇气

俗话说“初生牛犊不怕虎”，葛攀攀认为，青年律师也需要一些敢于去接案子的勇气。没有人生来就样样都会，也没有人能做到样样都学过。他表示，对于许多业务，青年律师千万不要怕，法律事务具有相通性，用法律逻辑思维去分析思考，或许不同的表相之下是同一法律关系。

领取执业证后的第一年，葛攀攀就在师父的带领下，在宁波富邦集团重整北仑华辰君临房产地产项目中以承办律师身份独立起草富邦集团提交的重整方案，最后以此为基础向破产管理人提交了重整计划草案，这是《企业破产法》实施后宁波市第一个破产重整的案例。

他提到，当时毕竟是新的法律法规，虽然做了充分的准备和学习，但到了实践阶段，说不忐忑是不可能的。好在一项项抽丝剥茧下来，就发现实质并没有发生改变，于是就大胆做了。当然这也是要有前期大量破产案件办理的经验作支撑的。

从事律师工作的十几年来，葛攀攀凭借着这一股冲劲，已经取得了多项亮眼的成绩。2016 年，他带领团队独立完成宁波恒略智汇新三板上市，这也是事务所第一个新三板成功上市项目。2019 年，在涉外的宁波永锋刀片股权转让项目中，他开创性地引入宁波银行对股权转让款的托管业务，打消了交易双方的顾虑……他还负责办理过糖纸甜品并购、宁波雅彩生物科技投资、宁波富邦集团发债项目等数十起大中型项目。他牵头做的许多非诉讼项目在事务所乃至宁波市的业务领域具有开创性的意义。

“机会只留给有准备的人。”很多时候，人面对生活需要勇气，面对业务也需要勇气。葛攀攀提到，不论年纪，律师应该把准备工作做在前面，胆大、心细地接业务，做足、做实、做细。有充分的准备，并且尽心尽力，必将会做好业务。

（十四）一言一行筑专业　一案一笔书梦想

茅迪群，女，毕业于复旦大学法律硕士专业，现为宁波市律师协会副秘书长，浙江和义观达律师事务所合伙人。曾获得浙江省优秀专业律师（金融与保险专业）荣誉称号，入选宁波市首批“骨干型”名优律师培育对象。

茅迪群毕业于复旦大学，后来到宁波，加入浙江波宁律师事务所。从 2008 年开始律师执业以来，她以财税法律事务为主要目标，并在该服务领域迅速开拓成长，逐步成长为税法、行政法方面的专业律师，后业务方向拓展至金融资本市场、公司投融资等法律服务领域，并在 2015 年被推选为波宁所金融证券部主任、金融保险团队负责人。她理性细致，严肃隽永，从一个法学高才生转身律政佳人。她职业化的穿着、专业化的文笔、严谨性的庭辩阐释了一位女律师的知性与风采。她用专业的法律服务赢得了客户的认可；她学习、分享，以包容的心态和传教的耐心带领团队成员攻破难关；她以推进法治建设为执业使命，勇于承担一名律师的社会责任。

律政佳人初长成

2008 年，茅迪群从复旦大学硕士研究生毕业，却毅然离开上海，来到了"书藏古今、港通天下"的宁波。经过一番选择与被选择，她最终进入了波宁所这个律师大家庭，并师从主任范云律师。

得益于扎实的法律功底与亲和的为人处世风格，在波宁家族前辈律师的指点下，她很快就融入了法律服务工作中，在接待当事人、起草法律文书、出具法律意见等方面都得到了当事人的肯定。但她始终觉得厚积薄发仍需一技之长，于是她仔细研究了波宁所及其他律师事务所执业律师的主攻专业后发现很多法律服务领域如民商事、劳动、公司法律服务方向已经属于红海领域，竞争激烈。作为一个年轻律师要想开辟出自己的一片法律服务天地，必须剑走偏锋、出其不意才有机会。凭借自己多年积累的税务知识基础，她坚定地选择了当时法律服务领域中的蓝海领域——税法方向，而因财税多与政府部门相关，则又将自己的执业方向确定为行政与税法方向，也成为波宁所该法律服务领域的专业律师。她先后撰写了多篇财政税法方向的论文，其中《谁吃了我的奶酪——试论完税凭证与纳税人合法权益的保护》一文荣获 2012 年宁波市律师理论与实务研讨会优秀奖；《税务执法中行政诉讼风险抗辩与防范》一文荣获 2013 年宁波市律师理论与实务研讨会二等奖。

理论高于实践，但又源于司法实践，巧妇还难为无米之炊，她能写出诸多论文并紧扣实践，应归功于她所承办的大量的、疑难的税务、金融、土地等方面的行政案件。她现担任宁波国家高新区管委会、宁波银保监局、宁波市财政局等多家政府部门的常年法律顾问,办理了包括行政复议纠纷、行政处罚纠纷、行政赔偿纠纷、政府信息公开纠纷、税务行政管理纠纷、金融行政管理机关履职纠纷、土地行政确认纠纷等数十起行政诉讼案件。

业务突出带团队

茅迪群带领波宁金融保险团队成员做好每一起诉讼案件,既为波宁所金融保险和投融资业务发展作出了贡献,又因波宁所金融保险和投融资业务的崛起成就了自己。她曾先后带领团队成员承办了宁波地区十余家大型金融机构的金融借款合同纠纷、信用证开证合同纠纷、票据业务纠纷、保险代偿权纠纷等金融类典型诉讼案件百余件,积累了丰富的金融诉讼案件承办经验。其中,其代理的某银行宁波分行应诉原告车某等要求银行对被告宁波某置业公司逾期交房违约金和房屋面积不足房款差额部分的付款义务承担连带责任的商品房预售合同纠纷案,因原告人数多达二十几人,又考虑到被告在宁波当地有一定影响力,相关政府部门对此事件也给予了高度重视。为此,她带领团队成员多次商讨案情,准备应诉策略,并随时参与相关当事方的协商谈判。最终,案件经过一审、二审和再审程序,判决银行不承担连带责任。此案花费了团队成员大量的精力和时间,胜诉结果来之不易。

俗话说,鱼与熊掌不可兼得,但她不但对金融诉讼类案件得心应手,更在融资租赁、资产证券化、债务重组和不良资产处置等非诉领域亦有所建树,并将诉讼的"鱼"与非诉的"熊掌"巧妙互补、相得益彰,先后参与了宁波国际银行改制成通商银行项目、宁波镇海信用联社改制成镇海农商行项目、多家企业的债券发行业务、人民银行下属公司股权转让、企业改制和宁波股交中心挂牌融资、私募基金投资等非诉项目。同时,作为进出口银行宁波分行和宁波开发投资集团的常年法律顾问,她还参与了跨国基金投资、风险项目跟投、银团贷款等高端投资项目,这不但考验了她深厚的法律功底,同时更体现了其在投资和金融业务领域的丰富实践经验。

2018 年,茅迪群获得了"浙江省优秀专业律师"荣誉称号,并入选宁波市首批"骨干型"名优律师培育对象,她所负责的波宁金融保险团队亦先后获得了 2014 年度宁波市高新区总工会"工人先锋号"、2017 年度"宁波市巾帼文明岗"、2017—

2018 年度“宁波市优秀专业律师团队”等多项荣誉。

成绩是令人欣喜的，但更是汗水和努力的见证。多年来，茅迪群已养成了学习、阅读、总结、积累的良好习惯，并积极撰写专业论文参与理论研讨。其与另一名律师合作撰写的《融资租赁通过互联网金融转让债权法律问题探析》一文荣获了宁波市律师协会 2015 年度理论与实务研讨会二等奖、华东律师论坛优秀论文三等奖的好成绩；《票据收益权资产证券化若干法律问题探析》一文又荣获了宁波市律师协会 2016 年度理论与实务研讨会二等奖和浙江省律师论坛优秀论文二等奖的荣誉，她如愿收获了汗水后的甘甜。

社会责任勇担当

挪威著名剧作家易卜生说过：“每个人对于他所属的社会都负有责任，那个社会的弊病他也有一份。”社会责任对每一位律师来说是抽象的，但每一位律师承担社会责任的行为却是具体的，因为无论哪种承担社会责任的方式，或帮弱扶贫、或法律援助、或参政议政促进法治建设都需要律师亲身而为，用心参与。

茅迪群从自己的专业特色出发，以参政议政和参与公益法律服务的方式将其律师的社会责任具体化。2014 年她被选聘为宁波市政府立法志愿者，曾多次为地方政府立法草案出具了专业的法律意见，为宁波市法治建设献言献策。她同时兼任宁波海事法院法律援助律师团成员、宁波市中级人民法院申诉案件法律援助律师团成员、“金石榴”女律师法律服务团成员、宁波金融消费纠纷调解委员会委员、宁波市消费者权益保护委员会公益律师等社会职务，积极参与公益法律服务，贡献自己的一份力量。

茅迪群用她的一言一行昭示着其对律师业的喜爱与执着，用她的一案一笔书写着一位法律人的梦想与初衷。从第一次独立开庭中庭辩观点被对方不断否定、不断质疑，从最开始在公众场合发表意见时语无伦次与词不达意，时间可以改变很多，如今这些曾经的紧张、惶恐与不自信都已在她身上一扫而光。时间可以沉淀很多，如今留在她身上的只有沉稳、历练、坚毅和自信，但时间却很难改变一个人的初衷。做一名承担社会责任的优秀律师，成为一名具有法治信仰的高尚法律人，那是她的梦想，也是她始终坚持不懈的努力方向！

（十五）律海十年　不忘初心

薛海静，男，1984 年 3 月出生，北京炜衡（宁波）律师事务所高级合伙人、执委会委员，曾获 2017—2018 年度“宁波市十佳青年律师”等荣誉称号，入选宁波市“骨干型”名优律师培育对象（金融与资本市场领域）。

薛海静从2009年开始律师执业至今已经十余载，近年来才开始崭露头角，逐步被宁波市律师界所认识。有人说他是“大器晚成”，也有人说他是“一鸣惊人”，但只有他自己知道能获得现在的成绩与荣誉凭借的是“不经历风雨怎能见彩虹”的信念，是“博观而约取，厚积而薄发”的沉淀。

任重道远，砥砺前行

2006年，薛海静大学毕业。他踌躇满志地来到浙江盛宁律师事务所工作，恰巧有一个去广州参与IPO项目的机会。那股子新鲜感、兴奋感与荣誉感让他无比激动，但是旁人的一句话却毫不留情地将他拽回到现实。因为当时很多人在质疑：“为什么一家广东的企业会找一个宁波的律所做IPO业务?”那盆冷水让他心中一激灵，似乎嗅到了个中微妙。自此以后，他就开始关注宁波律师在金融资本市场业务的发展状况，细心收集相关数据并对此进行分析总结。果不其然，他发现当时宁波律师所从事的金融资本市场业务与宁波本地活跃的金融资本市场业务相比是供不应求，资本业务外流导致本地律师的金融资本市场就好比一块“洼地”。宁波虽然有百来家的A股、港股、美股上市公司，但本地真正做IPO业务的律师团队几乎为零。在残酷的现实面前，他不得不承认自己的弱小，但与此同时也坚定了他做下去的信念——那颗决心将宁波本地资本市场做大、做强的种子也悄悄地在他的心里萌芽。

执业初期，虽有理想信念做武装，但各种成本与开销带来的压力总似有似无地在暗处涌动，伺机将人的信念销蚀。在这个收益显效慢、耗费时间长的业务过程中，也有很多人劝过他放弃，他们说IPO业务就是“屠龙术”，尽管收益可观，但是机会却非常渺茫，与其一直画饼还不如做一单银行业务或者大的诉讼业务来得赚钱、省心。但是，他的“犟”劲儿起来了，既然确立了信念，便要知难而进。他相信，宁波律师的资本市场业务一定会迎来自己的春天，这一坚持就是十年。

终于，在2020年这个对他而言不平凡的年份中，他完成了浙江省首家精选层挂牌企业宁波球冠电缆股份有限公司的挂牌上市工作，正式迈出了IPO的第一步。这个项目意义重大，因为这是伴随他十年执业生涯的一个项目，见证了他从懵懂到审慎、从稚嫩到沉稳的蜕变过程，与其说是完成了一个项目，倒不如说是理想给了他最好的回馈。

对标榜样，不忘初心

坚持初心是一个知易行难的过程，在坚持自己专业方向过程中，他碰到过挫折、遇到过迷茫，也感到过失落，尤其是当他辛辛苦苦跟了几年的企业，最后在正式启动IPO时被换掉，那种落寞苦涩和个中艰辛是旁人无法感同身受的。

但所幸遇到的律界大咖们，给了他一盏盏明灯。他在市律师协会尤其是青工委参与各项活动期间接触到了各位资历深厚的律师前辈，在与他们交谈的过程中，聆听了他们的事迹，那些在聚光灯下风光无两的大咖，以往的执业道路上也经历过同样的挫折、迷茫与失落，但是他们最终靠准确的判断力、靠坚毅的品质、靠扎实的专业功底，一步一个脚印、踏踏实实地走到了今天。这些鼓舞人心的实例让困境中的薛海静醍醐灌顶，进而更加坚定初心，打消内心所有的不安疑虑让自己潜心研修、虚心学习，为心中的梦想不懈奋斗。因为他坚信，“宝剑锋从磨砺出，梅花香自苦寒来”，浇注辛勤必会喜迎收获。

正如上文所说的球冠项目，他从2010年就进入了项目现场，先后经历了初次IPO申报、撤材料，新三板挂牌、主板再冲刺、再撤材料，再到精选层挂牌，最终完成了小“IPO”，这一磨就是十年。这种锲而不舍的精神，就是来自榜样的力量和引领。“以人为镜，可以明得失”，这是薛海静律师的座右铭，以榜样为镜，使其无时无刻提醒自己谦逊勤勉、不改初心。

深耕专业，精雕细琢

“全心全意维护委托人合法权益”是薛海静的执业宗旨以及对客户的庄严承诺。自选择资本市场业务方向以来，他时刻紧跟国家资本市场发展策略，不断深入学习、研修术业，强化理论知识，总结实战经验，提升自身服务水平，先后成功帮助数十家企业顺利完成并购重组、上市前辅导、发行债券，以及新三板挂牌任务。

唯有从维护委托人利益的角度出发，才能为企业创造出最大化的价值。在处理上述资本市场业务的过程中，律师除了要熟知所涉及相关的法律知识外，还需要学习会计学、金融学、税务等一系列相关知识，从而主辅结合达到更优质的服务水平。例如，有一家企业在早期通过收购大量的土地、厂房来作为企业避税的手段，但是当该企业走上IPO之路后，其收购的部分土地、厂房就成了“蚕食”利润的黑洞。因此，如何妥善处置该部分资产就成为该企业上市的关键。诸如此类的案子不胜枚举，他意识到要解决表面上看似单一的问题实际上还需要通过抽丝剥茧花费大量时间去了解一个企业的商业运营模式，熟知企业的采购、生产、销售环节，甚至精通企业的人事管理、行政管理、财务管理、合同管理、采购管理、生产管理、知识产权管理、仓储管理、销售管理、售后服务管理、生产环境管理等方面的。也只有这样，背后倾注精力将主业细化到分支，细心厘清各种内里才能在律师的主导下，为企业IPO上市扫清一切障碍。

精益求精，玉汝于成。做事业如此，做人何尝不是如此。他经常自省，要把每个项目当作一个作品，把自己当作一个匠人，秉持一颗匠心将每一件交到手上的业务做精做细，这样既是帮助他人也是成就自己。

凝心聚力，团队打拼

回头看薛海静的进阶之路，离不开的是团队的力量。每一单法律业务的完成，都必然会经历一个精细的生成过程，而律师团队就是生成的机器。在这条线上每一位律师、实习律师、助理，就是这台机器的零部件。他比喻自己从助理开始，目标就是努力做好一颗螺丝钉，之后慢慢积累经验成长为联动轴，最后组建团队成为发动整台机器的主机，指挥着机器的运作。单打独斗的时代已然过去，团队打拼才能出奇效，因此作为团队负责人必须兼顾着每一位成员的成长与发展，以标准化、专业化、精细化为业务发展的目标与团队价值导向，力争将每一件事务做完美；因势利导结合因材施教，坚持让最专业的人做最专业的事情，从而提高效率、凝心聚力，提升整体能力。

正所谓“十年磨一剑，砺得梅花香”。从2009年至2020年的十余年是薛海静从初出茅庐的毛头小子成长为中流砥柱的过程，也是他见证了宁波律师金融与资产市场业务飞速发展的十年。对此，他最大的感悟是，企业对金融与资产市场法律服务的需求越来越迫切、越来越深入，律师为其发展壮大保驾护航的功用也越来越凸显。

时代变迁，初心不改，纵使历尽千帆，依然不坠青云。对于未来，薛海静有自己的规划和期待，他希望“司聪百里”炜衡金融法律服务团队在他的带领下，能昂首向前、砥砺奋进，成为宁波市乃至浙江省律师行业同领域中一颗耀眼的明星。

（十六）始于初心　成于坚守

乐琳妮，女，民盟盟员，浙江太安律师事务所律师、高级合伙人，宁波仲裁委员会仲裁员。她擅长刑事辩护以及刑民交叉领域业务，任宁波市律师协会刑法及刑事诉讼专业委员会副主任，曾获第二届“浙江省优秀女律师”、第二届“宁波市十佳女律师”等荣誉称号，入选宁波市首批“骨干型”名优律师培育对象（刑事领域）。

初心不改，使命不怠

初见乐琳妮律师，是在一个冬日的午后，阳光正好。作为面试官，她温婉和善又不失威严，而我则是略带忐忑。再见乐律师，她已经成为我的老师，是我律师职业生涯的引路人。我曾问乐律师，为什么要选择律师这一职业，不会觉得辛苦吗？她说道："我不觉得辛苦，因为从小我就有一个律师梦，律师把追逐正义当作天职，让正义在个案中实现，让无力者有力，让悲观者前行。"因为喜欢，所以热爱，热爱可抵岁月漫长，也可度过艰难困顿。

从法学院毕业后进入大型集团公司担任法务专员，继而投身律师行业，从实习律师到独立执业律师，再到如今成为浙江太安律师事务所高级合伙人，纵观乐律师的人生履历，每一步都走得踏实而又坚定。她经常说，很感谢初入行时几位前辈对她的教导与提携。大道之行，薪火相传。几年来面聆謦欬，我深刻地感受到了乐律师严谨负责的态度和诲人不倦的精神。犹记得乐律师第一次交代我为某个案件写辩护词时，前后共写了三稿，每一稿她都认认真真地看过，告诉我哪里的措辞还可以更严谨，甚至具体到某个标点符号如何修改。"律师是一个严谨的职业，我们必须始终以最严格的标准来要求自己。"乐律师是这样说的，也一直是这样践行的。所以，尽管她平时平易近人具有亲和力，可一旦提及工作，就会立刻变得认真且严格，容不得一丝马虎。

乐律师始终不曾忘记初心，"作为一名法律人，对法律的敬畏应当深刻心底。作为一名律师，要珍惜自己的羽毛，不能为了招揽业务而违背良心与职业道德天马行空地去欺骗当事人"。所以，面对任何案件，她都始终秉持实事求是的原则，不夸大也不说假。倘若条件不理想，她也绝不会隐瞒，都会如实告知当事人。对于一些当事人的不合理要求，她也会直截了当地予以拒绝。所以，那些只愿意听好话的当事人走了，提过分要求的当事人也走了，只留下三分之一的肯定者，乐律师尽心尽责地为他们提供法律服务，而他们也往往能够得到信任之下所期待的好结果。每每我目睹庭审结束后当事人在如释重负之余对乐律师报以感激的神情，或是宣判后当事人家属感激地紧紧握住乐律师的手，乐律师虽然表面依然从容，但从她稍稍弯起的嘴角亦可感受到她的欣慰。

见微知著，业精于勤

从业十多年，乐律师始终兢兢业业，勤勉尽责，将依法维护委托人合法权益作为其执业宗旨。作为宁波市律师协会刑法及刑事诉讼专业委员会副主任，乐律师尤其擅长金融犯罪、走私犯罪等经济犯罪案件的办理以及刑民交叉领域业务，她的身影在宁波刑辩界绽放着熠熠光彩。乐律师对案件总能作出犀利又透彻的分析，但仔细想来又不觉得奇怪。博观约取，厚积薄发，她那些敏锐的思维来源于对案卷资料不厌其烦地翻看与整理，来源于对海量案例和专业资料的查阅，来源于与当事人及办案人员的多方沟通，更来源于多年累积的刑辩经验。乐律师的法庭辩护风格也绝不是那种口若悬河式的夸夸其谈，而是简明扼要，有理有据，直切要害。在乐律师看来，刑辩律师应高度重视有效辩护，这不仅体现在庭审中，也体现在庭审前的侦查、审查起诉，乃至审前、庭后的沟通中。在各个不同的办案阶段我们都有很多事情可做、要做，比如抽丝剥茧梳理案情、与办案人员畅通交流，比如积极促成退赃、获取被害人的谅解，等等。

时不我待，只争朝夕。抱着这种执业信念，乐律师办理了宁波市第一例外贸业务员飞单被控职务侵占案、宁波地区最有影响力的以徐某某为首的黑社会性质组织案、曾经轰动一时的农业银行存款离奇被盗案、涉案金额五亿余元的被告人张某某涉嫌集资诈骗案、宁波某财富公司涉嫌两亿多非法吸收公众存款案、宁波某上市公司收购重组失败引发的数十亿元合同诈骗案、宁波地区查获的第一批平行进口车涉嫌走私案等众多具有较大社会影响力的案件。办理过的案件虽多，但乐律师对办案质量的要求一点也没放松。她忙碌奔波于看守所、法检公等办案部门，还会经常加班至深夜。

在认真做好每一个当事人托付的案件之余，乐律师始终不忘继续提升理论素养。在业余时间她广泛阅读法学专著，研习经典案例，参加各种刑事论坛和培训。此外，她还积极涉猎其他业务类型的知识，比如公司法、知识产权法、房地产建筑工程领域法律法规等，包括时下新颁布的民法典，她都花了大量的时间去学习，她坚信法律是融会贯通的，“只有把与刑法相关联的法律业务也搞明白了，才能做好刑事辩护业务”。尽管工作很忙碌，乐律师还是会抽出时间撰写论文，时刻跟紧学术前沿发展。她撰写的论文《小议刑事证据开示制度之建立》《我国民航飞行员流动中的法律问题研究》《浅谈企业商标国际注册》等在省市专业研讨会或期刊上获奖、发表。

明德格物，立己达人

“己欲立而立人，己欲达而达人。”乐律师在做好本职工作之余，还积极担任相关社会兼职工作，为社会发光发热。她恪尽职守，多方位沟通，为预防和有效化解社会矛盾奉献着自己的一份力量。

作为民盟市委会法律工作委员会的一员，她充分发挥其专业优势，结合执业过程中接触到的社会事件，从法律角度撰写社情民意信息，参与讨论法律文件的草拟与修订，积极建言献策、参政议政。作为宁波企业家协会、企业家联合会律师团的成员也使乐律师成为企业与法律之间的桥梁，为企业在新形势、新常态下生产经营方面的新问题提供法律建议，帮助企业家们了解法律规定并有效化解法律风险。2016年，乐律师作为消保委法律顾问团成员参与消保委热点疑难维权案件的讨论和调处，在化解群体消费纠纷问题上情法结合，效果明显，被宁波市消保委评为2016年度“维权标兵”。同时，作为宁波市律师协会刑委会副主任，她除了对自己有专业提升的要求，还组织参与刑委会的各项活动，包括宁波四明刑辩沙龙等，为宁波刑辩律师理论拓展和实践交流搭建平台。

民生无小事，枝叶总关情。乐律师还积极投身社会公益活动，给弱势群体带去关爱。她曾被宁波市海曙区人民法院聘为“关爱妈妈”，结对帮扶误入歧途的未成年犯，引导他们重新回归社会。此外，她还主动参与面向不同社会群体的免费法律咨询活动，进行普法宣传。工作之余更是多次赴敬老院、街道慰问老年人、贫困患病妇女等弱势群体，给他们带去慰问，送去温暖。

既然选择了远方，便只顾风雨兼程。乐律师认为，既然选择了律师这一职业，就应当肩负起对当事人的责任与重托，不问三九，不问归期，踏踏实实做好每一个案件。在今后的职业生涯中，乐律师将继续以实干担当为初心，书写未来的律政之路。

（十七）走正道　不旁骛　不着急

郑发国，男，1980年3月出生，中共党员，二级律师，浙江天册（宁波）律师事务所执行主任、权益合伙人。2005年毕业于上海对外经贸大学取得国际法学硕士学位。擅长涉外业务、海事海商、企业风控、境外仲裁、国内商事争议解决等业务。曾获得浙江省党员律师标兵、宁波市优秀青年律师等荣誉称号，入选司法部“千名涉外律师人才库”、宁波市“领军型”名优律师培育对象（涉外领域）。所撰写的论文多次在宁波市律师实务理论研讨会、浙江律师论坛上获奖，并发表于有关法学期刊。

走正道：恪守规范、诚信执业之道

“我有二十多年的党龄了”，郑发国经常在公开场合说自己的党龄，充满着自豪感，甚至有点“嘚瑟”。时刻牢记自己的党员身份并在工作中勇于亮出自己的党员身份，是郑发国一直以来坚持的工作准则。郑发国目前所带领的团队六名成员也清一色是中共党员。

郑发国不仅在工作中严格按照党员的标准要求自己，作为事务所党支部书记，也时刻要求青年律师在工作中要坚守做人之道、处世之道、诚信之道，遵守律师执业规范，恪守律师执业宗旨，不搞歪门邪道，不走旁门左道。他经常举自己刚执业时的一个亲身经历：“当时刚刚执业，月工资不到三千元，但在代表某境外客户处理一个船舶碰撞案件中，对方当事人以数十万元意图让我在案件调解过程中帮对方当事人获得更高的赔偿，对于刚入行收入很低的我，诱惑不可谓不大，但最终我还是抵制住诱惑并帮助境外客户取得了满意的案件结果。”

确实，目前社会上包括律师行业内部评价一个律师是否成功的标准往往是业务收费的多少。当然，成功的律师往往有着良好的收入，一个律师过于穷困，显然不能称为成功。但是，仅以收费的多寡来衡量和评判律师的价值，显然忽略了取得财富的途径的正当性这一基本的价值判断。

“做事先做人，青年律师在面对外界的浮躁与诱惑，一定要善于把握自己，正视理想与现实的反差，杜绝一切不良作风，这是青年律师在执业过程中应有的基本要求”，郑发国说。

不旁骛：坚持走专业化道路

“在宁波这样的城市，能一直坚持专业化道路，既是自己长远规划的结果，也离不开机遇。”研究生毕业后，因为自身专业的原因，他先进入上海一家主要从事海事海商业务的律师事务所做律师助理，后又进入宁波本地的一家律师事务所，团队负责人也主要从事海事海商业务，这让他有机会接触和办理大量的海事海商案件，并在此基础上进入了国际贸易法律服务领域。

从业以来，郑发国始终坚持主要从事国际贸易与海事海商的专业领域。在争议解决领域，经郑发国处理的国际贸易、海事海商以及国内外民商事争端解决案件高达五百余起，其中不乏诸多疑难复杂涉外案件，如代表宁波某文具厂与知名香港贸易企业 Lidl 公司在中国境内的加工承揽合同诉讼以及同时在香港国际仲裁中心提起的仲裁案件；代表某新能源企业处理其因转口贸易引发的与涉及四个国家的公司引起的系列国际货物买卖和国际货物运输等系列纠纷；代表某物流企业处理涉及中国、德国、新加坡、越南等四国的一百四十多个集装箱、四十多个货主的无单放货以及船舶滞留码头所引发的整体危机处理和诉讼案件。在非诉讼业务领域，他为超过五十家企业提供过深度法律顾问服务和专项法律顾问服务，服务对象中不乏世界 500 强企业、独角兽公司以及省内知名上市公司、集团公司。

目前，郑发国负责的团队共有六名成员，在专业上各有特色，有擅长海事海商的，有擅长国际贸易的，有擅长跨境电商的，有擅长贸易管制的，有擅长公司业务的，甚至还与专业从事劳动法律事务的律师密切合作，共同为外向型工贸企业提供法律事务，所在团队提供的法律服务在宁波外贸行业已经具有相当的知名度。“我更倾向于把我们团队归类为行业律师团队，而不是专业律师团队，目前我们更多强调的是服务对象而不是服务领域，我们为外贸行业提供综合性的一站式法律服务，这显然需要我们非常了解这个行业，了解这个行业的实务和法律需求，并在此基础上提升服务的深度和广度。”郑发国说：“从某种意义上来讲，我理解律师专业化是个伪命题，因为律师本身就应该是专业的，这是作为律师的基本要求，我们为客户提供的任何法律服务，都应该需要具备专业的知识和能力，如果我们尚不具备该能力，就不应该对外提供该项服务，要么给客户引荐更专业的律师同行，要么与更专业的律师合作，否则就是对客户不负责。青年律师对自己的要求应该更高一些，应该立志成为某一领域的专家型律师。”

不着急：踏实工作、切忌浮躁

青年律师在成长过程中会有烦恼、有困惑，这是必然的，其他行业的年轻人都会面临同样的烦恼和困惑。我们不能期望外部环境能尽快改善，只能寄希望于自身努力。郑发国说：“看看身边的成功律师，虽然不同的人有不同的成功路径，有些成功经验可以复制,有些成功经验不可复制,但他们往往有一个共同点,就是有着积极进取、勇争第一的精神。刚开始工作的时候,我们往往都很有激情,但在各种压力的禁锢下,很快就会失去对工作的激情。如何维持工作的激情呢?我想最重要的一点是要把现在的律师职业当作一份终身的事业,这样才能容忍工作的压力和单调,才能从中感受到使命感和成就感。如果仅仅把工作当成谋生的方式,那么,一点点挫折和压力都会使我们退却。”

谈到收入这个相对敏感的话题,郑发国说道:“目前青年律师的收入不高受多方面因素的影响,其实青年律师更多的是应该思考目前的工作能够给自己带来什么。其实工资只是工作的一种回报方式,青年律师更应该珍惜工作本身带给我们的收获。比如,艰难的工作能锻炼我们的意志,新的工作能拓展我们的才能,与同事合作能培养我们的人格,与客户交流能训练我们的品性。事务所是我们成长的另一所学校,工作能够丰富我们的经验,增长我们的智慧。与在工作中获得的技能与经验相比,目前的工资就会显得不那么重要了。事务所支付给你的是金钱,工作赋予你的是可以令你终身受益的能力。一个人如果总是为自己到底能拿多少收入而大伤脑筋的话,他又怎么能够看到工资背后的成长机会呢?又怎么能体会到从工作中获得的技能和经验,以及对自己未来的影响呢?”

关于青年律师的执业规划,郑发国认为:青年律师确实需要更多地思考并明确今后的执业方向,要有规划。但是执业规划从来不是别人可以给你的,制定自己的职业规划时,首先要正确认识自己。知人者智、自知者明,能做到正确、客观地评价自己,是很不容易的。但是,我们也必须正确客观地分析自己的优缺点,这样才能制定一个符合自己的、可行的执业规划。“我理解现在更多青年律师的问题不在于没有规划,而是心生浮躁、过于着急”,郑发国说:“很多人对自己会有误解,觉得怀才不遇,抱怨缺少机会,可关键问题是,机会出现了,你真的能够抓得住吗?你做好迎接机会的准备了没有?机会为什么给你而不是给别人。青年律师需要平时更加努力、踏实地工作,积极进取、勤勤恳恳,把工作做得比别人更迅速、更准确、更专注、更完美,调动自己的全部智慧、全力以赴,必然能发现机会、抓住机会,最终推开通往成功的大门。”

（十八）未来同样精彩

朱祯学，男，浙江甬望律师事务所执行主任、宁波市律师协会副秘书长。他专注于刑事辩护及企业刑事合规及反舞弊调查，积极参与法律援助案件的办理，曾获得“第五届全国法律援助先进个人”、2013—2014年度宁波市优秀青年律师、“宁波市优秀法律援助志愿者”等荣誉称号，并入选“全国青年律师领军人才库”。论文多次在省律师论坛与宁波市律师实务理论研讨会上获奖。

缘起:从教师到律师

2006 年夏,朱祯学从中南财经政法大学刑法学硕士毕业。他没有像其他同学一样努力考公务员、考博,或者直接去做律师,而是进入了他原来就读的本科院校当老师。昔日熟悉的老师,变成了同事,原来的学弟学妹则变成了他的学生,他内心有一点忐忑,也有一点骄傲。

刚开始上讲台,他在上课的同时还带班,虽然讲授的是自己比较熟悉的专业犯罪学、侦查学原理课程,但还是觉得紧张、刺激,紧张在于此前没有想过自己会在讲台上给学生上课,刺激在于如何将自己所学讲授给学生,这也是一种挑战。在教学过程中每周分别给不同的班级讲解同样的课程内容四次,从开始对课程不熟悉到后来的内容烂熟于心,随着重复的次数多了,他逐渐失去了新鲜感,懈怠情绪日渐增长。那一阶段,他也似乎习惯了这样平淡而稳定的生活。

转折出现在 2008 年,他的女朋友研究生毕业找工作到了宁波。由于两人不在同一个城市,他与女朋友之间面临着谁放弃现有工作的难题。回想当时的约定,但又想到教师工作的相对稳定性、生活的安逸性,他实在不想放弃,而且通过司法考试、做老师的同时还可以做律师,在读研时曾是多少同学的理想选择。

选择往往就是在一刹那。作出选择有时候真的很难,一边是离家近的稳定工作,一边是相爱多年的女朋友与经济比较发达的沿海城市。经过一段时间的考虑,后来就是一刹那的时间,他下定决心,换一个活法,作了人生当中的一个重要决定,放弃当下安逸的生活,去宁波寻找爱情,同时,转身做了一名律师。

动摇:从稳定到挑战

2009 年年初,他从兰州踏上了南下的列车,当时还没有直达的动车,只能从杭州坐大巴到宁波。初到宁波时,朱祯学没有任何亲人、朋友,也不认识老乡。女朋友还住在单位宿舍,他就租住在离她不远处约 10 平方米的拼租房。开始,他通过网络查询了宁波的律师事务所,寻找进入律师事务所实习的机会。但起步并不顺利,他虽然拥有硕士学位,但找了多家律师事务所,得到的回复不是不招人,就是说等通知，或者是面试以后没有下文。此时，他觉得有点心灰意冷，但因为有女朋友的鼓励，所以内心还能保持比较平静。或许是缘分，后来他在无意中找到了浙江甬望律师事务所，碰到了同样有老师背景的律师，于是他开始了实习律师的生涯，不久后他正式从学校辞职。

到了陌生的环境，寻求另一种幸福，一切都是新鲜的。一个新的职业，面对新的同事，新的工作方式，他的内心中既有期待又有恐慌。做了实习律师以后，他才发现在学校所学的内容似乎与律师工作无关，不会写起诉状、不会整理证据、不会在会见时发问，等等。第一次去江北法院的庄桥法庭立案，被立案法官问得满头大汗，一问三不知，不知如何签字，当时的窘境无以言表。那时他才体会到法律是一门实践性学科，无论在课堂上再怎么滔滔不绝地讲课，在实践中碰到问题却不一定会解决。在此期间，他一方面开始恶补合同法、侵权责任法、劳动法等民商事法律；另一方面跟同事、老师学习实践操作技能。由于他的刑事法律基础好，办案中注重总结，吃苦好学，学习的同时，他还写了较多的文章在刊物上发表。他在做实习律师时和律所同事办理了一起犯罪嫌疑人利用银行冲正业务时间差的漏洞、套取银行款项的案件，他将该案件整理成文后以"利用漏洞套现，窃取与骗取之间"为题发表在《浙江律师》。

想当好律师，难的并不是你没有专业知识、不懂实务操作，而是你没有案源、没有资源，吃了上顿没有下顿，这种不确定性最考验人的毅力。这与他在大学时工作状态完全不同，在大学工作时每天按部就班，课表有人安排，工资每月按时发，两个假期可以安排旅游，陪陪父母，生活相对安逸。但当律师以后，一时人生地不熟，没有客户资源，业务收入也不高。于是，他才开始寻求另一个职业，看能不能考公务员，遗憾的是两次考试，一次没有考取，一次面试后自己选择放弃了。此时他已经成家，妻子工作稳定，他没有很多后顾之忧，就选择继续当律师。这个时候，他从内心深处愿意接受挑战。作出决定后，推开办公室的窗户，他看到了另一种风景。

跨越：从普通律师到律所负责人

因读研是刑法专业及后来工作期间对刑事法律研究，他从踏入律师这个门槛以后，就专注于刑事案件的办理，主要从事刑事辩护及企业刑事合规及反舞弊调查，并积极参与法律援助案件的办理。过去的十余年执业经历，他觉得有现在成绩主要得益于事务所对他的培养：一方面事务所但凡有重大的刑事案件均是由他参与办理；另一方面是他在刑事方面的专业能力得到充分体现。

从一名普通律师成长为律所执行主任，他有三点重要的体会：

一是要有一颗公益之心。记得刚开始执业时，在事务所主任的引荐下主动前往法律援助中心毛遂自荐，希望能够办理法律援助案件。后来经过一件件案件的办理，得到了法律援助中心的认可及当事人、办案机关的好评。记得当时办案补贴一审法院阶段有一千元左右，而要去鄞州看守所会见需要坐公交车一个多小时，到慈溪看守所去会见需要坐车至少两个小时，虽然辛苦，但在看到受援人对律师报以感激的眼神时，觉得自己的付出很值得。正是他热心办理法律援助案件，近年来已办理二百余件法律援助案件，并且办案质量较高，他多次被市法律援助中心评为“法律援助先进个人”，2017 年更是获得了“第五届全国法律援助先进个人”荣誉称号。

二是要勤于思考、认真总结。在执业之初，他延续了读研工作期间写作的习惯，根据自己办理案件的心得，通过理论文章的方式再现，每年参加实务理论研讨会，自 2012 年到 2015 年，连续获得宁波市律师实务理论研讨会的一等奖、浙江省律师论坛二等奖，并在《宁波法学》《浙江检察》等刊物上发表文章十余篇。在收获荣誉的同时，他也收获了专业。2018 年，他参加了全国青年领军人才培训，并入选“全国青年律师领军人才库”。

三是要有持续学习的意识。律师是一个终身学习的职业。律师需要持续学习的意识，不仅仅是专业的法律知识，更需要的是实践经验。持续学习可以提高对案件事实认定及法律适用的判断能力的要求，互联网技术的发展、人工智能的兴起，对传统的法律服务方式提出了新的挑战，大数据分析对于案件的定性及法律适用判断起着不可忽视的作用，只有不断地接受新事物，挑战新高度，才能在律师执业中立于不败之地。

世界上难走的路，是向上的路。如今基于律所同事的信任，朱祯学已接任甬望所的执行主任，他深知真正的挑战才刚刚开始，人生才仅过半，未来还有很长的道理要走，还要树立新的发展目标。相信，未来也一定会同样精彩！

（十九）直以持世　贞以励志

骆俊峰，男，1990年1月出生，中共党员，浙江素豪律师事务所律师、专利代理师，西南政法大学硕士毕业，重庆大学法学院在读博士研究生。兼任宁波市青年知识产权律师团团长、宁波市高层次人才法务专员、宁波市第一批兼职政府法律顾问人才，曾获2018年度宁波市司法行政系统“优秀共产党员”，入选宁波市“骨干型”名优律师培育对象（知识产权和反不正当竞争领域）。论文《GUI外观设计专利权保护问题研究》获第六届全国知识产权青年学者论文比赛优秀奖，论文《论专利法框架内自媒体信息发布行为的定性》获第九届浙江律师论坛论文一等奖、华东律师论坛三等奖。

结缘法学，西政深造

骆俊峰本科就读于浙江海洋大学，因为一门公共必修课《思想道德修养与法律基础》让他对法律产生了兴趣，从此与法学结缘。俞树彪教授是该课程的授课老师，同时也是一位兼职律师。俞老师在课堂上讲授的各种案例引起了骆俊峰很大的兴趣，于是他专门向俞老师请教如何学习法律。在俞老师的推荐下，骆俊峰阅读了一本《疑难案例法理分析》，从此将他带上学习法律的道路。此后，他心中对于继续研习法律的想法日益强烈，毅然决定报考西南政法大学法律硕士研究生，为此经常借阅法学教材，研究历年司法考试题目，逐渐积累了一定的法学理论知识。2012年3月，经过将近1年的紧张备考，他如愿被西政录取为全公费研究生。从此改变了他的职业生涯，原是工科生的他华丽转身成为法科生，进入曾被誉为"法学黄埔军校"的西政继续深造学习法学。

2012年9月至2015年7月，骆俊峰在西政攻读硕士研究生。在西政的课堂上，老师与同学之间经常会因为学术观点的激烈碰撞而辩论一整节课。法学与论辩是这所知名学府的校园文化。西政的求学经历，越发加深了他作为西政人的自豪感与法律人的使命感，"博学笃行、厚德重法"的校训牢牢镌刻进他的内心。研二专业课的学习过程中，他逐渐认识到自己的本科专业背景对于从事专利工作具有较好优势，导师曾德国教授也引导他学习专利法，指导他参加知识产权实践案例与科研项目。曾教授认为，结合理工科专业背景去研学专利法，可能是一条不错的捷径与职业道路。于是，他更加投入于专利法以及相关法规的学习与研究。2014年下半年，历经大半年的"备战"，他连续通过了国家司法考试与全国专利代理人资格考试，获得了众人羡慕的"双证"。

2015年4月，他在宁波市律师协会的网站上看到了浙江素豪律师事务所招聘双证律师助理的告示。素豪所的专利代理机构于2014年年底获批，当时正处于引进人才阶段。经过两轮面试，他顺利接到了素豪所正式录用的通知，由此开始了知识产权实务工作。

坚持实践，学以致用

2015 年 7 月至今，骆俊峰在素豪所经办了大量的知识产权诉讼与非诉讼案件，其中最令他印象深刻的是两件案例，分别是 2016 年的“打火机自动充气装置”系列专利侵权案件与 2018 年的“海产品周转筐”系列案件。

“打火机自动充气装置”系列案件是他执业后办理的第一件复杂的专利侵权案，也是令他产生严重挫败感的案件。该案件的原告代理人是浙江晓翔律师事务所的戴晓翔律师，浙江省内资深的专利律师和代理师。此时的骆俊峰刚刚获得律师执业证不到 1 个月，就面临如此强劲的对手，双方实力差距如此之大，应诉结果可想而知。戴律师对于专利技术方案具有深入的理解，而骆俊峰的庭前准备工作显然不足。法庭审理过程中，戴律师严谨的举证能力与高深的技术理解能力，使骆俊峰茫然无措。对于戴律师的几处发问，骆俊峰甚至无法即时应答。经此一案，骆俊峰感受到了工作以来最大的挫败感，甚至开始怀疑自己的工作能力，为此消沉了数个星期。经过一段时间的自我调整，骆俊峰重新找回了自信的工作状态，他认为跌倒了就要重新站立起来，他立志要向戴晓翔律师看齐，努力学习专业基本功，通过案件积累实践能力，使自己可以快速成长。

“海产品周转筐”系列案件则是他独立执业后办理的最为成功的专利案件。专利权人于 2013 年 11 月申请了该实用新型专利，2014 年 4 月公告授权。该案委托人是宁波当地的一家渔具公司，被控涉嫌销售侵犯上述专利权而作为被告。骆俊峰经过技术比对，认为该案在侵权的构成上辩论不存在希望，此时若还想要胜诉，突破口仅在于专利权无效宣告程序。骆俊峰为此详细检索了专利数据库，找到了最为接近的现有技术文件，并认真撰写了无效宣告请求书。该案历经 4 个月书面审查与口头审理，专利复审委员会认为，该专利的区别技术特征已经被现有技术文献公开，据此作出无效宣告请求审查决定，宣告涉案专利权全部无效。由于专利权被无效，原告赖以起诉的基础已经不具备，宁波市中级人民法院随即裁定驳回原告在中级人民法院的所有同一专利的民事起诉，浙江省高级人民法院维持了原审裁定。委托人对于案件结果表示非常满意。

经过上述成功与失败的案例，更加坚定了骆俊峰从事专利工作的信心与决心，坚持在这条职业道路“不忘初心，砥砺前行”。

热衷研究，提升学术

对于青年律师而言，撰写论文与参加演讲是两种展现自己专业技能的极佳方式。骆俊峰喜欢学术研究工作，对于自己感兴趣的案件或理论研究课题，他热衷于进行一定程度的学术探讨。他认为各类论坛或学术研讨会既是展现与锻炼青年律师专业能力的平台，也是拓展业务的良机。他每年都会认真撰写论文，积极参加知识产权类的研讨会。他曾获邀参加 2018 年北京大学知识产权和科技法专家论坛暨博士生论坛、2019 年知识产权南湖国际法学论坛。近年来，他撰写的论文获得了较多的荣誉，2017—2019 年连续三年获得宁波市律师实务理论研讨会一等奖。论文《GUI 外观设计专利权保护问题研究》获第六届全国知识产权青年学者论文比赛优秀奖，论文《论专利法框架内自媒体信息发布行为的定性》获第九届浙江律师论坛论文一等奖。他在《专利代理》《浙江海洋大学学报》上发表了四篇学术论文。此外，骆俊峰为了追求更高层次的研究平台，经过恩师曾德国教授的推荐，重庆大学法学院的李晓秋教授招录他为博士研究生，并参与国家社会科学基金项目“‘互联网 +’产业形态下的专利权保护规则适应性研究”的相关工作。

骆俊峰最喜欢的一句话是：“直以持世，贞以励志，坚可配柏，正可凌霜。”他说自己既然选择了律师道路，就要勇敢地坚持走下去。他希望所有青年法律人能与他共勉，在新时代争取新担当和新作为。

（二十）青春在努力中闪光 人生在奉献中升华

温莉，女，1986年10月出生，三级律师，北京大成（宁波）律师事务所权益合伙人，宁波海事法院特约调解员，市律师协会海事海商与物流专业委员会副主任。主要从事民商事争议解决、海事海商、涉外贸易等法律服务领域。曾荣获2015—2016年度宁波市"优秀青年律师"、2017—2018年度"宁波市十佳女律师"等荣誉称号，并入选宁波市"骨干型"名优律师培育对象（海事海商领域）。承办的案件曾入选最高人民法院年度海事审判十大典型案例和指导案例。

选择海事海商领域，潜心钻研

初见温莉，觉得她身材娇小，有着温和的笑颜。在与她交谈后，能让人感受到她让人如沐春风的品格，但当她转入工作状态时，那种认真、严肃的样子，才是一个律师最好的姿态，她一直充满着动力，对工作无比热情。

回忆起刚入行的时候，面对复杂的海商海事类案件，温莉也迷茫过。尤其是刚接触到船舶碰撞、无单放货、专属管辖等海事海商领域的专业名词时，她感到一头雾水，面对重重困难，她没有选择退却，而是抓住每一次能够学习的机会，在案件的起诉阶段帮助整理材料、检索案例；在诉讼过程中积极参与庭审旁听，研究对方的答辩意见与质证观点；在案件完结之后，细心将案件归档，并再次从头审阅案卷，仔细查看在这个案子中能学习到的观点与知识，做好最后的归纳总结，在这一步步的学习与探索中逐渐成长。

在大量案件处理过程中，温莉律师逐渐对海上货物运输尤其是贸易与海运交叉环节相关的无单放货、无人提货等纠纷案件产生了浓厚的兴趣，近年来专注于研究海事海商领域中的海上货运代理合同纠纷和海上货物运输合同纠纷类案件，同时深入研究贸易物流货代操作规范及流程。执业近十年，她参与办理了几百件诉讼和非诉讼案件，尤其是在处理无单放货、无人提货等海上货物运输合同、海上货运代理合同纠纷法律问题上，有了非常专业的技能与过硬的实力；并为诸多企业尤其货代物流和进出口企业提供常年法律服务，在海商海事尤其是贸易公司和物流企业行业客户中树立了良好的口碑。

2018 年 3 月，温莉接手了一起货物出运近五年但货款仍未收回的系列无单放货案件，由于时间过久，除法定时效问题外，尚有主体认定及举证难度。但是经过对各方近五年来全部的邮件和 QQ 聊天记录进行审查，最终选择以适用普通诉讼时效的海上货运代理合同纠纷为案由起诉，同时找到了起算点推移和中断时间节点；在对外否认沟通主体身份信息时通过调取社保记录、起诉前即对书面往来进行公证固定等手段，最终经二审开庭，取得胜诉判决。温莉以其专业的法律素养帮助当事人维护其合法权益。

塞内加说过："只要持续地努力，不懈地奋斗，就没有征服不了的东西。"温莉知道，再复杂再难的案子，只要钻研与学习，总能找到突破口。就是靠着这种坚定的意志，她在海事海商专业领域越走越宽阔。她已代理过几百件海事海商等商事类诉讼案件，并为几十家外贸企业、货代物流企业和协会提供常年法律顾问服务。

虽然已经执业十余年，她还是一直秉持着矢志不渝的热情，踏实前行，尽心尽职尽力地为当事人服务。由于对律师事业的热爱与执着，她带领团队做成功了很多典型案例：代理过浙江隆达不锈钢有限公司与 A. P. 穆勒—马士基有限公司海上货物运输合同纠纷案件，该案被选为“最高人民法院 2018 年海事审判十大典型案例”；代理过绍兴县金斯顿纺织有限公司与商船三井株式会社海上货物运输合同纠纷案件，该案被选为“2016 年度全国法院海事审判十大典型案例”；代理过中国农业银行股份有限公司乐清市支行与东方造船集团有限公司及其关联公司、CREDIT SUISSE AG 之间的船舶抵押合同纠纷系列案件，涉诉共八艘船舶，贷款额度近四亿元。

不断地学习与研究，多面成长

法庭是律师的主战场，庭审能力对于一个诉讼律师来说至关重要，如何有礼有节地表达，争取法官采信观点是律师的重要技能。深知此点的重要性，她积极参与大成宁波所及全国组织的模拟法庭比赛。在比赛过程中，不断地学习积累进步。在 2017 年大成组织的模拟法庭大赛中，大成宁波分所四人团队共同努力，在二十多家分所的参赛队伍中脱颖而出，获得了冠军；同时，她也取得了优秀代理人的荣誉。

温莉还非常注重自我学习与成长，论文研究与理论学习都是她的必要学习手段，如阅读大量法律文献，一些专家学者的意见、专著等，也包括最高人民法院出具的各类观点、司法解释，以此来不断对自己的知识储备进行更新。经过不懈的努力，她取得了佳绩，所撰写的论文《国际货运代理企业法律风险防范》《无单放货中如何确定签单代理人之被告身份》《论一带一路背景下出口企业海上货物运输合同请求权基础的选择》等，分别在 2014 年、2015 年、2016 年连续三年在宁波市律师实务理论研讨会上先后获奖，《船舶金融类案件所涉法律问题实务分析——以在建船舶抵押为视角》一文获得第三届浙江律师论坛论文二等奖。同时，为了更好地将研究成果与公众分享，她从 2015 年开始陆续在《外汇杂志》、《宁波航运》及海商法资讯刊物、海运微信公众号上发表了十多篇海商领域专业文章。这些文章的背后，是她始终如一的坚定品格、永不言弃的拼搏精神。

积极从事公益服务，乐于助人

温莉律师于 2018 年组建了大成宁波所海星团队，希望通过团队合作发挥律师特长提升服务价值，深耕专业。同时，她担任市律师协会海事海商与物流专业委员会副主任，参与活动的组织工作。她还是宁波市海事法院的特约调解员，参与过多起海商海事类纠纷调解案件。除此之外，她还参加了宁波市新的社会阶层人士联谊会，组织策划公益讲座，帮助企业化解纠纷。

在做好本职工作外，作为一名青年律师，她还非常热心公益事业，经常参加各类公益讲座，为各个社区、街道的群众提供法律咨询服务，参加普法活动。她是为侨服务法律顾问团的成员，在维护侨资企业合法权益、开展法律咨询与宣传、提供综合法律服务等方面献计献策。

温莉坚信“先做人，后做事”。一个律师如果没有勤勉敬业的精神，没有良好的品行，是无法走向成功的，也无法获得社会及当事人高度的评价。当然，用自己的专业知识服务别人，能够真正地帮助他人，才是从事律师职业最幸运的地方。

运动不仅能提升身体素质，还能更好地将头脑从混沌中释放出来，温莉先后参加过环台湾岛骑行和环青海湖骑行活动，骑行不仅锻炼意志，更认识了很多非常优秀的同行前辈，敦促自己不断加油进步。而团队骑行也更好地磨炼人与人沟通的能力以及协调各团队成员、小团队与组织之间关系的能力，也让温莉用更加积极乐观的心态待人处事。

“青春在努力中闪光，人生在奉献中升华”，这是温莉的座右铭。她坚信，通过不懈的努力、坚韧不拔的坚持、诚信务实的执业风范，一定能在律师的执业生涯中创造更加美好的明天。

（二十一）以梦为马　不负韶华

叶翩，女，1979年11月16日出生，共产党员，二级律师，毕业于宁波大学法学院国际经济法专业，后获浙江大学光华法学院民商法专业法学硕士，现任浙江导司律师事务所高级合伙人、监事长。兼任宁波仲裁委员会仲裁员、中证法律服务中心调解员等。曾获得宁波市优秀律师、宁波市优秀指导老师、宁波市优秀青年律师、浙江省律师协会优秀律师党员、宁波市律师协会优秀律师党员等荣誉称号，入选宁波市“骨干型”名优律师培育对象（金融资本市场及投融资领域）。

温柔的“文艺女青年”

初见叶翩，让人觉得温柔亲切，没有想象中女律师的精明强干、咄咄逼人的感觉。后来，发现她其实是位热爱文学、不折不扣的“文艺女青年”。她喜欢读书，律师一般喜欢看专业书，但她更喜欢文史哲类图书，涉猎挺广，兴趣颇杂。除了读书，她也经常动笔写文章。几年前，她写了一篇《假如你“不幸”当了一名律师》，吐槽了律师的诸般无奈，在微信公众号上实现了阅读量 10 万 +，这让她小小得意了一把。

其实，叶翩当律师的经历还挺曲折。她从宁波大学法学院毕业时，遵父母之命回家乡报考乡镇公务员，原想应付一下，结果没有想到能以全县第一名的成绩入围，于是她不得不从了。在乡镇工作的半年里，她思虑万千、辗转反侧，最终她还是遵从了自己的内心选择，辞去公职，到宁波从事律师职业。从事律师职业也许是一个充满未知的未来，既然选择了远方，就要风雨兼程。

律师职业的起步不无艰辛。初到宁波时，房租占了她一半的收入，生活甚至入不敷出，但这还只是物质上的问题，律师职业要经常面对别人的误解甚至轻慢，经常让她疲惫不堪、心力交瘁。加之公务员离职时，父母的担忧、旁人的侧目，也给了她很大的心理压力。理想的力量，一直支持着她砥砺前行、从不言弃。从一个个小案子开始，从一个个当事人开始，她积累了不错的口碑和人脉，事业逐渐步入正轨。

不服输的“女汉子”

2009 年年底，叶翩加入浙江导司律师事务所，开始她事业的新征程。有了导司所前辈们的提携，她受益良多。导司所对刚执业的独立律师，不仅有师傅保障基本创收，其他合伙人也会主动分案帮扶。导司所有非常人性化的青年律师成长机制，给了青年律师充分的关怀和引领。2014 年年初，她顺利晋升为高级合伙人。“事务所之所以成为一个好的平台，来自每个导司人勤勉、审慎、精进、诚恳的专业态度和执业理念。面对竞争日益白炽化的法律服务市场，今天的导司人更应该加倍维护来之不易的品牌荣耀和良好口碑，力争上游，不负众望”。对于导司的品牌和荣誉,她倍加珍惜,也充满了责任感。

生活中的叶翩很温和,但工作的时候她是另外一个样子。法庭上,她思路清晰、层层推进,有时也咄咄逼人。谈判时,她进退得当、理智婉转,将纵横捭阖演绎得淋漓尽致。工作起来,她就是个不肯服输的“女汉子”,她总是有一股狠劲儿,不服输,不认怂。她觉得,年轻时候是该奋斗的时候,此时不努力,以后更辛苦。确实,律师行业是一个充分印证丛林法则的行业,适者生存,物竞天择。如果没有坚韧的意志、不懈的努力,随时都有可能被淘汰。“千磨万击还坚劲,任尔东西南北风”,这是她最喜欢的诗句,也是她对自己勉励。

有一次,为了一个并购尽调的项目,叶翩带着助理驻扎上海十余天。标的企业的历史变更繁复,涉诉担保庞杂,尽调的内外勤工作量都很大。企业的业务合同和三会资料堆满了整整两间屋子,市场监督管理局调出的历史沿革材料订了整整三大本。而且,由于项目很急,尽调的时间并不充裕。标的企业也不是十分配合,在访谈中总是避重就轻。大家都觉得很焦虑。叶翩先厘清思路,然后不断地和企业沟通协调。她一边完成最关键的访谈环节,一边去跑外围调查,几乎每天晚上都奋战到22点,直到把那两个屋子的文件啃光、吃透、留档。当如期向委托人交出一百多页的尽调报告时,叶翩有了满满的成就感和幸福感。

还有一个案子:叶翩代理的是被告,原告是一个在当地影响力较大企业,案件标的超1亿元。这个案子确实有争议,从合同字面理解,会有歧义。接受委托后,她反复研究,从事件脉络和案件整体去理解和把握,逐步论证了这个诉讼的可行性,并从各种思路出发收集证据,庭审前反复演练。后来,一审法院驳回了原告的全部诉讼请求。案件进入二审阶段,虽然她也做了很多的努力,结果还是出现了反转,省高级人民法院撤销原判,并支持了原告的诉讼请求。但她没有放弃,提出向最高人民法院申请再审。但当时二审判决已生效,在再审立案决定书出具之前生效判决将进入执行程序,只有作出立案决定书,执行程序才会被裁定中止。在她的不懈努力下,终于抢在强制执行前顺利立案。后来,她与当事人委托的北京律师调整诉讼思路,找到了一个不错的切入点。最高人民法院最终对省高级人民法院的判决进行了撤销,维持了一审判决。整个案件历时近三年,可谓旷日持久。叶翩说:“每一个疑难案子都是一件精致的工艺品,得描绘构思、精雕细琢,得反复琢磨、推敲细节。常常夙兴夜寐、废寝忘食。但你有多用心,它就会多出彩。”

叶翩擅长金融与资本市场业务、投融资业务与并购业务、公司业务、民商事纠纷案件的诉讼代理及法律顾问业务。她较早涉猎企业并购、股份制改造、股权激励等公司业务及上市公司非公发、新三板挂牌、私募基金登记备案等资本市场业务，在金融资本市场与投融资领域有一定建树，曾负责上市公司非公发、新三板挂牌、私募基金备案、收购、改制、股权激励、破产等数十个非诉项目。她平常勤于写作，曾多次获得宁波市律师理论实务研讨会奖项。

言传身教的“好师傅”

对待年轻律师，叶翩总是态度温和，严厉但不严苛。她总是耐心地讲解案件的要点、分析方案的利弊，帮助修改与指导助理起草的代理词或是合同。除了做事，她还经常与年轻律师谈做人。大到人生哲学，小到递送名片端茶倒水，都是她的经验和思考。她常常鼓励年轻律师多读书、勤思考。她曾说，书不在于有用或无用，它是一种积累和沉淀，到一定时候自然“腹有诗书气自华”。她要求年轻律师积极参加各类活动，包括百名青年律师千场法治讲座和律师实务理论研讨会等，希望年轻律师能有自己的创见，能发出自己的声音。她说，事务所和青年律师如同水和鱼，事务所培养和成就了青年律师，青年律师也会成为事务所充满活力又亮丽独特的一道风景线。只有这样，律所才有传承和发展，才能走得更远。

对于律师职业，叶翩始终坚定而充满自豪。人格的平等、精神的自由、知识的尊重，是这份职业的内涵。保有热情、坚定意志、乐观态度、拥抱变化，这是她对自己，也是对青年律师的希望！

（二十二）做到极致是青年律师的努力方向

张金捷，男，获得浙江大学法学学士学位、诺丁汉大学国际商务理学硕士学位，现任浙江海泰律师事务所执委、合伙人，兼任浙江省律师协会辩论队队长、宁波市律师协会副秘书长。曾获“宁波市优秀青年律师”、宁波市律师行业“和美家庭”、浙江省第三届控辩对抗赛“优秀辩手奖”、首届华东律师辩论赛优秀团体奖、最佳辩手等荣誉称号，并获得宁波市首届律师法律服务产品研发设计大赛二等奖。

找对方向，一路前行

无论从事哪个行业，天赋都很重要，因为找到自己的天赋才能找到值得自己奋斗一生的事业。但是找到自己的天赋后，如何才成为大师呢？在律师行业里，似乎从来不缺乏有天赋的人，但是缺乏认真到把一件事做到极致的人。把一件事做到极致，自然就成了大师，道理如此简单，但做起来实在太难。

2011 年本科毕业的时候，张金捷在犹豫：到底是去上海打拼，还是回到家乡宁波。他犹豫了很久，但与其他大多数法学院同期毕业生不同，他对宁波的律师行业有着特殊的感情，因为他是一个“律二代”，他的父亲就是一位宁波律师。1980 年年底，宁波律师制度恢复后不久，他的父亲就开始律师执业，所以他从小就知道宁波律师界的一些事情，对各大律所和大律师如数家珍，还知道一些趣闻逸事。正是因为这一特殊的渊源，他最终决定回甬执业。

回到宁波后，他先拜师于众信所主任党亦恒律师门下。党律师毕业于北京大学法律系，并获得硕士学位，曾在宁波大学任教，后成为专职律师，曾任浙江省律师协会副会长，曾获“全国优秀律师”荣誉。名师出高徒，在党老师的鞭策下，他学习了律师执业的职业道德和执业技能。党律师主要从事公司法专业领域，这为他指明了未来专业化的道路，在入行伊始，他便立志成为中国最卓越的公司服务方向的律师。

但他深感到自己在商业理论、公司管理方面的知识不足。为更好地为公司客户提供优质服务，他申请了英国诺丁汉大学的两年制国际贸易硕士学位，在两年的时间里，一边工作一边进修，经过努力学习，获得了诺丁汉大学商科硕士学位。两年的深造学习，补足了他对于商业运作、公司实践、会计知识的不足，为他后续在公司法律服务领域发展打下比较好的基础。

与此同时，宁波与杭州、上海等附近城市在法律服务市场总量和业务类型上存在较大的差距。为了更好地学习，张金捷经常利用外出办案的机会与杭州、上海等地的律师同行进行交流，这也帮助他正确评估城市的整体差异和律师的水平差距线。客观地看到差距并对自己有更高的要求，这是他一路前行、不断进取的不竭动力。

打怪升级，永不停歇

此后几年，张金捷带领白玉律师团队深耕业务，办理了百余起民商事纠纷解决和案件，其中不乏大量的疑难复杂商事案件，其中较有影响力的案件有：代理农业银行，参与了几乎包括宁波全部主流国有、商业银行的涉案金额上亿元的远洋信用证止付案件，成功止付了对非善意议付行澳新银行的付款（该案件已经经过最高人民法院再审审结）；代表华夏银行，参与了江苏省无锡市涉案金额近1亿元的信用证诈骗系列案件（一审、二审、再审均胜诉）；承办了宁波本地有代表性的争议标的在人民币千万元、亿元级的厂房购买协议、公司股权（控制权）纠纷、借贷担保数起。2017年，在第二届“大成杯”青年律师模拟法庭大赛的民事组比赛中，张金捷凭借优异的法学功底和实务经验，以及出众的庭辩能力，与来自全国的律师队伍竞技，并在决赛中打败了以传统律师业务为傲的南京律师，一举夺得冠军和最佳代理人的荣誉。

在非诉领域，张金捷每年都要花大量时间参加律师行业以及各政府机关、各行业协会举办的研讨会、学术交流。他对公司法律业务的研究同时体现在对国家税务政策的钻研中，他曾参加宁波地区国际货代企业增值税纳税问题交流会，发表的专家意见被刊登在了《宁波日报》“财经新闻·时评”中，并在解决一起他人起诉客户发票不能逾期抵扣的案件中，通过研究税务政策，说服税务局适用最新的操作方案（系该局首次操作），办理红字注销，成功解决实际问题，并形成《浅谈国税总局2016第47号公告对商贸争议诉讼的影响》一文。

执业以来，在保证对已有公司客户的高质量发展的同时，张金捷带领的白玉律师团队接触、服务了大量的投融资项目，为多家大型境外投资人、境内投资机构提供投资相关的专项法律顾问服务，参与了多家企业的境内外IPO服务，办理了涉及几十亿元的证券服务、资产证券化、新三板及基金业务，并为大量本地企业提供了融资辅导服务。

此外，张金捷兼任宁波市律师协会副秘书长和浙江省律师协会辩论队队长的职务。现在，他还作为浙江海泰律师事务所最年轻的执委合伙人，负责事务所青年律师培训工作，他建立了一整套完善的青年律师培训培养计划，已经适用到了二十余名新进入所的实习律师上。

“打怪升级”的逻辑，就是不断打更难的怪物，不断提高自己的经验值总数和经验值的摄取的效率，所以张金捷一直坚持着7∶2∶1的工作难度分配比，即70%的事项，是团队能够轻松处理的熟练活，20%是具备挑战力的别的律师团队无法完成的攻坚活，10%是完全没有先例或者存在反例的需要创造实现的先例活。只有不断挑战从整个行业水平来看艰难和困难的事情，这才能够使团队能够一直以最极致和最顶级为目标，也只有这样才能够验证团队的水平和价值。

相信“一切皆有可能”

张金捷认为：对于青年律师来说最重要的事情，就是要有想把和能把律师执业“做到极致”的信念。年轻人有时间有精力去深耕业务，去研究法律，去尝试新的服务方式，这就是因为年轻人才有的无限可能性。所以青年律师最重要的，就是不给自己的执业和自己的未来设限。青年律师不应当盯着现有的法律服务和眼前的得失计较，因为这些与一个人几十年的执业生涯相比，都是微不足道的事情，日积月累、水滴石穿，青年律师对自己几十年后形象的想象，这才是最值得去奋斗和奉献的目标。只要这样，也只有这样，青年律师才能把自己的眼光放得更加长远，他们的想法才会更加纯粹，他们的努力才会更加执着，而也只有这样，他们才能成为纯粹而极致的法律人，在他们的业务领域做到执牛耳者。而当青年律师成为执牛耳者了，所有的迟疑、困惑、问题，自然也就迎刃而解了。

所以，“做到极致”是青年律师的努力方向。如何“做到极致”呢？张金捷认为：“首先你要看到最顶层的人是什么样子、是什么水平，你得知道天花板，不然就只会满足于自以为是的想象之中成为井底之蛙，然后你要做的事情，就是想尽一切办法，用一切手段达到这个天花板，在所不惜。”

（二十三）以梦为马守初心
足履实地绘未来

曾军，男，1982年3月出生，毕业于西南政法大学诉讼法学专业，法学硕士，九三学社社员，三级律师，浙江波宁律师事务所法律顾问事务部主任。曾获宁波市“优秀青年律师”、宁波国家高新区首届“青年五四奖章”等荣誉称号，入选宁波市首批“成长型”名优律师培育对象。

追梦初心，甬城启航

曾军的律师梦，源于他的研究生导师李龙——一位富有传奇色彩、极具人格魅力的教授，在重庆律师界颇有名望。在老师的言传身教下，他对律师行业产生浓厚兴趣。读研期间，他就到多家律师事务所实习，初尝做律师的不易，也见识了大律师的成就，并坚定今后的从业方向。

执业伊始，虽然当时他还没有稳定的案源，但得益于波宁所良好的薪酬保障与业务帮扶机制，让他可以在生活无忧的情况下努力拓展案源。那时的他，常在网络、书本中寻找有效获得案源的途径，探究大律师的成功奥秘，甚至依样画葫芦，到处留信息、发名片，希望早日获得大量案源，取得可观收入。与每一位青年律师的成长烦恼相似，他在执业初期有过憧憬、迟疑和迷惘，也萌生过逃离律师行业的念头。幸得波宁所主任范云、副主任徐虹的鼓励和支持，他最后选择了坚持与守望。

砥砺前行，均衡发展

成长的道路崎岖不平，案件的代理充满艰辛。律师是集体力、脑力、心力为一体的职业，只有不畏辛劳、端正心态才能进步发展。面对初入行时冒雨赶乘公交送交执行款的清冷，工作忙碌时灯火通明、彻夜加班的疲惫以及庭审抗争后无能为力、莫名感慨的心酸，他总能控制情绪、笑对困难，坚信法治明天、未来会更好。他常自省自勉：案件无小事，应不放过任何一个有利于当事人的案件事实。他要求自己庭审中言辞缜密有度，驳斥对方有理有据，注重办案细节，讲求服务过程，让当事人在每一个案件中都能感受到优质的服务意识和工作态度，赞许其职业素养与专业技能。

专注、敬业，是曾军经办每一个诉讼案件、服务每一位当事人的宗旨。无论案件标的大小、程度难易、当事人身份，他总是全心投入，尽己所能，竭力维护当事人的合法利益。他牢牢把握每一次与行业大咖、律师前辈交手对庭的机会，从心生胆怯到从容应对，逐渐积累丰富的实务经验，使自己较快成长为独当一面的青年律师。如在原告张某诉请确认宁波某光电公司作出的强制转让离职股东股权的股东会决议无效一案中，曾军临时接受被告公司委托应诉答辩。因开庭时间紧迫，他彻夜阅卷研究案情，查找案例，终于在公司章程中找到突破口，提出的代理意见得到法院支持。

经过多年的历练，曾军逐渐成长，擅长办理商事仲裁、诉讼与法律顾问业务，经办众多疑难案件，重点发展法律顾问、公司与建筑工程法律事务。坚持理论和实务共生共进，开拓业务时兼顾理论研究，他参与的法律服务产品研发设计、撰写的论文多次获得市级荣誉。

热心公益，勇挑责任

作为九三学社社员，他积极参政议政，提出建议，为法治政府建设贡献自己的力量。他被聘请为宁波交通广播 FM 93.9 公益合作律师，为广大听众普及法律知识；受邀担任宁波电台《法制时空》等节目嘉宾，点评典型案件，解答听众咨询，提供专业建议。

他是波宁所的工会委员，热心践行法律援助义务，无偿为弱势群体解答法律问题，为困难群众减免代理费用，倾力运用专业技能维护他们的合法权益。特别是在劳动仲裁案件中，他的代理工作成效明显，许多被申请人主动和解并自愿履行，为劳动者免去案件的诉讼拖延与执行之苦，得到当事人的肯定与好评。他还经常组织同事为宁波颐乐园老人提供养老、继承、借贷等法律咨询，也深入社区参与普法宣传，悉心解答法律问题，引导群众依法理性维权。

他认为，律师作为法律职业共同体中的重要角色，理应承担自身的社会责任。因此青年律师要更有责任、有义务参与各类公益活动、法律援助项目，为法治宁波的建设贡献一份力量。

伴梦前行，岁月不悔

优秀律师非朝夕能够成就，要想成为业界精英，必须有承受挫折的耐心和拼博到底的决心。随着时间推移和经验累积，曾军找到坚守的动力：成功需要内外因结合，人脉只是外因，最重要的是内因，依靠出众的专业能力与周到的服务意识，凭借后天的努力和勤奋，平凡人也能成就梦想。青年律师可以放慢成长的脚步，但不能急功近利、违反原则，更不能在权力面前随波逐流，要尽可能摈除功利思想，守住底线，不忘初心。

走入律师岁月的第十年，曾军逐渐成为青年律师的优秀代表。他理解青年律师在成长道路上的彷徨，愿意交流从业得失，坚定执业信心，促进共同成长。作为波宁所法律顾问事务部主任，他将投入更多精力带队拓展业务，增强专业能力，完善服务意识，提升团队战斗力。

他认为，青年律师执业初期，常将自己的微薄收入与优秀律师的名利双收比较，会导致心态失衡。“宝剑锋从磨砺出，梅花香自苦寒来。”青年律师要想有所发展，在激烈的市场竞争中有一席之地，必须潜心静气，刻苦钻研法律知识，了解其他学科知识，形成立体知识网络，不断提高办案技能。青年律师办案时不应存在畏难情绪，不论承办的案件大小，都必须认真负责，尽心履职，赢得当事人赞许。现今律师职业专业化分工、精细化程度越来越高，传统的万能型律师已不能适应新时代，因此，青年律师必须找准一个至两个专业方向，深耕细作，勤学苦练，力争成为某个专业领域的行家，形成专业度与案源量的良性循环。

胸怀法治信仰、坚持实干精神、抱有乐观心态，无论执业道路上有多少艰难险阻，办案过程中有多少辛酸困苦，青年律师都不应退缩，相信只有坚守梦想，遵从内心，不忘初心，才能走得更远、更稳。

（二十四）前行不止　奋斗不息

毕秀娟，女，浙江素豪律师事务所合伙人。她一直坚持公司法及经济法专业方向，专注于公司、经济法律及相关专业领域知识的学习和研究。曾获得"浙江省优秀专业律师（公司专业）"，入选宁波市"领军型"名优律师培育对象（综合民商事领域）。

执业之初:培养律师思维模式

有人说,人生就是一个不断选择的过程,在选择中寻找自我,一路选择,一路前行。毕业后,毕秀娟先就职于企业,担任法务及行政管理工作,后投身于律师行业。2008 年,她开始律师执业。

在执业之初,她也是作为“万金油”律师,什么类型的案件都会接触,其中包括大量公司法案件。在与当事人沟通的过程中,她开始意识到,要当好律师,不仅仅是运用法律手段维权,更重要的是在维权过程中,必须懂得各方力量博弈与衡量,树立全局意识。回顾律途,她觉得自己的成长,离不开优秀前辈的指点教诲,也不乏很多专业同行的互相扶助。

著名法学家朱苏力教授说过:“一个成功的律师必须是一个杂家,尤其是青年律师应该具有政治家的思想、经济家的头脑、社会家的眼光。”这句话很好地表明了律师思维的独特性。律师思维是指律师应当具备的多种思维模式,包括当事人思维、证据思维和创造性思维等。

具体而言,当事人思维是指律师接受当事人委托,为当事人提供法律服务,站在当事人权益的角度进行法律化思考,将当事人的权利或利益要求及其所依据的客观事实转换为诉讼请求和法律事实。证据思维是指律师运用证据规则维护当事人利益,将程序思维融入律师自身职业习惯之中。创造性思维是指律师不仅需要在现行法律框架内灵活运用法律,在法律没有明确规定时也要创造性地从法律发展的角度寻求实务问题的突破点。律师本在规则之内活动,但社会发展日新月异,必须具备突破传统的创新精神,从创新角度提供法律服务,如此一来既能够为纠纷解决提供各方接受的方案,也能为法律的灵活运用作出新的尝试。

培养完善成熟的律师思维,需要不断接触各种类型的实务案例,所谓实践出真知,在法律事务的实际处理中最能锻炼律师的业务能力,也有助于律师养成独立的思维模式。除此之外,更需要在实践的同时不断进行系统性的总结,拓宽自己的眼界、加深思维的深度,这样才能构建一个系统的专业性律师思维。

执业之悟:专业化与团队化的发展道路

如大法官卡多佐所说:“法律就像旅行一样,必须为明天做准备。”对法学专业知识的学习是一个永无止息的过程,只有通过不断学习才能适应本行业的需求。每一名律师都应该关注时事新闻和社会热点,随时了解学习新的法律、法规及司法解释、指导意见、指导性案例等,增加知识储备量,这样才能为当事人提供更优质的法律服务。

随着经济的发展和社会的进步,专业化、团队化日益成为整个律师行业的发展趋势,客户对律师服务的要求越来越多样化、高标准。精细分工是每个行业发展到一定阶段都会面临的情况,专业化业已成为整个律师行业发展的必然趋势,这不仅是本行业的发展方向,也指引了律师个人职业生涯的发展道路。

对律师个人而言,注重专业化服务能力的提升,能确保客户的信任度,提高竞争力;确认专业领域能够明确目标客户,更容易承办对口业务。成为某一领域的专业律师的首要要求是必须掌握该专门领域内系统全面的法律知识,同时更需要深入了解该行业的现状、发展,掌握该领域的热门法律问题。在实务中,律师尤其需要注意结合实际情况进行操作,比如在合同审查方面,普通律师主要对合同条款的合法性进行审查,而专业律师则可以对项目的可行性、潜在风险等提出独到的见解。只有对该领域有一个整体的深入的把握,才可能成为本领域的优秀专业律师。

团队化建设则更强调律师团队的构建。对于客户而言,一个经验丰富、素质优良、密切合作的律师团队往往更值得信赖。团队化建设意味着服务方式从律师个人服务转变为律师事务所整体服务,从个人接收处理案件转变为统一组织接收、团队内部合作办理,这对有效提高案件处理的效率和水平有极大增益。而且加强团队合作,可以激发团队内部每个成员的潜能,在互相帮助、互相促进中实现个人和团队的共同进步。在这一过程中资深律师也能传授、培养青年律师,教学相长,以此带动整个律师行业共同进步发展。

因此,对于律师个人而言,需要在职业发展过程中逐步确立自己的专业服务方向,包括领域专业化和行业专业化两个方面,持之以恒地专注于某一领域的事实问题和法律问题,系统性学习相关知识,在该领域尽可能多地开展法律实践。当律师在本专业服务方向具备的特定知识与技能越高，专业化程度也就越高，就越能满足客户的需求，从而提供更高水准的服务。专业化和团队化建设是相辅相成的，在专业化建设中强调团队运作，在团队发展中突出专业化特色，这对于律师个人和律师事务所来说都是裨益无穷的。

执业之望：前行不止，奋斗不息

要成为一名优秀法律人，需要不断走在前行路上。十年间，毕秀娟处理各类琐碎案件所获得的丰富经验，是她人生的宝贵财富，为她后来处理公司业务打下了坚实基础。无论是面对诉讼业务还是非讼业务，她始终都满怀激情地去处理和执行。道路注定是孤独而艰辛的，但理想和热忱支撑着她不断前进，让她在前行道路上不断成长。

一名律师，在执业过程中会深入接触到社会各个阶层，因此需要在对社会问题和法律关系有深刻理解的基础上，运用自己的专业法学知识解决各类法律事务和问题，与此同时也要将律师职业的使命与责任深深刻在脑海里。律师是协调政府机构与社会群众的中间桥梁，是连接当事人诉求与法律法规的对接点。具备法律专业知识的律师在推动法律的正确实施方面具有显著优势，因此维护法律的正确实施、促进和维护法治的统一是律师的一项重要使命。为实现这一目标，律师除了通过行使辩护权维护当事人的合法权益外，在办案中也能对司法机构起到监督、制约的作用，完整地维护法律的正确实施。律师如能在执业过程中坚持本心，树立良好的职业形象，便能在社会法治建设中发挥重要作用。

怀着对法律的信仰与敬畏之心，毕秀娟将不断坚持和努力：前行不止，奋斗不息。

（二十五）忠于信仰　执着而行

车金梦，女，三级律师，中共党员，武汉大学法学硕士，北京盈科（宁波）律师事务所高级合伙人。曾获2017—2018年度宁波市十佳青年律师、宁波市优秀党员律师、宁波市首届检察官律师控辩赛团体三等奖、个人优秀辩手等荣誉称号，入选宁波市"骨干型"名优律师培育对象。有多篇论文荣获浙江省律师论坛、宁波市律师论坛一等奖。

因为“律师梦”,所以“爱”

车金梦是一位 80 后女孩,20 世纪 90 年代,风靡港台的律政剧让她对律师这个职业有了最初的印象,“律师梦”在她心中悄悄发芽。高中毕业时,她毅然选择报考中南财经政法大学。在大学期间,遇到了法学启蒙导师刘焯。导师常说,希望未来大家能做一名正能量的法律人,既要仰望星空,又能脚踏实地。

毕业实习时,她遇到了第一位律师老师。老师言传身教、身体力行的处事态度,让她深深地被鼓舞!她知道,这就是她想要的生活。父母曾多次语重心长地规劝她考公务员,选择一份稳定的工作。在纠结职业去向时,老师送她一段话:一个职业平台的选择,首先要有一个伟大理想的感召,有一个精神领袖的指引,有一个道德高尚、技艺精湛的导师带队,有一群朝气蓬勃、奋发向上的小伙伴群体鞭策追赶。这段话,更加坚定了她当初选择的“律师梦”。武汉大学硕士毕业后,她毅然选择走进浙江素豪律师事务所,开启法律人生之路。

辛苦并幸福着

万事开头难,在执业初期最难熬的那段日子里,车金梦全身心地投入工作,在业务上进步飞速,职业上的收获让她体会到了难得的幸福。带她的指导老师从所内学习到如何接案与办案,接待咨询、报价、与当事人沟通等方面,师父都会将他的经验毫无保留地传授给她。每一次商务谈判,师父都会带她参加,并且让她参与其中,在办理业务过程中,也会告诉她一些沟通交流的技巧,如何让客户对她产生信任感,怎么提高业务成交量。正是师父不厌其烦地传、帮、带,一次又一次地苦口婆心,把她培养成如今能独当一面的独立律师,让她在世事浮沉中,不偏离方向,为善为,行善行。

律师在大多数人心中,就是打官司的代名词。但她却是一名不经常打官司的非诉讼律师,因此也常被客户质疑,不打官司能做好律师吗?但她却用实际行动作出了回答。从业以来,她以法律顾问、标准化、公司业务为主要方向,为多家上市公司提供常年法律顾问服务,执业期间处理过浙江造船厂破产重整、台资企业内部控制权纠纷、中韩合资企业资产分立项目、广西地产收购项目、某石化企业股权激励项目等多个项目；成功地办理了一些有影响的非诉讼法律事务，取得了良好社会效应，并赢得当事人的赞誉。

做非诉律师其实是很累的，每天除了睡觉和必要的生活起居，几乎所有的时间都被邮件、电话、微信捆绑。经手的每一个项目，一开始要翻阅堆积如山的底稿，耐心细致地梳理、汇总，抽丝剥茧地发现问题，然后提出解决方案，形成书面法律意见，这几乎是所有非诉业务的标准流程，说起来简单，做起来难，上百页的律师工作报告、法律意见书不允许有任何的错误，不允许有表达模糊的用语，不允许有逻辑不严谨的论证。车金梦说，既然选择了做一名非诉律师，就选择了责任、选择了奉献。她曾经接手一个制度标准化修订项目，七百多页的集团公司制度反反复复地修改，几乎把她折磨到崩溃，甚至连喝水的时间都没有，但最终一百余稿的修改量提交的成果让客户对她竖起了大拇指。尽管工作辛苦，但是她却这样说：每一天都是幸福可贵的。

律师工作是辛苦的，没有节假日，没有上下班，无论是去哪里，手边从不离电脑。但即便是这样，每一天对她而言仍是幸福可贵的。她说，“这种幸福是拼命奔跑在路上的自我状态，即使疲倦也乐此不疲，是在努力过后当事人给予的肯定与支持；是在辛勤耕耘后获得一项项奖励的欣喜与鼓舞”。

为梦想而执着

她致力于推进律师服务标准化。2017 年 10 月 14 日，她参与策划并组织的“全国律协律师管理与律师服务综合标准化工作会议”在宁波顺利召开。2018 年，在团队努力下，创办浙江素豪（宁波经济技术开发区）律师事务所，注册“师踌之路”商标，致力打造“师踌之路”律师服务标准化国际联盟组织，努力实现律师服务标准化、规范化、品牌化。

从最初提出标准化理念被质疑，甚至有人说是在做大梦，到最终她用自己的行动证明了，只有敢于追梦、勤于圆梦，才能最终圆梦。她担任全国律师协会标准化专家工作组秘书，参与处理全国律师协会“律师管理与律师服务综合标准化”试点项目、省司法厅村（社区）法律顾问标准体系制定项目、省政法委立项的农村法律服务标准、省金华监狱“四规范一公开”标准化建设等项目。

因梦想而执着的人，一定会收获更有价值的人生。近年来，她在理论研究方面也非常努力，发表《企业法律顾问服务的标准化构建》《经济新常态下企业法律顾问服务的改革与行动》《破产程序中尚未履行完毕合同研究》《律师管理与律师服务质量控制应引入国家标准》《论政府法律顾问制度的现状及完善》等多篇论文，获得了诸多奖项。

以法布施彰显情怀

作为一名共产党员，车金梦一直用党员律师的身份要求自己，本着“以法行善”的执业初心，勇于承担社会责任，积极投身公共法律服务和各种公益活动。自2013年起，她连续多年参与浙江省知识产权全省范围内巡回演讲活动，参加宁波市交通委、宁波市司法局主办的交通物流企业法治体检活动。2018年，她与团队律师在浙江省范围内开展“乡村振兴律师万里行”活动，走进乡村、街道为群众提供法律培训、咨询等服务，发挥律师力量，助力乡村振兴。

王石说过一句话：“让建筑赞美生命。”只有对事业满怀深情，对自己满怀期许的人才能说出这样的话，律师是一门能绽放光辉、最能触摸心底善良的职业。秉法走天涯，正义在心中，这是车金梦始终坚守的信念。

（二十六）一名涉外律师的成长

徐汇文，男，中共党员，毕业于天津外国语大学，浙江京衡（宁波）律师事务所合伙人、副主任。他是宁波市“一带一路”法律服务员、宁波市贸促会涉外商事法律服务团的成员，曾获得2017—2018年度“宁波市十佳青年律师”荣誉称号。他组建“京衡智茂律师团队”，擅长处理海事海商纠纷和涉外纠纷，所代理的案件入选“2018浙江海事审判典型案例”及“平等保护外商合法权益”案例。

看过律政剧的人会发现,律师一般是西装革履、风度翩翩。徐汇文就符合人们心目中的律师形象,他身材高大,加上成熟稳健的风格,很自然地给人一种值得信赖的感觉。

高中时就决定当律师终于如愿学法律

徐汇文从小就长得比较“着急”,给人看上去一种少年老成的感觉。在高中阶段,他就决定了以后要做律师。他介绍说家乡小镇上除了没有大学,从幼儿园到小学、初中和高中都是直升的,因为都只有一家,所以当时就想考出去,闯一闯,而少年时期的他在高中就确定了闯的方向:毕业之后做律师。他回忆说:“那时信息的传播也不如现在互联网时代这么方便,我也并非因为看过某部法律电影而被剧中律师男主角的性格色彩吸引而决定投身律师大业。当时的想法既简单也实在,我的文章写得好经常被老师当作范文来念,又因为从小做班长性格开朗口才也不错,能说会写做律师刚好用得上。”

高考结束后,徐汇文如愿考上天津外国语大学的国际经济法专业,开始了四年的大学生活。虽然没有考入政法类院校,但对于当时的徐汇文来说,只要能学法律专业就已经心满意足了。可能受应试教育的影响比较深,大学时期,他对英语的定位也仅仅是应付考试。他说:“我当时把所有的精力全部投入法学的学习中,以至于英语四六级考试都是两次才通过。”虽然徐汇文的大学老师就有涉外律师,而且他的课程中也有法律英语、英美法系的案例法课程等内容,但是他当时仍然觉得涉外律师离自己非常遥远。

先进入德资律所后又来到本土律所

2008 年大学毕业后,徐汇文开始在上海找工作。但凡有律师岗位招聘的,他都不放过,随后就是投简历、面试。可能由于不是政法院校毕业,徐汇文在上海本土的律所招聘中并没有太多优势,反而因为外语院校的标签,使他收到一家做知识产权业务的美资律所和一家做非诉讼业务的德资律所的工作邀请。经过一番考虑之后,他选择了业务领域更广的德资律所。大学时本打算要和英语说再见的他,又不得不和英语重新接触起来。

他说："本以为和英语说再见的我又从头开始学起了英语，从英文的人名、国外的城市，再到这些律师的执业经历。"他开玩笑地说道："当时我最怕接电话，我们前台是个会说德语的姑娘，如果她不在，接电话变成了我的工作。当时我们律所的大部分客户都是外国人，电话接通后我需要问清楚是谁打来的电话，如果对接客户的律师不在，我还需要记录回电的号码以及具体的事项，当时完全做不到啊。"对于习惯应试教育，擅长考试尤其是笔试的他来说，英语口语和听力简直是个巨大的挑战。"没有办法，只能重新来过，从 ABC 开始学。"他后来如是说。此外，在德资律所的执业经历，使他养成了细致严谨的工作习惯，并养成了工作时间要穿西装、打领带的习惯。

2010 年，因为家庭的关系，徐汇文在德资律所工作两年后，决定来宁波做律师。他发现当时宁波的律师们上班时间大多穿着休闲装，这使西装笔挺的他反而会有些与众不同。"那我入乡随俗吧。"于是他首先从穿衣打扮方面开始本地化，客户来的时候穿西服打领带，不接待客户的时候就穿着比较随意一些。除此以外，他还必须面临着律师业务的本地化。在德资律所工作的两年多，徐汇文接触的都是非诉讼业务，没有单独办理过一件诉讼案件。而且德资律所是年薪制，本地律所是提成制，这意味着所有收入都必须靠自己开拓。在办公室干坐了两个月之后，他开始和同事一起合作跑业务。他至今记得接到第一个案件的喜悦，"虽然律师费只有几千元，但是当时我还是激动不已"。

机缘巧合去美国办案开了眼界长了见识

2013 年，徐汇文所在律所有一个常年顾问客户在美国出现了纠纷，需要寻找一位懂中国法也懂美国法的律师，和美国律师一起协助客户在美国当地解决纠纷，于是他成为律所最合适的人选。他说"当时我心里也没底，不过机会还是挺难得的，迎难而上吧"。于是他开始了在美国大半年的工作和生活。虽然他之前有德资律所工作的经历，也有服务外商投资企业的经历，但是直接协助美国律师，参与到美国案件的办理中还是头一次。如果说德资律所的经历使他重新学了英语，那么这次美国办案的经历则提升了他对法律英语的理解和运用。

"当时案件材料好几箱,我需要阅读完了解整个案子的情况,还需要就细节与美国律师沟通和讨论。最后我还需要和美国律师一起出方案给客户。"半年的时间,不仅让徐汇文对美国的司法程序有了直观认识,也让他对美国律师的工作模式以及协同办公有了更新的理解。这次的海外执业经历也拓展了徐汇文的国际视野,随后他又独自办理了法国巴黎的仲裁、尼泊尔的保险纠纷等一系列涉外案件,极大地丰富了涉外工作经验。

从国际贸易到海事海商开拓新业务领域

徐汇文说他进入海事海商领域纯属意外。他并非海事大学毕业,也没有专门研修过海商法。海事海商的纠纷属于专业性比较高,并且业务圈子比较封闭的领域,一般律师可能工作很多年也不会遇上一个海事案子。徐汇文因为处理涉外案件比较多,加上律所同事有做保险公司的顾问,2015 年因机缘巧合他开拓了海事海商业务领域。

他笑着说:"我刚来宁波的时候觉得这是个港口城市,如果能做个海事律师倒是挺不错的,只是没想到梦想成真了。"海事海商纠纷里最复杂的就是货代案件了,而徐汇文做的第一个海事案件就是无单放货。因为海商法并非徐汇文特长,对于海商法中比较特殊的制度他都比较陌生。好在当时审判数据已经开始公开而且无单放货案件属于比较典型的海商案件,于是他开始收集和分析大量的无单放货的案例。在研读和分析完全国近五十个无单放货案例之后,徐汇文逐渐掌握了无单放货案件的争议焦点以及应对措施。

在当时,"大数据"这一概念还未普及,他直接运用大数据弥补了专业上的不足。从那以后,徐汇文开始用案子学习海商法,再用逐渐完善的海商法知识去办理案件。至今徐汇文已经办理了数百起海事海商纠纷,而且有两个案子还入选了"2018 浙江海事审判典型案例"以及"平等保护外商合法权益典型案例"。

从 2008 年毕业至今,徐汇文已经执业超过十年。和当初刚执业的时候相比,他已经褪去了刚毕业时候的稚气,经验更加丰富,处理案件也更加得心应手。他已经从当时的助理成长为律所的合伙人、副主任,当然他也要面对更多的挑战。他牵头组建了"京衡智茂律师团队",以打造"最智能的涉外律师团队"为愿景,以"护驾华商,走向世界”为使命,以“不断精进,做客户事业的合伙人”为价值观,尽心尽职,为当事人服务。

“我现在还清楚地记得我在高中时选择做律师的原因,只不过现在我对做律师的理解已经完全不同了。”徐汇文希望只要他还对当初的选择有一份坚持,不论执业多少年,他都还是当初坚定选择做律师的那个少年。“朋友圈有一句话,我很喜欢”,他说道,“不论走多远,愿我们归来时仍是少年!”

对于下一个十年,他将以开放的心态,拥抱变化,以积极的态度,迎接未来!

（二十七）做好自己　向内生长

张康丽，女，浙江合创律师事务所副主任、合伙人，兼任宁波市律师协会企业破产与重组专业委员会委员、宁波市破产管理人协会副秘书长。曾荣获2017—2018年度“宁波市优秀青年律师”荣誉称号。2019年，入选宁波市“成长型”名优律师培育对象（金融资本市场及投融资领域）。

脱下职业装，张康丽喜欢做的事情有很多，上个月，她就去了稻城亚丁，一口气爬到海拔四千米以上。画画时静如止水、旅游时随性自在、看展时思绪纷飞……都说内心丰厚的人，做事不仅对别人负责，也对自己负责，张康丽就是这样一个人，由内而外，激发自己不断成长进步。回想过往的选择、成绩和挫折，张康丽常用这句话勉励自己："人生的路每一段都有意义，最后都让你变成今天的自己。"

学习得到的不仅是知识还有自信

2010 年，张康丽从宁波大学法学院毕业，顺利考入家乡东阳市人民检察院，通过坚持学习检察业务知识，迅速成了公诉能手。其间，她承办了数百起案件，也办理了一些有影响力的案件。三年的检察生涯，让她对法律职业共同体有了更深刻的认识，也让她意识到检察官并非她最理想的职业。相比之下，更加自由、更具挑战性的律师行业，无疑是更合适的选择。2013 年，她终于决定认真考虑"下海"问题：是保持稳定，继续检察官的工作生涯，还是追寻自由，成为一名前途难料的律师。这是一次艰难的选择：检察官一职，是许多法学生梦寐以求的理想职业，意味着稳定、荣誉、正义；而做律师，虽拥有更多可能性，但也意味着漂泊、挑战、压力。经反复思考，她最终下定决心，以极大的勇气辞掉了检察院的工作，只身一人回到宁波，入职浙江合创律师事务所，正式开始了追逐自由的律师之路。

是什么让自己快速适应新职业，并不断突破瓶颈期？张康丽觉得，无论以何种方式踏入律师行业，首先要调整好心态。跟很多刚入行的青年律师一样，张康丽也有过焦虑和不安，但她很快调整自己，对律师职业有了更深刻、更理性的认识：虽然律师是自由的，但需要 7×24 小时工作；不仅要面对生存和竞争的压力，也肩负着实现当事人期待的压力；要放低姿态，当事人、公检法、政府部门、社会机构都是律师的"服务对象"。认清了这些"残酷事实"后，她依然相信未来可期，坚定地朝着目标和理想勇往直前。

踏入律师行业之后，面对完全不同于刑事诉讼的破产重整非诉业务、民事诉讼业务，以及从未接触过的劳动工伤、婚姻家庭、基金并购等领域，她花费大量精力去阅读相关专业书籍、查询相关案例，参加相关培训等。不断学习更新知识，提升学习能力，是张康丽一直保持较高专业能力的诀窍，也让她高效解决各种案件时多了一份底气，也使自己的视野更宽广，发现更多的机会，实现更多的可能性。

张康丽记得承办事务所第一件基金业务时，也是忐忑不安的。那时，基金业协会新规刚实施，某投资管理公司在更换法定代表人和控股股东后，被要求提供重大事项变更专项法律意见书，否则便无法继续开展基金业务。当时整个宁波都没有可供参考的先例，但她相信只要静下心来钻研，肯定会找到突破口。说做就做，张康丽搜集大量资料，研读相关的规定、书籍、专家观点，制作尽职调查清单，经过与公司、协会的反复沟通，最后，她主笔的重大事项变更专项法律意见书顺利通过了证券业协会的审核。

“在朋友圈，经常能看到她分享的关于书籍、文章的阅读体会或者推荐，前几天看她刚入手《叔本华的辩论艺术》。”同事周龙飞律师用赞赏的语气说道。除了学习专业知识，张康丽的阅读比较广泛，小说、散文、杂记都爱看，相对喜欢冯唐、叔本华、路遥等作家。

会沟通的律师“言值高”受欢迎

在担任律师助理的两年时间，由于指导老师的充分信任，张康丽敢于提出自己的想法和意见，主动交流沟通，经手办理非诉、诉讼、刑事、民事等数十起案件，还多次单独接待当事人，自主办理复杂案件。凭借着与客户之间的良好沟通，她个人的业务逐渐有所起色，创收不断增加。在指导老师的鼓励下，她再一次展现自己的勇气，开始正式独立执业。

“张律师，不瞒你说，在咨询你之前，我已经咨询过六七个律师了，只有你的分析，我觉得最可行。”2018 年，在某故意伤害的刑事案件中，被害人的姐姐在听了张康丽的分析后，动容地说。针对案件犯罪嫌疑人与被害人均系某公司两大股东，伤害案件因公司经营矛盾引发，同时，该公司还存在“小股东众多、财务极为混乱、公司公章被嫌疑人藏匿”等问题。张康丽积极与她互动沟通，快速搜集处理信息，从刑事案件、公司财务、公章问题，分别给出了自己的建议，重点突出、思路清晰。

律师需要时刻与人打交道，处理好与当事人，公、检、法，行政部门等诸多主体之间的关系，因此沟通能力尤为重要，可以说律师是靠“言值”取胜的职业。张康丽坦言，善于沟通是她的业务量快速增长的主要原因，也让她在生活中，更能真诚地与朋友、同事互动交流。言由心生，这种好的沟通，源于她深入思考、多角度看待问题。一方面，律师要逐渐学会独立思考。对于指导老师安排的任务，主动提出自己的想法和意见，要不然容易陷入“等、靠”的怪圈。另一方面，律师要站在更多的立场看待问题。如果只从自身的立场想问题，往往只能看到一件事的一部分，而从“多方利益关系者”的角度思考，则容易从中拎出主次矛盾，提出更有针对性的对策。

“一个人的成功，15%来自他的专业知识和技能的影响，85%靠他与别人相处的方式方法。”张康丽当时看到卡耐基说的这句话时，感同身受，对于律师来说，沟通的表达方式很重要。面对不同的当事人，张康丽总是能用他们听得懂的语言，进行交流，让对方看到自己的专业和态度，感受到自己是值得信任的。同时，她待人态度谦和、性格开朗，也是当事人信任她、认可她的加分项。

成为专业律师从当“小学生”做起

任何职业的发展，都有一段低谷期和沉淀期，律师行业更是如此。独立初期，张康丽拥有相对较多空闲时间，这也恰是提升自我、进行“充电”的好契机。因此，她赶赴北京、南京、上海、杭州等地，参加感兴趣的破产管理人、私募基金、资本并购等相关业务培训。她不仅收获更丰富的资本市场业务知识，认识了许多来自全国各地的优秀律师前辈，还极大地拓宽了视野与见识。

正所谓厚积薄发，凭借着积累的经验及不断提高的业务能力，她的业务创收很快实现新的突破，独立一年后，张康丽成为事务所最年轻的合伙人。此时，她思考更多的是，该如何将律师作为一份终身事业来做，在某一领域做深做精。综合考虑行业领域、自身优势等因素，张康丽锁定资产并购等非诉业务，作出第三次选择——从普通律师转型为专业律师。

就这样从头开始，一路摸索与努力，张康丽不仅接到了事务所内的第一个基金业务，还成功为天津应大集团公司等大型企业制订了资产重组方案，受到了当事人的充分肯定。2018年，经老客户介绍，张康丽律师承接了天津应大系公司重组案件，该案件涉及大额国际保理、资产抵押、多家公司业务交叉，同时又穿插上市公司股权对赌、资产并购，案件标的达五十余亿元。经过长期细致的尽职调查工作，做出相对可靠的尽职调查报告后，张康丽对于公司当时的状况，进行整合拆分，重新梳理了公司资产负债状况，使得该公司最终不必走入完全破产清算程序，保留了最有价值的业务体系，同时完成公司与上市公司之间的重组。

“专业化是一条漫长艰难的道路，自己还只是资产并购专业领域里的一名‘小学生’，离真正的专业资产并购律师还存在一定的距离，但会全力以赴。”张康丽在言语中透露出自信。

从检察官到律师助理，到独立律师，再到专业律师，每一次选择与转变，以及面对未来的不确定性，张康丽一直确定的是自己。一种由内而外牵引出自我的力量，让她变得更加精通业务，感受更多风趣，遇见更多美好。

（二十八）一名青年律师的奋斗史

嵇思涛，男，国浩律师（宁波）事务所合伙人。现为浙大宁波理工学院法律系兼职实务导师、宁波市“七五”普法讲师团成员、宁波市高层次人才法务专员。曾获2017—2018年度“宁波市优秀青年律师”、宁波市大学生就业之星、宁波市优秀志愿者、宁波市消费维权优秀义工、宁波市青年律师公益之星等荣誉称号，入选宁波市“成长型”名优律师培育对象。

初入律师行业的不易

大学毕业后，嵇思涛进入在一家中小型律师事务所。当时，最让他发愁的是案源问题，“因为温饱问题都没解决，所以要经常去蹭饭”。他说他特别感谢老同事们，除了请他一起吃饭，老同事们也会让他去帮忙查档、立案或者陪同会见，每次都会给点“辛苦费”。对于刚入律师行业的年轻人来说，这帮他解决了生存问题。

除了给老同事帮忙，嵇思涛还去过几次医院和劳动局门口“抢生意”，后来他发现“这个方法真的不适合自己”，他说“人都是被逼出来的”，因为不想去医院和劳动局抢生意，就把业务开拓转到了网络上，他和同事建了 QQ 群，开通了新浪微博，在网上开展公益法律咨询，通过免费的法律咨询，慢慢地积累起了数百名咨询者，有了第一批客户，同时也积累了一些办案经验。他承办的第一个案件就是通过网络找到他的，是一个离婚纠纷，总共收费 3000 元，而且是在外地法院，案子办理结束后，扣除交通费等费用后所剩无几，所幸案子结果不错，当事人也很满意。

从做公益普法开始起步

嵇思涛喜欢做公益服务。从执业以来，他为来自社区、企业、学校、部队等不同场合的受众开展了近百场的公益普法讲座。尽管讲课需要耗费很多的时间和精力，但他乐此不疲，“作为一名普通的律师，能够发挥自己的专业优势帮助他人、解决他人的难题，我觉得特别有意义”。嵇思涛回忆到他的第一次讲课经历，是给社区的老年人讲《老年人权益保障法》，那一次，社区没有投影仪，他就背着很重的投影仪和电脑坐了近两个小时的公交车去讲课，他笑着说，“不知道的还以为他是放露天电影的”，不过讲课效果还不错，社区老年人们都追着他咨询法律问题，“感觉像明星一样，这种能帮助别人的感觉真好”。

除了讲课，嵇思涛还参加了各种各样的公益活动。他说他还参加过很多次市、区两级消保委组织的消费纠纷调解和咨询活动；为助力宁波文明城市创建，他还多次参加“拯救斑马线”等一些公益活动。

塑造律师的个人品牌

嵇思涛谈到他刚做律师时候的一次经历,一位咨询者到他办公室后,很惊讶地问道"你就是嵇律师啊,这么年轻",嵇思涛说他能明显地感觉到,这位咨询者言语眼神中满满的不信任感,这件事情让他开始反思:律师个人品牌的打造和提升。

后来,他在这方面逐渐有了一些自己的心得,律师个人品牌的打造分外在和内在两方面。关于外在形象的提升,主要体现在自己的穿着打扮和言谈举止上,所以他给自己置办了一身行头让自己看上去能成熟稳重一点,紧接着他就观察所里的老律师们,学习他们待人接物的方式、说话的语调和语速。关于内在的打造,他说,指的就是专业功底,只有加强学习,夯实专业基础,在面对客户的咨询时才有自信,客户才不会"以貌取人",这个时候咨询才有可能转化为案源。

除了上面讲到的方法,他还认为,律师个人品牌的塑造还要学会借助新闻媒体的力量。他说"要和新闻媒体多联系、多互动",新闻媒体机构需要律师发表专业意见以充实其报道,而律师则更需要律师帮助宣传。几年来,他和很多媒体建立了良好的合作关系,采访过他的报纸有《中国产经新闻》《钱江晚报》《宁波日报》《东南商报》《现代金报》等,同时他还参加过宁波电视台、宁波广播电台、鄞州广播电台等主办的多个法治节目并担任特邀嘉宾。

专业化是青年律师的发展方向

关于专业的提升,嵇思涛认为提升专业能力没有捷径,他自己用的是一个"笨办法",那就是认真、踏实地办理每一个案件,在办理每一个案件的过程中进行学习,通过承办每一个案件,把不懂的知识点全部弄明白,"而不是差不多就行了",办理每一个案件都要进行法律检索,要熟练掌握法律检索技能,清晰判断法律关系并准确确定检索关键词,使得办案、学习的过程更加精准、高效。尽管这么做一个案子所耗费的时间是正常的几倍以上,而且跟案子的结果很可能没什么联系,但这样做能掌握更多的知识点,久而久之一定能提高专业能力。

在近几年来办过的多个无罪案件中,有一起案件让嵇思涛印象尤为深刻。一位年轻的企业家与他人合作投资开发项目，将所有资金都投入了项目中，但无奈最终项目失败，其合作伙伴却将失败完全归咎于他，甚至认为其无端挥霍了共同的投资款，并以涉嫌诈骗的理由前往公安机关报案，“他被关到看守所的时候，他的妻子正是身怀六甲需要人照顾的时候”。当家属找到嵇思涛后，所在团队经过大量、细致的法律检索，找到了多个类案，同时通过对案件仔细研判，并与办案机关反复沟通，历经一年多，最终办案机关采纳了律师的辩护意见并撤销案件，最终这名年轻的企业家重获自由得以与家人团聚。这起案件，也让嵇思涛更加坚信专业的力量。

从业数载，嵇思涛一直保持对律师这个职业的热爱。“我的职业理想是做一名能够为客户创造价值的律师，做一名能得到社会认可的律师，做一名有理想、有情怀的正能量律师。”未来，他将继续带着这份无休止的热爱，不忘初心，一往无前，努力实现自己的人生价值。

（二十九）做一个有温度的律师

施晓，女，1984 年 12 月出生，中共党员，北京大成（宁波）律师事务所合伙人，大成宁波同欣家事法律服务团队负责人，浙江省婚姻家庭专业委员会委员，浙江省婚姻家庭巡讲团成员。曾获宁波首届律师辩论赛冠军、2013—2014 年度宁波市青年律师公益之星和青年律师公益之星风采奖，曾被评为 2016—2017 年度宁波市优秀共产党员、2017—2018 年度宁波市优秀青年律师。她坚持用心办好每一个案件，热心公益，以自身的力量提升律师的社会形象，在律师道路上不断前行。

坚定的律师之路

初见施晓律师,很难将她与律师这个职业联系起来。很多朋友和客户经常会打趣说:“你应该去当老师,你的声音这么柔和、态度这么温和、形象这么有亲和力,不当老师真是有点浪费了。”

说起自己的律师之路,施晓的话匣子就被打开了。原来她在读大三的时候就确定了以后要做律师,之后就开始为从事律师职业积极进行准备,心无旁骛地准备司法考试,与其他准备公务员考试或者加入考研大军的同学相比,她显得有点另类。当时全班同学几乎都报名参加省级公务员考试,她是唯一一个没有报名的,为此班主任还特地找她进行谈话。当时,家人也不赞同她的选择,认为她一个女孩子,找一份稳定的工作是上上之选。但她还是顶住了各方压力,坚定自己的职业选择。

2007 年大学毕业后,为了更加有效地备战司法考试,她没有找工作,全力以赴地准备司法考试。在她看来,通过司法考试是律师之路的第一步,也是敲门砖。司法考试之后,她一时没有找到去律师事务所工作的机会,为了解决经济问题,她先找了一份与法律没有什么关联的工作。在得知通过司法考试之后,她开始寻找各种机会进入律师事务所工作,当时单位的领导在她提辞职的时候还当面说:“根据我对律师行业的了解,你可能不适合做律师。”她到律师事务所找工作的过程中经历了各种曲折,面试后的很多律所反馈意见也觉得她的个性不适合做律师。各种困难与挫折,也是各种考验,更加坚定了她选择律师之路,她也更加珍惜律师这份工作。

2008 年 4 月后,她开始进入浙江众信律师事务所工作。施晓觉得自己很幸运,能有一份让自己始终保持喜爱和热忱的工作实属不易。律师工作极具挑战性,不但要学习不断更新的法律知识,还得不断总结办案经验,提升沟通、演讲、辩论等各种执业技能。律师的周末通常要参加各类培训,不断地进行“头脑风暴”。

家事律师的专业之路

执业之初，施晓用心做好每一个案子，并不断总结办案经验。在执业过程中，她接触到了各种类型的案件，不仅有常见的交通事故纠纷、劳动纠纷、离婚纠纷、继承纠纷、民间借贷纠纷、买卖合同纠纷，也有建设工程合同纠纷、侵权责任纠纷等案件。她发现某些类型的案子办起来比较吃力，效果还不一定好；而对于婚姻继承类的家事案件，她觉得自己办起来得心应手，效果也大多比较好，因此她开始考虑是否需要选择自己的专业方向，成为一名专业律师。

加入北京大成（宁波）律师事务所后，在所内专业划分的背景下，她决定选择婚姻家事作为自己的主攻方向。此后，她积极参加各类婚姻家事的专业培训，和所内律师合办各类婚姻家事案件，积极参加市律师协会的各种活动，担任宁波市律师协会婚姻和家庭专业委员会秘书长，学习婚姻家事各类前沿法律及相关的专业知识，如家族财富保护与传承。在储备了一定的婚姻家事专业知识和办案经验后，她和所内志同道合的青年律师共同组建了大成宁波同欣家事法律服务团队，以做精做强婚姻家事案件为基础，并以此为突破口为客户提供优质的一条龙式的法律服务。

选择家事律师作为专业方向，施晓一开始也是犹豫的。俗话说“宁毁一座庙，不拆一桩婚”，很多人会觉得家事律师就是帮当事人离婚的，不是好事。但办过大量家事案子的施晓觉得这个认识是片面的，其实家事律师在维护社会稳定方面起着非常重要的作用。首先，“不是所有的离婚咨询都能成为案子”，很多当事人是在一时冲动之下找律师要求离婚，对此，施晓会详细了解具体情况，对于没有达到离婚程度的咨询，特别是对于有孩子的家庭，施晓会给出合理的建议，建议当事人在婚姻关系中再作努力，不要轻易提离婚。施晓接受过一对夫妻离婚咨询，双方在向她陈述时都哭了，施晓听取了两方意见后，分别从不同角度进行解读，提醒双方在婚姻生活中可能忽视的而对方觉得很重要的事情，当事人认真听取她的意见后，经过后期努力，双方和好。其次，协助当事人从极端的情感情绪中拔出来，尝试用理性的方式解决问题。婚姻案件，大多是由家长里短、鸡毛蒜皮的事情引起的，但是一旦计较起来都是大事情，不管当事人文化程度、社会地位多高，一旦陷入此旋涡，很少能理性看待问题，比如冲动之下砸对方车辆，甚至伤害对方的身体。因此作为律师，特别是婚姻家事律师，从接受委托帮助当事人处理相关事务开始，帮助当事人处理法律问题的同时，还应当协助当事人从悲伤、失去自我的情绪中慢慢找回自己，帮助当事人从一种生活状态成功过渡到另一种状态。最后，办理家事案件处处要用心，用心聆听、用心解释法律问题，只要付出真心，一般都会收到当事人真心的感谢。当事人的真诚感激以及办案给她带来的满足感和自豪感成为施晓律师前进路上源源不断的精神动力。

对专业知识的学习是一个永无止息的过程，在此之后施晓和她的团队成员会持之以恒地专注于婚姻家事领域的事实问题和法律问题，不断提升自身的专业化程度，为客户提供更高水准的法律服务。

不忘初心的公益之路

作为律师，不仅要关注自身的发展，更需要承担起社会责任，社会公益也是律师工作的重要组成部分。

施晓在担任宁波市律师协会婚姻家庭专业委员会秘书长期间，多次为学校、社区的学生、家长、老年朋友等提供校园暴力、反家暴、继承、婚姻方面的讲座，也积极参加律师协会等单位组织的法律咨询活动等常规的公益活动。因婚姻家事案件贴近生活，结合实际办过的案件，加上图片、生动的语言，她的讲座特别受欢迎，经常在讲座结束后，听众排队咨询法律问题。

公益讲座的对象不仅仅是普通的民众，也可以是专业的律师。2020 年浙江省婚姻与家庭专业委员会组建《民法典》宣讲团为律师做专题讲座，施晓律师积极报名并精心准备课件。同时，施晓也积极为所内同事开展婚姻家庭法律办案经验的讲座，尽可能提供优质的内容。在她看来，这不仅能提升律师的良好形象，同时，通过这样的活动，也能不断强化和锻炼律师的口才和演讲能力，对律师执业技能的提升也起到良好的促进作用。

施晓认为，在办理每个案件的过程中，也能体现公益。比如，她在承办家事案件时，不仅处理法律问题，也从心理疏导等角度出发为客户解决心理问题，尽量用平和的方式解决矛盾、化解纠纷，在她看来这也是公益的一种表达方式。律师办理的案件，不仅仅是案件，更是当事人或相关人员的人生。在婚姻家事案件中，有很多难解的结，比如孩子的抚养权。夫妻离婚，很多时候争议最大的不是财产，而是孩子的抚养权，在此过程中，很多当事人可能会采取各种方式，比如隐匿孩子，在孩子面前说对方的坏话，阻碍对方见孩子等种种行为，在此过程中，往往会忽视孩子的感受。作为离婚事件中最无辜、无奈的孩子，他们往往成为“牺牲品”。在涉及孩子的案件中，施晓会花很长时间为当事人疏导情绪，让当事人尽可能从有利于孩子的角度出发解决问题，尽可能不要做有损于孩子健康成长的事情，甚至去规劝爷爷奶奶和外公外婆，虽然父母离婚了，也要尽量将对孩子的影响降到最低，当然，如果对方当事人做不利于孩子的事情，施晓将通过固定证据等方式帮助当事人争取孩子的抚养权。

每一位法律从业者的最终目标都是为了维护社会的公平和正义，律师在职业过程中坚持本心，树立良好的职业形象，便能为社会法治建设尽一份绵薄之力。

如大法官卡多佐所说：“法律就像旅行一样，必须为明天做准备。”学习是一个永无止息的过程，在将来的律师生涯，施晓将继续努力，不断前行。

（三十）“80后”女律师的公益追求

周苗红，女，三级律师，共产党员，浙江义韬律师事务所副主任、合伙人，曾获2017—2018年度“宁波市十佳女律师”、宁波市律师行业“和美家庭”、浙江省“最美家庭”等荣誉称号，入选宁波市“成长型”名优律师培育对象。

周苗红从事律师执业已有十年。其间，她始终坚守在自己的岗位上，践行律师职责和使命，维护当事人的合法权益。同时，她还热心公益事业，积极开展法律援助、普法宣传等活动，用实际行动谱写了属于自己的巾帼风采。

成为专业过硬的“法律人”

台上一分钟，台下十年功。2009 年，周苗红取得了律师行业的“敲门砖”——法律职业资格证书，并进入浙江姚城律师事务所实习。

为了让自己快速成长，周苗红不仅刻苦钻研法律知识，跟着师父学习本领，还琢磨出一套适合自己的学习方法。那时候，律所有一名专门的打字员，会把律师手写的诉状录入电脑，周苗红就常常站在她身后看诉状，有时候还会帮她打字，这样一来，就可以看很多不同的案例。所里的律师开庭了，周苗红会去法院旁听，每位律师的办案风格都不一样，可以学到很多不同的东西。经过一年多的锻炼，周苗红拿到了律师执业证书，从懵懂青涩的实习律师变成了开始独立执业的专职律师。2013 年，她进入浙江义韬律师事务所工作，并担任副主任。

执业以来，她已承办了各类案件三百余件，努力为客户和当事人提供专业的法律服务，保持着承办案件“零投诉”的良好记录。

在婚姻家庭、暴力犯罪等案件中，周苗红积累了丰富的工作经验。曾经有个案件，女孩的父母在婚姻关系存续期间为她购买了一套别墅，之后两人离婚，那套别墅一直被女孩的父亲和继母占着。女孩对该别墅享有所有权，为了拿回属于自己的房子，就起诉了父亲和继母，要求对方停止侵害，排除妨碍，搬离别墅。在担任原告的代理人后，周苗红全心投入，全程参与诉讼，帮女孩打赢了官司，竭力维护了当事人的合法权益。这个案子在当时还引起了不少媒体的关注。

获得“宁波市十佳女律师”“余姚市优秀律师”、余姚市首届控辩大赛“团体优胜奖”……一个个荣誉与奖状的背后是无数个日夜的坚持与拼搏。“天道酬勤”，是一幅挂在她办公室的书法作品，鼓励着她在律师这条路上义无反顾、勇往直前，用锲而不舍的精神和精益求精的态度坚守了一名法律人的信仰。

帮助弱势群体的“贴心人”

“作为一名律师，无论何时都应该把承担社会责任摆在首位。”在不断提升业务水平的同时，周苗红还时刻以党员的身份严格要求自己，积极履行社会责任，她认为，这是一名优秀律师应该具备的基本职业操守。执业后，她成了市法律援助志愿律师、市婚姻家庭志愿律师和金石榴女律师维权站余姚分站志愿律师，承办各类法律援助案件，高质量地完成法律援助案件近百件，用爱心、耐心、责任心为弱势群体提供最大的帮助。

2012 年，一名外地户籍的未成年人迫于生计在余姚实行盗窃。周苗红接受指派任务后，详细了解了他的家庭和生活情况，得知他无父无母，在余姚没有亲人，老家的亲人也只有年迈的外婆。周苗红和检察官、法官多次沟通后，被告人被从轻处罚。随后，周苗红联系了市救助管理站，申请将该未成年人遣送回户籍地。由于他外婆家离当地的火车站还有一百多公里，中途要换乘好几种交通工具。于是，周苗红自掏腰包，资助了他 500 元作为路费。

类似的例子不止一个。2013 年，周苗红援助过一位故意伤害案件中的受害人。当时，加害人身无分文，没有赔偿能力，受害人伤势又比较严重。周苗红根据实际情况帮助受害人申请到了司法救助金，又考虑到受害人在余姚举目无亲，回东北老家养伤比较合适，为了让其顺利返乡，周苗红为他购买了火车票。

与此同时，周苗红还积极参加余姚市法律援助中心、市妇联、市人民法院等单位的义务值班。2018 年至 2019 年，她值班一百余次，接待来访者近两千人次，2020 年因疫情原因提供线上咨询一百余人次，她细致入微的服务态度得到了当事人的好评。某年 8 月，怀有 5 个月身孕的林女士（化名）找到了正在市法律援助中心值班的周苗红，称其公司不想继续聘用孕妇，假借未穿工作服违反劳动纪律为由将其开除。周苗红帮她代写了诉状，并在案件开庭后积极跟进。起诉时家住泗门的林女士仍在哺乳期，来回余姚城区不方便，周苗红便在微信上不厌其烦地为她答疑解惑。最后，经过调解，林女士与其公司达成和解，公司一次性支付经济补偿金 22,000 元。“谢谢周律师，多亏了你！”当事人发自内心的感谢让周苗红觉得很暖心。

法律援助工作占用了周苗红很多上班时间，她不得不将自己原本的工作放到晚上或者双休日处理。虽然很辛苦,但她乐此不疲。“做律师要有情怀,法律援助是律师的社会责任,我们要用真心回报社会,用真情温暖人心。”周苗红经常这么说。

热心公益普法的“宣传员”

2016 年年底,浙江义韬律师事务所为更好地履行社会职责,助力“平安余姚”建设,联合市人民法院、市人民检察院、团市委、市妇联、市教育局等多个部门,共同开展了以“护航青春”为主题的校园系列活动,为加强青少年法制教育、营造平安和谐校园作出积极贡献。作为活动的主要负责人之一,周苗红担任了 19 所学校的法制副校长,积极组织开展主题讲座、模拟法庭、舞台剧展演等活动。2019 年,周苗红进行了近三十场主题讲座,累计服务教师、学生、家长 1 万余人次。2020 年,因疫情原因很多现场活动无法开展,周苗红和同事们录制了 2 个视频课件发送至各个学校,开微课 4 场。

“我们身边有许多案例,因为法律意识不健全,青少年被诱惑,走上违法犯罪道路;因为自我保护不到位,青少年也很容易受到不法侵害。引导青少年学法、守法、懂法、用法迫在眉睫。”在周苗红看来,普法工作是很有必要的。有一次,她在一所小学进行了“爱护我们的身体”儿童防性侵主题讲座。讲座后,该校一名六年级的女孩子叫住了她,轻声询问她的联系方式。当天晚上,她便接到了女孩母亲的电话。原来,女孩一年级的时候,曾遭到隔壁叔叔的猥亵,一直没敢说出来。直到听了课后才意识到当时被侵犯了,她才告诉了自己的妈妈。当时女孩的妈妈很气愤,也很着急,不知如何是好。但是由于事情过去很久了,取证很困难,虽然不能将加害人绳之以法,但还是很欣慰,女孩能说出来就说明防性侵讲座的宣传起了效果。

2018 年 8 月,周苗红加入了余姚市巾帼志愿者协会,并成为该协会志愿者宣讲团的成员。2019 年 3 月,周苗红还加入浙江律师妈妈宁波分团并担任副团长,为更多的妇女和青少年普及法律知识。“在婚姻家庭案件中,妇女和儿童往往处于弱势地位,合法权益容易受到侵害。在法律的专业领域,我们可以尽己所能,给予他们必要的帮助,”周苗红经常这样说,“其实,公益法律服务并不是单方面的付出,律师在帮助别人的同时,也温暖了自己”。

（三十一）做一个好人　更要做一个好律师

赵晶，女，1989年5月出生，三级律师，浙江盛宁律师事务所合伙人。2012年执业至今，曾于2013年出国深造，获得美国伊利诺伊大学硕士学位，主攻商法方向。她曾获宁波市优秀青年律师、宁波市消费者协会公益律师等荣誉称号，入选宁波市"成长型"名优律师培育对象。主要从事的业务方向为国际贸易、国际海上货物运输、国内外民商事业务、政府法律顾问等，所撰写的论文曾多次在华东律师论坛、浙江律师论坛、宁波市律师实务理论研讨会获奖。

更专业，才能更优秀

2012年，赵晶大学毕业后，进入浙江盛宁律师事务所工作。当时，她与所有职场新手一样，对今后的专业发展方向感到迷茫。盛宁所主要做涉外法律业务，她刚看案卷没两天，就被安排给一家宁波的公司作英国法律检索。“法律英语很专业，和以前学的通用英语完全不同，而且师父们都很忙，没时间手把手教我如何做国外法律检索，只能自己慢慢摸索。”通过查阅英国的官方网站，她独立完成了那一次法律检索。此后，她也渐渐明确了自己的专业方向——涉外法律服务。但她在上大学期间并没有系统地学习过法律英语。为了做一名涉外律师，她决定去美国留学，攻读法律硕士。

在美国伊利诺伊大学法学院学习的这一年，她拥有获得新知识的满足和快乐。“当时父亲有个朋友是伊利诺伊所在市区一家律师事务所的高级合伙人，虽已有80高龄，却经验丰富、谈吐非凡，每周五下午我都会和那个老律师出去喝咖啡并请教专业知识。”也因此让她对于美国的司法现状有了一定认识。在法学院的日子，经过无数个在图书馆读case的深夜，以及无数遍法律条文的研习，虽然艰难，却让她的法律英语突飞猛进，为以后从事涉外法律服务奠定了坚实的基础。

2017年，赵晶获得了“宁波市优秀青年律师”荣誉称号；2018年，她入选了宁波市首批“成长型”名优律师培育对象；2019年，入选了浙江省涉外法律人才库专家名单；2020年被聘为宁波贸促会顾问团专家；她还是宁波市律师协会“一带一路”与涉外专业委员会委员。她所撰写的《英国产品召回制度研究以及我国企业在对英贸易中的应对》《“一带一路”战略下出口信用保险的法律实务》等专业论文曾在华东律师论坛、浙江律师论坛、宁波市律师实务理论研讨会上获奖。

办案要讲“理”，更要融“情”

律师除了要办理好案件之外，还有一项重要任务就是进行心理疏导。赵晶承办的美籍女教师Aunita的劳动仲裁案就充分说明了这一点。Aunita是一位四十多岁的教师，有着非常干净和真诚的眼神，每次进入或者离开办公室，都会用深深的鞠躬来表达对她的谢意和尊重。面对这样一位委托人,赵晶决定以真诚和关爱回馈她,对她进行了温暖的鼓励。“因为有案子在身并且面临着签证临期的双重打击,她经常很焦虑,我经常在微信里与她聊天,告诉她一切都会好的,你的案子很快就能解决。”Aunita 身上显现出来的很多亮点让赵晶觉得感动:在学校不提供给 Aunita 住宿的情况下,学生家长邀请她住在自己家;学生家长联名写信给校董事会,要求不让她离职。“我为 Aunita 感到自豪,也让我意识到,做一个真诚、善良的人是多么快乐,而善意是可以在人与人之间温暖传递的。作为律师,我们或许也可以尝试着用暖融融的情感,来化解冷冰冰的纠纷。”

在收到学校补偿款的那天,Aunita 也即将在两天后离开宁波去下一个任教的城市,那天她带了两盒马卡龙来向赵晶告别。两人相互拥抱,流下了不舍的眼泪,这样的场景原本很难发生在律师和当事人之间。“感受当事人的感受,体谅他们的处境,这样才能从他们的角度出发,更好地处理案情。”赵晶如是说。尽管是陪伴当事人的短暂旅程,但帮助了别人,学到了人生哲学,这份美好的心情也会在心里存一辈子。

莫忘来处,乐望远处

除了做好本职工作之外,赵晶非常热衷于参加各种公益法律服务和各项律师协会的活动,如她是鄞州区《民法典》宣讲团的普法讲师、金石榴妇女儿童服务团的成员、宁波市消费者协会公益律师团的公益律师。她认为:“做人,开心最重要,帮助别人是快乐的,使自己心情舒畅。有时候律师承担着比当事人更大的压力和情绪,所以用简单的快乐保持乐观积极的心态很重要。”

除此之外,她还很喜欢一句话:故事一定会有好的结局,如果不好,说明还没有到结局。作为律师,我们应不忘初心,为了维护公平正义而努力拼搏;但与此同时,我们也需要学会“清空”——律师一辈子的使命就是帮助别人解决问题,问题解决了,任务也就完成了,不管结果是否尽如人意,只要结束了,就意味着新的开始,而不能紧抓住成功和失败的结果不松手。

面向未来,她期许自己做一个好人,更要做一个好律师。同时,她想告诉青年律师,有任何认识人的机会都要去试试,哪怕对于自己经常是一个重大的挑战。并且要积极拓展自己的兴趣，向优秀的人去学习，努力爬向更高的人生境界，站在更高的地方寻找专业方向和志同道合的朋友，发现更大的视野，可能机会就在不经意的时候出现。所有的成功都是必然中的不期而遇。

(三十二)初心如磐　奋楫笃行

陈敏,男,1985年12月出生,中国民主同盟盟员,三级律师,研究生学历。现为浙江和义观达律师事务所管委会副主任、品牌运营中心主任、高级合伙人,兼任宁波市律师协会建筑房地产专业委员会副主任。曾荣获2017—2018年度宁波市"十佳青年律师"、民盟"同心青年"等荣誉称号,参与研发的法律服务产品荣获宁波市第二届"律师法律服务产品"研发设计大赛一等奖,入选宁波市"骨干型"名优律师培育对象。擅长处理建筑房地产、财富保障与传承、不良资产法律事务。

在律师界里“过把瘾”

律政剧《何以笙箫默》火爆时，高大挺拔、眼神冷漠、自信沉着的何以琛成了众人心目中精英律师的模样。陈敏也过了一把“何以琛”的瘾，凭借自己的努力，短短五年，就成为一家大型综合性律师事务所的高级合伙人。

说起从业生涯，他和其他在这行里摸爬滚打的同行们一样，经历过工资低、接案难等困扰和考验，也庆幸自己坚持了下来。不论是刚执业时的迷茫，还是律所同门师姐因怀孕移交的大量工作，都不曾让他退缩，反而是越战越勇，快速成长。

刚开始的两年里，他先后为宁波建工股份有限公司、宁波东方电缆股份有限公司、太平鸟集团有限公司、浙江简达物流股份有限公司等多家大型企业及政府机关提供日常法律事务，业务多、压力大是工作常态，尽管在同事眼里，这个小伙子似乎每天都有用不完的劲儿、使不完的力，但其中的辛苦和疲惫，只有他自己知道。正是这宝贵的两年，让他快速积累了实务经验，也明确了最终的执业理想——做一名工匠型律师。

为每一次委托全力以赴

多年工作经验，让他最终确定了自己执业方向——建筑房地产领域。他先后为省二建、宁波建工、宁波交工等施工单位，凯德、碧桂园、中海、万达、新希望、信达、德信、中交、中南锦时、中体等房地产开发企业在宁波的区域/城市/项目公司提供法律服务。

不管标的额有多大、建设工程施工合同涉及的法律纠纷多复杂，他都始终坚持专业与法律相适用的原则，尤其是涉及工程结算、工期责任、建设工程价款优先权等方面的内容，更是容不得丝毫马虎，他一直坚持学懂弄会，绝不让一丝犹豫和疑问闪现。

在他办公室的柜子上有四个厚厚的文件夹，这四个文件夹都指向同一个案件。他从 2017 年开始代理这个案件，已经先后参加了一审、二审、重审一审、重审二审、申请执行、执行分配方案异议、对执行分配方案异议提出反对意见及现在的执行分配方案异议之诉等一系列的程序，案件的材料也已经远远超过原来的文件夹厚度。在一次次团队讨论、一次次与客户的沟通和汇报、一次次深夜亮着灯的办公室里，他凭借扎实深厚的法学理论功底、出色的沟通协调能力、对待客户和案件认真负责的态度，一次又一次推敲分析，推动案件一步步接近真相。

在同人眼中，他不仅经验丰富、总能熟练拿出各类解决方案，而且乐于学习，深究理论，撰写的《试论房地产开发中的利益冲突与平衡》论文曾发表于《法治研究》。

在房地产领域，普遍存在群诉型商品房预售合同纠纷、施工单位拒不配合开发商办理项目竣工验收备案、销售推广的合规性法律服务等常见问题，他通过长期处理积累了非常丰富的诉讼和非诉经验，同时还能够熟练地运用基金、信托等金融工具为合资合作开发房地产项目提供满足各方需求的交易架构和解决方案。

忙碌是日常，也是责任

光阴似箭是形容时间过得快的一个形容词，用它来形容陈敏的一天，一点都不夸张。他的忙，在全律所是出了名的，每一分每一秒似乎都被堆砌得满满当当。他的助理曾这样记录下他忙碌的一天：

此时，外面的天蒙蒙亮。

一早，从家出发去慈溪市法院，路上修改助理起草协议几份；

8 点 15 分，到法院门口排队；

8 点 30 分，法院开门后，进入立案庭；

9 点 30 分，赶往某顾问单位；

12 点 15 分，回原单位约谈两位咨询客户、接听电话、收文件、问询；

13 点 15 分，现场接待客户咨询，接待顾问单位参加投资项目洽谈会议，修改投资合作协议 1 份、审核项目合作协议 1 份；

结束时外面的天空已经黑了……

然而，这一天还没结束，连夜开车去杭州，然后准备第二天一早讲《民法典》需要用的 PPT。即使这个 PPT 已经讲过一次，但是他还是坚持做进一步的修改完善。

没有惊天动地，没有惊心动魄，这就是他“日常的一天”，这个经常忘记吃饭的人，却不曾一次忘记过客户的委托。他始终向大家展现出一位优秀律师的“活力”“努力”“魄力”“实力”“耐力”，为我们塑造着一位知客户、行法治的律师形象。

陈敏总是这样与身边的小伙伴共勉：你所说的每一句话，写出去的每一份文书，都应该有法律依据；要时刻把自己当作一位执业律师，去面对你的每一项任务、对待每一位委托人。当你接手一项任务的时候，要多和客户沟通、全面了解案情、研究证据材料、搜索案例、跟踪案件的每一个时间节点，把客户的事视为自己的事，才能做到为客户负责，为自己负责。

（三十三）天行健　君子以自强不息

桂思聪，男，浙江天册（宁波）律师事务所律师。2008 年毕业于华东政法大学，获得法学学士学位。2017 年以全省第一的成绩入选浙江省辩论队，代表省律师协会参加浙江省第三届控辩赛、两届华东律师辩论赛。曾荣获 2017—2018 年度宁波市“十佳青年律师”、首届宁波市青年辩论赛冠军荣誉称号。主要从事专业领域为海事海商及国际贸易。

初识无心，再见惊鸿

桂思聪律师说，他的律师梦是从一部叫《永不妥协》的电影开始的。在 2003 年夏天氤氲的空气里，还在上初中的他在一盘经常卡顿的盗版影碟里，看到了律师的不凡形象，于是暗下决心，自己将来也要成为一名律师。这个稚嫩的想法从此在他的心中生根、发芽，成为照亮他前行的一束光。2008 年，他进入华东政法大学学习，为以后从事律师工作打下了坚实的基础。

2012 年，他回到宁波成为一名律师，而且以从事海事海商业务为主。想成为一名专业律师，对一个青年律师来说，并不是一条容易的道路，这不仅需要有足够的专业知识，还得有足够的耐心、毅力，在这个方向上耕耘。执业这些年来，他通过三百多件海事海商案件的历练，逐步积累了一些工作经验，开始服务于宁波港、浙江海运集团、凯越集团等大型企业，还获邀成为宁波海事法院的特约调解员。每当遇到那些重大困难的案件时，他首先感受到的是兴奋，因为这意味着在这些案件完成之后，他向专业律师的目标就又前进了一步。

执业以来，他办理了数百起海事海商案件，代理的客户主要包括：航运企业、保险公司、银行、港口企业、拖轮公司、防油污企业、货代公司、外贸企业等，处理过船舶碰撞，海难事故，船员人身损害赔偿等海事案件。在国际贸易争议解决领域，他办理了很多与国际贸易相关的案件，其中包括：信用证纠纷、国际货物买卖、质量纠纷等。

活跃行业，热衷公益

在桂思聪身上，别人经常可以感受到一种激情。思维敏捷、能言善辩是他给人留下的最深刻的印象。2017 年，他代表宁波市参加浙江省律师辩论队选拔赛，最后获得冠军，成为省律师辩论队的绝对主力。此后，他代表省律师协会参与了多项省级乃至国家级的律师辩论赛，斩获了多项荣誉。2018 年、2020 年，他因此受到了浙江省律师协会的全省通报表扬。他还不忘以自己的专长帮助宁波的青年律师，参与组建了宁波市律师辩论队并担任队长，带领队伍并指导青年律师参加了宁波市各区组织的律师辩论赛与检辩对抗赛，获得了很多荣誉与奖项。

此外，他积极参加市律师协会组织的文体活动，作为主力队员获得过市律师协会篮球赛的冠军、“律师好声音”的优秀歌手奖，还主持了市律师协会组织的青年律师演讲比赛，担纲主持了2019年市律师协会迎春联欢会。

2015年起，他创办了百辩辩论俱乐部，利用业余时间组织多项辩论比赛。如今，百辩辩论俱乐部已经吸纳了超过五百名成员，开展超过六十次二百多场各种类型的辩论赛，参加人数与观众人数累计超过五千。

2018年9月，他参与组织团市委、江北区团委共同举办的“2018年甬城青年辩论赛”，比赛吸引了全市三十个队伍二百余人参加。这是宁波市规模最大、规格最高的辩论赛，获得了社会各界的好评，他还在本次比赛中获得冠军。

心怀谦卑，不忘初心

2018年7月，满载一百二十七名中国游客的泰国游船凤凰号，在泰国普吉岛发生海难，引起了全球性的关注。应海宁市政府及海宁某企业的邀请，包括桂思聪在内的四名浙江天册律师事务所的律师，立即飞赴泰国普吉岛，为其中三十八名乘客提供法律帮助。

这个案件给他带来了很大的震撼。他说，当年他曾立志成为一个维护社会公平和正义的律师，但真实世界距离梦想一直是非常遥远的，直到做到这个案件，他才觉得自己真正实现了梦想。

在四天的时间里，他们第一时间安抚了遇难者家属的情绪，并协调中国驻普吉岛领事馆共同处理遇难者遗体的家属认领、文件签署，代表遇难者家属与部分旅游平台、保险机构进行理赔，并与泰国旅游警察总署副署长素拉切少将进行了多次沟通，获得了遇难者家属的好评。

他说，在泰国当地办理案件的时候，他怀着一种巨大的压力，所有的死难者在新闻稿件中是一个简单的数字，但在现场，每一个数字的背后都对应着一个真实破碎了的家庭，这让他做这些事情的每一步都无比慎重。在他离开泰国的时候，已经成功为每位遇难者家属争取到至少七十万元人民币的赔偿款。而且在这个案子里，他们没有收取任何律师费用。

勇毅向上，继往前行

熟悉桂思聪的人都知道他不是一个安分的人，喜欢尝试一切的新鲜事物。他跑过马拉松，徒步攀登过尼泊尔的安娜普尔，自驾横穿过美国西部荒野，跳伞蹦极攀岩都是他热衷的项目。疫情期间他趁着空余时间，考取了潜水执照，正打算开始他的潜水爱好者生涯。据他自己透露，最近他还开始经营一家脱口秀俱乐部，看看自己是不是有足够的幽默细胞。

他有时候会说，成功并不是他作为律师的唯一目标，人生有非常多的维度和可能性，所以要不断地去尝试新鲜事物，这样等新的挑战来临的时候，才能有准备地去面对挑战。

“天行健，君子以自强不息”是桂思聪律师的座右铭。

他说，他想成为行业中最优秀的律师，但他现在距离这个目标还非常远，所以他会始终怀着一颗谦卑的心，自强不息、勇毅向上，相信自己一定能够成为一位优秀的专业律师，成为一个对社会进步与法治建设作出更多贡献的法律人。

制度篇

一、法　律

中华人民共和国律师法

（1996年5月15日第八届全国人民代表大会常务委员会第十九次会议通过　根据2001年12月29日第九届全国人民代表大会常务委员会第二十五次会议《关于修改〈中华人民共和国律师法〉的决定》第一次修正　2007年10月28日第十届全国人民代表大会常务委员会第三十次会议修订　根据2012年10月26日第十一届全国人民代表大会常务委员会第二十九次会议《关于修改〈中华人民共和国律师法〉的决定》第二次修正　根据2017年9月1日第十二届全国人民代表大会常务委员会第二十九次会议《关于修改〈中华人民共和国法官法〉等八部法律的决定》第三次修正）

目　　录

第一章　总　　则
第二章　律师执业许可
第三章　律师事务所
第四章　律师的业务和权利、义务
第五章　律师协会

第六章　法律责任
第七章　附　　则

第一章　总　　则

第一条　为了完善律师制度，规范律师执业行为，保障律师依法执业，发挥律师在社会主义法制建设中的作用，制定本法。

第二条　本法所称律师，是指依法取得律师执业证书，接受委托或者指定，为当事人提供法律服务的执业人员。

律师应当维护当事人合法权益，维护法律正确实施，维护社会公平和正义。

第三条　律师执业必须遵守宪法和法律，恪守律师职业道德和执业纪律。

律师执业必须以事实为根据，以法律为准绳。

律师执业应当接受国家、社会和当事人的监督。

律师依法执业受法律保护，任何组织和个人不得侵害律师的合法权益。

第四条　司法行政部门依照本法对律师、律师事务所和律师协会进行监督、指导。

第二章　律师执业许可

第五条　申请律师执业，应当具备下列条件：

（一）拥护中华人民共和国宪法；

（二）通过国家统一法律职业资格考试取得法律职业资格；

（三）在律师事务所实习满一年；

（四）品行良好。

实行国家统一法律职业资格考试前取得的国家统一司法考试合格证书、律师资格凭证，与国家统一法律职业资格证书具有同等效力。

第六条　申请律师执业，应当向设区的市级或者直辖市的区人民政府司法行政部门提出申请，并提交下列材料：

（一）国家统一法律职业资格证书；

（二）律师协会出具的申请人实习考核合格的材料；

（三）申请人的身份证明；

（四）律师事务所出具的同意接收申请人的证明。

申请兼职律师执业的，还应当提交所在单位同意申请人兼职从事律师职业的证明。

受理申请的部门应当自受理之日起二十日内予以审查，并将审查意见和全部申请材料报送省、自治区、直辖市人民政府司法行政部门。省、自治区、直辖市人民政府司法行政部门应当自收到报送材料之日起十日内予以审核，作出是否准予执业的决定。准予执业的，向申请人颁发律师执业证书；不准予执业的，向申请人书面说明理由。

第七条　申请人有下列情形之一的，不予颁发律师执业证书：

（一）无民事行为能力或者限制民事行为能力的；

（二）受过刑事处罚的，但过失犯罪的除外；

（三）被开除公职或者被吊销律师、公证员执业证书的。

第八条　具有高等院校本科以上学历，在法律服务人员紧缺领域从事专业工作满十五年，具有高级职称或者同等专业水平并具有相应的专业法律知识的人员，申请专职律师执业的，经国务院司法行政部门考核合格，准予执业。具体办法由国务院规定。

第九条　有下列情形之一的，由省、自治区、直辖市人民政府司法行政部门撤销准予执业的决定，并注销被准予执业人员的律师执业证书：

（一）申请人以欺诈、贿赂等不正当手段取得律师执业证书的；

（二）对不符合本法规定条件的申请人准予执业的。

第十条　律师只能在一个律师事务所执业。律师变更执业机构的，应当申请换发律师执业证书。

律师执业不受地域限制。

第十一条　公务员不得兼任执业律师。

律师担任各级人民代表大会常务委员会组成人员的，任职期间不得从事诉讼代理或者辩护业务。

第十二条　高等院校、科研机构中从事法学教育、研究工作的人员，符合本法第五条规定条件的，经所在单位同意，依照本法第六条规定的程序，可以申请兼职律师执业。

第十三条 没有取得律师执业证书的人员，不得以律师名义从事法律服务业务；除法律另有规定外，不得从事诉讼代理或者辩护业务。

第三章 律师事务所

第十四条 律师事务所是律师的执业机构。设立律师事务所应当具备下列条件：

（一）有自己的名称、住所和章程；

（二）有符合本法规定的律师；

（三）设立人应当是具有一定的执业经历，且三年内未受过停止执业处罚的律师；

（四）有符合国务院司法行政部门规定数额的资产。

第十五条 设立合伙律师事务所，除应当符合本法第十四条规定的条件外，还应当有三名以上合伙人，设立人应当是具有三年以上执业经历的律师。

合伙律师事务所可以采用普通合伙或者特殊的普通合伙形式设立。合伙律师事务所的合伙人按照合伙形式对该律师事务所的债务依法承担责任。

第十六条 设立个人律师事务所，除应当符合本法第十四条规定的条件外，设立人还应当是具有五年以上执业经历的律师。设立人对律师事务所的债务承担无限责任。

第十七条 申请设立律师事务所，应当提交下列材料：

（一）申请书；

（二）律师事务所的名称、章程；

（三）律师的名单、简历、身份证明、律师执业证书；

（四）住所证明；

（五）资产证明。

设立合伙律师事务所，还应当提交合伙协议。

第十八条 设立律师事务所，应当向设区的市级或者直辖市的区人民政府司法行政部门提出申请，受理申请的部门应当自受理之日起二十日内予以审查，并将审查意见和全部申请材料报送省、自治区、直辖市人民政府司法行政部门。省、自治区、直辖市人民政府司法行政部门应当自收到报送材料之日起十日内予以审核，作出是否准予设立的决定。准予设立的，向申请人颁发律师事务所执业证书；不准予设立的，向申请人书面说明理由。

第十九条 成立三年以上并具有二十名以上执业律师的合伙律师事务所，可以设立分所。设立分所，须经拟设立分所所在地的省、自治区、直辖市人民政府司法行政部门审核。申请设立分所的，依照本法第十八条规定的程序办理。

合伙律师事务所对其分所的债务承担责任。

第二十条 国家出资设立的律师事务所，依法自主开展律师业务，以该律师事务所的全部资产对其债务承担责任。

第二十一条 律师事务所变更名称、负责人、章程、合伙协议的，应当报原审核部门批准。

律师事务所变更住所、合伙人的，应当自变更之日起十五日内报原审核部门备案。

第二十二条 律师事务所有下列情形之一的，应当终止：

（一）不能保持法定设立条件，经限期整改仍不符合条件的；

（二）律师事务所执业证书被依法吊销的；

（三）自行决定解散的；

（四）法律、行政法规规定应当终止的其他情形。

律师事务所终止的，由颁发执业证书的部门注销该律师事务所的执业证书。

第二十三条 律师事务所应当建立健全执业管理、利益冲突审查、收费与财务管理、投诉查处、年度考核、档案管理等制度，对律师在执业活动中遵守职业道德、执业纪律的情况进行监督。

第二十四条 律师事务所应当于每年的年度考核后，向设区的市级或者直辖市的区人民政府司法行政部门提交本所的年度执业情况报告和律师执业考核结果。

第二十五条 律师承办业务，由律师事务所统一接受委托，与委托人签订书面委托合同，按照国家规定统一收取费用并如实入账。

律师事务所和律师应当依法纳税。

第二十六条 律师事务所和律师不得以诋毁其他律师事务所、律师或者支付介绍费等不正当手段承揽业务。

第二十七条 律师事务所不得从事法律服务以外的经营活动。

第四章 律师的业务和权利、义务

第二十八条 律师可以从事下列业务：

（一）接受自然人、法人或者其他组织的委托，担任法律顾问；

（二）接受民事案件、行政案件当事人的委托，担任代理人，参加诉讼；

（三）接受刑事案件犯罪嫌疑人、被告人的委托或者依法接受法律援助机构的指派，担任辩护人，接受自诉案件自诉人、公诉案件被害人或者其近亲属的委托，担任代理人，参加诉讼；

（四）接受委托，代理各类诉讼案件的申诉；

（五）接受委托，参加调解、仲裁活动；

（六）接受委托，提供非诉讼法律服务；

（七）解答有关法律的询问、代写诉讼文书和有关法律事务的其他文书。

第二十九条 律师担任法律顾问的，应当按照约定为委托人就有关法律问题提供意见，草拟、审查法律文书，代理参加诉讼、调解或者仲裁活动，办理委托的其他法律事务，维护委托人的合法权益。

第三十条 律师担任诉讼法律事务代理人或者非诉讼法律事务代理人的，应当在受委托的权限内，维护委托人的合法权益。

第三十一条 律师担任辩护人的，应当根据事实和法律，提出犯罪嫌疑人、被告人无罪、罪轻或者减轻、免除其刑事责任的材料和意见，维护犯罪嫌疑人、被告人的诉讼权利和其他合法权益。

第三十二条 委托人可以拒绝已委托的律师为其继续辩护或者代理，同时可以另行委托律师担任辩护人或者代理人。

律师接受委托后，无正当理由的，不得拒绝辩护或者代理。但是，委托事项违法、委托人利用律师提供的服务从事违法活动或者委托人故意隐瞒与案件有关的重要事实的，律师有权拒绝辩护或者代理。

第三十三条 律师担任辩护人的，有权持律师执业证书、律师事务所证明和委托书或者法律援助公函，依照刑事诉讼法的规定会见在押或者被监视居住的犯罪嫌疑人、被告人。辩护律师会见犯罪嫌疑人、被告人时不被监听。

第三十四条 律师担任辩护人的，自人民检察院对案件审查起诉之日起，有权查阅、摘抄、复制本案的案卷材料。

第三十五条 受委托的律师根据案情的需要，可以申请人民检察院、人民法院收集、调取证据或者申请人民法院通知证人出庭作证。

律师自行调查取证的，凭律师执业证书和律师事务所证明，可以向有关单位或者个人调查与承办法律事务有关的情况。

第三十六条 律师担任诉讼代理人或者辩护人的，其辩论或者辩护的权利依法受到保障。

第三十七条 律师在执业活动中的人身权利不受侵犯。

律师在法庭上发表的代理、辩护意见不受法律追究。但是，发表危害国家安全、恶意诽谤他人、严重扰乱法庭秩序的言论除外。

律师在参与诉讼活动中涉嫌犯罪的，侦查机关应当及时通知其所在的律师事务所或者所属的律师协会；被依法拘留、逮捕的，侦查机关应当依照刑事诉讼法的规定通知该律师的家属。

第三十八条 律师应当保守在执业活动中知悉的国家秘密、商业秘密，不得泄露当事人的隐私。

律师对在执业活动中知悉的委托人和其他人不愿泄露的有关情况和信息，应当予以保密。但是，委托人或者其他人准备或者正在实施危害国家安全、公共安全以及严重危害他人人身安全的犯罪事实和信息除外。

第三十九条 律师不得在同一案件中为双方当事人担任代理人，不得代理与本人或者其近亲属有利益冲突的法律事务。

第四十条 律师在执业活动中不得有下列行为：

（一）私自接受委托、收取费用，接受委托人的财物或者其他利益；

（二）利用提供法律服务的便利牟取当事人争议的权益；

（三）接受对方当事人的财物或者其他利益，与对方当事人或者第三人恶意串通，侵害委托人的权益；

（四）违反规定会见法官、检察官、仲裁员以及其他有关工作人员；

（五）向法官、检察官、仲裁员以及其他有关工作人员行贿，介绍贿赂或者指使、诱导当事人行贿，或者以其他不正当方式影响法官、检察官、仲裁员以及其他有关工作人员依法办理案件；

（六）故意提供虚假证据或者威胁、利诱他人提供虚假证据，妨碍对方当事人合法取得证据；

（七）煽动、教唆当事人采取扰乱公共秩序、危害公共安全等非法手段解决争议；

（八）扰乱法庭、仲裁庭秩序，干扰诉讼、仲裁活动的正常进行。

第四十一条 曾经担任法官、检察官的律师，从人民法院、人民检察院离任后二年内，不得担任诉讼代理人或者辩护人。

第四十二条 律师、律师事务所应当按照国家规定履行法律援助义务，为受援人提供符合标准的法律服务，维护受援人的合法权益。

第五章 律师协会

第四十三条 律师协会是社会团体法人，是律师的自律性组织。

全国设立中华全国律师协会，省、自治区、直辖市设立地方律师协会，设区的市根据需要可以设立地方律师协会。

第四十四条 全国律师协会章程由全国会员代表大会制定，报国务院司法行政部门备案。

地方律师协会章程由地方会员代表大会制定，报同级司法行政部门备案。地方律师协会章程不得与全国律师协会章程相抵触。

第四十五条 律师、律师事务所应当加入所在地的地方律师协会。加入地方律师协会的律师、律师事务所，同时是全国律师协会的会员。

律师协会会员享有律师协会章程规定的权利，履行律师协会章程规定的义务。

第四十六条 律师协会应当履行下列职责：

（一）保障律师依法执业，维护律师的合法权益；

（二）总结、交流律师工作经验；

（三）制定行业规范和惩戒规则；

（四）组织律师业务培训和职业道德、执业纪律教育，对律师的执业活动进行考核；

（五）组织管理申请律师执业人员的实习活动，对实习人员进行考核；

（六）对律师、律师事务所实施奖励和惩戒；

（七）受理对律师的投诉或者举报，调解律师执业活动中发生的纠纷，受理律师的申诉；

（八）法律、行政法规、规章以及律师协会章程规定的其他职责。

律师协会制定的行业规范和惩戒规则，不得与有关法律、行政法规、规章相抵触。

第六章　法律责任

第四十七条　律师有下列行为之一的，由设区的市级或者直辖市的区人民政府司法行政部门给予警告，可以处五千元以下的罚款；有违法所得的，没收违法所得；情节严重的，给予停止执业三个月以下的处罚：

（一）同时在两个以上律师事务所执业的；

（二）以不正当手段承揽业务的；

（三）在同一案件中为双方当事人担任代理人，或者代理与本人及其近亲属有利益冲突的法律事务的；

（四）从人民法院、人民检察院离任后二年内担任诉讼代理人或者辩护人的；

（五）拒绝履行法律援助义务的。

第四十八条　律师有下列行为之一的，由设区的市级或者直辖市的区人民政府司法行政部门给予警告，可以处一万元以下的罚款；有违法所得的，没收违法所得；情节严重的，给予停止执业三个月以上六个月以下的处罚：

（一）私自接受委托、收取费用，接受委托人财物或者其他利益的；

（二）接受委托后，无正当理由，拒绝辩护或者代理，不按时出庭参加诉讼或者仲裁的；

（三）利用提供法律服务的便利牟取当事人争议的权益的；

（四）泄露商业秘密或者个人隐私的。

第四十九条　律师有下列行为之一的，由设区的市级或者直辖市的区人民政府司法行政部门给予停止执业六个月以上一年以下的处罚，可以处五万元以下的罚款；有违法所得的，没收违法所得；情节严重的，由省、自治区、直辖市人民政府司法行政部门吊销其律师执业证书；构成犯罪的，依法追究刑事责任：

（一）违反规定会见法官、检察官、仲裁员以及其他有关工作人员，或者以其他不正当方式影响依法办理案件的；

（二）向法官、检察官、仲裁员以及其他有关工作人员行贿，介绍贿赂或者指使、诱导当事人行贿的；

（三）向司法行政部门提供虚假材料或者有其他弄虚作假行为的；

（四）故意提供虚假证据或者威胁、利诱他人提供虚假证据，妨碍对方当事人合法取得证据的；

（五）接受对方当事人财物或者其他利益，与对方当事人或者第三人恶意串通，侵害委托人权益的；

（六）扰乱法庭、仲裁庭秩序，干扰诉讼、仲裁活动的正常进行的；

（七）煽动、教唆当事人采取扰乱公共秩序、危害公共安全等非法手段解决争议的；

（八）发表危害国家安全、恶意诽谤他人、严重扰乱法庭秩序的言论的；

（九）泄露国家秘密的。

律师因故意犯罪受到刑事处罚的，由省、自治区、直辖市人民政府司法行政部门吊销其律师执业证书。

第五十条　律师事务所有下列行为之一的，由设区的市级或者直辖市的区人民政府司法行政部门视其情节给予警告、停业整顿一个月以上六个月以下的处罚，可以处十万元以下的罚款；有违法所得的，没收违法所得；情节特别严重的，由省、自治区、直辖市人民政府司法行政部门吊销律师事务所执业证书：

（一）违反规定接受委托、收取费用的；

（二）违反法定程序办理变更名称、负责人、章程、合伙协议、住所、合伙人等重大事项的；

（三）从事法律服务以外的经营活动的；

（四）以诋毁其他律师事务所、律师或者支付介绍费等不正当手段承揽业务的；

（五）违反规定接受有利益冲突的案件的；

（六）拒绝履行法律援助义务的；

（七）向司法行政部门提供虚假材料或者有其他弄虚作假行为的；

（八）对本所律师疏于管理，造成严重后果的。

律师事务所因前款违法行为受到处罚的，对其负责人视情节轻重，给予警告或者处二万元以下的罚款。

第五十一条 律师因违反本法规定，在受到警告处罚后一年内又发生应当给予警告处罚情形的，由设区的市级或者直辖市的区人民政府司法行政部门给予停止执业三个月以上一年以下的处罚；在受到停止执业处罚期满后二年内又发生应当给予停止执业处罚情形的，由省、自治区、直辖市人民政府司法行政部门吊销其律师执业证书。

律师事务所因违反本法规定，在受到停业整顿处罚期满后二年内又发生应当给予停业整顿处罚情形的，由省、自治区、直辖市人民政府司法行政部门吊销律师事务所执业证书。

第五十二条 县级人民政府司法行政部门对律师和律师事务所的执业活动实施日常监督管理，对检查发现的问题，责令改正；对当事人的投诉，应当及时进行调查。县级人民政府司法行政部门认为律师和律师事务所的违法行为应当给予行政处罚的，应当向上级司法行政部门提出处罚建议。

第五十三条 受到六个月以上停止执业处罚的律师，处罚期满未逾三年的，不得担任合伙人。

被吊销律师执业证书的，不得担任辩护人、诉讼代理人，但系刑事诉讼、民事诉讼、行政诉讼当事人的监护人、近亲属的除外。

第五十四条 律师违法执业或者因过错给当事人造成损失的，由其所在的律师事务所承担赔偿责任。律师事务所赔偿后，可以向有故意或者重大过失行为的律师追偿。

第五十五条 没有取得律师执业证书的人员以律师名义从事法律服务业务的，由所在地的县级以上地方人民政府司法行政部门责令停止非法执业，没收违法所得，处违法所得一倍以上五倍以下的罚款。

第五十六条 司法行政部门工作人员违反本法规定，滥用职权、玩忽职守，构成犯罪的，依法追究刑事责任；尚不构成犯罪的，依法给予处分。

第七章　附　　则

第五十七条　为军队提供法律服务的军队律师,其律师资格的取得和权利、义务及行为准则,适用本法规定。军队律师的具体管理办法,由国务院和中央军事委员会制定。

第五十八条　外国律师事务所在中华人民共和国境内设立机构从事法律服务活动的管理办法,由国务院制定。

第五十九条　律师收费办法,由国务院价格主管部门会同国务院司法行政部门制定。

第六十条　本法自 2008 年 6 月 1 日起施行。

二、宁波市关于律师执业相关规范文件

关于规范法官与律师交往行为的若干规定

（2011年10月24日宁波市中级人民法院、宁波市司法局联合发布，
甬中法〔2011〕44号）

为了加强对法官和律师在诉讼活动中的职（执）业纪律约束，规范法官与律师交往行为，进一步提高司法公信力，根据《中华人民共和国法官法》、《中华人民共和国律师法》、《最高人民法院、司法部关于规范法官和律师相互关系维护司法公正的若干规定》等有关法律、法规的规定，结合我市实际，制定本规定。

第一条 法官与律师在诉讼活动中应当以事实为根据，以法律为准绳，依法履行职责，共同维护法律尊严和司法权威。

第二条 法官与律师交往应当严格遵守《中华人民共和国法官法》、《中华人民共和国律师法》等法律和有关规定，加强自身修养，共同恪守良好的职业道德，不得相互贬低或指责，做到相互尊重，有原则地交往。

第三条 法官应当依法保持审判独立，严格依法办案，不受当事人委托的律师利用不正当方式对案件审判进行干涉、施加影响或者强行调解。

律师在接受案件或办理过程中，不得向当事人宣称其与办案法官具有亲朋、同学、师生、曾经同事等关系，并不得利用这种关系或者以法律禁止的其他形式干涉或者影响案件的审判。

第四条 法官不得私自单独会见一方当事人委托的律师。在法院机关工作时间,法官应当在规定的场所会见当事人委托的律师;在其他场合中,法官与当事人委托的律师确需会面、接触或一起活动的,应事先报告分管院领导,同时向院纪检监察部门报告备案,纪检监察部门要建立相关档案备查。

市中级人民法院应当设立专门的场所,为律师履行职责提供方便。

承办法官应当指定专人签收律师提供的起(上)诉状、证据、代理词、辩护词等诉讼材料。

律师不得违反规定单方面会见承办本案的法官。

第五条 法官应当严格执行回避制度,如果与本案当事人委托的律师有亲朋、同学、师生、曾经同事等关系,可能影响案件公正处理的,应当自行申请回避。是否回避由本院院长或者审判委员会决定。

法官因不明情况或者其他原因接触当事人委托的律师,应当及时报告分管院领导。对可能影响案件公正办理或者足以引起合理怀疑的,应当及时主动申请回避。

律师因法定事由或者根据相关规定有不得担任诉讼代理人或辩护人情形的,应当谢绝当事人的委托,或者解除委托代理合同。

第六条 法官应当严格执行公开审判制度,依法告知当事人委托的律师本案审判的相关情况,不得无故推诿。但不得泄露合议庭评议、审判委员会讨论案件的情况及尚未决定与宣判的裁判内容。

律师应当依照法定程序了解案情,不得以不正当手段打听案情或委托他人为其代理的案件向承办法官说情,不得误导当事人的诉讼行为。

第七条 法官不得为当事人推荐、介绍律师或者要求更换代理律师,或者为律师介绍代理、辩护等法律服务业务,不得违反规定向当事人委托的律师提供咨询意见或者法律意见。

律师不得明示或者暗示法官为其介绍代理、辩护等法律服务业务。

第八条 法官不得与当事人委托的律师发生下列行为:

(一)索取或收取礼品、金钱、有价证券等;

(二)借婚丧喜庆事宜索取或者收取礼品、礼金;

(三)接受宴请、娱乐、旅游等活动;

（四）要求出资装修住宅、购买商品或者报销任何费用；

（五）借用交通工具、通讯工具或者其他物品。

当事人委托的律师不得借法官或者其近亲属婚丧喜庆事宜馈赠礼品、金钱、有价证券等；不得向法官请客送礼、行贿；不得为法官出资装修住宅、购买商品或者报销任何费用；不得向法官出借交通工具、通讯工具或者其他物品。

第九条 法官不得要求或者暗示律师向当事人索取财物或者其他利益。

当事人委托的律师不得假借法官的名义或者以联络、酬谢法官为由，向当事人索取财物或者其他利益。

第十条 非承办法官不得为案件当事人委托的律师向承办法官代邀吃请、代转财物。

当事人委托的律师不得指使、诱导当事人向承办法官送礼、行贿。

第十一条 法官不得以交易、提供干股、“合开”公司、“合作”投资理财以及赌博等形式索取或者收取当事人委托的律师的财物或者其他利益，也不得约定离职后予以收取。

当事人委托的律师不得以上述形式向法官或者与法官有特定关系的人赠送财物或者其他利益，或约定在其离职后赠送财物或者其他利益。

第十二条 法官外出办案不得与当事人委托的律师同吃、同住、同行，确需与当事人委托的律师同行的，应当报分管院领导审批，同时向院纪检监察部门报告备案；法官外出办案的费用不得由当事人委托的律师支付或报销。

当事人委托的律师在与法官共同外出办案时，不得承担不应承担的费用。

第十三条 法官和律师在诉讼活动中应当严格遵守司法礼仪，保持良好的仪容，举止文明。

第十四条 法官在庭审过程中，应当严格按照法律规定的诉讼程序进行审判活动，平等对待当事人和其他诉讼参与人，重视并发挥律师作用，切实保障律师依法执业的权利，认真听取诉讼双方的意见。

律师应当尊重法官在诉讼活动中的主导地位，尊重法官权威，遵守法庭纪律和诉讼规则，依法履行辩护、代理职责，并与法官共同做好当事人息诉服判工作。

第十五条 市中级人民法院在受理案件时应随案发放廉政监督卡。市司法局要统一制作律师办案质量监督卡，在当事人委托律师及受理案件后，由该律师事务所向委托人发放。

第十六条 律师对于法官有违反本规定以及其他违纪违规行为的，可以自行或者通过市司法局向市中级人民法院或有关机关反映情况，或者署名举报。

法官对于律师有违反本规定以及其他违纪违规行为的，可以通过人民法院向司法局反映情况，或者提出给予行业处分、行政处罚直至追究法律责任的司法建议。

第十七条 当事人、案外人发现法官或者律师有违反本规定以及其他违纪违规行为的，可以向市中级人民法院、市司法局以及其他有关机关反映情况，或者署名举报。

第十八条 市中级人民法院、市司法局对于法官、律师违反本规定以及其他违纪违规行为的，应当视情节，按照有关法律、法规或者规定给予处理、处分；构成犯罪的，移送检察机关依法追究刑事责任。

第十九条 市中级人民法院、市司法局共同建立法官与律师交往工作交流机制，加强相互配合和监督，确保司法廉洁。市中级人民法院监察室、市司法局律管处为日常工作沟通、交流的具体联系部门。

第二十条 市中级人民法院、市司法局应当各自加强对法官、律师的教育、管理、监督，不定期组织联席会、座谈会、专题研讨、意见征询等活动。根据一方提议，交流、通报审判执行工作、律师执业情况及存在的问题和困难，研讨解决办法和措施。

第二十一条 市中级人民法院应当重视听取律师对法官司法能力、水平、职业道德、公信度以及法院审判执行工作、队伍建设的评价和建议。

市司法局应当重视听取法官对律师执业能力、水平、职业道德以及队伍建设的评价和建议。

第二十二条 市中级人民法院及其辖区人民法院出具司法建议内容涉及律师或律师事务所的，由市司法局法规处会同律管处共同与市中级人民法院研究室联系，并进行核查。

第二十三条 对法官和律师在案件执行过程中的纪律约束，按照本规定执行。对市中级人民法院其他工作人员和律师辅助人员的纪律约束，参照本规定的有关内容执行。

第二十四条 基层法律服务工作者与法官正常交往活动,参照本规定的有关内容执行。

第二十五条 本规定由市中级人民法院、市司法局负责解释。

第二十六条 本规定自公布之日起实施。

宁波市关于依法保障律师执业权利的实施办法

(2016 年 12 月宁波市中级人民法院、市检察院、市公安局、
市司法局联合发布,甬司发〔2016〕91 号)

第一条 为切实保障律师执业权利,充分发挥律师作用,根据最高人民法院、最高人民检察院、公安部、国家安全部、司法部《关于依法保障律师执业权利的规定》,特制定本实施办法。

第二条 本市政法机关在工作中应当牢固树立依法保障律师执业权利意识,不得妨碍律师依法履行辩护、代理职责,不得侵犯律师执业权利。

第三条 办案机关应当依法告知当事人的诉讼权利及实现途径,告知的内容包括:当事人有权委托辩护人、诉讼代理人,法律援助的条件,法律援助中心联系方式等。

第四条 辩护律师依法接受委托或者法律援助机构的指派担任辩护人的,其所在律师事务所应当在接受委托后三日以内,向办案机关提交接受委托告知函,告知委托事项、承办律师及联系方式。同时,办案机关应将办案人员联系方式告知辩护律师。

第五条 辩护律师依法向办案机关了解犯罪嫌疑人、被告人涉嫌或者被指控的罪名及当时已查明的该罪的主要事实,犯罪嫌疑人、被告人被采取、变更、解除强制措施的情况,侦查机关延长侦查羁押期限等情况的,办案机关应当及时告知。辩护律师认为办案机关的告知不全面的,可以书面申请办案机关在五日内予以补充告知。

办案机关作出移送审查起诉、退回补充侦查、提起公诉、延期审理、二审不开庭

审理、宣告判决、变更或者解除强制措施、撤销案件等重大程序性决定的，以及人民检察院将直接受理立案侦查案件报请上一级人民检察院审查决定逮捕的，应当在作出决定三日内告知辩护律师。

第六条 除尚在侦查阶段的危害国家安全犯罪、恐怖活动犯罪、特别重大贿赂犯罪案件（下称“三类案件”）外，辩护律师及随同的律师助理持有关法定证明文件到看守所会见的，看守所不得附加或者变相要求辩护律师提交法律规定以外的其他文件、材料，不得以未收到办案机关通知为由拒绝安排辩护律师会见。

对于“三类案件”，办案机关应当事先告知看守所。办案机关没有事先告知看守所需要经许可的，看守所应当安排会见。

辩护律师申请会见“三类案件”的犯罪嫌疑人的，侦查机关应当在三日内作出是否许可的书面决定，并告知办案部门的联系方式。

第七条 看守所在保证犯罪嫌疑人、被告人正常作息和监管秩序的前提下，应当保障辩护律师履行辩护职责所需要的会见时间和次数，并与看守所工作安排和办案机关侦查工作相协调。特殊情况确有需要的，经犯罪嫌疑人、被告人及看守所同意，可以在非工作时间酌情安排辩护律师会见。

第八条 委托人、犯罪嫌疑人、被告人撤销或者更换辩护律师的，后接受委托的律师持有效委托手续到看守所办理会见时，除犯罪嫌疑人、被告人书面拒绝会见外，看守所应当安排后接受委托的律师会见。

近亲属多方委托发生冲突时，持有犯罪嫌疑人、被告人授权委托书的律师，可以就重新确立或者撤销委托关系会见犯罪嫌疑人、被告人一次。

犯罪嫌疑人、被告人改变委托时，辩护律师应当及时告知办案机关改变委托的情况。

第九条 律师会见犯罪嫌疑人、被告人不被监听。因会见场所不足，经辩护律师书面同意，可以在提审室安排会见，但看守所应当关闭监听设备。

为排除非法证据或固定无罪、罪轻的证据，经辩护律师书面申请，并经犯罪嫌疑人、被告人和看守所同意，辩护律师在会见犯罪嫌疑人、被告人时，可以通过看守所提供或认可的设备进行录音录像。

第十条 看守所应当及时传递辩护律师同犯罪嫌疑人、被告人的往来信件。看守所可以对信件进行必要的检查，但不得截留、复制、删改信件，不得向办案机关提供信件内容。但信件内容涉及危害国家安全、公共安全、严重危害他人人身安全以及涉嫌串供、毁灭证据等情形的除外。

第十一条　犯罪嫌疑人、被告人被指定居所监视居住的，办案机关应当在律师提交委托手续或者法律援助机构的指派手续后四十八小时内，将指定居所地址告知辩护律师。

辩护律师会见被指定居所监视居住的犯罪嫌疑人、被告人的，参照前述规定执行。

第十二条　自案件进入审查起诉程序之日起，辩护律师有权依法查阅、摘抄、复制案卷材料。案件在审查起诉期间或者提起公诉后，辩护律师对于调整或者补充的证据材料，有权及时获知有关信息，并进行查阅、摘抄、复制。辩护律师办理抗诉、申诉案件，在办案机关决定立案后，除不能查阅的副卷外，有权在案卷档案管理部门、持有案卷档案的办案部门，查阅、摘抄、复制已经审理终结的案卷材料。

辩护律师依法阅卷的，应当当时安排；无法当时安排的，应当说明理由并安排其在三日内阅卷，不得限制辩护律师的阅卷次数和时间。检察机关和审判机关可以设立阅卷预约平台，有条件的单位可以向律师提供电子化案卷。但律师要求查阅原卷的，应当提供原卷。

第十三条　案件自移送审查起诉之日起，辩护律师有权依法向犯罪嫌疑人、被告人核实证据，听取犯罪嫌疑人、被告人对证据的意见。核对证据的内容仅限于核对犯罪嫌疑人、被告人本人口供以及辨认等情形。核实证据的方式，可以向其出示证据的原件、复印件或者照片，但应当注意保护证人、鉴定人和办案人员的隐私。

律师不得将案卷用于本案辩护、代理以外的其他用途。

第十四条　辩护律师提交与案件有关材料的，办案机关应当在工作时间和工作场所予以接待并出具回执。通过网上提供材料的，办案机关应当在网上出具回执。

第十五条　辩护律师依法自行调查取证的，司法机关应当提供便利，不得阻扰律师调查。

辩护律师依法申请向被害人或者其近亲属、被害人提供的证人收集与本案有关的材料的，办案机关应当在七日内作出是否许可的决定。办案机关不许可的，应当书面说明理由。

辩护律师书面申请人民检察院、人民法院收集、调取证据的，人民检察院和人民法院应当在三日内决定是否同意；经审查与案件事实有联系的，应当调取。委托律师调取证据的，人民法院应当向律师开具调查令。

律师代理控告、刑事自诉案件，需要公安机关提供有关材料或者便利，公安机关在查验相关手续后，应当予以配合并提供便利。

第十六条 在民事、行政诉讼中，律师因客观原因无法自行收集证据的，可向人民法院申请调取证据，经审查符合规定的，人民法院可以自行调取，也可以委托律师调取，委托律师调取的，应向律师开具人民法院委托律师调取证据的调查令。

律师申请调取证据的，人民法院应在三日内作出是否调取的决定。

启动司法程序所必须的证据材料，律师无法调取的，可向人民法院申请诉前调查令，人民法院应在三日内作出是否签发诉前调查令的决定，情况紧急的，应尽快做出决定。

第十七条 辩护律师书面申请变更或者解除强制措施的，办案机关应当在三日内作出处理决定。辩护律师的申请符合法律规定的，办案机关应当及时变更或者解除强制措施并告知辩护律师；经审查认为不符合变更或者解除强制措施的，应当告知辩护律师，并书面说明理由。

辩护律师依法向人民检察院提出羁押必要性审查申请的，人民检察院应当及时审查，并将审查结果告知辩护律师。

第十八条 辩护律师依法申请排除非法证据的，人民法院应当在十五日内审查，必要时可以进一步听取辩护律师的意见。经审查，人民法院对证据收集合法性有疑问的，应当召开庭前会议。

第十九条 人民法院至迟应当在开庭前三天确定开庭日期并通知律师，电话告知的，还应书面通知。人民法院排定开庭日期后，辩护律师确有特殊理由申请变更开庭时间的，人民法院一般应当允许。

第二十条 本市有条件的人民法院应当建立律师参与诉讼的专门通道、专门的律师更衣室或休息区域，为律师参与诉讼提供便利。

律师持有效工作证件和出庭通知可以通过诉讼专门通道进入法庭，确需安全检查的，应当与出庭履行职务的检察人员同等对待。

第二十一条 法庭保障律师充分行使辩护权，平等保障控辩双方的辩论机会。

法庭辩论应当给予律师对公诉人提出的意见进行回应的机会。除发言过于重复、与案件无关或者侮辱、诽谤、威胁他人，故意扰乱法庭秩序等情况外，法庭不得随意打断或者制止辩护律师发言。法庭认为辩护律师发言构成上述情况的，可以先提示，并给予律师简短的申辩机会。

律师对于因法定情形拒绝为被告人辩护、被告人拒绝律师继续辩护、被告人情绪异常、律师需要对新的证据作辩护准备或其他严重影响庭审正常进行的情形，可以申请休庭。律师当庭提出有关申请和异议，法庭决定驳回申请或异议的，律师可以当庭提出复议，经复议后，律师应当尊重法庭决定，服从法庭安排。律师不服法庭决定的保留意见应当详细记入法庭笔录，并可以作为上诉理由，或者向同级或者上一级人民检察院申诉、控告。

法庭审理过程中，律师可以提出证据材料，申请通知新的证人、有专门知识的人出庭，申请调取新的证据，申请重新鉴定或者勘验、检查。

律师申请查阅人民法院录制的庭审过程的录音、录像的，人民法院应当准许。

第二十二条 人民法院审理普通程序案件，应当在裁判文书中客观反映律师依法提出的辩护、代理意见，并对采纳与否的理由予以说理。辩护律师做无罪辩护，但又同时提出罪轻辩护、量刑意见的，判决文书中应当将两种意见均予以写明，并分别说明是否采纳情况及理由。

第二十三条 律师认为办案机关违反法律规定和包括本办法在内的有关保障律师执业权利的规定，阻碍律师依法履职，侵犯律师执业权利的，可以向办案机关或者其上一级机关投诉。

接受投诉的机关应当及时进行调查。经查情况属实的，应当依法立即纠正并通知律师。情况复杂的，至迟在六十日内答复律师，并通报其所在地的司法行政机关或律师协会。

律师可以向其执业的律师事务所所在地的司法行政机关、所属律师协会申请执业维权。

第二十四条 在刑事诉讼中，律师认为办案机关及其工作人员的下列行为阻碍律师依法行使诉讼权利的，可以向同级或者上一级人民检察院申诉、控告：

（一）未依法向律师履行告知、转达、通知和送达义务的；

（二）办案机关认定律师不得担任辩护人、代理人的情形有误的；

（三）对律师依法提出的申请，不接收、不答复的；

（四）依法应当许可律师提出的申请未许可的；

（五）依法应当听取律师的意见未听取的；

（六）其他阻碍律师依法行使诉讼权利的行为。

律师依照前款规定提出申诉、控告的，检察机关依法受理并由控告申诉检察部门审查处理。人民检察院应当在受理后十日以内进行审查，并将处理情况书面答复律师。情况属实的，通知有关机关予以纠正。情况不属实的，做好说明解释工作。

第二十五条　本市各级人民法院、人民检察院、公安机关认为律师、律师事务所在执业活动中存在违反法律法规或行业规范的行为，可以向其所在的市、县（市）区司法行政机关或律师协会反映情况，提出处理建议；司法行政机关和律师协会应当将处理结果及时反馈相关政法机关。

第二十六条　本办法所称的“律师助理”，是指辩护、代理律师所在律师事务所的其他律师和申请律师执业实习人员。

符合条件的律师助理协助辩护、代理律师立案、会见、阅卷、调查、出庭等活动，有关机关应当给予便利。

第二十七条　本办法所称“日”除另有说明外，均为工作日。

第二十八条　本办法自发布之日起施行，若本办法与上级规定不一致的，执行上级规定，本办法与新的法律、司法解释相抵触的，执行新的法律和司法解释。

关于推进刑事案件庭审规范化工作的实施意见

（宁波市中级人民法院、市司法局、市律师协会联合发布，

甬中法〔2019〕72号）

第一条　为进一步推进以审判为中心的刑事诉讼制度改革，提升庭审规范化水平，维护法官、律师良好职业形象，根据最高人民法院《中华人民共和国人民法院法庭规则》、最高人民法院、司法部《关于依法保障律师诉讼权利和规范律师参与庭

审活动的通知》、司法部《关于实行律师出庭统一着装制度的通知》等文件精神，结合宁波审判实践，制定本实施意见。

第二条 宁波各法院（含法庭，下同）在刑事审判庭审活动中应落实《宁波市律师出庭规范指引》中关于“律师出庭着装规范”、“律师出庭言行规范”和“律师法律文书规范”等要求，推动律师出庭规范化工作。

第三条 各法院在刑事审判活动中应做到“三提醒”：一是通知开庭时间时，书记员要口头提醒辩护律师在出庭时应当着律师袍出庭；二是发送传票时，应在传票中书面提醒律师应当着律师袍出庭；三是庭审准备工作时，若律师未着律师袍，法官要提醒律师及时着袍。若律师未携带律师袍，则引导律师到律师服务中心（律师驿站）进行更换。若因特殊气候等原因确实无法穿着律师袍出庭的，也应提醒律师注重出庭着装规范。

第四条 各法院在审判区设立律师服务中心（律师驿站），为律师提供阅卷、文印、更衣、候庭休息等服务。

为便于律师更换律师袍，各法院应在律师服务中心（律师驿站）中设置专门的更衣休息室，配有衣柜、衣架、镜子等基础设施，并配置一定数量备用的律师袍。律师袍由宁波市律师协会负责统一提供，各法院落实工作人员负责保管。

第五条 申请律师执业人员（实习人员）作为共同受托人持有当事人授权委托书、律所公函、申请律师执业人员实习证可以在指导老师的带领下共同出庭，并在辩护席上就坐，可以做辅助工作，但不得发言。

第六条 法官在庭审过程中应当平等对待控辩双方的诉讼权利，合理分配各方发问、质证、陈述和辩护的时间，充分听取律师意见。除发言过于重复、相关问题已经解决、与案件无关或者言行不当等情况外，一般不得随意打断律师发言。

如与律师意见不同，或律师观点有误，法官不得对律师业务能力当场进行评价。

第七条 各法院要切实保障律师在出庭期间的人身安全，如遇当事人及其他相关人员谩骂、侮辱、诽谤、人身威胁的，法官应当及时制止。必要时，应当加强庭审警戒，采取必要保护措施确保律师人身安全。

第八条 法官在审判活动中应遵守着装规范、法官行为规范、法槌使用规范等要求，支持、尊重律师依法履行职责。

第九条 宁波市律师协会各分会(联络组)、各律师事务所应要求律师遵守《宁波市律师出庭规范指引》,在刑事案件出庭时按照要求穿着律师袍、注重着装规范;使用法言法语发表言论、符合司法礼仪;按照法律文书规范制作并提供诉讼材料、提高法律文书质量。

第十条 宁波市律师协会应利用市律协微信公众号、网站等对律师出庭规范化工作进行宣传,对有不规范行为律师进行提醒或者警示,情节严重的,依法依规作出处理。

第十一条 对参加刑事审判庭审活动中无特殊原因不按照规范进行着装的本市律师,法官或书记员应及时提醒其注意着装规范;对该律师再次不按照规范进行着装或拒不改正的,法院应及时将情况通报给宁波市律师协会秘书处。

第十二条 本市律师在庭审过程中不服从法庭的指挥,发表不适当的言论或做出不适当的行为,情节比较严重或拒不改正的,法院应及时将情况书面通报给宁波市律师协会秘书处。

第十三条 宁波市律师协会接到法院的书面通报后,应及时做出处理与答复。对于法院反馈的律师出庭不规范问题,需要及时提醒或者警示律师及所在律师事务所;对经过提醒拒不改正的,要视具体情节,依据有关规定予以处理;对于在庭审过程中有不适当的言论或行为的律师,按照中华全国律师协会的相关规定予以处理。

第十四条 各法院与宁波市律师协会可以通过法官律师互评互督平台等方式,对律师出庭规范化工作进行评价与信息收集,并及时沟通与反馈。

第十五条 各法院、宁波市律师协会与各律师事务所应重视律师出庭规范化工作,定期总结经验,建立通报考核机制,持续推进律师出庭工作规范化、有序化。

第十六条 各法院刑事审判庭负责对刑事案件庭审规范化工作的指导、监督。

第十七条 宁波市律师协会对积极参与庭审规范化创建工作,推进法律职业共同体建设的律师事务所和律师予以表彰与宣传。

第十八条 宁波市司法局将律师出庭规范化工作纳入对律师事务所的年度工作综合目标考核内容。宁波市律师协会将律师出庭规范化情况纳入对律师的年度考核内容。

第十九条 本实施意见由宁波市中级人民法院、宁波市司法局与宁波市律师协会负责解释。

第二十条 本实施意见自2020年1月1日起实施。

附件:1. 宁波市律师出庭规范指引

2. 律师有关诉讼法律文书规范指引(推荐格式)

宁波市中级人民法院

宁波市司法局

宁波市律师协会

2019年12月11日

附件1:

宁波市律师出庭规范指引

(甬律协〔2018〕38号)

一、律师出庭着装规范

律师出庭按照《律师出庭服装使用管理办法》、《律师协会标识使用管理办法》的有关要求规范着装,注重出庭礼仪,保持仪表端庄,展现严肃、庄重的精神风貌。

(一)律师出庭应穿着律师袍,保持仪表端庄,并按规定配套着装:内着浅色衬衣,佩带领巾,外着律师袍,律师袍上佩带律师徽章。下着深色西装裤、深色皮鞋,女律师可着深色西装套裙;

(二)律师出庭穿着律师袍时,不得在外穿着其他衣物、披衣或佩带饰品;

(三)因天气炎热且法庭不具备空调制冷条件等特殊原因,律师确实无法穿着律师袍出庭的,也应注重出庭着装规范。所着服装不得明显暴露,不得穿T恤衫、运动衫、牛仔裤、短裤、吊带衣裙等与出庭礼仪不相称的服装,不得穿拖鞋、拖鞋式凉鞋、运动鞋等与出庭礼仪不相称的鞋子;男律师不宜佩戴项链、手链、耳环等饰品，女律师不宜佩戴与出庭礼仪不相称的大件饰品；

（四）律师要保持出庭服装的洁净、平整，服装不整洁或有破损的不得使用。

二、律师出庭言行规范

律师在庭审时应体现律师专业、规范、严谨的职业特点，使用法言法语发表言论，言行符合司法礼仪，树立良好的职业形象，自觉遵守法院法庭规则和庭审纪律。

（一）律师应按时到庭，不得迟到早退。如果因特殊情况迟到的，必须及时联系主审法官，作出说明；

（二）律师在庭审过程中不得发布违法违规的言论，不得发表攻击党和国家政治制度、法律制度的言论，不得使用具有人身侮辱、威胁等攻击性的语言；

（三）律师在庭审过程中应保持专注，不得翻看与庭审活动无关的电子设备、报刊、书籍等；

（四）律师在庭审过程中应当仪态庄重，不得酒后出庭，不得采取与出庭礼仪不相称的不雅坐姿；

（五）律师在庭审过程中不得采取拍桌、突然起立等动作提出申请、异议、发问、质证、发表辩护意见；

（六）律师在庭审过程中应注意控制情绪，不宜发表严重激化矛盾的言论；

（七）律师在庭审过程中应服从法庭的指挥，不得未经法庭许可强行发表意见；

（八）律师在庭审过程中要注意保守秘密，不得在公开庭审中泄露有关国家秘密、个人隐私、商业秘密的信息；

（九）律师在庭审发言时应当使用普通话，为更准确阐述事实或便于当事人理解等特殊情况下，经过法庭许可的，可以使用方言；

（十）律师不得利用手机等移动通讯工具传播庭审活动或者利用拍摄、视频设备对庭审活动进行拍照、录音、录像等。

三、律师法律文书规范

律师应当根据诉讼的需要及时准备规范化的各类法律文书，体现律师参与诉讼活动的规范性、严谨性和严肃性。

（一）律师准备的起诉材料应当具有证据清单，说明证明事项和证明内容，授权委托书应当载明代理人联系方式；

（二）律师从事案件辩护或者代理工作应当根据事实、证据和法律规定准备书面辩护词、代理词、答辩状及其他法律文书；

（三）辩护意见或者代理意见应当书面提交给审判庭，并根据案情需要或者法官要求提供电子版材料；

（四）简易程序案件、公告案件、缺席审理的案件，律师可不提交书面的辩护词、代理词或者答辩状；

（五）律师法律文书的格式应当符合国家标准的公文规范。

附件2：

律师有关诉讼法律文书规范指引（推荐格式）

（甬律协〔2018〕38号）

1. 总则

为了统一法律文书格式，提高法律文书质量，规范法律文书制作，维护法律文书严肃性，参照党政机关公文格式国家标准（2012年最新版）中华人民共和国国家标准 GB/T 9704—2012，制定律师办案法律文书规范。

2. 法律文书的制作

2.1　文书字体

辩护词/代理词标题，应当用2号小标宋体字，标题排列应当使用梯形或菱形；案号、正文、落款一般应采用3号或4号仿宋 GB_2312 字体。文中结构层次序数依次可以用“一”、“（一）”、“1”、“（1）”标注；一般第一层用黑体字、第二层用楷体字、第三层和第四层用仿宋体字标注。

2.2　行数和字数

一般每面排22行，每行排28个字，并撑满版心。

2.3　文字的颜色

如无特殊说明，公文中文字的颜色为黑色。

2.4　附件说明

如有附件,在正文下空一行左空二字编排“附件”二字,后标全角冒号和附件名称。如有多个附件,使用阿拉伯数字标注附件顺序号(如“附件:1. ××××”);附件名称后不加标点符号。附件名称较长需回行时,应当与上一行附件名称的首字对齐。

2.5　署名和成文日期

署名在正文(或附件说明)下空一行右空二字编排“辩护人/代理人:浙江×××律师事务所”,在律所署名下一行编排律师姓名,首字与上一行“浙江”二字对齐,律师姓名之后冒号,留空白或下划线三字或四字,用于笔签。在律师署名下一行编排成文日期,首字比律师署名首字右移二字,如成文日期长于律师署名,应当使用成文日期右空二字编排,并相应增加律师事务所和律师署名右空字数。

2.6　成文日期中的数字

用阿拉伯数字将年、月、日标全,年份应标全称,月、日不编虚位(即1不编为01)。

2.7　特殊情况说明

当文书排版后所剩空白处不能容下律师事务所、律师署名、成文日期时,可以采取调整行距、字距的措施解决。

2.8　附注

如有附注,居左空二字加圆括号编排在成文日期下一行。

2.9　附件

附件应当另面编排,与公文正文一起装订。“附件”二字及附件顺序号用3号黑体字顶格编排在版心左上角第一行。附件标题居中编排在版心第三行。附件顺序号和附件标题应当与附件说明的表述一致。附件格式要求同正文。

2.10　页码

一般用4号半角宋体阿拉伯数字,编排在公文版心下边缘之下,数字左右各放一条一字线;一字线上距版心下边缘7 mm。单页码居右空一字,双页码居左空一字。公文的附件与正文一起装订时,页码应当连续编排。

2.11　行文格式

在正文标题之下空一行,定格抬头称谓人民法院合议庭时表述为“尊敬的审判长、审判员/人民陪审员”;独任审判庭时表述为“尊敬的审判员”,其他律师办案用的申请类法律文书时，抬头表述为“×××人民法院/检察院/公安局”，后加标点符号冒号。

在正文最后一行，左空二字“此致”。

3. 法律文书封面

一般页眉带有律师事务所名称和标志，封面显示文书标题，用二号宋体。封面下部分居中标注律师事务所及辩护人/代理人姓名，下一行居中留有联系方式，再下一行居中标注日期。

4. 律师递交办案机关的其他法律文书参照本规范执行。

三、青年律师培养与发展

关于扶持青年律师发展的指导意见

（2018年11月7日中华全国律师协会发布，律发通〔2018〕51号）

青年律师是律师队伍的未来。扶持青年律师成长发展关系全面依法治国进程，也关系律师事业健康可持续发展。近年来，我国青年律师队伍数量快速增长，但青年律师培养和发展工作还存在着关心重视不够、教育培训不足，激励保障不到位等问题，青年律师政治素质、业务能力还需要提高，生存和发展面临不少困难，缺乏有效保障。为进一步加强对青年律师的教育培养工作，扶持青年律师健康成长，促进律师事业均衡发展，制定如下意见。

本意见所指青年律师，是指执业年限不满3年且年龄在40周岁（含40周岁）以内的专职律师。对申请律师执业人员可参照本意见实施。

一、加强对青年律师的政治引领

律师协会、律师事务所要健全完善青年律师教育培养工作机制，采取集中培训等方式，加强青年律师思想政治教育，教育引导青年律师坚持正确政治方向，坚守“忠诚、为民、法治、正义、诚信、敬业”的律师职业道德，切实增强走中国特色社会主义法治道路的自觉性和坚定性。律师行业各级党组织要关心青年律师政治进步，积极培养和发展青年律师入党积极分子，有计划地吸收优秀青年律师加入党组织，为基层党组织注入生机和活力。律师行业各级党组织、律师协会要以党建带团建，建立兴趣小组、业务沙龙、工作微信群等，密切与青年律师的联系，及时掌握思想动态，帮助解决实际困难，增强青年律师队伍凝聚力、向心力。律师协会理事、常务理事以及专业、专门委员会委员中应当有一定比例的青年律师。

二、成立青年律师培养专门工作机构

律师协会要成立青年律师工作委员会，负责研究制订和落实青年律师队伍建设规划和措施，开展青年律师思想教育和业务培训，组织青年律师开展业务交流，指导、帮助青年律师提高业务能力和拓展业务，推动解决青年律师发展中面临的困难和问题。有条件的律师事务所可以成立青年律师工作部，负责本所青年律师的培养教育管理工作。律师协会会长和律师事务所主任是青年律师培养专门工作机构的主要负责人，应当主动谋划、支持青年律师培养工作。

三、设立青年律师培养工作专项基金

律师协会应当每年从会费中提取一定比例，作为青年律师培养专项基金，用于优秀青年律师的奖励、助学以及补贴。青年律师培养基金的使用应向县域和欠发达地区青年律师倾斜。欠发达地区律师协会可向上一级律师协会申请青年律师培养基金补助。律师事务所应当加大对青年律师培养的投入，按年度业务收入提取一定比例作为本所青年律师的培养经费，专项用于组织本所内部的青年律师学习、培训和交流，为在生活上有困难的青年律师提供帮扶和救助等。鼓励律师事务所和律师向律师协会捐赠青年律师培养资金。

四、加大对青年律师优惠扶持力度

对青年律师实行律师协会会费减免的扶持措施，各地律师协会可根据本地区具体情况制定实施细则。对国家和省级贫困县所辖律师事务所执业的青年律师，应当减免其初始执业前三年个人会费。律师协会组织的律师培训活动对青年律师可实行培训费减免的优惠政策。各律师协会要配合司法行政机关争取将青年律师培养工作列入本地区人才培养规划，争取财政部门对青年律师教育培养经费的支持政策。

五、实施青年律师最低工资保障制度

律师事务所应当认真执行《劳动合同法》及其实施细则，依法建立健全青年律师最低工资保障制度，支付的青年律师工资标准不得低于当地最低工资标准。青年律师最低保障工资应当按月支付，实行周、日、小时工资制的可按当地周、日、小时最低工资标准支付。对执行年薪制的青年律师,应当每月预发基本生活费,年终进行结算,每月预发的基本生活费不得低于当地最低工资标准。律师事务所对执行提成制的青年律师,应当按月先行支付不低于当地最低工资标准的基本工资。律师事务所应当认真执行《劳动合同法》及其实施细则,与青年律师签订劳动合同或聘用合同,依法为青年律师缴付养老、医疗、失业、工伤、生育五项社会保险。

六、建立健全传帮带培养机制

律师事务所应当建立健全青年律师传帮带机制,确定律所主任或党支部书记为青年律师培养工作的第一责任人,并由执业经验丰富、政治素质高、业务能力强的业务骨干或资深律师担任青年律师指导老师,实现以老带新、以新促老。实行办案专业化协作培养模式,推行一师多徒、一徒多师的"主协办案"方式,根据青年律师的兴趣、专业和潜质、能力,指派相关业务领域资深律师指导青年律师办案,通过经验交流以及个案指导等多种形式,帮助青年律师提高执业能力和水平。

七、积极为青年律师搭建业务学习交流平台

律师协会、律师事务所要为青年律师提供更多的业务学习交流平台,组织或选派参加国内外培训、举办技能竞赛、"青苗班""青训营""青拓班"或论坛、沙龙,创造交流机会,提高青年律师执业能力。搭建青年律师与法官、检察官等法律职业共同体成员的沟通交流平台,增进互相尊重、互相理解,推动青年律师执业环境不断优化。律师协会、律师事务所应当优先指派青年律师办理法律援助案件、参加公益法律服务活动,畅通青年律师与工商联、工会、青联、妇联等社会组织的联系,帮助青年律师拓展业务,增加青年律师的执业实践机会。

八、建立青年律师培养工作奖惩机制

律师协会应当建立青年律师培养工作奖惩机制,定期进行检查考核。对在青年律师教育培养工作中勤勉尽责、绩效突出的律师事务所和指导律师,由律师协会或律师事务所予以表彰。推动各级司法行政机关将青年律师培养作为律师队伍建设的重要指标,纳入律师事务所年度检查考核内容。对怠于履行职责的律师事务所,律师协会可以建议司法行政机关在律师事务所年度检查考核中给予不合格的考核等次。对怠于履行职责的的指导律师,律师事务所或者律师协会可以责令改正,并可取消其指导律师的资格。

《关于扶持青年律师发展的指导意见》实施细则

（2019 年 5 月 14 日浙江省律师协会第九届常务理事会
第十二次会议审议通过）

第一章　总　　则

第一条　为进一步加强对青年律师的培养和教育工作，扶持青年律师健康成长，促进浙江律师事业持续发展，依据中华全国律师协会《关于扶持青年律师发展的指导意见》《浙江省律师协会章程》的有关规定，结合我省律师业的实际情况，制定本实施细则。

第二条　对青年律师的培养应当按照“政治坚定、法律精通、维护正义、恪守诚信”律师队伍建设的目标要求，教育引导青年律师坚持正确的政治方向，坚守“忠诚、为民、法治、正义、诚信、敬业”的律师职业道德，切实增强走中国特色社会主义法治道路的自觉性和坚定性。通过对青年律师在思想上引导、业务上指导、经济上扶持，使青年律师在政治素质、业务素质、职业道德素质等方面得到综合发展和全面提高，为提升律师队伍的整体素质积蓄力量。

第三条　本实施细则所指青年律师，是指年龄在四十周岁以内（含四十周岁）的专职律师。

各律师协会和律师事务所对于执业年限不满三年的青年律师应当给予重点扶持。

对申请律师执业人员，可参照本实施细则执行。

第二章　主体与责任

第四条　本省各级律师协会、各律师事务所是青年律师扶持培养工作的责任主体。

各级律师协会应成立青年律师工作委员会，有条件的律师事务所可以成立青年律师工作部，负责青年律师的培养教育管理工作。

律师协会会长和律师事务所主任是青年律师培养专门工作机构的主要负责人,应当主动谋划、支持青年律师培养工作。

第五条 各级律师协会青年律师工作委员会负责研究制订和落实青年律师队伍建设规划和措施,开展青年律师思想教育和业务培训,组织青年律师开展业务交流,指导、帮助青年律师提高业务能力和拓展业务,推动解决青年律师发展中面临的困难和问题。

第六条 律师事务所应当将青年律师教育培养纳入中、长期发展规划和年度工作计划。律师事务所青年律师工作部负责本所青年律师的培养教育管理工作。

律师人数在三十人以上(含三十人)的律师事务所,获得优秀律师事务所、著名律师事务所以及行业先进党组织所在事务所和各律师协会会长和副会长等协会领导所在律所应带头成立青年律师工作部,发挥好示范引领作用。

律师事务所应确定主任或党支部书记为青年律师培养工作的第一责任人。律师事务所合伙人及资深律师应积极参与青年律师的扶持培养工作。

第七条 律师行业各级党组织要关心青年律师政治进步,积极培养和发展青年律师入党积极分子,有计划地吸收优秀青年律师加入党组织,为基层党组织注入生机和活力。

律师行业各级党组织、各律师协会要以党建带团建,建立兴趣小组、业务沙龙、工作微信群等,密切与青年律师的联系,及时掌握思想动态,帮助解决实际困难,增强青年律师队伍凝聚力、向心力。

推荐符合条件的优秀青年律师作为党代表、人大代表、政协委员的候选人。

第八条 对于品行优良、业务能力突出、理论功底扎实的优秀青年律师,各级律师协会应当选拔其进入律师代表大会、理事会、常务理事会和各专门、专业委员会。

各律师协会理事、常务理事以及专门、专业委员会中应当有一定比例的青年律师,人数比例不低于百分之二十,其中律师协会青年律师工作委员会中,青年律师的比例不得低于百分之五十。省律师协会应当按照好中选优的原则建立全省律师行业后备人才库。

第九条 律师事务所应当根据本所实际情况,结合青年律师不同的性格特点、成长经历、专业特长等制定培养方案。注重因材施教,建立并不断完善培养工作机制，为青年律师的教育培养搭建良好的平台。律师事务所可采取下列培养模式：

（一）导师制的培养模式。律师事务所可通过直接指定或双向选择，为青年律师安排执业经验丰富、政治素质高、业务能力强的资深律师或骨干律师作为指导律师，实现以老带新、以新促老。

（二）办案专业化协作培养模式。推行一师多徒、一徒多师的"主协办案"方式，根据青年律师的兴趣、专业和潜质、能力，指派相关领域资深律师指导青年律师办案，通过经验交流以及个案指导等多种形式，帮助青年律师提高执业能力和水平。

第十条 各律师协会、律师事务所要为青年律师提供更多的业务学习交流平台，组织或选派青年律师参加国内外进修、技能竞赛、"青干班""青训营"等专题培训，为青年律师创造交流机会，提高青年律师的执业能力。

各律师协会应搭建青年律师与法官、检察官等法律职业共同体成员的沟通交流平台，增进互相尊重、互相理解，推动青年律师执业环境不断优化。

各律师协会、律师事务所应当优先指派青年律师办理法律援助案件、参加公益法律服务活动，畅通青年律师与工商联、工会、青联、妇联等社会组织的联系，帮助青年律师拓展业务，增加青年律师的执业实践机会。

第三章　保障与措施

第十一条 对青年律师实行律师协会会费减免的扶持措施。青年律师在获准执业第一年度免缴个人会费，第二年度减半缴纳个人会费，第三年度可以在缴纳会费后向律师协会申请相应金额的补助。孕、产期女青年律师免缴该期间一年会费。因重大疾病或者其他原因确有生活困难的青年律师，可以申请免缴当年会费。

第十二条 对于年龄三十五周岁以下且执业三年内的青年律师，律师事务所支付的工资标准不得低于当地最低工资标准的一点五倍。青年律师最低保障工资应当按月支付，实行周、日、小时工资制的，可按不低于当地周、日、小时最低工资标准的一点五倍支付。对青年律师执行年薪制的，应当每月预发基本生活费，年终进行结算，每月预发的基本生活费不得低于当地最低工资标准的一点五倍。律师事务所对执行提成制的青年律师，应当按月先行支付不低于当地最低工资标准一点五倍的基本工资。

律师事务所应当执行《劳动合同法》及其实施条例，与青年律师签订劳动合同或聘用合同，依法为青年律师缴付养老、医疗、失业、工伤、生育五项社会保险。律师事务所不得将依法由单位缴纳的社会保险费变相转嫁给青年律师个人承担。

律师事务所应当将其当年度的青年律师最低工资标准报当地律师协会备案。

实习律师实习期内的工资，参照本条第一款执行。

第十三条 律师协会应当每年从上年度会费中提取不低于百分之二作为青年律师培养基金，用于青年律师的培训、学习、交流、研究以及青年律师相关工作。

各级律师协会要配合司法行政机关争取将青年律师培养工作列入本地区人才培养规划，争取当地财政部门对青年律师教育培养经费的支持政策。

律师事务所应当加大对青年律师培养的投入，按年度业务收入提取不低于千分之五作为本所青年律师的培养经费，专项用于组织本所内部的青年律师学习、培训和交流，为在生活上有困难的青年律师提供帮扶和救助等。

青年律师因疾病等造成生活困难的，可向各级律师协会申请困难补助。鼓励律师事务所和律师向律师协会捐赠青年律师培养资金，纳入律师协会青年律师培养基金。律师协会青年律师培养基金应专款专用，不得挪作他用。

第四章　考核与奖惩

第十四条 各级律师协会应当采取律师工作综合检查考核与青年律师培养专项检查考核相结合的方式，对所辖律师事务所落实青年律师培养和教育工作情况进行定期的检查考核。检查考核的主要内容包括：

（一）律师事务所对青年律师教育培养建章立制情况；

（二）律师事务所开展青年律师集中培训和教育活动情况；

（三）指导律师对青年律师的帮带绩效；

（四）青年律师接受教育培养的表现情况以及自我教育任务完成情况；

（五）青年律师的办案质量；

（六）律师事务所对青年律师的案源扶持、收入分配扶助、工资福利及社会保险缴纳情况；

（七）青年律师对律师事务所和指导律师的评价状况；

（八）律师事务所执行本实施细则情况。

推动各级司法行政机关将青年律师培养作为律师队伍建设的重要指标,纳入律师事务所年度检查考核内容。

第十五条 各级律师协会应当建立青年律师培养工作奖励机制,对在青年律师培养和教育工作中勤勉尽责、绩效突出的律师事务所和指导律师,由律师协会或律师事务所予以表彰;同时在律师协会组织的律师行业评先评优、立功表彰等活动中列入优先考虑因素。

律师事务所对于勤勉尽责、绩效突出的指导律师,在收入分配上应当予以适当倾斜或奖励,并将指导律师的工作绩效与合伙人选任及律师评先评优挂钩。

第十六条 各级律师协会应当建立青年律师培养工作惩戒机制,对在青年律师教育培养工作中怠于履行职责的律师事务所,可以建议司法行政机关在律师事务所年度检查考核中给予不合格的考核等次;对怠于履行职责的指导律师,律师事务所或者律师协会可以责令改正,并可取消其指导律师的资格。

第十七条 各律师协会、律师事务所应该加强对青年律师职业道德、执业纪律的教育。青年律师应该加强专业知识和执业本领的学习,严格遵守律师职业道德、执业纪律,提高专业素养,增强执业操守意识,自觉提高风险防控意识和能力。

各级律师协会对不遵守职业道德、执业纪律的青年律师应该按照有关规定处理;律师事务所对于违规违纪情节严重或者有违规违纪行为且无改正之意的青年律师,可以解除与其劳动合同或聘用合同关系。

第五章 附 则

第十八条 本实施细则由浙江省律师协会常务理事会负责解释,自颁布之日起实施。

关于进一步支持新执业青年律师成长成才的若干意见(试行)

(甬律协〔2021〕6号)

第一章 总 则

第一条 为贯彻落实省司法厅"扬帆行动"计划,进一步支持广大新执业青年律师成长成才,吸引更多优秀法律人才进入宁波律师行业,壮大宁波律师人才队伍,结合前期经验,特制定本意见。

第二条 本意见中的新执业青年律师(以下简称青年律师)主要指年龄35周岁以下、在宁波各律师事务所申请律师执业人员(以下简称实习律师)和领证后正式执业3年以内的专职律师,不包括兼职律师和"两公"律师。

第二章 确保正确成长方向

第三条 加强党组织引领作用,确保正确政治方向。市律师协会(以下简称市律协)青工委和各律师事务所(以下简称律所)要把上党课作为青年律师入职培训的"第一课"。结合律师行业实际,定期组织开展习近平法治思想、党史等各类政治学习教育。积极鼓励引导优秀青年律师加入中国共产党,对入党积极分子和党员青年律师,由律所及其党组织主要负责人专门组织落实"一对一"业务帮扶,确保党员先进性和示范引领作用。

第四条 加强职业道德、执业纪律和风险教育,确保依法依规执业。要教育青年律师进一步认清律师职业的特点和当前律师行业的激烈竞争态势,摆正心态,做好吃苦准备。市律协各分会(联络组)、各律所每年要结合各类典型案例,针对青年律师至少分别开展1次专题执业纪律和执业风险防范警示教育,培养其依法依规执业理念。

第五条 加强感恩教育,强化责任感归属感。青年律师要胸怀感恩之心,专注律师工作，增强对律师行业特别是对律所的责任感和归属感，不辜负律所及指导老师培养扶持。对于少数违反职业道德与执业纪律、严重违反律所规章制度的青年律师，支持律所依法解除其聘用合同或调整工作岗位。

第六条 各律所应加大对青年律师的培养力度。经双方协商同意，支持律所与重点培养且给予特殊补贴（补助）支持的青年律师签订有关服务年限协议，对在服务年限以内转到其他律所执业（包括通过临时注销再申请等方式变相转所执业）的，接收律所应支付合理的培养费用。

第三章 支持解决执业“后顾之忧”

第七条 市律协青年律师培养专项经费更名为青年律师“筑梦基金”，同时接受行业和社会其他人士捐助，制定经费使用管理办法，加大帮扶力度，支持解决青年律师执业“后顾之忧”。

第八条 进一步落实律师行业工资收入保障制度。继续推动律所落实行业最低工资保障制度（实习律师年收入一般应不低于 5 万元），并依法为本所青年律师缴纳相应各项社保。鼓励律所建立青工委等青年律师培训组织（机构），每年按照不低于律所创收额1%的比例提留作为青年律师发展资金，重点用于引进国内外著名法学院校（系）优秀毕业生、培养青年律师等工作。市律协每年将会同市县两级司法局把这两项措施落实情况作为行业考核和评先评优的重要依据。

第九条 加大对生活困难青年律师的资金补助力度。对于家庭经济条件困难、执业初期存在较大经济压力的青年律师，在其加入宁波律师行业工作前 2 年（即第 1 年实习期和正式执业第 1 年，下同），通过所在律所申报，市律协审核后将专门给予每人每年一次性 10000 元生活资金补助，所在律所应同时给予相应的配套补助（除正常工资收入保障、各种法定社保等以外，下同）。具体实施办法（包括认定条件、申报程序、附加要求等，下同）由市律协秘书处会同青工委、财资委等负责制定落实。

第十条 帮助解决外地来宁波执业青年律师租房困难问题。继续由市律协各分会（联络组）会同当地司法局出面，加强与所在区县（市）有关部门和乡镇（街道）沟通对接，为辖区各类优秀律师人才争取申请各类公租房（含人才公寓等）或住房补贴（补助）资金。鼓励律所统一出资租房作为青年律师宿舍。对于外地（指家在宁波大市以外地区，包括在甬高校和外地高校毕业生）来宁波执业、存在租房困难的且符合相应条件的优秀青年律师，可通过所在律所向市律协申请租房补贴，金额每人每年5000元、年限为2年（含实习期1年），所在律所同时应给予相应的配套补贴。具体实施办法由市律协秘书处会同青工委、财资委等负责制定落实。

第十一条 支持提升青年律师执业技能。指导督促律所认真落实司法部和上级律协有关规定，为所有实习律师安排指导老师、分配学习和工作任务。市律协以青训营、模拟法庭、法律服务产品大赛、法律文书大赛、青年律师沙龙、演讲赛、辩论赛和师徒结对等形式提升青年律师执业技能。鼓励各分会（联络组）和律所联合开展上述培训活动。继续鼓励律所安排青年律师到法院、检察院担任法官、检察官助理（一般为6—12个月），对其中表现特别优秀的，市律协将给予律所一定资金补助，标准为5000—10000元/人、每年全市不超过20名（下一步视情适当扩大）。

第十二条 支持帮助青年律师拓展业务渠道。继续开展名优律师、律所合伙人等结对帮扶青年律师活动，更好发挥"传帮带"作用，在指导帮助提高业务技能和风险防范能力的同时，更要支持开拓案源、解决收入"造血功能"。推荐有奉献精神的青年律师进入法律援助业务承办队伍，鼓励青年律师参与社会矛盾调解、行业纠纷调解和法院诉前调解等工作；优先推荐青年律师担任村（社区）法律顾问等工作。

第十三条 鼓励律所支持优秀青年律师解决家庭两地分居等问题，协助推荐到律所执业或到企业从事法务等工作。关爱大龄单身青年律师的婚恋问题，通过"七夕"牵手等交友活动积极为单身青年律师搭建交友平台。

第四章 落实培优扶强举措

第十四条 鼓励申报市、县各类英才计划。鼓励符合条件的优秀青年律师每年申报宁波市"甬江引才工程"等各类英才计划，享受相应的项目补助和其他配套资助政策。

第十五条 鼓励参与专业技术职称评定。律所应当将督促、引导、帮助青年律师申报专业技术职称作为重要工作。对正式执业3年以内取得中级律师职称的30周岁以内青年律师，由市律协一次性给予5000元奖励。对35周岁以内取得高级律师职称的律师，由市律协一次性给予10000元奖励。

第十六条 鼓励提高理论研究与实务水平。鼓励青年律师加强专业理论学习，撰写发表理论与实务文章，并参加上级律协和市律协每年举办的理论与实务研讨会。对在省律协理论与实务研讨会中获得三等奖以上奖项的青年律师，市律协给予2000—5000元不等奖励；对在市律协理论与实务研讨会中获得三等奖以上奖项的，市律协给予1000—3000元不等奖励。对其他类似更高层次论文获奖或发表，由市律协视情另行研究决定。

第十七条 加大选树和宣传推介力度。联合市司法局、团市委等部门开展“十佳青年律师”选树等活动，并择优推荐参加“十佳青年”等更高层次选树活动。依托各级公共法律服务中心、法治宁波和宁波律协微信公众号、“12348”宁波法网APP等各类平台（载体），进一步加强与有关自媒体合作，加大优秀青年律师宣传推介力度。由市律协秘书处牵头会同各分会（联络组），定期整理并通过市律协微信公众号发布市、县两级有关产业发展、人才引进等支持政策。

第十八条 搭建学习和合作交流平台。支持律所安排35周岁以内且自身具有一定业务基础和专业水平的优秀青年律师到上海等地律所开展为期6个月左右的挂职锻炼（或以项目合作等其他方式），学习资本市场、投资并购、涉外、知识产权等新兴高端业务，挂职锻炼完成后市律协将会同律所以及市有关部门给予一定经费支持补助。优先吸收优秀青年律师参加市律协各专业委员会和专门委员会，加强市律协对外交流合作。组织宁波市“十佳青年律师”以及其他优秀青年律师参加境内外有关高端业务培训班，市律协支持承担相关费用。

第五章　发挥律所及指导老师积极性

第十九条 加大实习律师引进培养力度。利用各种途径和方式，定期组织律所到上海、武汉、杭州等地优秀法学院校开展宣讲招聘等活动。督促引导律所认真落实《关于做好申请律师执业人员培养任务分解工作的通知》要求，加大实习律师引进培养力度。对于每年引进3名以上（含）实习律师的律所，市律协将以2020年为基数，对超出部分的人数，每年按照5000元/人的标准补助给律所，并由律所决定补助资金的具体使用方向（包括奖励发放给有关指导老师等）。对于个别故意设置各种不合理“门槛”、逃避实习律师培养任务的律所，市律协将视情予以全行业通报。

第二十条 充分发挥指导老师作用。进一步发挥广大名优律师以及律所负责人（合伙人）等积极性，引导鼓励其担任实习律师指导老师，提供各类业务指导帮扶。市律协每年表彰奖励一批优秀指导老师，开展专题宣传介绍并给予一定资金补助或物质奖励。

第二十一条 严把实习律师考核准入关。各律所和指导老师要本着对行业负责的态度，积极配合市律协，严格控制不符合律师执业条件和要求的人员进入律师行业执业。

第六章 附 则

第二十二条 本意见所涉及的各项扶持补助和奖励资金，由青年律师向所在律所提出申请，经律所主要负责人和指导老师（团队主要负责人）推荐、所在分会（联络组）会长和秘书长初审后报市律协秘书处审核。其中，奖励资金可直接发给律师个人，其他扶持补助资金统一发放到所在律所。

第二十三条 在本意见基础上，鼓励各区县（市）结合各地实际争取更多的支持政策；鼓励律所对获奖的青年律师给予相应配套奖励。

第二十四条 本意见由宁波市律协常务理事会通过后实施，并由市律协常务理事会负责解释。市律协此前出台的相关支持青年律师引进培养扶持政策文件（含甬律协〔2018〕39 号）一并废止。

第二十五条 本意见暂定试行二年，试行时间至 2023 年 3 月底。

四、律师参与公益法律服务

关于促进律师参与公益法律服务的意见

（2019年10月17日司法部发布，司发通〔2019〕105号）

为充分发挥律师在推进全面依法治国中的重要作用，更好满足人民群众日益增长的法律服务需求，根据《中共中央办公厅　国务院办公厅印发〈关于深化律师制度改革的意见〉的通知》《中共中央办公厅　国务院办公厅印发〈关于加快推进公共法律服务体系建设的意见〉的通知》和相关法律法规规定，现就促进律师参与公益法律服务提出如下意见。

一、总体要求

（一）指导思想。以习近平新时代中国特色社会主义思想为指导，全面贯彻落实党的十九大和十九届二中、三中全会精神，认真贯彻落实习近平总书记全面依法治国新理念新思想新战略，组织、引导、支持广大律师积极参与公益法律服务，大力发展公益法律服务事业，推动律师公益法律服务制度化、规范化，构建覆盖城乡、高效便捷、均等普惠的公共法律服务体系和全业务、全时空的法律服务网络，增强人民群众在全面依法治国中的获得感、幸福感、安全感。

（二）基本原则。坚持党建引领，发挥律师事务所党组织在公益法律服务中的战斗堡垒作用和党员律师的先锋模范作用；践行为民宗旨，着力服务和保障民生，满足人民群众日益增长的法律服务需求；鼓励志愿奉献，引导律师自觉履行社会责任，主动参与公益法律服务；加强组织领导，完善经费保障和工作激励措施，调动律师参与公益法律服务的积极性。

（三）工作目标。广大律师参与公益法律服务的积极性、主动性不断增强，公益法律服务覆盖面持续扩大，服务质量和水平逐步提升，体制机制更加健全，激励保障措施更加完善，在满足人民群众法律服务需求、推进全面依法治国中的作用更加凸显，促进律师队伍亲民、爱民、为民的良好形象进一步树立，律师职业社会认可度、满意度、美誉度进一步提升。

二、主要措施

本《意见》所称公益法律服务，是指律师事务所、律师为公民、法人和其他组织提供的无偿法律服务。

（四）拓展服务领域。鼓励、引导律师为残疾人、农民工、老年人、妇女、未成年人等特殊群体提供公益法律服务；担任村（居）法律顾问，为城乡群众和基层群众性自治组织提供服务；参与公益性法治宣传活动，担任普法志愿者、法治辅导员等；在公共法律服务平台或者通过其他渠道提供免费法律咨询服务；参与法治扶贫活动，到边疆地区、欠发达地区和少数民族地区担任志愿律师；协助党政机关开展信访接待、涉法涉诉案件化解、重大突发案事件处置、城市管理执法等工作；提供公益性律师调解服务，志愿参与人民调解、行政调解、司法调解和行业性、专业性调解；参与民营企业“法治体检”公益服务；从事公益法律服务政策研究、立法论证、学术交流、人才培养等工作；为公益法律服务活动提供赞助或者支持；从事其他形式的公益法律服务。

（五）增强服务实效。突出服务重点，围绕满足群众基本法律需求，优先为城乡困难群众和特殊群体提供公益法律服务，强化劳动、就业、社保、教育、医疗等民生领域法律服务，主动为脱贫攻坚、污染防治等国家重大发展战略服务。准确把握服务对象需求，针对不同受众和不同主题，善于用群众喜闻乐见、通俗易懂、灵活有效的方式开展服务，增强服务针对性、吸引力。支持律师自主选择与其专业特长、实践经验、兴趣爱好等相适应的服务内容和方式，调动律师参与积极性。创新服务形式，探索“互联网+”公益法律服务模式，充分运用中国法律服务网、微信、微博、手机 APP 等服务载体，提供线上咨询、智能诊断、信息推送等形式的远程在线服务。加强与高校法律诊所、有关社会团体、爱心企业、爱心人士等社会力量的合作，共同开展公益法律服务活动。

（六）明确服务要求。律师应当积极参与党委和政府、司法行政机关和律师协会组织的公益法律服务活动。倡导每名律师每年参与不少于50个小时的公益法律服务或者至少办理2件法律援助案件。各地可以结合本地经济社会发展水平和律师行业实际，制定律师公益法律服务工作量的具体指导标准，并可以根据律师执业地域、年龄、身体状况等分类提出要求。公益法律服务工作量的计算方法由各地司法行政机关、律师协会确定。律师从事公益法律服务应当依法依规，勤勉尽责，可以与服务对象签订服务协议，对服务内容、方式、工作条件等进行约定，规范服务流程，保障服务质量。

（七）提升服务能力。发展公益法律服务机构和公益律师队伍，加强法律服务志愿者队伍建设，提高公益法律服务专业化、职业化水平。各律师协会普遍设立公益法律服务专门委员会，鼓励设立未成年人保护等领域的公益法律服务专业委员会。律师协会开展申请律师执业人员集中培训、行业领军人才培训、青年律师培训等培训活动时，应当把公益法律服务培训作为重要内容。积极开展形式多样的公益法律服务业务技能培训和研讨交流活动，加强公益法律服务政策理论研究。做优做强中国法律服务网、"援藏律师服务团"、"1+1"法律援助志愿者行动、"同心·律师服务团"等公益法律服务品牌。

（八）注重示范引领。各地司法行政机关、律师协会应当积极培养和选树律师公益法律服务先进典型，总结推广有益经验和做法。中共党员律师、担任人大代表或者政协委员的律师、律师协会评选表彰的历届优秀律师、律师协会会长、副会长、监事长、常务理事以及知名律师等应当在公益法律服务中发挥表率作用。鼓励、支持青年律师、实习律师参与公益法律服务，在实践锻炼中提升道德修养和业务能力。各律师事务所特别是大型律师事务所、知名律师事务所应当积极组织、支持本所律师参与公益法律服务，在活动时间、经费场地、绩效考核等方面给予必要的保障。

（九）开展考核评价。律师、律师事务所参与公益法律服务时应当注意保存相关工作记录。司法行政机关、律师协会组织开展律师执业年度考核和律师事务所年度检查考核时，应当按照《律师事务所年度检查考核办法》等行政规章和行业规范要求，把公益法律服务情况作为重要考核内容。完善行业主管部门和律师协会评价、服务对象评价、社会公众评价、服务主体自评相结合的公益法律服务评价机制，将评价结果与律师事务所、律师评先评优挂钩。

三、工作保障

（十）强化组织领导。各地司法行政机关、律师协会负责指导、推动本地区律师公益法律服务工作，协调解决工作中遇到的困难，促进律师公益法律服务深入开展。鼓励各地根据当地发展状况和群众实际需要，探索符合本地实际的公益法律服务工作模式、组织形式、运作方式。积极建立健全司法行政机关、律师协会与法院、检察院、公安、宣传、民政、工会、妇联、残联、工商联等有关单位和社会组织的沟通协调机制，搭建合作平台。完善跨区域协作和对口支援机制，组织、支持律师到欠发达地区和律师资源匮乏地区提供公益法律服务。

（十一）加强经费支持。各地司法行政机关要主动向当地党委、政府汇报律师公益法律服务开展情况及成效，推动将符合条件的律师公益法律服务事项纳入各级基本公共服务体系，争取财政预算和资金支持，加大经费保障力度。有关单位组织律师无偿服务时，一般应协调相应的工作经费，为律师提供适当的交通、食宿等工作补贴。探索通过发放法律服务消费券形式提供公益法律服务。拓宽经费来源，充分利用中央彩票专项公益金等资金开展公益法律服务活动，引导社会力量通过慈善捐赠、项目合作等形式支持公益法律服务。

（十二）完善激励措施。各地推荐党代表、人大代表、政协委员和选举律师协会会长、副会长、监事长、常务理事、理事、监事及专门委员会、专业委员会负责人，以及选派律师参加国内外交流培训等活动时，应当在同等条件下优先考虑在公益法律服务中表现突出的律师。有条件的地方律师协会可以根据需要对在公益法律服务中表现突出的律师、律师事务所酌情减免个人会费、团体会费。指导、推动党政机关、企事业单位选聘法律顾问时，在同等条件下优先选聘在公益法律服务中表现突出的律师和律师事务所。

（十三）大力表彰宣传。对在公益法律服务中表现突出的律师和律师事务所，各地司法行政机关、律师协会要在本系统评先评优活动中优先考虑，并积极推荐其参加劳动模范、道德模范或者其他形式的评选表彰。组织各类媒体大力宣传律师参与公益法律服务的做法成效，深入报道律师服务为民的感人事迹，生动展示律师队伍的高尚道德品质和良好精神风貌，增强律师参与公益法律服务的荣誉感、自豪感。

浙江省律师协会律师参与公益法律服务实施办法

（2020年3月13日浙江省律师协会第十届常务理事会
第三次会议审议通过）

第一章 总 则

第一条 为充分发挥律师在推进全面依法治国中的重要作用，更好满足人民群众日益增长的法律服务需求，根据中共中央办公厅国务院办公厅印发《关于深化律师制度改革的意见的通知》《关于加快推进公共法律服务体系建设的意见的通知》及司法部《关于促进律师参与公益法律服务的意见》和相关法律法规规定，结合浙江实际，特制定本实施办法。

第二条 律师参与公益法律服务是指律师事务所、律师以社会公益为目的，为公民、法人和其他组织提供的无偿法律服务。

第三条 律师参与公益法律服务遵循依法、无偿、专业、勤勉尽责的原则，采取协会引导推动、律师事务所组织保障、律师积极参与相结合的工作方式。

第四条 公益法律服务种类：

（一）为残疾人、农民工、老年人、妇女、未成年人等特殊群体提供无偿法律服务；

（二）为城乡群众和基层群众性自治组织提供无偿法律服务；

（三）担任普法志愿者、法治副校长、法治辅导员等，参与公益性法治宣传活动；

（四）在社会专业救助机构担任志愿者，开展无偿法律服务；

（五）在公共法律服务平台或者通过其他渠道提供免费法律咨询服务，参与法治扶贫活动，到边疆地区、欠发达地区和少数民族地区担任志愿律师；

（六）协助党政机关开展信访接待、涉法涉诉案件化解、重大突发案（事）件处置等工作；

（七）提供公益性律师调解服务，志愿参与人民调解、行政调解、司法调解和行业性、专业性调解；

（八）从事公益法律服务政策研究、立法论证、学术交流、人才培养等工作；

（九）为社会公益组织提供无偿的法律咨询或者法律服务；

（十）从事其他形式的公益法律服务。

第五条 鼓励律师事务所、律师以及社会各界为公益法律服务活动提供资金、物质等资助和支持。

第二章 服务方式

第六条 省律师协会建立统一的公益法律服务指导协调机构，各市律师协会应当建立健全公益法律服务的专门委员会，积极引导具备条件的律师事务所设立公益法律服务机构。鼓励曾获得全国和省市优秀或者著名律师事务所等荣誉的单位率先设立公益法律服务机构。

第七条 省、市律师协会应就公益法律服务情况开展调研，准确把握服务需求，支持律师自主选择与其专业特长、实践经验、兴趣爱好等相适应的服务内容和方式，充分调动律师参与积极性。

第八条 省、市律师协会应当加强法律服务志愿者队伍建设，提高公益法律服务政策理论水平，促进公益法律服务专业化、职业化水平。推动与高校法律社团、有关社会团体、爱心企业、爱心人士等社会力量的合作，开展形式多样的公益法律服务业务技能培训和研讨交流活动。

第九条 律师从事公益法律服务可以由所在律师事务所与服务对象签订服务协议，对服务内容、方式、工作条件等进行约定，规范服务流程，保障服务质量。

第三章 引领激励

第十条 中共党员律师，担任各级人大代表或者政协委员的律师，律师协会理事、监事以及律师协会评选表彰的历届优秀律师等应当在公益法律服务中发挥模范表率作用。

第十一条 省、市律师协会在推荐党代表、人大代表、政协委员，律师协会理事、监事候选人，以及选派律师参加国内外交流培训等活动时，应当在同等条件下优先考虑在公益法律服务中表现突出的律师。

第十二条 在公益法律服务中表现突出的律师和律师事务所，省、市律师协会应在本区域内评先评优活动中给予优先考虑，并积极推荐其参加劳动模范、道德模范或者其他形式的评选表彰。

第十三条 律师事务所应积极鼓励、支持青年律师、实习律师参与公益法律服务，在实践锻炼中提升道德修养和业务能力。

第四章 工作保障

第十四条 鼓励各市律师协会积极推动设立公益法律服务专项资金，为公益法律服务体系的高效运作提供经费保障。各市律师协会可以根据需要对在公益法律服务中表现突出的律师、律师事务所酌情减免个人会费、团体会费。推动党政机关、企事业单位选聘法律顾问时，在同等条件下优先推荐在公益法律服务中表现突出的律师和律师事务所。

第十五条 省、市律师协会要在司法行政部门的支持下，积极推动符合条件的律师公益法律服务事项纳入各级基本公共服务体系，争取各级政府财政预算和资金支持。引导社会力量通过慈善捐赠、项目合作等形式支持公益法律服务。

第十六条 省、市律师协会应当积极支持本地区律师公益法律服务工作，协调解决工作中遇到的困难，促进律师公益法律服务深入开展。积极建立健全与司法行政机关、法院、检察院、公安、宣传、民政、工会、妇联、残联、工商联等有关单位和社会组织的沟通协调机制，搭建合作平台。

第十七条 鼓励各市律师协会根据当地发展状况和群众实际需求，探索符合本地实际的公益法律服务工作模式、组织形式、运作方式。要充分运用互联网、人工智能等信息化、智能化工具，为律师参与公益法律服务提供工作、统计、申报等便利。

第十八条 加强与公共法律服务职能部门、法律援助基金会等合作，积极推动和完善跨区域协作，建立对口支援机制，组织、支持律师到欠发达地区和律师资源匮乏地区提供公益法律服务。

第五章 工作考核

第十九条 律师应当积极完成每年不少于50个小时的公益法律服务或者至少办理2件法律援助案件，鼓励律师超额完成公益法律服务。

第二十条　律师完成公益法律服务的情况由律师自行申报，律师应当在年度考核表中认真填写，包括参与公益法律服务的时间、地点、活动名称、内容、服务计时、证明人及电话等。

律师事务所应当由专人负责统计与审核律师参与公益法律服务的工作计时，并及时上报律师协会。

第二十一条　律师、律师事务所参与公益法律服务时应当注意保存相关工作记录。司法行政机关、律师协会组织开展律师事务所年度检查考核、律师执业年度考核时，应当按照《律师事务所年度检查考核办法》等行业规范性文件要求，把公益法律服务内容作为重要考核指标。若发现律师和律师事务所未能完成公益法律服务要求或存在弄虚作假行为，应当按照相关规定作出严肃处理。

第六章　表彰宣传

第二十二条　省、市律师协会应当不定期表彰参与公益法律服务的先进集体或者个人。

第二十三条　在公益法律服务中因表现突出被表彰的律师和律师事务所，省、市律师协会应当会同新闻媒体大力宣传律师参与公益法律服务的做法与感人事迹，充分展示律师的高尚道德品质和良好精神风貌，增强律师参与公益法律服务的荣誉感、自豪感。

第七章　附　　则

第二十四条　省、市律师协会应积极推动公益法律服务融入互联网平台方式考核，进一步完善行业主管部门和律师协会评价、服务对象评价、社会公众评价、服务主体自评相结合的公益法律服务评价机制，将评价结果与律师事务所、律师评先评优挂钩。

第二十五条　省、市律师协会应当组建公益法律服务评审小组，对公益法律服务统计、认定、违规处理等疑难问题进行研究，为协会决策提供专业意见。

第二十六条　本办法经2020年3月13日浙江省律师协会十届常务理事会第三次会议审议通过，由浙江省律师协会常务理事会负责解释，自发布之日起施行。

浙江省律师协会律师参与公益法律服务考核办法(试行)

(2020 年 9 月 13 日浙江省律师协会第十届常务理事会第六次会议审议通过)

第一章　总　　则

第一条　为充分发挥律师在推进全面依法治国中的重要作用,更好满足人民群众日益增长的法律服务需求,根据司法部《关于促进律师参与公益法律服务的意见》和《浙江省律师协会律师参与公益法律服务实施办法》,结合浙江律师工作实际,特制定本办法。

第二条　律师应当参与的公益法律服务种类包括:

(一)为残疾人、现役军人、农民工、老年人、妇女、未成年人等特殊群体提供公益性无偿法律服务;

(二)为城乡低收入群体和基层群众自治组织提供公益性无偿法律服务;

(三)通过担任普法志愿者等方式参与公益性法治宣传活动;

(四)在社会专业救助机构担任志愿者,开展公益性无偿法律服务;

(五)在公共法律服务平台或者通过其他渠道提供免费法律咨询服务,参与法治扶贫活动,到边疆地区、欠发达地区和少数民族地区担任志愿律师;

(六)协助党政机关开展信访接待、涉法涉诉案件化解、重大突发案(事)件处置等工作;

(七)提供公益性律师调解服务,志愿参与人民调解、行政调解、司法调解和行业性、专业性调解;

(八)从事公益法律服务政策研究、立法论证、学术交流、人才培养等工作;

(九)为社会公益组织提供无偿的法律咨询或者法律服务;

(十)从事其他形式的公益法律服务。

第三条　律师参与公益法律服务实行申报制，由律师自行申报，所在律所复核；考核采用各市律师协会初审与省律师协会终审相结合的方式。

律师参与公益法律服务的考核与律师执业年度考核同步进行，考核结果应当计入律师诚信档案，并作为律师和其所在律所参加评优评先的依据。

第二章　申报方式

第四条　律师自行在年度考核前向其所在律师事务所申报相应的公益法律服务相关信息，由所在的律师事务所汇总后经市律师协会向省律师协会报告，省律师协会采取随机抽查的方式检查律师申报的公益法律服务情况。

律师在考核年度内发生转所、设立新所等事项的，应当向考核时所在律所申报，在转入所或新设立所之前的参与公益法律服务的情况一并申报，并附注说明。

第五条　律师向律师事务所申报的公益法律服务相关信息，应当包括参与公益法律服务的活动名称、时间、地点、内容、服务方式、服务对象，服务计时等，律师还应当提供能够证明其进行公益法律服务人员的联系方式。

第六条　律师申报的公益法律服务相关信息应当简略描述公益法律服务的内容：

（一）为个人提供法律咨询等服务的，应当对当事人的问题及律师的回答进行简略表述；

（二）从事公益法律服务政策研究、立法论证、学术交流、人才培养等工作的，应当描述工作过程及成果；

（三）其他能够体现公益法律服务内容的文字描述或相关图片资料。

第七条　公益法律服务时长计算采用以下方式：

（一）办理法律援助案件 1 件计 25 个小时。

（二）其他公益法律服务时长根据服务起止时间计算。公益服务的时长包括必要的在途时间和准备时间；如果一天内律师在两个及以上时间段提供公益法律服务的，按分段累计计时；分段计时有困难的，当天的公益法律服务时长按 5 小时计；公益法律服务按照正常工作时间持续数日的，每天按 8 小时计；因重大突发案（事）件处置等工作一天服务超过 8 小时的，超过 8 小时部分时间按双倍计算。

第三章　监 督 考 核

第八条　律师应当完成每年不少于50个小时的公益法律服务,鼓励律师超额完成公益法律服务。

前款所称的"每年"是指律师参加考核前一自然年(1月1日起至12月31日止)的期间。

第九条　律师对申报的公益法律服务,应自行建档备查。

第十条　律师事务所对律师申报的公益法律服务信息进行复核,必要时进行抽检,审查无误后将材料提交市律师协会初审。

第十一条　市律师协会在收到律师事务所提供的材料后应进行初审,初审包括以下内容:

(一)律师申报的服务内容是否属于公益法律服务范畴、是否属于无偿的公益服务;

(二)律师申报的公益服务内容与申报的服务时长;

(三)信息填写是否有遗漏,若发现遗漏应退回律师事务所由律师补充填写后再次报告。

第十二条　省律师协会负责对申报材料进行最终审查。

省律师协会应当对市律师协会上报的情况进行审查,对不属于公益法律服务的,不予计入公益法律服务时长;对公益服务内容与报告的服务时长不匹配的,可要求律师说明情况,律师无法证明的,参照同类型公益服务内容时长予以计算。

第十三条　省律师协会通过抽查的方式对律师的公益法律服务情况进行检查,发现异常时,律师应当作出说明、改正;若发现虚报、谎报等情形,省律师协会将扣减时长,并依据有关规定进行严肃处理。

第四章　其 他 规 定

第十四条　律师有以下情形的,在提供相应证明材料后,可向市律师协会申请免予相应的考核:

(一)律师执业不足1年的;

(二)女律师处于孕产期的;

（三）律师因重大疾病、外出学习时间长达四个月及以上的；

（四）律师已经达到法定退休年龄的；

（五）参加“1+1”中国法律援助志愿者行动等类似法律援助活动的；

（六）其他律师认为可以免予考核的情形，经市律师协会审核后报省律师协会核定。

第十五条 律师年度考核时，律师公益法律服务时长已经达到40小时，但未满50小时，说明理由后允许其将不足的时长顺延至第二年度补足完成，但第二年度考核时公益法律服务时长仍未完成的，视为律师公益法律服务考核未通过。

第十六条 律师协会组织开展对律师和事务所进行年度公益法律服务考核时，应当按照本办法执行。

第十七条 本办法由浙江省律师协会常务理事会负责解释，从2021年1月1日开始实施，试行二年。

与律师执业相关的制度文件目录

一、律师执业与律师事务所管理

（一）律师执业管理办法

（2008年7月18日司法部令第112号发布，2016年9月18日司法部令第134号修订）

（二）律师事务所管理办法

（2016年9月6日司法部令第133号修订，自2016年11月1日起施行）

（三）律师事务所内部管理规则（试行）

（司发通〔2004〕32号）

二、职业道德与执业规范

（一）律师执业行为规范（试行）

（2017年1月8日第九届全国律协常务理事会第二次会议审议通过修正案，律发通〔2017〕12号）

（二）律师职业道德和执业纪律规范

（2001年11月26日中华全国律师协会修订）

（三）律师职业道德基本准则

（2014年6月5日中华全国律师协会印发）

（四）浙江省律师执业行为规范

（2002年1月11日浙江省律师协会第五届二次理事扩大会议审议通过，2020年6月27日浙江省律师协会第十届理事会第四次会议修订）

三、投诉处理与违纪处罚

（一）律师和律师事务所违法行为处罚办法

（2010 年 4 月 7 日司法部部务会议审议通过，自 2010 年 6 月 1 日起施行）

（二）律师协会会员违规行为处分规则（试行）

（2017 年 1 月 8 日第九届全国律协常务理事会第二次会议修订）

（三）浙江省司法行政机关办理律师违法违规行为投诉举报工作规则

（浙江省司法厅 2018 年 10 月 24 日发布，浙司〔2018〕139 号）

（四）浙江省律师协会投诉查处工作规则

（2012 年 7 月 10 日浙江省律师协会第八届常务理事会第七次会议通过；2018 年 3 月 4 日浙江省律师协会第九届理事会道德与纪律委员会第十一次会议修订）

（五）浙江省律师协会会员违规行为处分听证规则（试行）

（2017 年 12 月 16 日浙江省律师协会第九届理事会道德与纪律委员会第十次会议通过）

（六）浙江省律师协会会员违规行为处分复查工作规程

（2017 年 12 月 16 日浙江省律师协会第九届理事会道德与纪律委员会第十次会议通过）

（七）浙江省律师协会行业处分信息发布规则

（2014 年 7 月 8 日浙江省律师协会第八届常务理事会第十二次会议审议通过；2017 年 12 月 16 日浙江省律师协会第九届理事会道德与纪律委员会第十次会议修订）

四、收费管理与收费标准

（一）律师服务收费管理办法

（国家发展改革委、司法部 2006 年 4 月 13 日发布，发改价格〔2006〕611 号）

（二）国家发展改革委关于放开部分服务价格意见的通知

（发改价格〔2014〕2755 号）

（三）浙江省物价局、浙江省司法厅关于制定律师服务收费标准的通知（浙价服〔2011〕212 号）

（四）浙江省律师服务收费中重大、疑难、复杂诉讼案件认定标准及适用办法（2011 年 7 月 20 日浙江省律师协会印发）

（五）浙江省律师服务计时收费规则（2011 年 7 月 20 日浙江省律师协会印发）

（六）浙江省物价局、浙江省司法厅关于完善律师和基层法律服务收费的通知（浙价服〔2015〕203 号）

（七）浙江省司法厅关于做好律师事务所和基层法律服务所服务收费明码标价工作的通知（浙司办函〔2015〕20 号）

五、业务推广与正当竞争

（一）关于规范法官和律师相互关系维护司法公正的若干规定（最高人民法院、司法部 2004 年 3 月 19 日联合发布，法发〔2004〕9 号）

（二）关于反对律师行业不正当竞争行为的若干规定

（司法部令第 37 号，经 1995 年 1 月 13 日司法部部务会议通过）

（三）中华全国律师协会律师业务推广行为规则（试行）

（2018 年 1 月 6 日第九届全国律协第 12 次常务理事会审议通过，律发通〔2018〕5 号）

（四）关于规范法官与律师交往行为的若干规定（2011 年 10 月 24 日宁波市中级人民法院、宁波市司法局联合发布，甬中法〔2011〕44 号）

六、律师执业权利保障

（一）关于依法保障律师执业权利的规定

（2015 年 9 月 16 日最高人民法院、最高人民检察院、公安部、国家安全部、司法部联合发布）

（二）关于依法保障律师诉讼权利和规范律师参与庭审活动的通知

（最高人民法院、司法部联合发布，司发通〔2018〕36 号）

（三）律师协会维护律师执业权利规则（试行）

（2017 年 1 月 8 日第九届全国律协常务理事会第二次会议审议通过）

（四）浙江省关于刑事诉讼中充分保障律师执业权利的若干规定

（2014 年 1 月 20 日浙江省高级人民法院、省检察院、省公安厅、省司法厅联合发布，浙司〔2014〕6 号）

（五）浙江省律师协会维权案件处理规则（试行）（2018 年 7 月颁布）

（六）宁波市关于依法保障律师执业权利的实施办法（2016 年 12 月宁波市中级人民法院、市检察院、市公安局、市司法局联合发布，甬司发〔2016〕91 号）

七、出庭规范与统一着装

(一)司法部关于实行律师出庭统一着装制度的通知(司发通〔2003〕32号)

(二)律师出庭服装使用管理办法

(2002年3月30日第四届全国律协常务理事会第十二次会议通过)

(三)律师协会标识使用管理办法

(2001年4月5日第四届全国律协常务理事会第十次会议通过,2002年3月30日第四届全国律协常务理事会第十二次会议修订)

(四)关于推进刑事案件庭审规范化工作的实施意见(宁波市中级人民法院、市司法局、市律师协会联合发布,甬中法〔2019〕72号)

(五)宁波市律师出庭规范指引(甬律协〔2018〕38号)

(六)律师有关诉讼法律文书规范指引(推荐格式)(甬律协〔2018〕38号)

八、实习管理与实习考核

(一)申请律师执业人员实习管理规则

(2010年6月12日第七届中华全国律师协会第五次常务理事会审议通过,律发通〔2010〕19号)

(二)申请律师执业人员实习考核规程

(2014年3月27日第八届中华全国律师协会常务理事会第十三次会议审议通过,律发通〔2014〕14号)

(三)浙江省律师协会申请律师执业人员实习管理办法

(2015年3月8日浙江省律师协会第八届常务理事会第十四次会议审议通过,2020年9月13日浙江省律师协会第十届常务理事会第六次会议和第十届理事会第五次会议修订)

九、青年律师培养与发展

(一)关于扶持青年律师发展的指导意见

(中华全国律师协会2018年11月7日发布,律发通〔2018〕51号)

(二)《关于扶持青年律师发展的指导意见》实施细则

(2019年5月14日浙江省律师协会第九届常务理事会第十二次会议审议通过)

(三)关于进一步支持新执业青年律师成长成才的若干意见(试行)(甬律协

〔2021〕6号）

十、律师参与公益法律服务

（一）关于促进律师参与公益法律服务的意见

（司法部2019年10月17日发布，司发通〔2019〕105号）

（二）浙江省律师协会律师参与公益法律服务实施办法

（2020年3月13日浙江省律师协会第十届常务理事会第三次会议审议通过）

（三）浙江省律师协会律师参与公益法律服务考核办法（试行）

（2020年9月13日浙江省律师协会第十届常务理事会第六次会议审议通过）

以上未附原文的相关文件内容可以到司法部网站、中华全国律师协会网站、浙江省司法厅网站、浙江省律师协会网站（神州律师网）、宁波市律师协会网站上查找。

后　记

经过大家的共同努力，此书终于可以面世了，更令人欣喜的是，以此为载体，可与各地律师同行共同探讨青年律师培养的方式方法，在传承和践行中助力律师行业枝繁叶茂。

早在2015年11月，宁波市律师协会就组织资深律师编写了一本《青年律师成长指引》手册，该手册在宁波律师协会举办的青年律师训练营上作为辅助教材使用，广受学员们的好评。为了更好地总结提炼青年律师培养经验，我们再次出发，在宁波市司法局的指导下，将手册升级，共同编写了《青年律师成长指引》2.0版。这次涵盖的内容更加系统化，从如何选择律所、指导老师，到刑事诉讼、民商事案件代理、法律顾问、企业并购重组、婚姻家庭法律纠纷处理、劳动纠纷处理等具体业务领域，再到青年律师如何加强理论与实践学习、律师执业风险防范等各个方面。为了便于青年律师理解和使用，本书主要通过问答、分享的方式结集而成。在"人物篇"中介绍的有12位优秀指导老师与33位优秀青年律师。这些优秀指导老师都是曾获得"宁波市优秀指导老师"荣誉的资深律师，他(她)们尽心尽力地帮助与指导年轻律师，在培育青年律师成长成才中发挥了重要的作用。这些优秀青年律师都是获得过浙江省优秀青年律师、浙江省优秀女律师或宁波市"十佳青年律师"、优秀青年律师、优秀女律师、优秀公益律师等荣誉的青年翘楚，在专业领域已经取得了一定成绩，将他们的成长体验和执业感悟写出来，将带给青年律师直达心灵的共鸣和宝贵的执业经验，也将更加坚定青年律师们砥砺前行的脚步。

本书的书名《青年律师成长指引》，既举浙江省司法厅"扬帆行动"之旗，又涵青年蓬勃青春力量，让青春在磨砺奋进、担当时代责任中闪光。

本书的出版得到了很多领导的关心，也凝聚了很多人的心血。在这里要特别感谢浙江省司法厅、浙江省律师协会、宁波市司法局有关领导的大力支持，从顶层设计到具体实施，从内容选编到框架体系，都给予了切实指导和帮助；感谢编委会成员的辛勤付出，是你们集思广益、用心用情，确保了本书的质量与进度；感谢本书的所有作者将你们沉淀阅历的执业感悟、人生智慧与更多人分享；感谢宁波市律师协会秘书处协助收集、整理相关素材。感谢宁波市律师协会秘书长吴存波为本书出版所做的大量工作；感谢俞建伟组织稿件并进行修改、材料整理；感谢徐志静联系相关作者、协助修改文章。还要感谢法律出版社编辑慕雪丹、章雯等对本书出版给予的专业意见与帮助。

士不可以不弘毅，任重而道远。青年律师的培养是律师行业永恒的课题，非一朝一夕可以达成，需要在实践中不断探索总结。我们愿做漫漫征途中的一束微光，照亮青年律师前行的方向。希望此书能成为广受青年律师欢迎的一本工具书。由于编者水平有限，在本书使用中若有什么问题，欢迎读者不吝批评指正。

宁波市律师协会会长　叶　明

2021 年 1 月 18 日

图书在版编目(CIP)数据

青年律师成长指引 / 叶明主编 ; 吴存波, 刘慧杰副主编. -- 北京 : 法律出版社, 2021
ISBN 978-7-5197-5530-0

Ⅰ. ①青… Ⅱ. ①叶… ②吴… ③刘… Ⅲ. ①律师-工作-中国 Ⅳ. ①D926.5

中国版本图书馆 CIP 数据核字(2021)第 065789 号

青年律师成长指引
QINGNIAN LÜSHI CHENGZHANG ZHIYIN

叶 明 主编
吴存波 刘慧杰 副主编

责任编辑 慕雪丹 章 雯 魏艳丽
装帧设计 马 帅

出版 法律出版社
总发行 中国法律图书有限公司
经销 新华书店
印刷 三河市龙大印装有限公司
责任校对 赵明霞
责任印制 胡晓雅

编辑统筹 法商出版分社
开本 710 毫米×1000 毫米 1/16
印张 35.25
字数 550 千
版本 2021 年 5 月第 1 版
印次 2021 年 5 月第 1 次印刷

法律出版社/北京市丰台区莲花池西里 7 号(100073)
网址/www.lawpress.com.cn
投稿邮箱/info@lawpress.com.cn
举报维权邮箱/jbwq@lawpress.com.cn
销售热线/400-660-8393
咨询电话/010-63939796

中国法律图书有限公司/北京市丰台区莲花池西里 7 号(100073)
全国各地中法图分、子公司销售电话:
统一销售客服/400-660-8393/6393
第一法律书店/010-83938432/8433
西安分公司/029-85330678
重庆分公司/023-67453036
上海分公司/021-62071010/1636
深圳分公司/0755-83072995

书号:ISBN 978-7-5197-5530-0
定价:138.00 元
(如有缺页或倒装,中国法律图书有限公司负责退换)